»Diejenigen, welche es wagen, Vorschriften zu geben,
müssen sich für tüchtiger halten als die, denen sie diese geben,
und wenn sie nur im geringsten fehlen, so sind sie zu tadeln.«
René Descartes

Kurt Hager Erinnerungen

Faber & Faber

Für Bim, meine Kinder und Enkel

1. Kapitel 1912 bis 1945

Die Familie ▪ Ein aufgewecktes Kerlchen ▪ Nun fanget an ▪ Entscheidung fürs Leben ▪ Krisenjahre ▪ Das Kabelattentat ▪ Illegalität ▪ Wieder in der Schweiz ▪ Volksfront Paris ▪ Wie könnten wir je vergessen? ▪ Die Hölle von Argeles ▪ Erste Klasse ▪ Merry old England ▪ Drole de Guerre ▪ Never give in ▪ Freie Deutsche Bewegung ▪ Zwischenbilanz

Die Familie Auf der Kommode in der ›guten Stube‹ unserer Bietigheimer Wohnung standen zwei Fotografien. Eine war das Hochzeitsfoto meiner Eltern, die andere zeigte einen Soldaten, der ein kleines Kind auf dem Arm trägt. Außerdem konnte man eine Ansichtskarte aus dem oberbayrischen Wildbad Kreuth bewundern. Der Soldat war mein Vater Georg Leonhard Hager, das Kind war ich. Die Aufnahme muß am Beginn des ersten Weltkriegs entstanden sein, vor dem Marschbefehl an die Front. Ich habe meinen Vater nur durch diese Fotografie, das Hochzeitsbild und Erzählungen der Mutter gekannt. Er diente als Ersatzreservist im Landwehrregiment 121 und fiel bereits am 9. 2. 1915 in einem Gefecht bei Münster im Elsass. Geboren wurde mein Vater in Schnelldorf, Kreis Feuchtwangen. Er war Herrschaftsdiener bei dem Bietigheimer Möbel-Fabrikanten Faber. Die Postkarte könnte ein Gruß von einem Aufenthalt mit »seiner Herrschaft« in Wildbad Kreuth gewesen sein.

Dies ist alles, was ich über meinen Vater sagen kann. Vielleicht hatte er Geschwister? Ich erinnere mich, daß mich meine Mutter auf eine Reise nach Unterampfrach bei Ansbach mitnahm. Während eines Gewitters scharten sich mehrere Kinder in der Bauernstube verängstigt um eine alte Frau, offenbar die Großmutter väterlicherseits, die aus der Bibel vorlas.

Meine Mutter, Sophie Friederike geb. Starzmann, stammte aus einer Kleinbauernfamilie in Gottmadingen auf der schwäbischen Alb. Sie hatte drei Schwestern und war wahrscheinlich als Dienstmädchen oder Köchin tätig, als sie meinen Vater kennenlernte und heiratete. Sie müssen fast drei Jahre verheiratet gewesen sein, als ich geboren wurde.

Über die Sippe der Hager gibt es wenig zu berichten. Der Name kommt in Oberfranken und Thüringen häufig vor. In den Sechzigern überraschte mich ein Kaufmann aus Wuppertal mit der Anfrage, ob ich dem sächsischen Zweig der Hager angehöre. Er habe bisher bei seinen Nachforschungen Träger dieses Namens nur in Württemberg festgestellt. Als er eines Tages im Rundfunk der DDR eine Ansprache von mir hörte, sei er zu dem Schluß gekommen, daß es auch »sächsische Hagers« geben müsse. Mein schwäbisches Herz war tief getroffen. Von einer Bekannten erhielt ich eine interessante Mitteilung. Sie hatte in der Berliner Staatsbibliothek Preußischer Kulturbesitz Einsicht in Akten der Bundes-Central-Behörde von 1836 über ›Das junge Deutschland‹ nehmen können. In der Akte wird den Verbindungen des ›Jungen Deutschland‹ mit ähnlichen Gruppen anderer Länder nachgegangen. So mit republikanischen Nationalverbindungen wie ›Das junge Italien‹, ›Das junge Polen‹, dem Zusammenschluß zum ›Jungen Europa‹ und mit Handwerkervereinigungen.

Dreimal taucht der Name Hager auf, einmal als Hager aus Württemberg, sonst ohne nähere Angaben, kein Vorname, kein Beruf. Einmal wird Hager im Centralcomitee des ›Jungen Deutschland‹ vermutet, einmal seine Teilnahme mit anderen politischen Flüchtlingen an einer Versammlung von ca. vierzig Handwerkern in Bern. Dort wurde auch das freche Lied »Fürsten zum Land hinaus« gesungen, dessen Text in den Akten der Central-Behörde zum Hambacher Fest vorliegt.

Diese Mitteilung stellt natürlich keinen Beweis für einen vererbten Drang zu revolutionärem Handeln dar. Dafür spricht eine andere Episode. Während des Wiener Kongresses von 1814/1815 wurden die verschiedenen Delegationen von österreichischen Geheimagenten bespitzelt, deren Chef der Wiener Polizeipräsident Baron Hager war. Darüber berichtet der Historiker E. W. Tarle in seinem Buch über Talleyrand.[1]

Ein aufgewecktes Kerlchen Meine Erinnerungen an die Kindheit sind unscharf und bruchstückhaft. Ich wuchs in der Zeit des Weltkrieges von 1914 bis 1918 auf und erinnere mich, daß meine Mutter oft traurig war. Um uns zu versorgen, mußte sie als Putzfrau arbeiten. Besonders in den letzten Kriegsjahren gab es wenig zu essen, oft nur Maisbrot und Kohlrüben. Einmal flog ein Zeppelin über die Stadt. 1918 zogen Soldaten in ungeordneten Haufen durch die Straßen, Richtung Ludwigsburg. Eine Weile begleiteten wir Kinder eine Abteilung Artillerie. Was es bedeutete, den Vater zu verlieren, war mir, als ich sechs Jahre alt war, noch nicht bewußt. Ein beliebter Scherz unserer Kinderschar war es, einen Jungen oder ein Mädchen in den Kolonialwarenladen zu schicken, um für 10 Pfennig »Benisodomm« zu kaufen. Dies ging so lange gut, bis jeder wußte, daß er mit der schwäbischen Version von »Bin ich so dumm« hereingelegt worden war.

Ich hatte keine Geschwister und fühlte mich oft einsam, ohne Freunde. Die anderen Kinder rannten manchmal hinter mir her oder tanzten um mich herum. Dabei riefen sie im Chor: »Dem Hagebeck, dem Hagebeck, dem isch sei alte Sau verreckt«. Der Zirkus Hagebeck war durch die Stadt gekommen, mir hatte er diesen Spruch hinterlassen.

Mit sechs Jahren kam ich in die Volksschule. Ich hatte einen langen Schulweg von der Bahnhofstraße in die Stadt und bin sicher nicht immer pünktlich gewesen. Wie es scheint, war ich ein aufgewecktes Kerlchen. Zur Belohnung durfte ich gelegentlich das Rad des Lehrers Vogel schieben; kein besonderes Vergnügen, da der Weg zur Schule bergauf ging.

Im März 1920 heiratete meine Mutter den Hilfsarbeiter Albert Munz. Wir zogen nach Stuttgart. Bietigheim habe ich seit 1920 nicht wieder gesehen. In den 70er Jahren erhielt ich von dem CDU-Bürgermeister eine Einladung zum Besuch der Stadt. Ich hätte meine Geburtsstadt, an deren Fachwerkhäuser, Ulrichsbrunnen und Eisenbahnviadukt ich mich gut erinnere, gern besucht, aber es wäre für mich als DDR-Politiker schwierig gewesen. Wie es der Zufall will, saß ich 1987 beim Festkonzert zur Eröffnung der Leipziger Messe neben dem damaligen Ministerpräsidenten von Baden-Württemberg, Lothar Späth, dessen politische Karriere in Bietigheim begonnen hat. Wir kamen ins »Schwäbeln«, und ich konnte dabei durchaus mithalten, so mit den überheblichen Sprüchen: »Die Schwaben werden mit vierzig g'scheit, die andern nicht in Ewigkeit.« Und: »Der Schiller ond der Hegel, der Uhland ond der Hauf, des isch bei ons die Regel, des fällt ons gar net auf.«

In Stuttgart wohnten wir in der Sickstraße. Sie lag im Stadtteil Stöckach. Auf beiden Seiten der Straße standen mehrstöckige Mietskasernen. Man konnte einander in die Fenster sehen. Jeder wußte, was in den Häusern und Familien vor sich ging.

Unsere Wohnung bestand aus drei Zimmern und einer Küche. Kein Bad. Wieder gab es die »gute Stube«, die außer an Feiertagen, bei Besuchen von Verwandten oder zu besonderen Anlässen nicht benutzt wurde. Erst als ich mich auf das Abitur vorbereitete, durfte ich in dieser Stube arbeiten, aber nicht selten mahnte die Mutter, wenn es spät wurde: »Mach Schluß, verbrauch nicht soviel Licht!«

Ich schlief im Schlafzimmer der Eltern. Das dritte Zimmer bewohnte ein Untermieter. So spielte sich das Leben der Familie in der Küche ab. Meine Mutter war eine hervorragende Köchin. Es gab jedoch Zeiten, wo Schmalhans Küchenmeister war. Fleisch gab es nur selten; als Kaffee immer Kathreiners Malzkaffee. Eben ein Arbeiterhaushalt jener Zeit.

Besonders schwierig war die Versorgung während der Inflation. Die Geldentwertung, durch welche breite Schichten der Bevölkerung immer weniger für Lohn und Gehalt kaufen konnten und ihre Ersparnisse verloren, nahm astronomische Ausmaße an. Am 20. November 1923 betrug der offizielle Kurs für einen Dollar 4,5 Billionen Mark. Um Lebensmittel zu hamstern, nahm mich meine Mutter zu ihrer Schwester Gertrud mit, die mit einem Kleinbauern auf den Fildern verheiratet war. Wir erhielten auch ein Säckchen Mehl, das ich tragen durfte. Ich nahm es auf die Schulter. Plötzlich fiel das Säckchen zu Boden und platzte, und ein Teil des Mehls war nicht mehr zu retten. Meine Mutter hatte mich bis zu diesem Verhängnis nur einmal mit dem ›Patscher‹ (Teppichklopfer) geschlagen, weil ich ihrer wiederholten Aufforderung, nach Hause zu kommen, nicht gefolgt war. Jetzt erhielt ich zurecht ein zweites Mal Prügel, war doch der Verlust des Mehls nur schwer zu verschmerzen. Danach hat sie mich nie mehr geschlagen.

Zu Literatur und Kunst gab es in unserer Familie keine Beziehung. In der guten Stube hing ein billiger Druck, »Der röhrende Hirsch«. Meine Mutter wollte, daß ich Musikunterricht nahm, um Geige spielen zu lernen. Das Experiment wurde jedoch bald wieder eingestellt; entweder weil es zu teuer war oder weil der Lehrer mich für völlig unbegabt hielt. Ich hatte meine Mutter sehr lieb und mußte ihr doch 1934 einen Schmerz zufügen, den sie nicht verkraftet hat. Sie war eine stille Frau, die nach der harten Arbeit – sie arbeitete weiter als Putzfrau – Trost bei der Kirche suchte, ohne eigentlich religiös zu sein. Sie nahm regelmäßig am evangelischen Gottesdienst in der Heilandskirche, nicht weit von unserer Wohnung, teil.

Mein Stiefvater arbeitete in der Zuckerfabrik Cannstatt. Im Lauf der Jahre brachte er es zum Lagerverwalter. Während des Krieges hatte er in einem Dragonerregiment unter Feldmarschall Mackensen gedient. Auf diese Zeit war er besonders stolz. Manchen Sonntagnachmittag führte er die Familie in das Schützenhaus, wo sich die ehemaligen Regimentskameraden trafen. Politisch waren die Eltern nicht interessiert oder gar organisiert; wenn sie wählten, dann wahrscheinlich SPD.

Zu den Verwandten gab es mancherlei Kontakte. Mutters Schwester Amalie hatte einen Schneider geheiratet. Es war immer ein Erlebnis, wenn ich die Schneiderwerkstatt besuchen durfte, wo der Meister und seine Gesellen mit gekreuzten Beinen auf dem großen Tisch saßen und nähten. Tante Christine lebte in Frankfurt/Main. Von ihr weiß ich wenig. Besonders mochte ich Tante Babette, eine Cousine meiner Mutter. Sie war mit einem Schmied verheiratet, der noch in der Weimarer Republik Wert darauf legte, daß er königlicher Hufschmied gewesen war. Da er erblindet war, übernahmen seine Söhne die Schmiede. Von Zeit zu Zeit veranstaltete dieser Onkel ein Familientreffen im Hotel Marquardt.

In Stuttgart ging ich zunächst in die 8-klassige Volksschule in Stöckach. Ich trat dem ›Christlichen Verein Junger Männer‹

(CVJM) bei, der an der Schule durch eine Gruppe vertreten war, die sich den Namen »Salem« gegeben hatte. Wir waren unbeschwert und nahmen die religiösen Unterweisungen nicht besonders ernst. Das Lied »Turner auf zum Streite, tretet in die Bahn, Kraft und Mut geleite, Euch nun himmelan« ist mir aus dieser Zeit im Gedächtnis geblieben.

Zu meiner ersten politischen Aktion kam es auf einem evangelischen Kirchentag in Leonberg, einer Hochburg des schwäbischen Pietismus.

Ein Schulfreund hatte sich zu Wort gemeldet und war ausgelacht worden. Ich war empört, rannte zur Tribüne und rief: »Kreuziget Ihn! Kreuziget Ihn! – das habt ihr mit meinem Freund H. gemacht.« Aber auch diese Intervention änderte nichts an der allgemeinen Heiterkeit, und so waren wir die Unterlegenen – und dennoch stolz auf unseren Mut. Zum Bruch mit der Gruppe »Salem« und dem ›Christlichen Verein Junger Männer‹ kam es, als ein ehemaliger Hauptmann die Leitung der Gruppe übernahm und dazu überging, Ordnung und Disziplin zu schaffen, indem er eine Art militärische Grundausbildung einführte. Hier nun wurde mir bewußt, daß ich meinen Vater im Krieg verloren hatte. Ich konnte und wollte dem militärischen Gebaren des Hauptmanns nichts abgewinnen und verließ den CVJM.

Nun fanget an Nach der 8-klassigen Volksschule wechselte ich in die nahegelegene Realschule. Vor allem interessierte ich mich für Literatur und Geschichte. Der Unterricht in Englisch und Französisch hat ein solides Fundament gelegt, auf dem ich später aufbauen konnte. 1927 fand in der Heilandskirche meine Konfirmation statt. Pfarrer Klöss gab mir den Spruch auf den Weg »Gott ist nicht ferne von einem jeglichen unter uns«. Dieser Pfarrer versuchte lange, meine Mutter zu überreden, mich zur Ausbildung als Missionar auf ein Institut nach Basel zu schicken. Aber ich ging andere Wege.

In der Realschule bekam ich Kontakt zu einer Gruppe der bündischen Jugendbewegung. Sie nannte sich »Hans-Leo-Hassler-

Kreis«, nach einem deutschen Komponisten der Hochrennaissance. Seine Madrigale: »Nun fanget an ein guts Liedlein zu singen«, »Mir liegen sehr am Herzen, drei schöne Dinge fein« und andere haben wir oft gesungen.

Die bündische Jugendbewegung der 20er Jahre war nicht einfach die Fortsetzung des Wandervogel der Vorkriegszeit. Sie erwuchs aus dem Widerwillen gegen die gesellschaftlichen Verhältnisse der Weimarer Republik. Diese waren in den »goldenen zwanziger Jahren« durch Widersprüche gekennzeichnet wie Protz und Luxus auf der einen, Verarmung und Massenelend auf der anderen Seite. Die Grafiken von George Grosz, die das Gesicht der herrschenden Klasse schilderten, haben mich beeindruckt. Der Protest gegen Spießertum, Egoismus und Perspektivlosigkeit führte einen Teil der Jugend auf die Suche nach neuen Lebensformen. Sie schienen sich in Naturverbundenheit, vegetarischer Lebensweise und der Zuwendung zu östlichen Religionen und Philosophien – wie der Laotses – zu erschließen.

Diese Ziele und Ideen wurden auch von der Stuttgarter »Tatgemeinschaft« und dem »Bund der Köngener« vertreten, mit denen wir uns gelegentlich in einem Spielkreis zu Aufführungen des »Jedermann« oder der Stücke von Hans Sachs> zusammenfanden. Wir wollten anders sein und anders leben als es die bürgerlichen Konventionen verlangten. Das kam zum Ausdruck im Reformkleid und vergoldeten Haarreif der Mädchen, den Sandalen, kurzen Hosen, Leinenkitteln und langen Haaren der Burschen, und in der Freikörperkultur, dem Schrecken der Bürger. Unsere Symbole waren die Lichtgestalten des Malers Fidus.

Ich erlebte eine echte Gemeinschaft. Noch zu meinem 80. Geburtstag erhielt ich Grüße von Gert St. und anderen ehemaligen Freunden dieses Kreises. Gert sandte mir Kopien von Fotografien, darunter eine, die mich unter einem Baum sitzend zeigt. Dies war die einzige Fotografie, die meine Mutter von mir besaß. Als die Gestapo mich nach 1935 steckbrieflich suchte, nahm sie dieses

Foto an sich und legte es bei Verhören Häftlingen vor, die mich erkannten und meinen Namen nannten.

Die Jahre, die ich in dieser Gemeinschaft verbrachte, waren glückliche Jahre. Wir wanderten viel, diskutierten über Gott und die Welt, traten als Laienspieler auf, sangen im Chor. Einen Sommer verbrachte ich in einer Siedlergemeinschaft auf der schwäbischen Alb (allerdings gefielen mir die puritanische Sittenstrenge und die harte Arbeit beim Wegebau nicht besonders). In diesen Jahren lernte ich allein oder mit der Gruppe auf Wanderungen den Schwarzwald und Oberschwaben, das Neckartal und andere Schönheiten meiner schwäbischen Heimat kennen.

Eine dieser Wanderungen unternahm ich während der Sommerferien, um an einem Jugendtreffen auf einer Burg am Main teilzunehmen. Nach dem Marsch durch das Hohenlohische und der Besichtigung Würzburgs hatte ich mich an einem sonnigen Tag am Ufer des Main ausgeruht, als sich auf dem Fluß ein Floß näherte. Ich rief hinüber, ob ich mitfahren dürfe und schwamm, als dies bejaht wurde, mit den gebündelten Kleidern über dem Kopf zum Floß. Die Flößer nahmen mich freundlich auf. Es waren trinkfeste Bayern; ihr Bierfaß hatten sie mitgebracht. Diese Sommertage, die Fahrt flußabwärts bis Aschaffenburg und das Neckartal aufwärts bis Heilbronn gehören zu den schönsten Erlebnissen der Jugendzeit.

Doch die Idylle konnte nicht dauern. In Deutschland ging die sogenannte relative Stabilisierung des Kapitalismus zuende. Erste Anzeichen der Wirtschaftskrise machten sich bemerkbar, und schließlich kam es 1929 zum großen Krach. Das romantische Beharren auf der Position »Zurück zur Natur« war nicht länger möglich. Man mußte die sozialen und politischen Spannungen zur Kenntnis nehmen und sich der Frage stellen, wie sie zu lösen wären.

Mit dem Wechsel von der Realschule zur Wilhelms-Oberrealschule begann auch die Herausbildung einer festen Weltanschauung und politischen Überzeugung. Ich war unter den Schülern, die sich auf die Reifeprüfung vorbereiteten, der einzige, der aus einer

Arbeiterfamilie stammte. Alle anderen kamen aus reichen Familien oder dem Mittelstand. Ich unterschied mich jedoch nicht nur durch die soziale Herkunft von den Schulkameraden. Schon die Kleidung, in der ich oft zur Schule kam – Leinenkittel, kurze Samthosen und Sandalen (»Jesuslatschen«, wie wir sie nannten) – machte deutlich, daß ich »ein anderer« war.

Doch die bündische Aufmachung war bereits äußerlich. Ein kommunistischer Lehrer, den ich kennenlernte, hatte mir vorgeschlagen, die MASCH (marxistische Abendschule) zu besuchen. Neben Kursen an der Volkshochschule für Italienisch und bildende Kunst nahm ich nun in der MASCH an Vorträgen über dialektischen und historischen Materialismus sowie politische Ökonomie teil. Diese Vorträge und die schwarz-gelben Hefte zu den einzelnen Themen erschlossen eine neue Welt der Ideen. Ich suchte Schulkameraden dafür zu interessieren, hatte aber keinen Erfolg. Erwin Petermann, der Lehrer, gab mir auch das Buch von Eildermann »Urkommunismus und Urreligion – Geschichtsmaterialistisch beleuchtet«.[2]

In Schule und Kirche hatte ich gehört, daß es Arme und Reiche immer gegeben habe und immer geben werde. Dies sei die von Gott gewollte und der Natur des Menschen entsprechende gesellschaftliche Ordnung. Nun erfuhr ich durch das Buch Eildermanns und die Vorlesungen an der MASCH, daß es eine lange Periode in der Geschichte der Menschheit gab, in der eine urwüchsige, primitive kommunistische Gesellschaft bestand, in der gemeinschaftliche Produktion und Gleichheit bei der Verteilung der Produkte herrschten. Wenn dies in der Vergangenheit möglich war, warum sollte es nicht auch in Gegenwart und Zukunft auf einer hohen Stufe der Zivilisation möglich sein?

In der MASCH hatte ich Liselotte (Lilo) Herrmann kennengelernt, die an der Technischen Hochschule studierte. Sie warb mich für den Sozialistischen Schülerbund, der jedoch – zumindest in Stuttgart – außer durch die Herausgabe einer kleinen hektographierten Zeitschrift keine besondere Aktivität aufwies. Zusammenkünfte fanden nicht statt. Lilo verließ bald Stuttgart, um in Berlin weiterzustudieren. Sie war die erste Kommunistin, die vom Naziregime zum Tode verurteilt wurde. In illegalen Flugblättern, auf denen sie mit ihrem Kind im Arm abgebildet war, wurde gegen das Todesurteil protestiert. Ihre Hinrichtung in Berlin-Plötzensee konnte jedoch nicht verhindert werden.

Im Campus der Technischen Universität Stuttgart wurde 1988 ein Gedenkstein errichtet, der die Inschrift trägt : »Der ersten von den Nazis am 20. Juni 1938 hingerichteten Widerstandskämpferin, Liselotte Herrmann«. Darüber entbrannte ein beschämender Streit, da der Historiker Eberhard Jäckel erklärte, die Inschrift sei nicht korrekt, Lilo sei nicht die erste Frau gewesen, die hingerichtet wurde. Es ist jedoch nicht zu bestreiten, daß sie die erste Frau und Mutter und die erste Kommunistin war, die dieses tragische Schicksal erlitt. Sollte der Einspruch erfolgt sein, weil eine Kommunistin geehrt wurde?

Lilo Herrmann und Erwin Petermann waren die ersten Kommunisten, die ich kennenlernte, mit denen ich diskutierte und die mir eine neue Sicht auf Geschichte und Gesellschaft eröffneten.

Ich weiß nicht mehr, ob in der Schule über das größte politische Ereignis am Beginn des Jahrhunderts, die Oktoberrevolution in Rußland, gesprochen wurde. Wenn ja, dann sicher ablehnend. Einen Eindruck von dieser Revolution und den Wandlungen in der Sowjetunion vermittelte meinen Freunden und mir die Frau eines deutschen Fabrikanten, der von Lenin eine Konzession für den Bau einer Fabrik zur Produktion von Bleistiften erhalten hatte. Sie wohnte in Stuttgart-Sillenbuch, wo auch Clara Zetkin einen Wohnsitz hatte, und war aus Moskau voll Begeisterung für das Neue, das sie erlebt hatte, zurückgekehrt. Sie wies uns auf Bücher sowjetischer Autoren hin und suchte uns zu überreden, bei ihr russisch zu lernen. Leider habe ich dieses Angebot nicht wahrgenommen und auch später nicht mehr als zwanzig Lektionen bewältigt. Durch Erzählungen dieser Frau sowie durch Bücher, wie John Reeds »Zehn Tage, die die Welt erschütterten«, Gladkows »Zement«,

Filme, wie Eisensteins »Panzerkreuzer Potemkin« erfuhr ich von der russischen Revolution von 1905, der Februar- und Oktoberrevolution 1917, vom Bürgerkrieg und Kampf gegen die ausländischen Interventionsarmeen. Ich hörte von der Verwirklichung des ersten Fünfjahrplans, vom Dnjeprostroi und der Turksib (sibirischen Eisenbahn), von der »Republik der Strolche« und dem Pädagogen Makarenko.

Es war eine neue Welt, die sich mir erschloß und ein bisher nicht gekanntes optimistisches Lebensgefühl vermittelte. Ich begann, die roten Sammelbände mit den übersetzten Schriften Lenins durchzuarbeiten. In meiner ersten bescheidenen Bibliothek standen nun die Werke von Marx, Engels und Lenin neben denen von Romain Rolland, Leo Tolstoi und Rabindranath Tagore. Zu den Neuerwerbungen gehörten auch das »ABC des Kommunismus« von Bucharin und Preobrashenski, die Werke August Thalheimers und die von Hermann Duncker herausgegebenen Elementarbücher des Kommunismus. Auch die Romane von Upton Sinclair, Howard Fast und anderen amerikanischen Autoren trugen zu meinem neuen Weltbild bei.

Entscheidung fürs Leben Die Schüsse der Aurora, der Sturm auf das Winterpalais, Lenin im Smolny, die Dekrete des zweiten Sowjetkongresses über den Frieden und über Grund und Boden – das waren, wie ich es begriff, Ereignisse von welthistorischer Bedeutung, der Beginn einer Weltenwende. Zum erstenmal seit der Pariser Commune von 1871 war es gelungen, ein despotisches Regime und eine Ausbeuterherrschaft zu stürzen. Zum erstenmal hatten die Arbeiter und Bauern die Macht ergriffen und behauptet. Der Bürgerkrieg, das Wüten der Konterrevolution und die von Lloyd George und Winston Churchill dirigierte Intervention von 14 Armeen ausländischer Staaten machten den Haß der Vertreter des alten Regimes gegen die junge Sowjetmacht deutlich. Sie stärkten jedoch unsere Solidarität mit Sowjetrußland und unser Klassenbewußtsein. Wenn heute, fast acht Jahrzehnte danach, die Oktoberrevolution als »katastrophaler Irrtum der Geschichte«,

»Verschwörerstreich«, »soziale Katastrophe« oder »schwer verständliches Phänomen« bezeichnet und die dümmliche Frage gestellt wird, ob Lenin zur Oktoberrevolution legitimiert war, so legen diejenigen, die so reden und schreiben, nur Zeugnis ab von ihrem Unverständnis für die Notwendigkeit und Signalwirkung dieses welthistorischen Ereignisses. Als ob man einer Revolution befehlen könnte, nicht stattzufinden! Rußland war ein rückständiges Land. Die zaristische Selbstherrschaft und der Krieg hatten unermeßliches Leid über dessen Bürger gebracht. Die Absicht Kerenskis, den Krieg bis zum siegreichen Ende fortzusetzen, wurde von den Massen abgelehnt. Der Kapitalismus der Kriegsgewinnler war diskreditiert. Die bürgerliche provisorische Regierung und die Konstituierende Versammlung verloren den Rückhalt in der Bevölkerung. Da zeigten Lenin und die Bolschewiki den Ausweg: An Alle: Frieden. Für die Bauern: Grund und Boden. Die Oktoberrevolution war eine Volksrevolution.

Ich stimme dem Historiker Manfred Kossok zu, wenn er schreibt: »Der radikalste Versuch, den ›Verdammten dieser Erde‹ den Weg zu Selbstbestimmung und zu sozialer Gerechtigkeit zu bahnen, war die russische Oktoberrevolution von 1917. Wenn die große Revolution der Franzosen von 1789, der sich das saturierte Bürgertum heute nur noch mit Schaudern erinnert, zur Leitrevolution des 19. Jahrhunderts wurde, wirkte der ›Rote Oktober‹ als Leitrevolution für die Emanzipationsbewegungen des 20. Jahrhunderts«.[3] Die Begeisterung für die Oktoberrevolution und das Geschehen in Sowjetrußland spielte eine wichtige Rolle bei meiner Suche nach einem festen politischen Standort. Grundlegend war jedoch die Tatsache, daß ich in einer Arbeiterfamilie aufgewachsen war und – besonders in der Zeit der Inflation – bittere Not kennengelernt hatte. Ausbeutung und Unterdrückung erschienen mir als eine unerträgliche Entwürdigung des Menschen. Ich konnte nicht begreifen, warum sich Millionen und Abermillionen Menschen in der Welt scheinbar freiwillig dem Joch des Kapitals beugen. Mein Ideal – wohl auch durch die Schriften Romain Rollands und Leo

Tolstois genährt – war eine Gesellschaft sozialer Gerechtigkeit und wahrer Menschlichkeit. Diese ethische Überzeugung erhielt nun durch den Marxismus ein festes Fundament. Seine strenge Logik, die Suche nach den Gesetzmäßigkeiten, die in Geschichte und Gesellschaft wirken, faszinierten mich. Der Marxismus geht nicht von Hirngespinsten oder abstrakten Prinzipien, sondern von den gesellschaftlichen Tatsachen aus. Er zeigt den Weg, der aus dem Labyrinth der bürgerlichen Gesellschaft herausführt. Und da gab es die Kommunistische Partei Deutschlands, eine Partei der Arbeiter, die verfolgt und begeifert wurde, sich aber im Kampf um die Interessen der Werktätigen nicht beirren ließ.

Die Trennung vom »Hans-Leo-Hassler-Kreis« war unausweichlich. In unseren Diskussionen hatte sich eine Differenzierung vollzogen zwischen denen, die nach links neigten oder neutral waren und jenen, die sich den Nazis zuwandten, weil sie meinten, die Befreiung von den Fesseln des Versailler Vertrages und ihr Ideal von einer glücklichen Zukunft für das deutsche Volk in deren Reihen verwirklichen zu können. Einer von ihnen wurde später ein Hitlerjugendführer; seine Schwester, mit der ich befreundet war, hat sich, als ich im KZ Heuberg saß, für mich eingesetzt.

Die Propaganda der NSDAP stieß mich ab. Sie unterschied zwischen »schaffendem« und »raffendem« Kapital; ich hatte aber begriffen, daß der grundlegende Gegensatz in dieser Gesellschaft der zwischen Kapital und Arbeit ist, und daß Krupp nicht besser war als Stinnes. Der Rassismus, vor allem der Antisemitismus der Nazis war für mich unannehmbar. Ich hatte jüdische Freunde und war frei von rassistischen Vorurteilen. Mein Ideal war jene Toleranz zwischen Menschen verschiedener Religionen und Weltanschauungen, die Lessing in »Nathan der Weise« verkündete. Ich wollte mit dem Herrenmenschentum nichts zu tun haben.

Auch für die Sozialdemokratie konnte ich mich nicht begeistern. Sie war nicht mehr die Partei August Bebels. Das Verhalten ihrer Führer im August 1914 und in der Novemberrevolution, ihre Unterwürfigkeit gegenüber den kaiserlichen Offizieren, Hindenburg und den ewig Gestrigen ließ nur den Schluß zu, daß von dieser Partei keine grundlegende Erneuerung der Gesellschaft zu erwarten war.

Die Klarheit und Wissenschaftlichkeit der Lehre von Marx, Engels und Lenin, die Begeisterung für den Aufbau des Sozialismus in der Sowjetunion und nicht zuletzt das Vorbild und die Freundschaft solcher Kommunisten wie Erwin Petermann und Lilo Herrmann ließen bei mir den Entschluß reifen, Kommunist zu werden. So entschloß ich mich mit 17 Jahren, im Jahre 1929, dem ›Kommunistischen Jugendverband Deutschlands‹ (KJVD) beizutreten.

Als ich meine Anmeldung abgab, sagte mir Gertrud Schlotterbeck, die Leiterin des KJVD in Stuttgart, sie habe meinen Beitritt erwartet, kannte sie mich doch aus der MASCH. Sie gehörte einer angesehenen kommunistischen Arbeiterfamilie in Stuttgart-Ostheim an. Wie ihr Vater und acht weitere Angehörige ihrer Familie wurde sie 1944 von den Nazis hingerichtet. Im August 1930, also noch während meiner Schulzeit, trat ich der Kommunistischen Partei Deutschlands bei. Dieser Schritt bestimmte meinen weiteren Lebensweg.

Ein Mitschüler gab über mich in einem Interview u. a. zu Protokoll: »Hager kam in der 7. Realklasse ins Wilhelm-Gymnasium, der damaligen Wilhelms-Oberrealschule, um dort nach drei weiteren Jahren das Abitur zu machen. Ich erinnere mich an ihn in erster Linie aus der Oberprima. Er war sportlich, glaube ich, nicht besonders interessiert; er machte einen etwas idealistischen Eindruck, ein bissel Wolkenkuckucksheim auf der einen Seite, auf der anderen Seite aber auch recht zielbewußt. Er war ein guter Schüler, immer sicherlich im oberen Drittel, hat sich etwas zurückgehalten, war also nicht unbedingt an allen Dummheiten und Spitzbubereien, die wir veranstalteten, beteiligt. Ob er echte Freunde gehabt hat in der Klasse, möchte ich bezweifeln ... Hager war ganz klar politisch orientiert, und zwar kommunistisch. Ich persönlich bin der Überzeugung, daß er damals schon mindestens der kommunistischen Jugendbewegung angehörte, wenn nicht schon Parteimitglied war, und zwar geschultes Parteimitglied. Er war sehr orientiert über die ganze kommunistische Literatur. Im Geschichtsunterricht vertrat er eisern seinen Standpunkt, und ich muß sagen, nicht nur heute rückblickend, sondern schon damals achtete ich ihn wegen seines Idealismus, den er auch hier zum Ausdruck brachte«.[4]

Krisenjahre Das Abitur schloß ich 1931 ohne Schwierigkeiten mit »Sehr gut« ab. Ich wollte Lehrer werden. Dabei war ein bißchen Romantik im Spiel, hatte ich mich doch für Jean Paul's »Schulmeisterlein Wuz« begeistert und bei einer Wanderung im Welzheimer Wald eine verträumte Dorfschule besichtigt, an der ich gern unterrichtet hätte.

Zum anderen hatten mich einige Lehrer beeindruckt, so der Lehrer, der in der Oberprima Literaturunterricht erteilte. Er hatte die Angewohnheit, die Stunde mit einem Gedicht zu eröffnen. »Meine Herren, erheben Sie sich, wir lesen jetzt ein Gedicht von Goethe.« Als ich dabei einmal lachte, rief er: »Hager, stellen Sie sich in die Ecke! Bei Ihnen sind die Perlen vor die Säue geworfen.« Ich nahm mir diesen Tadel sehr zu Herzen; ich war beschämt, daß ich diesen Lehrer, den ich achtete, verärgert hatte. Fächer, die ich für das Studium gewählt hätte, wären Literatur und Geschichte gewesen.

Ich las die »Linkskurve«, das Organ des Bundes revolutionärer proletarischer Schriftsteller, und lernte so die Namen Johannes R. Becher, Willi Bredel, Adam Scharrer, Oskar Maria Graf, Kurt Tucholsky und andere kennen. Um Lehrer zu werden, war die Aufnahme in das Lehrerseminar in Tübingen erforderlich. Aus irgendeinem Grund hatte darüber der evangelische Landesbischof von Württemberg, Wurm, zu entscheiden. Der Pfarrer der Heilandskirche vermittelte meiner Mutter und mir ein Gespräch mit dem Bischof. Dieser war jedoch kurz angebunden. Er wisse Bescheid, daß ich in der Abiturklasse kommunistische Literatur verteilt habe und aus meiner kommunistischen Überzeugung keinen Hehl mache. Deshalb komme eine Aufnahme in das Lehrerseminar nicht in Frage. Ja, da wäre ich doch bereit gewesen, Missionar zu werden … Ich habe diese Szene noch vor Augen. So war es also aus mit dem Lehrerberuf. Für ein anderes Studium fehlten die Mittel, für ein Stipendium die erforderliche Unterstützung. Ich war arbeitslos, einer aus dem 6-Millionenheer der Arbeitslosen im damaligen Deutschland. Ein Versuch, bei der Telegrafenagentur Morse Arbeit zu finden, scheiterte. So ging ich stempeln. Einmal gab es beim Ausschachten eines Grabens einige Mark zu verdienen, aber insgesamt war die Lage trostlos, die Hoffnung auf Arbeit vergeblich, die Zukunft düster. Dies hatte familiäre Folgen, denn ich lag nun, wie man sagt, den Eltern auf der Tasche. Der Stiefvater konnte weder verstehen, daß ich keine Arbeit fand, noch mochte er einen Kommunisten im Hause haben. Es kam zum Zerwürfnis. Ich zog aus und mietete ein Zimmer in der Stuttgarter Altstadt. Meine Mutter sorgte heimlich für ihren mißratenen, arbeitslosen Sohn.

Mit dem Umzug begann ein neues Leben. Meine sturmfreie Bude wurde zum Treffpunkt von Genossen und Freunden. Sie lag in der Nähe der Bezirksleitung der KPD und des Gewerkschaftshauses, gewissermaßen im Zentrum der politischen Auseinandersetzungen, die 1931 und 1932 ständig an Schärfe zunahmen. Oft kam es vor dem Gewerkschaftshaus und im Zentrum der Stadt zu Demonstrationen und zu Schlägereien mit der Polizei und den Nazis. Wir waren bestrebt, die Mitglieder der ›Sozialistischen Arbeiterjugend‹ (SAJ), des ›Reichsbanners‹ und christliche Kreise für das einheitliche Handeln gegen die faschistische Gefahr zu gewinnen, hatten aber trotz vieler Diskussionen wenig Erfolg. Daran war nicht zuletzt unser Sektierertum gegenüber der Sozialdemokratie schuld. Bei einer antifaschistischen Demonstration riefen wir : »Wo sind die Sozialdemokraten?« Antwort: »Im Keller«, Frage: »Was machen sie da? » Antwort: »Huuh!« Ich habe mich oft gefragt, wo die Ursachen für dieses Sektierertum zu suchen sind. Sie liegen sicherlich bei den Kommunisten wie bei den Sozialdemokraten und hängen mit dem widerspruchsvollen Verlauf der Geschichte der Weimarer Republik zusammen. Die Weimarer Republik war von Anfang an mit dem Makel belastet, daß sie aus dem Bündnis Eberts mit General Groener, dem Vertreter der Obersten Heeresleitung zum Kampf gegen »Radikalismus und Bolschewismus«, hervorging. Die Novemberrevolution wurde eingeengt und abgewürgt. Karl Liebknecht und Rosa Luxemburg wurden von reaktionären Offizieren ermordet. Mit Billigung Eberts, Scheidemanns und Noskes (»einer muß der Bluthund sein«) gingen die Freikorps gegen die revolutionären Arbeiter vor, die für die Rätemacht eintraten. Gegen die sozialdemokratisch-kommunistischen Regierungen in Sachsen und Thüringen wurde die Reichsexekutive angewandt. Aber gegen rechts war man, besonders in Bayern, nachsichtig. Nationalistische und chauvinistische Organisationen und Ideologien wurden geduldet. Von der Tolerierung der Brüning-Regierung bis zur Kapitulation der sozialdemokratischen Preußen-Regierung vor dem Staatsstreich Papens war in der Politik der Sozialdemokratie immer nur ein Zusammenspiel mit oder ein Zurückweichen vor der Reaktion festzustellen. Die SPD war eine staatstragende Partei, die in der Weimarer Republik 4 Reichskanzler, 38 Reichsminister sowie Ministerpräsidenten, Polizeipräsidenten, Minister und Senatoren in den Ländern (darunter Preußen) stellte. Sie war in den 30er Jahren durch 870 Bürgermeister, 1261 Gemeindevertreter, zehntausende Beamte, Lehrer und Angestellte im Staatsapparat vertreten. Ihr Einfluß auf die innere und äußere Politik der Weimarer Republik war beträchtlich. Aber: »In dieser Einbindung wurzelte ein ›existentieller‹ Antikommunismus, der das Streben nach revolutionären Veränderungen nicht nur als ideologische Kontroverse, sondern auch als Gefährdung der eigenen Position sah und bekämpfte«.[5]

Die KPD erkannte frühzeitig die von Hitler und seiner Partei ausgehende Bedrohung. Ernst Thälmann warnte: »Wer Hindenburg wählt, wählt Hitler, wer Hitler wählt, wählt den Krieg.« Aber die Aufforderung zur Schaffung einer antifaschistischen Einheitsfront fand wenig Resonanz, weil die KPD die Sozialdemokratie als soziale Hauptstütze der Bourgeoisie bezeichnete und die These vom Sozialfaschismus vertrat. Diese von der Kommunistischen Internationale unter dem maßgebenden Einfluß von Sinowjew und

Stalin vertretene These, die von der KPD übernommen wurde, richtete schweren Schaden an. In einer Zeit, in der alles davon abhing, daß sich die verschiedenen Strömungen in der Arbeiterbewegung zum Kampf gegen den Faschismus und zur Verteidigung der demokratischen Errungenschaften zusammenschlossen, hielt das Zerwürfnis zwischen Kommunisten und Sozialdemokraten an. Dabei spielte das Vorgehen des sozialdemokratischen Polizeipräsidenten von Berlin, Zörgiebel, gegen die Maidemonstration 1929, bei der es Tote und Verletzte gab, eine besondere Rolle.[6]

Der Graben, der Kommunisten und Sozialdemokraten trennte, war tief und schier unüberbrückbar. Er war mit Arbeiterblut gefüllt.

Ende August 1930 veröffentlichte die »Rote Fahne« die Programmerklärung des Zentralkomitees der KPD zur nationalen und sozialen Befreiung des deutschen Volkes. Diese richtete sich gegen den räuberischen Versailler Vertrag und den Youngplan, die Deutschland knechteten, und forderte, alle internationalen Schulden und Reparationszahlungen zu annullieren. Die Programmerklärung entlarvte die zügellose nationalistische Demagogie der Nazis, die bedeutende Schichten des Kleinbürgertums, der Bauern und auch Arbeiter beeinflußte. So wichtig es war, der nationalistischen und chauvinistischen Hetze der Nazis entgegenzutreten, so falsch war es gleichzeitig, das Feuer gegen die Sozialdemokratie zu richten. Die in der Erklärung enthaltenen Losungen machen dies deutlich. Sie lauteten: »Nieder mit dem Youngplan! Nieder mit der Regierung der Kapitalisten und Junker! Nieder mit Faschismus und Sozialdemokratie! Es lebe die Diktatur des Proletariats! Es lebe Sowjetdeutschland!«[7]

Es war ein Teufelskreis. Die KPD kam von ihrer negativen Bewertung der Sozialdemokratie nicht los; die SPD nicht von der Geringschätzung der »moskauhörigen« KPD. So konnten die Spitzen der Parteien nicht zusammenkommen, und auch die »Einheitsfront von unten« erzielte kaum Fortschritte.

Die KPD hat in ihrer Strategie (Orientierung auf Sowjetdeutschland) und ihrer Taktik Fehler gemacht. Sie hat dazu auf der Brüsseler Parteikonferenz 1935 Stellung genommen. Über den Fehlern der KPD darf jedoch nicht »übersehen« werden, daß sie mit ihren 300 000 Mitgliedern und über 5,2 Millionen Wählern (November 1932) eine bedeutende kämpferische Kraft gegen den an die Macht drängenden Faschismus war und daß sie konsequent die Interessen der Arbeiter und der anderen Werktätigen vertrat. Dafür wurden schon in der Weimarer Republik tausende Kommunisten vor die Gerichte geschleppt oder fielen der Reaktion und dem Naziterror zum Opfer. Allein von 1930 bis 1932 wurden 170 Kommunisten von der Polizei erschossen.[8]

Die Behauptung, in der KPD habe es militärische Ordnung und eine alles beherrschende Hierarchie gegeben, ist nicht haltbar. Ich bin in die KPD eingetreten, als sie sich unter Ernst Thälmann und dem von ihm geleiteten Zentralkomitee zu einer Massenpartei entwickelte. Meine Zelle (Parteigruppe) versammelte sich regelmäßig in einem Lokal im Stöckach, um über die politische Lage zu diskutieren, Aktionen (z. B. Landagitation) vorzubereiten und den Parteibeitrag zu bezahlen. Von militärischer Disziplin und Hierarchie konnte keine Rede sein. Wir waren eine Gemeinschaft von Gleichgesinnten, die gegen den Faschismus kämpfte und ein anderes Deutschland wollte. Jeder hatte sich dieser Gemeinschaft freiwillig angeschlossen und konnte sie jederzeit wieder verlassen. Mit dem Übergang zur Illegalität nach dem 30. Januar 1933 änderte sich natürlich die Form der Parteiarbeit. Jetzt war eine feste Disziplin erforderlich, ohne welche illegale Arbeit nicht möglich gewesen wäre. Aber auch dann war von militärischer Ordnung nicht die Rede.

Ich war 1932 dem ›Roten Frontkämpferbund‹ (RFB) beigetreten. Meine Mutter war aufs höchste überrascht über den Wandel vom bündischen »Out fit« zu Stulpenstiefeln und Windjacke. Der RFB war im Mai 1924 als Reaktion auf den zunehmenden Terror von rechts gegründet worden, wie zuvor schon das von der SPD ins Leben gerufene ›Reichsbanner Schwarz-Rot-Gold‹. Nach dem »Blutmai« 1929 hatte der sozialdemokratische Innenminister Severing den RFB verboten. Dies und die Tatsache, daß die KPD eben keine militärische Organisation war, veranlaßten mich, dem RFB beizutreten. Bei Demonstrationen traten wir als geschlossene Formation auf. Dies gab Kraft und stärkte den Willen zum Kampf. Der Ausbildung dienten nächtliche Übungen in der Umgebung Stuttgarts.

Als Mitglied des RFB und seiner Bezirksleitung führte ich nicht meinen richtigen Namen, sondern den Decknamen »Leo«. Dies sollte sich bald als wichtig erweisen. Bei einer Demonstration 1931 gegen eine Notverordnung der Brüning-Regierung wurde ich verhaftet und zu einer Woche Gefängnis verurteilt. Die Verhaftung erfolgte in der Hauptstraße Stuttgarts, der Königsstraße, vor einem Cafe, in dessen Küche meine Mutter arbeitete. Sie sah, wie die Polizei ihren Sohn festnahm.

Die Demonstrationen gegen die Notverordnungen und den zum Faschismus treibenden Kurs der Regierungen von Brüning und Schleicher, die Auseinandersetzungen mit den Nazis führten immer wieder zu Zusammenstößen mit der Polizei. Ich hatte Glück. Als mich bei einer Demonstration ein berittener Polizist verhaften wollte, schützte mich die Menge. Mehr als einmal wurden wir durch die Straßen gejagt und bekamen den Gummiknüppel zu spüren. Durch Vermittlung von Freunden hatte ich schließlich Arbeit als Volontär (Berufsbezeichnung Kaufmann) bei der DEROP (›Deutsch-Russische Ölvertriebsgesellschaft‹) gefunden. Meine Aufgabe bestand vor allem darin, Daten über die Benzinlieferungen an Tankstellen zu erfassen. Nach Verbüßung der Gefängnishaft erklärte mir der Leiter des DEROP-Büros, daß meine politischen Aktivitäten für das Unternehmen eine Belastung seien. Man versetzte mich vorübergehend in die Zweigstelle nach Karlsruhe, um mich dann doch zu entlassen. Nach dieser Episode war ich wieder arbeitslos.

Am Tage meines Eintritts in die KPD übernahm ich auch meine erste Aufgabe als Parteimitglied. Der Agitationssekretär der Bezirksleitung, Bellmann, übergab mir eine Broschüre mit dem Titel »Was wollen die Kommunisten« und machte den Vorschlag: »Lies dies durch! Dann könntest Du morgen nach S. fahren und den Leuten erklären, was wir Kommunisten wollen.« Es war für mich selbstverständlich, diese Aufgabe zu erfüllen und am Leben der Partei aktiv teilzunehmen.

Eine meiner Aktivitäten in dieser Zeit war die Mitarbeit in der IFA (›Interessengemeinschaft für Arbeiterkultur‹), der Schauspieler wie Max Burghardt, der Arzt und Schriftsteller Friedrich Wolf, Studenten der Musikhochschule und andere Intellektuelle angehörten. Max Burghardt, nach dem Krieg langjähriger Intendant der Staatsoper Berlin, schreibt in seinen Erinnerungen, daß er an der MASCH eine philosophische Vorlesung Kurt Hagers gehört habe.

Zu den eindrucksvollsten kulturellen Erlebnissen gehörte die Aufführung der »Dreigroschenoper« von Bertolt Brecht und Kurt Weill im Stuttgarter Schauspielhaus. Selten hat ein künstlerisches Werk die Atmosphäre seiner Zeit, die Stimmungen und Gefühle der Elenden und Ausgegrenzten so wiedergegeben wie die »Dreigroschenoper«. Ich besuchte mehrere Vorstellungen, bis ich Text und Melodie der meisten Songs fast auswendig kannte. Auch Friedrich Wolfs »Zyankali« war besonders aktuell. Die Aufführung fiel mit der Kampagne gegen den §218 zusammen, die Wolf gemeinsam mit der Ärztin Dr. Kienle unternahm. In Massenversammlungen wurde die Aufhebung des §218, der die Abtreibung verbot, gefordert. Ich wirkte im Organisationsbüro mit und lernte dabei Friedrich Wolf kennen.

Eines Tages wurden Gertrud Schenk und ich – zwei Achtzehnjährige – als Referenten für eine gegen den §218 gerichtete Versammlung in Schorndorf eingeteilt. Ich kann mich gut an das Erstaunen und Vergnügen der Versammelten erinnern, die von zwei unerfahrenen Jugendlichen aufgeklärt werden sollten.

Die soziale und politische Lage wurde 1932 immer brisanter. Das rasche Wachstum der NSDAP bis zu den Novemberwahlen, der Aufschwung der KPD, die blutigen Auseinandersetzungen zwischen Nazis und Stahlhelm auf der einen, Kommunisten, Sozialdemokraten und Gewerkschaftern auf der anderen Seite, waren

Ausdruck von Spannungen in der Gesellschaft, die schließlich trotz aller antifaschistischen Aktionen zum Ende der Weimarer Republik und zur Errichtung des Hitlerregimes führten.

Spätestens nach der Reichstagswahl vom 6. November 1932, als nicht nur die bürgerlichen Parteien Stimmen einbüßten, sondern auch die NSDAP mit dem Verlust von zwei Millionen Stimmen (fast 15 Prozent ihrer Wähler) einen Rückschlag hinnehmen mußte, wäre ein Zusammengehen von SPD und KPD notwendig gewesen. Aber die sozialdemokratische Führung beharrte darauf, daß die Nazis mit dem Stimmzettel geschlagen werden müßten. Sie hielt noch am 30. Januar 1933, als Hindenburg die Hitler-Papen-Hugenberg-Regierung berief, an der Illusion fest, daß sich Hitler an die Verfassung halten werde und lehnte außerparlamentarische Aktionen und ein Zusammengehen mit der KPD ab. Dieser Legalismus und die Ablehnung jeglicher Einheitsfront mit der KPD haben die Kräfte der Demokratie geschwächt und selbst in der Stunde der höchsten Gefahr einheitliches Handeln gegen den Hitlerfaschismus verhindert.

Der Rückschlag der NSDAP hatte ihre einflußreichen Förderer aus Finanzkapital und Industrie alarmiert. Wie der Bankier Kurt Freiherr von Schröder später im Nürnberger IG-Farbenprozeß aussagte, fürchteten sie den »Bolschewismus«, d. h. den Verlust von Macht und Profit. Hitler mit seinem Massenanhang schien ihnen und dem Militär die Garantie zu bieten, daß dies nicht eintreten wird. So gaben sie die ungeliebte Weimarer Republik preis, eine verhängnisvolle Entscheidung, die durch die Spaltung der Arbeiterbewegung erleichtert wurde.

Das Kabelattentat Am Morgen des 30. Januar 1933 standen Tausende vor der Textilfabrik Bleyle in Stuttgart-Ostheim. Sie warteten auf das Signal zum Generalstreik gegen die Machtübernahme Hitlers. Aber das Warten war vergeblich.

Es gab keine Einigung zwischen SPD, KPD und den Gewerkschaften zum gemeinsamen Handeln. So löste sich die Versammlung allmählich auf. Ohnmächtige Wut, Empörung über das Ausbleiben des Streikaufrufs, Bitterkeit und Resignation, das waren die Gefühle, die uns in diesen Stunden beherrschten. Ich ging nicht mehr in meine Bude zurück, sondern blieb bei einer Freundin.

Anfang Februar traf sich die illegale Leitung des RFB mit der Leitung des ›Reichsbanners‹ (es war die erste Zusammenkunft überhaupt) in einem Wald in der Nähe Stuttgarts. »Warum nur haben wir uns nicht früher verständigt? Gemeinsam wären wir stark gewesen gegen die Faschisten«, sagte der Vertreter des ›Reichsbanners‹. Doch auch dieses Mal kam es nicht zu einer Vereinbarung. Der Wald wurde von der SA umstellt. Wir wurden verhaftet und auf Lastwagen zur Polizeistation nach Heslach abtransportiert und nach einigen Stunden freigelassen. Zu dieser Zeit gab es unter den Polizisten noch viele Sozialdemokraten. Sie sorgten – zu unserem Glück – dafür, daß uns die SA nicht festhielt.

Am 15. Februar 1933 sollte Hitler zum ersten Mal nach seiner Machtübernahme auf einer Kundgebung in Stuttgart sprechen. Die Kundgebung sollte in der Stadthalle, die 10 000 Plätze hatte, stattfinden und vom ›Süddeutschen Rundfunk‹ und ›Südwestfunk‹ ins Reich übertragen werden. Auf dem Marktplatz wurden Lautsprecher für die dort versammelte SA aus ganz Württemberg aufgestellt. Die Bezirksleitung der KPD richtete am 13. Februar ein Flugblatt an die Arbeiterschaft Stuttgarts und besonders an die SPD und den ADGB mit dem Aufruf zu einer Protestkundgebung gegen das Auftreten Hitlers und für die Herstellung der Einheitsfront.

Ohne Kenntnis der Bezirksleitung der KPD beschloß die Leitung des RFB, die Übertragung der Rede Hitlers zu verhindern. Wir glaubten, auf diese Weise ein Signal für den Widerstand gegen den Faschismus zu geben und wollten der Tatenlosigkeit ein Ende setzen. In Wirklichkeit blieb dies eine Einzelaktion, ein ergebnisloses Sich-Aufbäumen.

Am 25./26. Dezember 1935 erschien im »Völkischen Beobachter« folgende Mitteilung unter der Überschrift »Aufklärung eines

Sabotageaktes aus dem Jahre 1933«: »Stuttgart 24. Dezember. Das württembergische politische Landespolizeiamt teilt mit: Dem württembergischen Landespolizeiamt gelang es in den letzten Tagen, einen kommunistischen Sabotageakt aufzuklären, der seinerzeit großes Aufsehen erregt hat. Als der Führer am 15. Februar 1933 zum ersten Male nach seiner Ernennung zum Reichskanzler in Stuttgart in der Stadthalle sprach, wurde die Rundfunkübertragung dieser Rede bekanntlich unterbrochen. Die Untersuchung ergab, daß das Übertragungskabel in der Werderstraße mit einem Holzbeil durchschlagen worden war. Es war mit Sicherheit anzunehmen, daß die Täter Kommunisten waren, die hier zum letzten Mal versuchten, die Aufklärung des deutschen Volkes über die verbrecherischen Ziele und Methoden der Moskaujünger gewaltsam zu verhindern. Als Täter wurden nunmehr ermittelt: Der ledige Alfred Däuble, der verheiratete 33-jährige Hermann Medinger, der verheiratete 30-jährige Eduard Weinzierl. Urheber des Attentats ist der ledige 23-jährige (das ist falsch; ich war damals 21 Jahre alt) Kurt Hager, während der 35-jährige verheiratete Ingenieur Rudolf Futterknecht als technischer Berater mitwirkte. Die Beschuldigten sehen ihrer gerechten Bestrafung entgegen.«

Am 18. Februar 1936 legte der Generalstaatsanwalt beim Oberlandesgericht Stuttgart die Anklageschrift gegen Däuble, Bräuninger, Weinzierl und Futterknecht vor. Medinger und ich waren flüchtig. Die Anklage lautete auf Vorbereitung zum Hochverrat. Die Angeklagten Däuble, Bräuninger und Futterknecht wurden zu je zwei Jahren Gefängnis, Weinzierl zu zwei Jahren, vier Monaten Gefängnis verurteilt. Gegen mich wurde schon am 12. Februar Haftbefehl und ein Steckbrief erlassen.

In der Anklageschrift heißt es: »Bräuninger sagte bei der Vernehmung aus: ›Einige Tage, bevor Adolf Hitler seinerzeit in der Stadthalle gesprochen hat, es war dies im Februar 1933, habe ich einen früheren Genossen mit dem Decknamen ›Leo‹ getroffen. Es war dies in Canstatt am Arbeitsamt. Soviel mir bekannt ist, ist der ›Leo‹ flüchtig. Wie er mit dem Geschlechtsnamen heißt und wo er wohnte, ist mir nicht bekannt. Dieser ›Leo‹ hat mich aufgefordert, mit zur Stadthalle zu gehen; er wolle mir dort etwas zeigen. Dabei sagte mir ›Leo‹, Adolf Hitler spreche in der Stadthalle, seine Rede werde über ein Telefonkabel auf den Rundfunk übertragen. Wenn man dieses Kabel zerstören könne, sei die Übertragung auf den Rundfunk unmöglich.« Nach der Aktion trafen sich Däuble, Medinger und Futterknecht in einer Wirtschaft. »Ich selbst – sagte Bräuninger aus – bin nicht in die Wirtschaft gegangen, sondern habe mich verabschiedet. Ich wurde nämlich von dem ›Leo‹, der den ganzen Auftrag zur Beschädigung des Kabels gab, in die Wolframstraße bestellt. Ich habe ihn dort allein getroffen. Als ich ihm berichtet habe, daß die Sache geklappt hätte, hat er sich gefreut. Wir gingen nun zusammen die Bahnhofstraße einwärts und haben uns dann in der Bahnhofstraße verabschiedet. Dem Medinger, Däuble und Weinzierl sowie dem Futterknecht habe ich von dem ›Leo‹ nichts erzählt. Ich kann mich wenigstens daran nicht erinnern.«

Es ist verständlich, daß mich die Angeklagten belasteten, dachten sie doch, ich sei im Ausland. Tatsächlich war ich zur Zeit ihrer Verhaftung wieder in Deutschland.

Wie im Verhörprotokoll des Amtsgerichts Stuttgart vom 12. Februar 1936 festgestellt wird, trafen sich am Tag der Rundfunkübertragung Bräuninger, Medinger, Weinzierl und Däuble, wobei Bräuninger das Holzbeil mitbrachte. Weinzierl begab sich mit Medinger in den Hofraum des Gebäudes Neckarstraße 220, »wo sie zuerst den Versuch machten, das Kabel abzuhauen, da ihnen dort die günstigste Gelegenheit zur Beschädigung des Kabels geboten schien. Durch dort aufgestellte Telegrafenarbeiter wurden indessen die Beiden angerufen und dadurch an ihrem Vorhaben gestört, weshalb sie unverrichteter Dinge abziehen mußten«. Nach kurzer Beratung entschlossen sie sich, es auf Seiten der Werderstraße zu versuchen. Bräuninger gab diesmal das Beil Däuble, »mit dem der Beschuldigte Medinger in den Hofraum des Gebäudes Werderstraße 12 ging. Der Beschuldigte Däuble durchschlug nunmehr das Kabel, worauf die Übertragung des Südfunks und die Übertragung auf den

Marktplatz um 21 Uhr 17 Minuten aussetzte und bis zum Schluß der Kundgebung nicht wieder hergestellt werden konnte. Nach vollbrachter Tat gingen die Vier zusammen durch die Stöckach- zur Champignystraße, wobei das Beil von dem Beschuldigten Weinzierl zunächst in einem Garten in der Stöckachstraße versteckt und nach einem kurzen Aufenthalt in der Wirtschaft Dobler, wo der Beschuldigte Futterknecht sich noch befand, von dem Beschuldigten Weinzierl zu Hause sofort zum Holzmachen benutzt wurde, um evtl. Spuren des Holzbeils zu beseitigen«.

Das »Kabelattentat« wirkte wie eine Sensation, war es doch die erste Aktion in Stuttgart gegen Hitler als Reichskanzler.

Wie Willi Bohn in dem Buch »Stuttgart: Geheim!« berichtet, konnten die Nazimachthaber den Schock der blamablen Wortentziehung nie ganz überwinden. Als Hitler am 1. April 1938 in Stuttgart sprechen wollte, wurde ein besonderer Sicherheitsstab der SS eingesetzt, der alle Einzelheiten der Überwachung festlegte und dreizehn namentlich genannte SS-Leute zur »besonderen Verfügung« hatte.[9]

Am Anfang der Hitlerdiktatur – bis etwa 1934 – waren viele der Meinung, daß sich die Hitlerregierung nicht lange halten werde. Das gilt für Kommunisten wie für Sozialdemokraten und Gewerkschafter. Ein Teil der sozialdemokratischen Führung blieb im Land und wartete – wie der ehemalige bayrische Ministerpräsident Högner berichtet – sogar auf ein Angebot Hitlers zur Teilnahme an der Regierung. Diese Hoffnung auf ein baldiges Ende der Hitlerherrschaft, die auch ich hatte, war verständlich, weil niemand sich vorstellen konnte (oder wollte), daß dieses Regime »tausend Jahre« dauern würde, wie die Nazis verkündeten. Der Brand des Reichstags am 27. Februar 1933, der als Vorwand für den Terror gegen Kommunisten und andere Hitlergegner diente, sowie das Ermächtigungsgesetz, mit dem am 23. 3. 1933 die Weimarer Verfassung außer Kraft gesetzt wurde, zerstörten viele Illusionen. Sie zeigten, daß die Nazis entschlossen waren, ihre Macht auszubauen und jeden Widerstand zu brechen.

Unser »Kabelattentat« war erfolgreich verlaufen. Es hatte jedoch zugleich die Unerfahrenheit in konspirativer Tätigkeit offenbart. Zwar war der Auftrag für die Aktion nur einem einzelnen erteilt worden, dann aber wurden fünf weitere Mitglieder des RFB einbezogen, die als Gruppe auftraten.

Wir zogen die Schlußfolgerung, künftig vorsichtiger zu sein. Dennoch beging ich am 1. Mai eine große Dummheit. Neugierig, wie die Arbeiter den Aufruf der »Arbeitsfront« zur Maikundgebung aufnehmen würden, beobachtete ich den Aufmarsch in den Straßen und begab mich dann in das Neckarstadion auf dem Cannstatter Wasen, wo die Abschlußveranstaltung stattfand. Hier erkannte mich der in der DEROP eingesetzte Nazikommissar und ließ mich verhaften. Man führte mich durch ein langes Spalier von SA-Leuten zur »Grünen Minna«, dem Polizeiauto. Ich fürchtete, verprügelt zu werden. Doch die Verhaftung verlief ohne Zwischenfall. Ich landete in der »Büchsenschmiere«, dem Polizeigefängnis in der Büchsenstraße. Am 2. oder 3. Mai erfolgte der Abtransport nach dem Konzentrationslager Heuberg.

Im Polizeiauto befand sich noch ein anderer Gefangener, der politische Leiter der KPD (Polleiter) in Württemberg, Albert Buchmann. Er wurde jedoch nicht in das KZ Heuberg, sondern ins Zuchthaus Rottenburg bei Tübingen gebracht. Albert Buchmann war ein Bayer. Er war ein besonnener Mann, ein erfahrener Kommunist. Politischer Leiter war er im Zusammenhang mit Auseinandersetzungen um die opportunistische Position des bisherigen Leiters Schlaffer geworden, der u. a. die Losung ausgegeben hatte: »Kommunisten ins Rathaus, dann habt ihr den Sozialismus.« Ich bin Buchmann erst nach dem Krieg wieder begegnet, als er eine führende Funktion in der kommunistischen Bewegung der Bundesrepublik innehatte.

Das Konzentrationslager Heuberg war das erste Konzentrationslager in Württemberg. Es befand sich auf einem Truppenübungsplatz auf der schwäbischen Alb und wurde für Tausende Antifaschisten zur Hölle. Ich wurde einer Gruppe jugendlicher

»Schutzhäftlinge« zugeteilt, die im Jugendblock untergebracht waren. Beim ersten Appell mußten wir auf dem Lagerplatz antreten. Es herrschte schneidende Kälte (vielleicht wegen der »Eisheiligen«). Wir froren erbärmlich. Schließlich kam der Lagerkommandant und begann, die Lagerordnung zu verlesen. Er stand in seiner SS-Uniform breitbeinig vor uns und schrie: »Wer sich dem Stacheldrahtzaun nähert, wird erschossen! Wer ohne Erlaubnis den Bau verläßt, wird erschossen!« Und so ging es weiter. Nach dieser Ankündigung, daß wir jederzeit erschossen werden könnten, ging es im Laufschritt immer wieder rund um den Platz, bis wir schließlich erschöpft und eingeschüchtert – wie der Kommandant wohl annahm – in den Bau zurückkehren konnten.

Der Lagerkommandant hieß Karl Buck. Er war ein Sadist, der sich immer neue Quälereien ausdachte. Ich erinnere mich, daß prominente Gefangene – ehemalige Landtagsabgeordnete und Funktionäre der KPD und der SPD – gezwungen wurden, einen Brennnesselstrauß zu tragen, wenn sie durch das Lager gehetzt wurden und daß der sozialdemokratische Reichstagsabgeordnete Kurt Schumacher unter entwürdigenden Bedingungen tagelang in der »Hundehütte«, einem Speicher, gequält wurde. Wie Julius Schätzle in seinem Buch »Stationen zur Hölle« berichtet, wurde Buck, der Kommandant der Konzentrationslager Heuberg, Kuhberg, Welzheim und Inspekteur mehrerer Konzentrationslager im Elsaß war, 1945 wegen der Tötung französischer Häftlinge in Frankreich als Kriegsverbrecher zum Tode verurteilt, später begnadigt, 1955 den westdeutschen Behörden übergeben und von diesen freigelassen.[10]

Tagsüber arbeiteten wir im Steinbruch. Es war keine leichte Arbeit. Zudem bestand die Ernährung meist aus einem Stück Brot und einer kleinen schwarzen Wurst, von uns »Negerspitz« genannt. Einen der uns bewachenden SA-Leute, der sich durch besondere Schärfe hervortat, kannte ich. Er war Mitglied einer Gruppe der Sozialistischen Arbeiterjugend gewesen und hatte mit uns diskutiert. Jetzt war er Wächter im KZ und trieb uns im Steinbruch brüllend und mit entsichertem Gewehr zur Arbeit an.

Am 15. Juli wurde ich entlassen. Es war offensichtlich, daß ich als »ungefährlich« galt; meine Teilnahme an der Aktion im Februar und der Deckname »Leo« waren noch nicht bekannt. Ich vermutete, daß Liesl R. ein Wort für mich eingelegt hatte und rief sie an, als ich wieder in Stuttgart war. Sie wollte jedoch die Verbindung nicht aufrechterhalten. Es war eine schöne platonische Freundschaft gewesen. Ihretwegen hatte ich im Staatstheater den ganzen Nibelungenring durchgehalten, obwohl mir Wagners Musik nicht gefiel.

Die Entlassung aus dem KZ war mit der Ermahnung verbunden, jegliche politische Tätigkeit einzustellen und mit der Verpflichtung, mich einmal in der Woche bei der Polizei zu melden. Das KZ Heuberg hat auf mich nicht einschüchternd gewirkt, obwohl dies zweifellos beabsichtigt war. Das Klima der Bedrohung und der Gewalt hat vielmehr den Haß auf den Faschismus vertieft und den Kampfgeist gestärkt. Als ich entlassen wurde, war ich um eine schlimme Erfahrung reicher, aber auch entschlossen, alle Möglichkeiten zum Widerstand zu nutzen.

In meine Bude konnte ich nicht zurück; so zog ich wieder in die Sickstraße zu den Eltern. Im Spätsommer bekam ich Verbindung zu Genossen. Ich fuhr nach Heilbronn, um die Ortsgruppe des RFB wieder aufzubauen. Unter den ehemaligen Mitgliedern muß ein Spitzel gewesen sein. Anfang Dezember erschien während meiner Abwesenheit ein Beamter der Kripo in unserer Wohnung und fragte meine Mutter, ob ich in Heilbronn gewesen sei und einen blauen Mantel getragen hätte. Von der Reise nach Heilbronn wußte sie nichts, aber der blaue Mantel war vorhanden und paßte auf die Beschreibung. Außerdem erkundigte sich der Beamte, ob ich Leo heiße. Auch davon wußte meine Mutter nichts. Er verabschiedete sich und sagte, er werde bald wiederkommen.

Kurze Zeit später kam ich nach Hause. Meine Mutter teilte mir mit, was geschehen war. Es war klar, daß eine zweite Verhaftung drohte, die ernster als die erste werden würde. Ich packte einen kleinen Koffer und verließ nach einer Viertelstunde die elterliche

Wohnung. Der Abschied war kurz und schmerzlich. Meine Mutter habe ich nie wieder gesehen; sie starb 1937 nach einem Unfall. Die Gestapo hatte ihr – wie schon erwähnt – die einzige Fotografie ihres Sohnes weggenommen, die noch aus der Zeit der bündischen Jugendbewegung stammte. So hatte sie nicht einmal ein Bild von mir.

In den folgenden Wochen fand ich ein Quartier bei einer älteren Frau, die zu den ›Zeugen Jehovas‹ gehörte und die Nazis verachtete. Danach wohnte ich zusammen mit einem Genossen in Stuttgart-Vaihingen im Keller des Wochenendhauses eines Lehrers, der allerdings davon keine Ahnung hatte. Die Landesleitung der KPD beschloß, daß ich für einige Zeit Deutschland verlassen solle. Ich erhielt einen Paß, der nicht besonders gut gefälscht war. Am 31. Januar 1934 fuhr ich mit dem Schnellzug nach Basel. Die Grenzkontrolle ging reibungslos vor sich.

Nach der Ankunft meldete ich mich, wie mir aufgetragen worden war, im Bläsitor als Flüchtling. Eine junge, hübsche, jüdische Genossin nahm die Befragung vor. In der Folgezeit wollten wir mehr voneinander wissen, und so wurden wir Mann und Frau.

Wir sind gleichaltrig. Sabina (Bim) ist in Stanislau geboren und in Czernowitz aufgewachsen. Bis zum Ende des ersten Weltkriegs gehörten beide Städte zu Österreich – Ungarn, danach zu Polen und Rumänien und schliesslich zur Sowjetunion. Mit 18 Jahren verließ Bim, wie zuvor schon ihre ältere Schwester Sarah, das Elternhaus, um in Strasbourg zu studieren. Eine jüngere Schwester – Lilli – blieb zurück. Die Schwestern hatten sich in Rumänien in der kommunistischen Jugend betätigt. Bim leistete in Frankreich antimilitaristische Arbeit. Sie wurde in Abwesenheit verurteilt. Nach der Flucht aus Strasbourg studierte sie in Freiburg im Breisgau, wurde jedoch wegen Herausgabe eines Flugblatts verhaftet und saß bis Oktober 1933 in Untersuchungshaft. Nach der Freilassung emigrierte sie in die Schweiz.

Ihre Schwester Sarah nahm als Krankenschwester am spanischen Bürgerkrieg teil. Während der Okkupation Frankreichs lebte sie mit ihren Kindern in Toulouse und arbeitete für die Widerstandsbewegung. Robert, ihr Mann, ein Kumpel aus dem Ruhrgebiet, hatte in Spanien einen Panzer gefahren. Er ging nach 1940 im Auftrag des Widerstands als Fremdarbeiter nach Deutschland. Nach dem Krieg war er Personalleiter eines Großbetriebs in Ostberlin.

Bim hat im Holocaust viele Familienmitglieder verloren. Wie sie nach 1945 erfuhr, hat die SS in Kolomea ihre Großmutter, die Schwester ihrer Mutter, die Kinder sowie weitere Verwandte erschossen.

Wir hatten keine Aufenthaltserlaubnis für die Schweiz, verstanden es aber, die Schwierigkeiten zu überbrücken und viel Schönes zu erleben, so einige herrliche Tage auf der Insel Rousseaus. Bis zum Frühsommer blieb ich in Basel. Dann wurde mit den Schweizer Freunden vereinbart, daß ich in Zürich dem ZK des Kommunistischen Jugendverbandes der Schweiz helfen soll. Es war die erste Trennung von Bim, denn sie mußte in Basel bleiben, um mit Hilfe von Baseler Antifaschisten den Transport illegaler Literatur nach Deutschland und die Sammlung von Hilfsgeldern für Flüchtlinge zu organisieren.

In Zürich traf ich mit Walter Fisch und Willi Bohn, den Vertretern der KPD sowie mit Jakob Lechleiter, dem Sekretär des KJV und anderen Schweizer Jungkommunisten zusammen.

Eines Tages kam überraschend meine Jugendfreundin Erne aus Stuttgart zu Besuch, um mir mitzuteilen, daß sie in Deutschland bleiben und sich von mir trennen wolle. Sie hatte sich um meine Mutter gekümmert, die von der Haussuchung und den Verhören durch die Gestapo sehr mitgenommen war.

Einen tiefen Eindruck machte auf mich die Solidarität der Schweizer Arbeiter. Ich wohnte bei der Familie eines Eisenbahners. Sie umsorgten mich und stellten keine Fragen, die meine Aufgaben betrafen. Auch mit Intellektuellen brachten mich die Schweizer Freunde zusammen, mit Regisseuren und Schauspielern des Schauspielhauses, Studenten der Eidgenössischen Technischen Hochschule und Künstlern. In diesem Kreis, der sich im Atelier einer

Malerin versammelte, traf ich auch Gregor Gog wieder, den ich schon in Stuttgart kennengelernt hatte und der wie ich im KZ Heuberg gewesen war. Irgendwie war ihm die Flucht nach der Schweiz gelungen. Gregor Gog war der »König der Landstreicher« . Selbst ein »Tippelbruder«, hatte er es sich zur Aufgabe gemacht, für diejenigen zu sorgen, die ohne Obdach und Geld durch die Lande wanderten, und das waren in jener Zeit viele.

In der MASCH hatte ich mich besonders für Philosophie interessiert. Nun nutzte ich die Gelegenheit und studierte, so oft ich konnte, in einer kleinen Bibliothek philosophische Werke, vor allem Hegel und Feuerbach. Der Bibliothekar erinnerte sich an Lenin, der diese im Zentrum Zürichs gelegene Bibliothek oft aufgesucht hatte.

Illegalität Im Sommer 1934 fuhr ich im Auftrag des ZK des Jugendverbandes nach Prag. Dort war eine schwierige Situation entstanden. Der Vertreter des Verbandes hatte Verrat geübt. Er hatte der Gestapo die Deckadressen übergeben, an die aus der Tschechoslowakei illegale Schriften übermittelt worden waren. Gleichzeitig hatte er Ort und Zeit einer in Holland stattfindenden Beratung von Funktionären des Jugendverbandes verraten und damit unserer Arbeit gegen das Hitlerregime einen schweren Schlag versetzt.

Die Aufgabe bestand darin, neue Stützpunkte an der tschechoslowakisch-deutschen Grenze aufzubauen und zuverlässige Deckadressen in Berlin und Sachsen zu finden. Dabei war die Hilfe der Partei und der tschechoslowakischen Freunde nötig.

Vertreter des ZK der KPD in Prag war zu dieser Zeit Hans Beimler. Er war unter dramatischen Umständen aus dem KZ Dachau geflohen, von Freunden versteckt und dann über die tschechische Grenze gebracht worden. Ich traf ihn an einem vereinbarten Treffpunkt, und während wir durch die Straßen gingen, konnte ich mir einen Eindruck von diesem tapferen Kommunisten verschaffen. Er war wortkarg, am Anfang etwas mürrisch, aber, als er sich von der Richtigkeit meines Mandats überzeugt hatte, bereit, über die notwendigen Maßnahmen zu sprechen. Hans Beimler fiel als Kommissar der Centuria Thälmann bei der Verteidigung Madrids gegen die von Hitler und Mussolini unterstützten spanischen Faschisten. Durch Vermittlung Hans Beimlers lernte ich »Ernst«, ein Mitglied des kommunistischen Jugendverbandes der Tschechoslowakei, kennen, der beim Aufbau der Grenzstützpunkte half. Einer dieser Stützpunkte war in Komotau, im Sudetengebiet, ein anderer in Grünwald am Fichtelberg unmittelbar an der deutschen Grenze. Im Grenzgebiet herrschte große Not. Als ich in Komotau von einer Bergarbeiterfamilie, bei der ich übernachtete, zum Essen eingeladen wurde, gab es gestampfte Kartoffeln mit Gewürzgurken, ein Essen, das ich aus der Kindheit kannte. Arbeiter und Häusler halfen uns beim Transport getarnter antifaschistischer Schriften ins Reich. Sie kannten die Schleichwege, auf denen unsere Kuriere über die Grenze gebracht wurden.

Die nächste Aufgabe bestand darin, in Berlin eine zuverlässige Verbindung herzustellen. Versehen mit einem gut gefälschten Schweizer Paß fuhr ich Ende 1934 mit dem Nachtschnellzug nach Berlin. Diese erste Ankunft in Berlin, auf dem Anhalter Bahnhof, hinterließ bei mir einen verheerenden Eindruck: Alles grau in grau, schlecht gekleidete Menschen, der Großstadtverkehr. Ich nahm ein Zimmer in einer Pension, ging zum Potsdamer Platz und machte mich mit der Gegend vertraut, wo der Treff mit dem Vertreter des ZK der Partei stattfinden sollte. Zu dem vorgesehenen Treff kam Anton Ackermann, der damals für die Parteiarbeit im Lande verantwortlich war. Einige Zeit später trat Leo Flieg an seine Stelle.

Über die Partei erhielt ich Verbindung zu Freunden des Jugendverbandes, mit denen alles Notwendige für die weitere Arbeit vereinbart wurde. Die Rückreise nach Prag erfolgte ohne Zwischenfall.

Im Frühjahr 1935 brachte ich als Kurier mehrmals illegale Schriften von Prag nach Berlin und nahm Informationen über die Lage und die Tätigkeit des Jugendverbandes mit zurück. Ich benutzte nicht mehr den Schweizer Paß, sondern ging illegal bei Reichenbach oder an anderer Stelle über die Grenze. Einer dieser Grenzübertritte sollte auf dem Rückweg nach Prag am Bahnhof in

Langenhennersdorf beginnen und in Teplitz enden. Als ich auf dem Bahnhof ankam, war es bereits finster. Wie vereinbart, erwarteten mich zwei Genossen (wie ich viele Jahre später erfuhr, gehörten sie zu der illegalen Organisation der Sächsischen Bergsteiger).[11]

Wir setzten uns in Marsch, bergauf, durch den dunklen Wald. Plötzlich wurden wir angerufen: »Halt! Wer da? Stehen bleiben!« Als wir sofort vom Weg in den Wald sprangen, wurden wir beschossen. Alles verlief blitzschnell. Wir rannten im Wald bergauf, bis wir sicher waren, nicht verfolgt zu werden. Ich bemerkte erst jetzt, daß mein rechter Schuh voll Blut war. Offensichtlich ein Schuß in den Fuß. Ich hatte Glück: Es war ein Schuß, der keinen Knöchel verletzt hatte. Da ich jedoch nicht mehr gehen konnte, nahmen mich beide Genossen fest unter die Arme, und so schleppten sie mich, bis wir in dem unwegsamen und unübersichtlichen Gelände über die Grenze waren und schließlich nach Teplitz kamen. Dort brachten sie mich zu einem Arzt, der sich jedoch weigerte, die Kugel, die im Fuß stecken geblieben war, zu entfernen. Er sagte offen, daß er sich fürchtete, machte einen Notverband und schlug vor, die Sache in Prag in Ordnung zu bringen. In Prag halfen ein Arzt und tschechische Medizinstudenten, wobei alles unter Beachtung höchster Verschwiegenheit vor sich gehen mußte, damit die Polizei keine Kenntnis erhielt. Einige Wochen nach diesem Vorfall wurden drei Genossen, die nach Deutschland zurückgingen, an der Grenze von der SS erschossen. Aus der Klinik hatten mich die Freunde in meine Wohnung gebracht, wo mich meine Frau erwartete. Sie war im Dezember 1934 von Basel nach Prag gekommen und arbeitete für das ZK des Jugendverbandes. Wir hatten eine Einzimmerwohnung in Prag Ziskow gefunden. Sie war nur notdürftig eingerichtet, genügte aber völlig unseren Ansprüchen.

Nach meiner Genesung nahm ich den Vorschlag an, wieder ins Reich zu gehen, und zwar als Oberberater des Jugendverbandes, verantwortlich für Berlin, Sachsen, Sachsen-Anhalt, Niedersachsen, Vorpommern. Ich sollte mich mit den in diesen Ländern tätigen Instrukteuren regelmäßig treffen, sie über die politische Lage informieren und Anleitung für die illegale Arbeit der Gruppen des Jugendverbandes geben.

Hier will ich feststellen, daß ich die Entscheidungen des ZK der Partei und des Jugendverbandes nie als Einschränkung meiner Willensfreiheit empfunden habe. Sie wurden immer nach Beratung mit mir und in gegenseitiger Übereinstimmung getroffen. Ich war aus Überzeugung Kommunist geworden, niemand hatte mich gezwungen, und so war es auch selbstverständlich, daß ich freiwillig die Aufgaben übernahm, die im Kampf gegen den Hitlerfaschismus zu lösen waren, mochten sie noch so schwer und gefährlich sein. Es war eine selbstverständliche, selbstauferlegte Pflicht.

So ging ich also als Oberberater des Jugendverbandes wieder nach Berlin zurück. Ich hatte verläßliche Helfer: Als Techniker, Kurier und Instrukteur den Jugendgenossen »Graf« und eine junge Genossin, die die Verbindung zur Partei hielt (ihren Namen und ihr Schicksal kenne ich nicht). »Graf« war Berliner, er hieß mit richtigem Namen Heinz Meier und hatte nach 1945 leitende Funktionen in der Gewerkschaft inne. Er schrieb mir, und wir haben uns auch bei verschiedenen Gelegenheiten getroffen.

Mit Hilfe von »Graf« fand ich illegale Quartiere, so in Neukölln, in Oberschöneweide und im Wedding. In Oberschöneweide wohnte ich bei einem alten Ehepaar. Tagsüber konnte ich jedoch nicht in der Wohnung bleiben, da der »Neffe« vielleicht dem SA-Führer, der im 3. Stock wohnte, aufgefallen wäre. Wenn ich keinen Treff wahrzunehmen hatte, ging ich spazieren oder setzte mich, meist am Potsdamer Platz, in ein Tageskino. Das Quartier im Wedding war besonders sicher. Der Inhaber der Wohnung war ein Nazi-Blockwart, der mit uns sympathisierte.

1935 war die illegale antifaschistische Arbeit bereits sehr schwierig. Viele Jugendliche waren zu Arbeitseinsätzen verpflichtet worden, andere waren in die Hitlerjugend eingetreten. Die Jungarbeiter in den Betrieben fürchteten, ihre Arbeit zu verlieren.

Der VII. Weltkongreß der ›Kommunistischen Internationale‹ vom 25. 7. – 20. 8. 1935 und die Brüsseler Konferenz der KPD vom 3. bis

15. 10. 1935 hatten zur Schaffung einer breiten Einheits- und Volksfront gegen den Faschismus aufgerufen. Das erforderte auch Einfluß in von den Nazis beherrschten Organisationen. Ein Schwerpunkt für die Tätigkeit des Jugendverbandes war der Arbeitsdienst. Durch das Reichsarbeitsdienstgesetz vom 26. Juni 1935 wurden alle männlichen Jugendlichen von 18 bis 25 Jahren zu einem halben Jahr Arbeitsdienst verpflichtet, Die Organisation »Arbeitsdank« sollte sich um die Interessen derer kümmern, die ihren Arbeitsdienst geleistet hatten. Sie hat jedoch keine Rolle gespielt. Im Arbeitsdienst gab es viele soziale Probleme – schwere Arbeit, geringen Lohn, schlechte Unterkünfte usf. Die Jungkommunisten setzten sich für die Interessen der Arbeitsdienstler ein, verbreiteten Flugblätter, schrieben antifaschistische Parolen an die Wände. Es waren mutige Taten, die jedoch keine Massenwirksamkeit erzielten.

Für die Berliner Organisation war Bruno Baum verantwortlich. Mit ihm traf ich mich regelmäßig. Bruno war Jude und durch seine gedrungene Gestalt und schwarzen Haare sehr auffallend. Als wir bei einem Treff die Treppe zu einem Bahnsteig der S-Bahn hinaufstiegen, kam uns ein SS-Mann entgegen. Bruno hielt sich plötzlich eine Zeitung vor das Gesicht. Nachdem wir an dem SS-Mann vorbei waren, fragte ich: »Was ist los?«. »Der war aus meinem Kiez und kennt mich ganz genau; er hätte uns hochgehen lassen können«, sagte Bruno. Im Spätherbst 1935 wurde Bruno Baum als Verantwortlicher für die Jugendarbeit in Berlin durch Erich Honecker abgelöst. Ich hatte Erich, der aus Moskau gekommen war, in Prag kennengelernt und traf mit ihm nun mehrere Male unter konspirativen Bedingungen in Berlin zusammen. Er konnte jedoch seine illegale Arbeit nur kurze Zeit durchführen. Nach seiner Verhaftung Anfang Dezember 1935 wurde er vom Volksgerichtshof zu 10 Jahren Zuchthaus verurteilt. Erst in den sechziger Jahren wurden anhand der Prozeßakten viele Einzelheiten seiner Verhaftung ersichtlich. Die Gestapo hatte die tschechische Medizinstudentin Sarah Fodorowa beschattet, die mit dem Zug aus Prag kam und einen Koffer mit antifaschistischen Schriften mit sich führte, den sie Erich Honecker übergeben sollte. Aus den Prozeßakten geht hervor, daß die Gestapo einen »Emil« suchte, mit dem sich Erich mehrere Male getroffen hatte. Es ist möglich, daß ich der Gesuchte war.

Gemeinsam mit Erich Honecker wurden am 4. Dezember 1935 Bruno Baum und sechs weitere Mitglieder des Jugendverbands verhaftet. Sie wurden am 3. Juli 1937 vom Volksgerichtshof wegen Vorbereitung zum Hochverrat verurteilt – Bruno Baum zu 13 Jahren Zuchthaus.

Im Herbst 1989 behauptete eine Berliner Illustrierte, Erich Honecker habe Sarah Fodorowa im Prozess schwer belastet. Sie sei nach dem Freispruch in Schutzhaft, dann ins KZ gekommen und durch Gas getötet worden. Die Lüge platzte. Sarah Fodorowa-Wiener meldete sich aus Israel. Sie schrieb u. a. »Ich bin vom Gericht freigesprochen worden aus Mangel an Beweisen. Dies geschah dank der Aussagen und des Verhaltens von Honecker, der, was mich betrifft, mich nicht belastet noch verraten hat. Im Gegenteil: er hat meine Aussagen bestätigt. Herrn Honecker habe ich im Leben viermal gesehen, davon zweimal auf der Straße, einmal im Kaffeehaus, das vierte mal während des Prozesses. Außer im Gerichtssaal waren unsere Begegnungen sehr kurz. Nach der Freisprechung kehrte ich in die Tschechoslowakei zurück. Dann lebte ich in den USA, wieder in der Tschechoslowakei und seit ungefähr 24 Jahren lebe ich in Israel – also keine Schutzhaft nach dem Gericht, kein KZ, kein Tod durch Gas, wie Sie schreiben«.[12]

Instrukteur für Sachsen-Anhalt war ein gleichaltriger rothaariger jüdischer Genosse. Auch ihn hatte ich bereits Ende 1934 in Prag kennengelernt und mit den Aufgaben der illegalen Arbeit für den Jugendverband vertraut gemacht. Über unsere Anlaufstelle in Weipert ging er zunächst nach Hamburg. Ab Juli 1935 war er in Magdeburg tätig. Wir trafen uns im Juli und August mehrere Male in Berlin. Er berichtete mir als dem Oberberater über die immer schwieriger werdende Arbeit mit Jugendlichen in Magdeburg und Dessau, besonders in solchen Betrieben wie Krupp-Cruson und den

Junkerswerken, wo die Rüstungsproduktion bereits in vollem Gang war. Diese Informationen über die Rüstungsproduktion zeigten, mit welchem Nachdruck das Hitlerregime die Aufrüstung betrieb.

Anfang September brach der Kontakt mit dem Magdeburger Instrukteur ab. Offensichtlich war er verhaftet worden. Bei der Weiterleitung der Magdeburger Informationen teilte ich dem ZK des KJVD auch meine Auffassung mit, daß es falsch sei, jüdische Genossen, besonders solch auffallende wie den rothaarigen Magdeburger, zur illegalen Arbeit in Deutschland einzusetzen. Aus konspirativen Gründen trat kein Illegaler unter seinem richtigen Namen auf. So kannte ich auch den Namen des Magdeburger Instrukteurs nicht. Zu meinem 60. Geburtstag wurden mir vom Institut für Marxismus-Leninismus die mich betreffenden Akten des Oberreichsanwalts und der Gestapo übergeben. Ein Teil dieser Akten betrifft die Strafsache wegen Vorbereitung zum Hochverrat im Zusammenhang mit der Unterbrechung der Hitlerrede im Februar 1933. Ein weitaus größerer Teil, von dem ich bis 1972 nichts wußte, betrifft meine Begegnungen mit dem Magdeburger Instrukteur im Juli und August 1935.

Er hieß Gerhard Adolf Holzer und war am 17. Oktober 1912 in Berlin geboren worden. Der Vater war, wie es scheint, Ungar. Gerhard war im April 1932 nach Moskau gereist. Er hatte zunächst als Former in einem Swerdlowsker Betrieb gearbeitet und war 1934 auf einem Kurs für die illegale Arbeit in Deutschland vorbereitet worden. Im Spätherbst 1934 reiste er von Moskau nach Prag. Zunächst mußte er auf seinen Einsatz warten. Bei seiner Vernehmung sagte er aus: »Nach etwa drei Wochen erhielt ich durch den bereits erwähnten Techniker die Verbindung zu dem mir auf dem Lichtbild gezeigten Kaufmann Hager (Vorname: Kurt, Deckname: Leo), geb. am 24. 7. 1912 in Bietigheim (wird seit 2. 4. 1935 von der politischen Polizei Stuttgart gesucht). Hager händigte mir die Anlaufadresse für die Grenzstelle in Weipert (CSR) aus.«[13] Nach der Darstellung seiner Bemühungen bei Krupp-Cruson und in der Firma Polde, wo Granaten und Gewehrmunition hergestellt wurden, Betriebszellen aufzubauen, sagte er: »Erinnerlich ist mir, daß ich Ende Juli 1935 einen Bericht über die Magdeburger Verhältnisse in dem Betrieb dem bereits erwähnten Hager bei einem Treff im Freibad Berlin-Wannsee übermittelt habe.«

Gerhard Holzer wurde am 6. September 1935 verhaftet und am 12. September 1936 wegen Landesverrats in Tateinheit mit Vorbereitung zum Hochverrat zum Tode verurteilt. Am 26. September 1936, also 14 Tage nach dem vom Volksgerichtshof ausgesprochenen Todesurteil, wurde er noch einmal aus dem Strafgefängnis Plötzensee zur Vernehmung geholt, und zwar »in der Strafsache gegen Hager wegen Vorbereitung zum Hochverrat«. Bei dieser Vernehmung schilderte er ausführlich, wie wir uns in Prag kennenlernten und in Berlin wieder zusammentrafen. Er widerrief frühere Aussagen und erklärte, daß er mir keine Informationen über Rüstungsproduktion übergeben habe, d. h. er suchte mich zu entlasten. Von den Vorgängen, die mit der Verhaftung und Verurteilung Gerhard Holzers zusammenhingen, habe ich, wie gesagt, erst 1972 erfahren. Wäre ich durch die Gestapo zu gleicher Zeit wie Holzer verhaftet worden, hätte ich sicher sein Schicksal geteilt. Denn am 12. Februar 1936 hatte der Generalstaatsanwalt beim Oberlandesgericht Stuttgart Haftbefehl und Steckbrief gegen mich erlassen. Anfang März 1936 übernahm der Oberreichsanwalt beim Volksgerichtshof die in Stuttgart vorliegenden Unterlagen. Von diesem Zeitpunkt an waren die Dienststellen der Gestapo verpflichtet, meinen Aufenthalt festzustellen, um den Haftbefehl zu vollstrecken. Die Berichterstattung erfolgte monatlich. So teilte z. B. die Staatspolizeistelle Dresden der Geheimen Staatspolizei am 11. Februar 1938 dem Oberreichsanwalt in der Strafsache gegen Hager mit: »Über den Aufenthalt und die hochverräterische Betätigung des Vorgenannten ist in der Zwischenzeit Sachdienliches hier nicht bekannt geworden.« Die letzte Eintragung über die vergebliche Suche der Gestapo nach dem Hochverräter Hager stammt vom 27. Januar 1945, ist also noch kurz vor Kriegsende vorgenommen worden.

Bei meinem Einsatz zur illegalen Arbeit war vereinbart worden, daß ich Ende Dezember 1935 zur Berichterstattung nach Prag kommen soll. Am 25./26. Dezember erschien im »Völkischen Beobachter« die Mitteilung des württembergischen Landespolizeiamtes über meine Beteiligung an der Unterbrechung der Hitlerrede im Februar 1933. Ich entschloß mich, in der Silvesternacht über die Grenze zu gehen. Am besten geeignet war der Übergang in Oberwiesenthal. Mit dem Glockenschlag 24 Uhr, der das Neue Jahr einläutete, ging ich in der glücklicherweise richtigen Annahme, daß die Zollbeamten gemeinsam auf das Neue Jahr anstoßen würden, durch die Grenzstation auf tschechisches Gebiet. Auch auf dieser Seite rührte sich nichts. Allerdings hatte ich nicht bedacht, daß der Grenzpfad noch einmal deutsches Gebiet berühren würde. Doch alles ging gut. Da hoher Schnee lag, hatte ich Mühe, das Haus in Grünwald zu finden, das als Anlaufstelle galt. Als ich ankam, wurde ich freudig begrüßt. Der tschechische Forstarbeiter, der mich aufnahm, hatte schon befürchtet, daß der Grenzübertritt mißlungen sei. Außerdem war er ungeduldig, weil er zur Silvesterfeier des Arbeiterturn- und Sportvereins nach Joachimsthal wollte. So zogen wir in dunkler Nacht bergab nach Joachimsthal. Ich verletzte alle Regeln der Konspiration und feierte mit den Joachimsthaler Sportlern das Neue Jahr.

Am 1. Januar 1936 fuhr ich nach Prag; endlich waren Bim und ich wieder zusammen. Das Jahr 1935 war das Jahr meiner illegalen antifaschistischen Arbeit in Deutschland. Ich traf mit vielen tapferen Menschen zusammen, die auf verschiedenartige Weise am Kampf gegen das Naziregime teilnahmen, sei es durch die Verbreitung von Flugblättern, sei es durch die Bereitstellung von Quartieren usw. Aber schon 1935 wurde deutlich, daß bei vielen Bürgern die Furcht vor dem Terror der Gestapo wuchs und die Bereitschaft, sich im antifaschistischen Kampf zu engagieren, nachließ. In den folgenden Jahren, besonders während des Krieges, wurde der Kampf gegen die Hitlerherrschaft immer schwieriger und opferreicher. Und dennoch war er nicht vergeblich, weil er den Nachweis für die Existenz eines anderen Deutschland erbrachte, dem Frieden und Freiheit, soziale Gerechtigkeit und Menschenwürde teuer waren.

Wieder in der Schweiz Der Aufenthalt in Prag war kurz. Schon nach wenigen Wochen teilte mir Friedel Stein (Kurt Siegmund), der Mitglied des ZK des KJVD war, mit, daß ich in Strasbourg für die Grenzarbeit nach Baden, dem Saargebiet und der Pfalz verantwortlich sein soll. Allerdings müßte ich zunächst in Zürich den Verantwortlichen für die Grenzarbeit nach Bayern treffen. Ich besaß einen Schweizer Paß, der einem Bürger von Basel gehört hatte. Diesen Paß hatte ich für die Reise nach Berlin benutzt, und dabei war die Fälschung nicht aufgefallen. Nun sollte ich über die Schweiz nach Strasbourg fahren. Dies schien mir ein großes Risiko. Deshalb schlug ich Friedel vor, daß ich über Deutschland nach Frankreich fahre. Er beharrte jedoch auf der Schweizer Variante, da der Treff mit Georg, dem Verantwortlichen in Zürich, besonders wichtig sei. Also nahm ich den Zug über Wien und Innsbruck nach Zürich.

An der Grenze ging alles gut. In Zürich kam ich am späten Abend an. Ich suchte die Wohnung auf, die mir als Anlaufstelle angegeben worden war. Sie gehörte einer jungen Frau, die mich auch freundlich aufnahm. Doch plötzlich bekam sie Angst: »Was würde ihr Bruder sagen, wenn er erführe, daß ein Wildfremder in ihrer Wohnung übernachtet hat!«. So stand ich gegen 1 Uhr nachts mit meinem Koffer auf der Straße und mußte für die Übernachtung ein Hotel suchen. Ich nahm ein Zimmer in einem, wie mir schien, gut bürgerlichen Hotel in der Innenstadt. Bald wurde mir klar, daß ich schlecht gewählt hatte; deshalb wäre es das Beste, möglichst früh aufzubrechen. Doch kurz vor 5 Uhr erschien die Kriminalpolizei und forderte Einsicht in den Paß. Man habe an der Eintragung im Hotelbuch festgestellt, daß es sich um einen Paß handele, der als verloren gemeldet sei. Ich sagte, leider hätte ich vergessen mitzuteilen, daß ich meinen Paß wieder gefunden habe. Die Beamten besahen den Paß von allen Seiten und fanden ihn in Ordnung.

Schon dachte ich, alles sei erledigt, da kam die Frage: »Sie sprechen kein Schwiezer Dütsch?« Ich sagte, in meinem Elternhaus, obwohl gut Schweizerisch, sei immer Hochdeutsch gesprochen worden. »Gut, Sie sind Kaufmann und reisen viel. Zeigen Sie Ihre Taschentücher. Ihre Wäsche müßte gezeichnet sein. Aber da ist nichts. Wir müssen Sie bitten, zur Überprüfung auf die Wache mitzukommen«. Ein Kaufmann, der so oft auf Reisen sei, müsse Wäsche tragen, die mit seinen Initialen gekennzeichnet ist, meinten sie. Bei mir sei dies jedoch nicht der Fall, also ...

Damit begann mein zweiter Schweizer Aufenthalt. Lange ließ sich die Version vom verlorenen und wiedergefundenen Paß nicht aufrechterhalten, da sich der Eigentümer bald fand. Es kam jedoch darauf an, Zeit zu gewinnen, bis die Schweizer Freunde von der Verhaftung Kenntnis erhielten und über die »Rote Hilfe« einen Rechtsanwalt finden würden, der sich um mich kümmern konnte; bestand doch die unmittelbare Gefahr der Auslieferung an die Gestapo. Bei den Verhören erwies sich, daß einige Beamte große Sympathie für Hitler hatten.

Im Futter meines Mantels fand die Polizei eine größere Geldsumme. Ich gab schließlich zu, daß das Geld für den antifaschistischen Kampf der KPD bestimmt sei, worauf die Schweizer Presse meldete, daß man einen gefährlichen Agenten der ›Komintern‹ (›Kommunistische Internationale‹) festgenommen habe. Jetzt wußten die Schweizer Freunde Bescheid.

Ich wurde zu Gefängnis verurteilt (die Strafe galt durch die Untersuchungshaft als verbüßt) und aus der Schweiz auf Lebenszeit ausgewiesen. Wieder galt es, eine Grenze zu überschreiten. Nach mehreren vergeblichen Versuchen gelang es mir schließlich, bei Basel die Grenze zu Frankreich zu überqueren und nach Strasbourg zu fahren. In den Gestapoakten findet sich über dieses Schweizer Intermezzo folgendes Dokument:

»Deutsche Gesandschaft Bern, den 23. April 1936

A 875 Berichts Durchschläge Inhalt: Kurt Hager

An das Auswärtige Amt Berlin

Das ›Berner Tageblatt‹ (Nr. 75 vom 28. März d. J.) brachte folgende Meldung über die Ausweisung eines deutschen Staatsangehörigen: ›Der Bundesrat hat einen deutschen Staatsangehörigen, der sich unter falschem Namen und unter Verwendung eines Schweizer Passes, den er sich auf unerlaubtem Weg verschafft hatte, in der Schweiz aufhielt und von hier aus kommunistische Propaganda betrieb, auf Grund von Art. 70 der Bundesverfassung ausgewiesen. Wie ich bei der Schweizerischen Bundesanwaltschaft festgestellt habe, handelt es sich hier um den Kommunisten Kurt Hager, geboren am 24. Juli 1912 in Bietigheim.‹ gez. Weizsäcker«

Die Meldung ist von dem Vater des ehemaligen Bundespräsidenten unterschrieben. Am 5. Dezember 1936 vermutet die Stuttgarter Gestapo, daß sich der wegen Vorbereitung zum Hochverrat flüchtige Kaufmann Kurt Hager noch in der Schweiz aufhält. »Näheres konnte über seine illegale Betätigung in der Schweiz nicht ermittelt werden.« Ich war längst in Strasbourg. Von Strasbourg aus war die Grenzarbeit schwieriger als in der Tschechoslowakei. Es bestanden Verbindungen ins Saargebiet und nach Mannheim. Bei dem Vertreter des ZK der KPD fand ich wenig Unterstützung; wahrscheinlich, weil er seine Verbindungen nicht mit dem Jugendverband teilen wollte. Die Informationen aus dem Reich kamen spärlich; insgesamt waren unsere Ergebnisse unbefriedigend.

Ich hatte ein Quartier in einem Bauernhaus in Schieltigheim und solidarische Unterstützung durch eine Arbeiterfamilie und Studenten der Strasbourger Universität. Im Sommer wurde ich abberufen, um in Belgien die Grenzarbeit zu übernehmen. Dieser Plan konnte jedoch nicht verwirklicht werden. Ich fuhr nach Paris. Mein Nachfolger in Strasbourg war Hans Mahle (er wurde nach 1945 Chefredakteur der Westberliner Zeitung »Wahrheit«). Vom Juli 1936 an, als in Spanien der faschistische Putsch Francos stattfand, war es klar, daß mein Weg nach Spanien führen mußte, um an der Verteidigung der Republik teilzunehmen.

Volksfront Paris Sommer 1936! Paris war im Fieber der Volksfront. Zum ersten Mal war es zu einem Bündnis von Kommunisten, Sozialisten und linksbürgerlichen republikanischen Kräften gekommen – als Antwort auf Vorstöße faschistischer »Feuerkreuzler« und als Schlußfolgerung aus den Ereignissen in Deutschland. Auf den großen Meetings im Bois de Boulogne, an denen wir teilnahmen, um Marcel Cachin, Maurice Thorez (die Kommunisten) und Redner der anderen Parteien zu hören, herrschte eine Hochstimmung der Einheit und Brüderlichkeit. Wir: Das waren zunächst Georg, Pat und ich. Georg war jener bayrische Jungkommunist, den ich in Zürich hätte treffen sollen, wozu es aber durch die Verhaftung nicht gekommen war. Pat stammte aus Karlsruhe, ihn hatte ich 1932 bei dem kurzen Aufenthalt als Mitarbeiter der DEROP für den KJVD geworben. Nun sahen wir uns in Paris wieder. Wir hatten ein gemeinsames Zimmer in einem schäbigen kleinen Hotel am Friedhof Pere Lachaise. Da wir keine Aufenthaltserlaubnis besaßen, lebten wir unangemeldet in diesem Hotel, wie es uns schien: denn, als ich mich im Januar 1937 bei der Concierge bedankte, daß sie uns ohne Polizeierlaubnis wohnen ließ, meinte sie trocken, die Polizei habe von unserer Anwesenheit von Anfang an gewußt.

Im Hotel lebten noch andere Flüchtlinge, politische und auch aus rassischen Gründen Verfolgte. Wir erhielten von der französischen Roten Hilfe – Secours Rouge – fünf Francs pro Tag. Dies war ein großartiger Beweis der Solidarität, aber eine Summe, die besonders für drei kräftige junge Männer in keiner Hinsicht ausreichte. Wir ernährten uns also recht und schlecht, kurz: wir hungerten. Doch gab es auch Ausnahmen.

Einmal lebte ich wie Gott in Frankreich . Ich hatte an einem Sonntag Fritz Nicolay aufgesucht, der im Saargebiet bis zum Anschluß an das »Dritte Reich« den Jugendverband leitete. Er lebte mit einer jungen Französin, einer Midinette, zusammen. Irgendwie hatten beide an diesem Tag Spenderlaune. Sie schlugen vor, in ein gutes Restaurant essen zu gehen. Das Restaurant lag auf dem Montparnass und hieß »Les douces noces de Jeanne«. Hier saßen und aßen wir nun ausgiebig, wie es bei den Franzosen üblich ist; wir aßen und tranken so viel, daß nach Begleichung der Rechnung nicht einmal das Fahrgeld für die Metro übrig blieb und wir einen langen Marsch quer durch Paris nach Hause antreten mußten. Im August stand plötzlich Bim vor der Tür. Sie war aus Moskau gekommen, um mit mir zusammenzusein. Ich freute mich natürlich und war doch zugleich sehr erschrocken. Das Urteil, das 1932 gegen sie ausgesprochen wurde, war sicher noch rechtskräftig. Dennoch hatte sie das Risiko der Reise nach Paris auf sich genommen und war nun das neue Mitglied unseres Kollektivs. Da sie (Schwarz-)Arbeit in einem Restaurant fand, verbesserte sich unsere Versorgung beträchtlich.

Die deutschen Emigranten, die sich in Paris aufhielten, entwickelten große politische Aktivität. Das mutige Auftreten Georgi Dimitroffs vor dem Reichsgericht hatte uns neuen Mut gegeben. Die Schuld der Nazis am Reichstagsbrand wurde in einem »Braunbuch« nachgewiesen. Jetzt ging es darum, eine breite Bewegung für die Freiheit Ernst Thälmanns und aller anderen Antifaschisten, die sich in den Händen der Gestapo befanden, zu organisieren. Zu den Höhepunkten unseres politischen Lebens in Paris gehörte die Gründung der ›Freien Deutschen Jugend‹ (FDJ). Sie war ein loser Zusammenschluß von Jugendlichen verschiedener linker Richtungen. Zu den Mitgliedern gehörten Peter Gingold und Roman Rubinstein, die sich später der französischen Widerstandsbewegung anschlossen. Treffpunkt war der Club der FDJ in der Rue Richet. Ich erinnere mich an viele, zum Teil heftige Diskussionen, meist über die Lage in Deutschland und die Perspektive, aber auch über die Entwicklung in der Sowjetunion. Unter den Teilnehmern dieser Diskussionen waren Kommunisten und Trotzkisten, Angehörige verschiedener sozialistischer Gruppen und der bündischen Jugendbewegung. Als Vertreter des ISK (›Internationaler Sozialistischer Kampfbund‹) oder der SAJ nahm Willy Brandt einmal an einer Diskussion in der Rue Richet teil.

Wie könnten wir je vergessen? Am 18. Juli 1936 unternahm in Spanien die faschistische Reaktion unter Führung des Generals Franco einen Putsch, um die Regierung der Volksfront, die aus den Wahlen im Februar hervorgegangen war, zu stürzen und die Republik zu beseitigen. Nach anfänglichen Erfolgen in einigen Regionen stießen die Putschisten auf den erbitterten Widerstand der Volksmassen, die sich zur Verteidigung der Republik erhoben. Es gelang Franco nicht, Madrid einzunehmen; Katalonien blieb der Republik treu. Im Norden waren Asturien und das Baskenland Zentren des Widerstandes.

Als der Putsch ausbrach, nahmen in Barcelona ausländische Antifaschisten ohne Zögern Seite an Seite mit den republikanischen Milizen den Kampf auf. Deutsche Hitlergegner, unter ihnen der Kommunist Hans Beimler, bildeten die »Centuria Thälmann« . Aus aller Welt eilten Freiwillige nach Spanien, um die demokratische Republik zu verteidigen. Die Regierung der Republik unter dem Sozialisten Largo Caballero entsprach am 22. Oktober 1936 deren Wunsch nach Eingliederung in die sich formierende Volksarmee. Am 1. November war die XI. Internationale Brigade gebildet. Ihr folgten die XII., XIII., XIV., XV. und später die 129. Internationale Brigade. Den Interbrigaden gehörten Kommunisten, Sozialisten, bürgerliche Demokraten, Parteilose, Arbeiter und Intellektuelle, Christen und Juden, Menschen aller Hautfarben und Weltanschauungen an. Die entscheidende Kraft in dem bis März 1939 andauernden Kampf waren die Formationen der spanischen Volksarmee. An ihrer Seite bewährten sich die Interbrigadisten aus über 50 Ländern an allen Fronten durch Standhaftigkeit und Heldenmut. Viele Tausende, darunter fast 3 000 deutsche Antifaschisten, ließen im Kampf für die spanische Republik ihr Leben. Die internationalen Brigaden erwarben sich Ansehen und Ruhm.

Franco wurde von Anfang an durch Hitler und Mussolini unterstützt. Hitlerdeutschland entsandte die Legion Condor, die sich durch die Zerstörung der Stadt Guernika in das Register der Verbrechen des Faschismus eintrug. Spanien war für den Hitlerfaschismus ein Übungsplatz zur Erprobung der Waffen, eine strategische Position zur Vorbereitung des zweiten Weltkriegs.

Die Nutzung Spaniens für die Kriegspläne Hitlers wurde durch die »Nichteinmischungspolitik« Frankreichs und Großbritanniens begünstigt. Sie verhinderte den Nachschub an Waffen und Munition und fügte der spanischen Republik großen Schaden zu. Die Sowjetunion und Mexiko unterstützten die Regierung der Volksfront mit Waffen und Munition, was allerdings durch die Blockade und das Verhalten Frankreichs behindert wurde. Die weltweite Solidarität half, manche Schwierigkeit zu überwinden.

Am 7. August 1936 erklärte das Zentralkomitee der KPD in einem Aufruf: »Das spanische Volk steht im schwersten Kampf um seine Freiheit. Der Sieg der spanischen Volksfront ist ein Sieg der Demokratie und des Friedens in Europa. Die Niederlage der spanischen Volksfront wäre eine gewaltige Stärkung des Faschismus, besonders des Hauptkriegstreibers Hitler, und eine gefährliche Bedrohung der Volksfront in Frankreich. Alle Friedensfreunde haben deshalb nur ein Ziel: Franco, den blutigen Verbündeten Hitlers, zu schlagen. Wir appellieren an alle militärisch ausgebildeten deutschen Antifaschisten im Ausland, sich der spanischen Volksfront zur Verfügung zu stellen. Meldet Euch bei den Euch bekannten verantwortlichen Funktionären!«

Wir wollten nach Spanien, um gegen den Faschismus zu kämpfen. Georg und Pat fuhren als erste (ich habe sie nie wiedergesehen und weiß nicht, was aus ihnen geworden ist). Meine Abreise verzögerte sich bis Anfang Januar 1937. Ich hatte Arthur Becker (wir nannten ihn »Atze«) meinen Antrag übermittelt, nach Spanien zu gehen. Er war der jüngste Reichstagsabgeordnete der KPD gewesen und gehörte dem ZK des KJVD an. Er arbeitete in Paris eng mit der Auslandsleitung – dem Sekretariat – des ZK der KPD zusammen.

Atze teilte mir mit, daß beschlossen worden sei, mich als Vertreter des ›Kommunistischen Jugendverbandes Deutschlands‹ bei der ›Vereinigten Sozialistischen Jugend Spaniens‹ (JSU) einzusetzen und gab mir entsprechende Informationen. Die JSU war vor kurzem aus dem Zusammenschluß des ›Kommunistischen Jugendverbandes Spaniens‹, der von Ferdinando Claudin geleitet wurde, und dem ›Sozialistischem Jugendverband Spaniens‹ unter Leitung von Santiago Carillo entstanden. Gleichzeitig, so meinte Arthur Becker, solle ich mich um die Jugendarbeit in der XI. Internationalen Brigade kümmern.

Endlich kam der Tag der Abreise. Die Genossen hatten mir einen luxemburgischen Paß auf den Namen Felix Albin aus Esch besorgt. Der Paß wirkte absolut echt. Von diesem Zeitpunkt an bis zum Ende des zweiten Weltkrieges, ja noch zwei Jahre danach, hieß ich Felix Albin.

Gemeinsam mit Richard Stahlmann verließ ich Anfang Januar 1937 Paris. Vom Gare de Lyon bis zum Flugplatz von Toulouse wurden wir beschattet. Die französischen Behörden wollten sicher gehen, daß wir wirklich Frankreich verließen. Die Überwachung galt vor allem Richard Stahlmann. Er machte seinem Namen alle Ehre. Ich habe ihn als einen schon über vierzigjährigen, kräftigen Genossen in Erinnerung. In Spanien wurde er Kommandeur der Partisanenabteilung, die im Hinterland der Faschisten operierte. Nach der Schlacht von Guadalajara kam die Abteilung zu ihrer Basis in einem Dorf nahe der Front zurück. Anläßlich des erfolgreichen Einsatzes fand ein Festessen statt, bei dem es am Spieß gebratenen Hammel gab und viel Rotwein getrunken wurde. Richard hatte mich zur Feier eingeladen.

Der Flug von Toulouse nach Barcelona und die Fahrt nach Valencia verliefen ohne Zwischenfälle. Für die Strecke Barcelona-Valencia brauchte der Zug fast einen Tag. Das gab die Möglichkeit, auszusteigen und sich mit Orangen direkt vom Baum zu versorgen.

Die Regierung Largo Caballero war von Madrid nach Valencia evakuiert worden. Eine reguläre Armee bestand zu dieser Zeit noch nicht, obwohl die ›Kommunistische Partei Spaniens‹, die das 5. Regiment unter dem Kommando Enrique Listers organisiert hatte, nach den schweren, verlustreichen Kämpfen zur Verteidigung Madrids mit Nachdruck den Zusammenschluß der Milizen und die Schaffung einer regulären Armee forderte. In Valencia schienen die Anarchisten zu herrschen, die alle Ordnung mißachteten. Nicht selten fuhren sie in wilder Aufmachung mit ihren Lastwagen in hohem Tempo durch die Straßen und schufen manche gefährliche Situation. Sonst war vom Krieg wenig zu merken. Erst einige Monate später erlebte ich die Beschießung der Stadt durch ein Kriegsschiff, vielleicht durch das deutsche, das auch Almeria angegriffen hatte.

Nach der Ankunft meldete ich mich bei der deutschen Gruppe der KP Spaniens (die Mitglieder der KPD wurden in die von Jose Diaz geführte spanische Partei überführt). Die Leitung der deutschen Gruppe hatte Franz Dahlem. Er war Mitglied des Politbüros und des Sekretariats des ZK der KPD sowie Politkommissar der XI. Internationalen Brigade. Mit Franz Dahlem verbinden mich viele Erinnerungen. Besonders in seinen letzten Lebensjahren, als er nach erfolgter »Rehabilitierung« (die er nie voll anerkannte, da er weiterhin aus der Führung der SED ausgeschlossen blieb) seine Memoiren schrieb, hatten wir oft stundenlange Diskussionen.

Als ich mich im Haus des ZK meldete, empfing mich Franz Dahlem in der ihm eigenen harschen Art mit den Worten »Was willst Du denn hier?«. Ich antwortete, daß ich nach Albacete wolle, wo die Aufnahme und Ausbildung der Kämpfer der XI. Brigade erfolgte. Außerdem hätte ich – was er aus dem schriftlichen Mandat ersehen könne – den mir von Arthur Becker übermittelten Auftrag des ZK des KJVD, die Verbindung zur JSU (›Vereinigte Sozialistische Jugend Spaniens‹) herzustellen. Darauf meinte er: »Du bleibst in Valencia. Wir (d. h. die Leitung der Partei) werden entscheiden, welche Aufgaben Du übernimmst.«

In einem Hotel am Bahnhof, in dem spanische Milizionäre und Interbrigadisten untergebracht waren, fand ich Unterkunft. Die Verbindung zur JSU war rasch hergestellt. Die Aufgabe bestand vor allem darin, die spanischen Freunde bei der Organisierung der

Solidaritätsbewegung zu unterstützen und sie über die Lage der Jugend in Hitlerdeutschland zu informieren.

Die JSU war – wie Dolores Ibarruri (La Passionaria) in ihren Memoiren schreibt – »ein Faktor von außerordentlicher Bedeutung für die Bewahrung der Einheit und des Widerstandes der Volksmassen.«[14] Bei der Verteidigung Madrids und in den Kämpfen an verschiedenen Fronten standen die Mitglieder des Jugendverbandes in erster Reihe. Ich lernte Ignazio Gallego, Santiago Alvarez und andere Freunde kennen, mit denen ich auch nach 1945 oft zusammentraf; zuletzt anläßlich des Vereinigungsparteitages der KP Spaniens und der KP der Völker Spaniens in Madrid im Januar 1989.

Ich gehörte zur XI. Internationalen Brigade. Franz Dahlem teilte mir mit, daß ich in Valencia bleiben und als Redakteur am »Deutschen Freiheitssender 29,8« arbeiten soll. Der Sender, der sich in Pozuelo del Rey bei Madrid befand, war dem ZK der KPD von der Regierung der Volksfront für die Propaganda nach Hitlerdeutschland zur Verfügung gestellt worden. Täglich war eine Sendestunde vorgesehen. Chefredakteur war Gerhart Eisler, Redakteure waren Hans Teubner, Erich Glückauf und ich, wobei ich vor allem über Jugendfragen schrieb. In Madrid wirkte Hanns Maaßen als Sprecher des Senders. Er trug aus einem Studio die ihm aus Valencia übermittelten Texte vor. Die Sendungen wurden in Deutschland gut gehört. Sie wurden, wie sich aus Berichten illegaler Gruppen ergab, von Antifaschisten als Hilfe im Widerstandskampf bewertet und versetzten die Nazis in Unruhe, da es der Gestapo nicht möglich war, den Standort des Senders zu ermitteln und die Sendungen zu verhindern. Bis März 1939, bis Madrid durch Verrat in die Hände der Faschisten fiel, konnte der »Deutsche Freiheitssender 29,8« gehört werden.

Der Chefredakteur Gerhart Eisler war ein witziger und schlagfertiger Agitator. Als ich ihm meinen ersten Text für eine Sendung vorlegte, strich er mit Rotstift den Anfang und sagte: »Als Journalist sage ich Dir: Die meisten Artikel beginnen langweilig. Es schadet nichts, den Anfang zu streichen. Du mußt kurze Texte schreiben, die der Hörer versteht und im Gedächtnis behält.« Mit Gerhart Eisler lernte ich das Leben und Treiben in Valencia kennen. Im Frühjahr 1937 gab es noch Stierkämpfe; man konnte beim Pelotaspiel Wetten abschließen und sich in einem guten Restaurant an einer Paella Valenciana sattessen. Anfang Mai 1937 kam Bim nach Valencia. Sie hatte eine abenteuerliche Seefahrt von Marseille nach Barcelona hinter sich. In Barcelona war der Aufstand der POUM, einer linkssektiererischen, trotzkistischen Gruppe im Gange, der jedoch rasch niedergeschlagen werden konnte. Unter der Losung »Revolution« wollte sie die Volksfrontregierung Caballero stürzen. Sie hatte in verräterischer Weise ihre Milizen von der Front abgezogen und dadurch eine gefährliche Lage für Katalonien und die Republik geschaffen.

Wieder einmal waren wir in Valencia für einige Monate zusammen. Bim arbeitete als Sekretärin in der deutschen Gruppe. Gemeinsam mit Franz Dahlem und seiner Frau Käthe, mit Anton Ackermann, Gerhart Eisler und den Redakteuren von »29,8« lebten wir im Haus des italienischen Konsuls, das zugleich als Redaktion diente.

Zu meinen Aufgaben gehörte es, die Mitglieder des KJVD in der XI. Internationalen Brigade über die Arbeit und die politischen Aufgaben des Jugendverbandes zu informieren. So traf ich am Tage nach der Schlacht von Guadelajara, die zu einer vernichtenden Niederlage der italienischen Helfershelfer Francos geführt hatte, in dem in Frontnähe liegenden Dorf Torija mit Kameraden aus der Brigade zusammen.

Bei dieser Gelegenheit lernte ich den Kommandeur der XI. Internationalen Brigade, Hans Kahle, seinen Stabschef Ludwig Renn sowie den Schriftsteller Bodo Uhse kennen. Ich erinnere mich, daß Ludwig Renn auf die Frage, wann er über die Schlacht von Guadalajara und den Freiheitskampf des spanischen Volkes schreiben werde, antwortete, dazu sei ein Abstand von mehreren Jahren erforderlich (und so geschah es auch – die Bücher Ludwig Renns und Willi Bredels über diese Zeit erschienen erst nach 1945).

Hans Kahle war ein von den spanischen wie den internationalen Kämpfern hoch geschätzter Kommandeur der Internationalen Brigaden. Wir trafen uns 1939 wieder in London. Nach der Niederlage Hitlerdeutschlands wurde er Polizeipräsident im Land Mecklenburg in der sowjetischen Besatzungszone. Er starb 1948 nach einer Magenoperation.

Im Juli 1937 tagte in Madrid der III. Internationale Schriftstellerkongreß für die Verteidigung der Kultur, an dem Anna Seghers, Willi Bredel, Egon Erwin Kisch teilnahmen. Der Kongreß rief zur Solidarität mit dem republikanischen Spanien auf. Wir berichteten im »Freiheitssender 29,8« über seine Beratungen, die in Barcelona und Paris fortgesetzt wurden.

Im September 1937 hielt ich an der Politschule in Benicasim vor deutschen Interbrigadisten einen Vortrag über die Agrarfrage in Spanien. Bei der Vorbereitung dieser Lektion erfuhr ich viel über die feudalen Rechte in der spanischen Landwirtschaft und konnte verstehen, weshalb die kleinen Bauern und Pächter, die von den Grundbesitzern schamlos ausgebeutet worden waren, sich für die Volksfront einsetzten.

Auf Vorschlag des sozialistischen Jugendverbandes und in Übereinstimmung mit dem Politkommissariat der XI. Internationalen Brigade berief mich Don Federico Melchor Fernandez, Generaldirektor für Propaganda im Staatsministerium (Ministerio de Estado) am 13. Oktober 1937 zum Direktor der Auslandssendungen des Rundfunks der Republik. In einer Urkunde bestätigte er, »daß Don Felix Albin durch diese Generaldirektion beauftragt ist mit der Leitung aller fremdsprachigen Sendungen, die von Madrid aus ausgestrahlt werden, gleich welcher Sender der Hauptstadt dafür in Frage kommt«.

Ich mußte nach Madrid übersiedeln. Bim blieb in Valencia zurück. Mein erster Schritt war die Beratung mit Luigi Longo (Gallo) und Ernst Blank im Generalkommissariat der Internationalen Brigaden. Es stellte sich heraus, daß die Auslandssendungen in den Händen einer unübersichtlichen Gruppe lagen, an deren Spitze ein Italiener, anscheinend ein Anarchist, stand. Er versah die Texte mit dem für die Sendungen erforderlichen Stempel. Also ging ich nach der Beratung im Generalkommissariat in die Räume des Staatssekretariats für Propaganda, setzte mich an den Schreibtisch des Italieners, der noch nicht anwesend war. Als gegen 17 Uhr die »Redakteure« kamen, weigerte ich mich, ihre Texte abzustempeln und erklärte sie für abgesetzt.

Es gab einen Riesenaufruhr. Als erster meldete sich Herr Careno de Espana, ein linker Republikaner, der in Madrid als Verantwortlicher für das Staatsministerium zurückgeblieben war. Dann wurde ich zu General Miaja, dem Stadtkommandanten, beordert, der mein Vorgehen heftig kritisierte und die Wiedereinsetzung der Gruppe verlangte. Schließlich mußte er anerkennen, daß meine Ernennung in Ordnung war und ich die Verantwortung für die Auslandssendungen des Madrider Rundfunks trug.

Der nächste Schritt war der Aufbau einer arbeitsfähigen Redaktion. Hier half das Generalkommissariat. Redakteure für deutschsprachige Sendungen wurden Georg Stibi und Karl Castro (Erich Henschke), für Englisch Jimmy Shand und der Amerikaner Johann Philipp Muller, für Italienisch Amadeo Felicetti, für Tschechisch F. Biheller. Redakteure für Französisch, Rumänisch, Marrokanisch und andere Sprachen wechselten öfter.

Die Gruppe der Redakteure lebte und arbeitete im Hotel Victoria, einem von Anarchisten besetzten Hotel. Das Studio befand sich in der Gran via, unweit des Gebäudes der Telefonica. Die Straße lag unter Beschuß, so daß es oft schwierig war, rechtzeitig um 17 Uhr mit den Sendungen in den einzelnen Sprachen zu beginnen. Auch das Hotel Victoria lag in der Schußlinie der Artillerie der Legion Condor, die auf Francos Seite kämpfte. Allerdings kam uns die deutsche Pedanterie zugute; die Beschießung begann jeden Nachmittag 5 Uhr nach dem gleichen System in einem Halbkreis, so daß man ermessen konnte, wann das Hotel und seine Umgebung betroffen sein würden. Sobald sich die Einschläge der Granaten näherten, verließen wir die Zimmer im 3. Stock und brachten uns in Sicherheit. Aber einige Male kamen wir nur knapp davon.

»La voz de Espana Republicana« (Die Stimme des republikanischen Spanien) – unter dieser Bezeichnung wurden die Auslandssendungen des Madrider Rundfunks ausgestrahlt. Wir verfügten über zwei moderne Kurzwellensender und über eine Langwelle. Die Sendungen in den einzelnen Sprachen begannen mit der Hymne de Riego, enthielten Informationen über die militärische und politische Situation, Reportagen und Gespräche. So gelang es u. a. Ernest Hemingway, den britischen Politiker Clemens Attlee, Ilja Ehrenburg und andere Persönlichkeiten, die der spanischen Republik ihre Solidarität bekundeten oder sich nur informieren wollten, für unsere Sendungen zu gewinnen. Mir kamen meine Sprachkenntnisse in Englisch, Französisch, Spanisch und etwas Italienisch in der Arbeit mit den Redakteuren zugute.

Gemeinsam mit anderen deutschen Interbrigadisten sandten wir an Wilhelm Pieck zu seinem Geburtstag am 3. Januar 1938 einen Glückwunsch. Neben Mitarbeitern des Kommissariats der Internationalen Brigaden und des Rundfunks unterschrieben die Schriftsteller Willi Bredel, Peter Kast, Alfred Kantorowicz und Hanns Maaßen. Auch der Franzose Andre Marty, der die politische Leitung des Kommissariats innehatte, unterschrieb. Er hatte während der Interventionskriege gegen Sowjetrußland eine Meuterei auf einem französischen Kriegsschiff organisiert und war dadurch berühmt geworden.

In Madrid war es schwierig, unter dem ständigen Beschuß regelmäßige Sendungen durchzuführen. Die Redaktion wurde nach Albacete verlegt. Wir räumten unsere Zimmer im Hotel Victoria, mußten aber der anarchistischen Direktion 25 000 Pesetas schuldig bleiben, da wir seit Monaten von der Regierung kein Gehalt erhalten hatten. Die Versorgung hatte sich ständig verschlechtert und bestand schließlich nur noch aus Garbanzos (harte Erbsen) oder Bacalau (Stockfisch) mit einem Kanten Brot. Ein Glück, daß Jimmy Shand dieses karge Mahl von Zeit zu Zeit mit Tomatenketchup anreichern konnte, den er aus England erhielt. Die Verlegung der Redaktion nach Albacete erwies sich als Fehlschlag, da es nicht gelang, die technischen Voraussetzungen für regelmäßige Sendungen zu schaffen. Als neuer Standort wurde im Juli 1938 Aranjuez – etwa eine Stunde von Madrid entfernt – gewählt. Wir übernahmen ein am Tajo gelegenes Hotel. Die Entfernung zur Front betrug eineinhalb Kilometer. Das Hotel lag neben einer Brücke und war ein gutes Ziel für Flugzeuge. Wir hatten jedoch Glück. An diesem Frontabschnitt herrschte relative Ruhe.

In diesem Hotel arbeitete die Gruppe der Interbrigadisten unter meiner Leitung bis März 1939. Bim war aus Barcelona noch vor dem Vorstoß der Francofaschisten zum Mittelmeer, durch den der zentrale Teil der Republik von Katalonien getrennt wurde, zu uns gekommen. Sie war in unserem Kollektiv die einzige Frau und trug als Sekretärin der Redaktion viel zum Gelingen der Arbeit bei. Da uns die gleichen Ideen vereinten, war das Zusammenleben in unserer Gruppe kameradschaftlich, wie es in solchen Zeiten sein muß.

Nach der Verabschiedung der Internationalen Brigaden durch die Regierung Negrin und dem Vorstoß der Faschisten zum Mittelmeer waren wir ganz auf uns gestellt. Mit der Gruppe der Interbrigadisten, die sich noch in Alicante befand, hatten wir keine Verbindung. Wir erhielten gelegentlich Zeitungen und andere Informationen durch die Bezirksleitung der KP, aber oft mußten die Redakteure für ihre Sendungen sich auf Nachrichten des spanischen Rundfunks und ausländischer Stationen stützen.

Die Versorgung war weiterhin sehr mangelhaft. Die Raucher mußten statt Tabak Blätter von Rosen oder anderen Pflanzen verwenden. Es war geradezu eine Sensation, als eines Tages im Dezember 1938 der italienische Politkommissar der Interbrigaden Gallo (Luigi Longo) uns in unserer Abgeschiedenheit aufsuchte und für die Raucher Zigaretten mitbrachte. Er übermittelte uns Grüße Georgi Dimitroffs und die Anerkennung der ›Komintern‹ (›Kommunistische Internationale‹) für unsere Tätigkeit.

Obwohl die Lage Zentralspaniens immer schwieriger wurde, waren wir überzeugt, daß der Kampf noch gewonnen werden konnte. Die Regierung Negrin wies mit Recht auf den ungebrochenen Willen des Volkes zum Widerstand und die großen Ressourcen hin, über welche die Republik noch verfügte. Wir diskutierten natürlich oft über die Lage der Republik und die internationalen Ereignisse, so auch über die in der Sowjetunion stattfindenden Prozesse. Ausführliche Informationen standen uns nicht zur Verfügung, aber für uns, die wir den Faschisten gegenüberstanden, gab es keinen Zweifel, daß Feinde des Sozialismus verurteilt werden mußten. Wir glaubten den Anschuldigungen, die in den Moskauer Prozessen gegen die Angeklagten erhoben wurden.

Aranjuez war vor allem das große Schloß, in dem wir das Studio mit der Verbindung zu den Sendern eingerichtet hatten. Das Dorf bestand aus ärmlichen kleinen Häusern. Die Kommunisten des Dorfes, insbesondere Carmen Soler, deren politische Leiterin, unterstützten uns, wo immer sie konnten.

Natürlich waren die Dorfbewohner neugierig zu erfahren, was die Ausländer taten. Ihre Verwunderung war nicht gering, als sie feststellten, daß wir im Tajo badeten. Unser französischer Redakteur hatte sich in ein Mädchen des Dorfes verliebt. Aber er konnte nie mit ihr allein sein. Zu jedem Rendezvous erschien sie – wie es die spanische Sitte verlangt – in Begleitung ihrer Tante oder ihrer Geschwister. Schließlich war er völlig entnervt und heiratete sie.

Anfang März 1939 wurde ich von Frederico Melchor, dem Staatssekretär für Propaganda, nach Madrid beordert. Er schlug mir vor, die Leitung des gesamten Rundfunks zu übernehmen. Ich bat mir einen Tag Bedenkzeit aus. Ich übernachtete bei Hanns Maaßen, dem Sprecher des »Freiheitssenders 29,8«. In den Abendstunden hatte der Rundfunk statt der üblichen Nachrichten eine Rede des Rechtssozialisten Besteiros übertragen, der die Bildung eines Verteidigungsrates bekannt gab, dem außerdem als Militärkommandant von Madrid Oberst Cassado, der Anarchist Mera und der Sozialdemokrat Werceslaw Carillo angehörten. Wir kamen überein, am Morgen in die nahegelegene Bezirksleitung der KP Spaniens in der Calle Serano 6 zu gehen, um Aufklärung über die Ereignisse zu erhalten. Als wir unser Haus verließen, in dem sich auch die Redaktion des »Mundo Obrero«, des Zentralorgans der KP befand, stellten wir fest, daß Panzer aufgefahren und Truppenbewegungen im Gange waren. Vom 4. zum 5. März hatte sich die Lage in Madrid völlig verändert.

In der Bezirksleitung hatten sich außer uns noch der Korrespondent des amerikanischen »Daily Worker«, Art Shields, und eine portugiesische Journalistin eingefunden. Der Sekretär der Bezirksleitung, Dieguez, teilte uns mit, daß unter der Leitung von Oberst Cassado ein Putsch im Gange sei, um die Beendigung des Widerstandes und die Kapitulation vor Franco zu erzwingen. Anarchistische Truppenteile, denen man vorgelogen hatte, die Kommunisten hätten Verrat geübt, hatten strategische Punkte besetzt und die Stadt eingekreist. Es war dringend nötig, die Bevölkerung aufzuklären und zu alarmieren. Dazu mußte ein lokaler Sender eingesetzt werden. Ich wurde dem Stab der regierungstreuen Truppen unter Oberst Barcelos, der das Zentrum der Stadt verteidigte, zugeteilt und erhielt den Auftrag, den Sender in Betrieb zu nehmen. Gemeinsam mit Dieguez machte ich mich auf den Weg. Es war kein angenehmes Gefühl, auf der leeren Straße zu gehen, während links und rechts in den Hauseingängen Bewaffnete mit dem Gewehr im Anschlag standen. Waren es unsere oder die Putschisten; wer konnte es wissen?

Als wir den Sender erreichten, stellten wir fest, daß er von einem Trupp offenbar regierungstreuer Soldaten unter Befehl eines Sergeanten besetzt war. Der Sergeant weigerte sich, uns den Sender zu übergeben, da er strengen Befehl habe, niemand Zutritt zu gewähren. Nur, wenn wir nicht zu zweit, sondern mit einer überlegenen bewaffneten Einheit kommen würden, müßte er der Gewalt weichen. Nach langen ergebnislosen Verhandlungen zogen Dieguez und ich ab, um beim Stab Verstärkung anzufordern. Doch dort war inzwischen beschlossen worden, das Zentrum zu verlassen und den

Stab in einen Stadtbezirk zu verlegen. Ich schloß mich dem Stab an. In der Calle Serano blieben Hanns Maaßen und die anderen Ausländer zurück. Sie wurden nach der Beschießung und Erstürmung des Hauses gefangen genommen. Nur Art Shields gelang es, beim Transport in die amerikanische Botschaft zu flüchten; Hanns Maaßen wurde von den Faschisten bis zum Ende des zweiten Weltkrieges in Mirando de Ebro interniert.

In dem Stadtbezirk, in den der Stab Barcelos verlegt worden war, entwickelten sich heftige Kämpfe, die mehrere Tage andauerten. Die Putschisten waren in der Übermacht, sie verfügten über schwere Waffen und Kampfwagen, so daß unserer Gruppe schließlich nur übrigblieb, sich aufzulösen. Die spanischen Freunde meinten, es wäre besser, wenn ich die Gruppe verlasse; man könne nicht wissen, wie ein Ausländer behandelt würde, falls wir in Gefangenschaft gerieten. Ich beschloß, mich zum Kinderheim der XI. Internationalen Brigade in Moralejas durchzuschlagen, das ich kannte und das von diesem Stadtbezirk nicht weit entfernt war. Auf der Straße nach Moralejas mußte ich durch zwei Postenketten. Als die Posten feststellten, daß ich kein Spanier und Journalist war, ließen sie mich nach langem Palaver passieren. Es waren Soldaten von Regimentern der Anarchisten. Sie seien, sagten sie, zur Verteidigung Madrids eingesetzt, weil die Regierung Negrin und die Kommunisten die Republik verraten wollten. Wie viele dieser irregeführten Soldaten – meist Bauern – sind wohl nach dem Sieg Francos Opfer des faschistischen Terrors geworden? Die Organisatoren des Verrats – Cassado und andere – wurden auf englischen Schiffen ins Ausland gebracht. Ich wollte natürlich so schnell wie möglich nach Aranjuez zurück. Solange die Kämpfe andauerten, war daran nicht zu denken. Der Leiter des Kinderheims, der beinamputierte Interbrigadist Louis Haberman, der sich für die Kinder aufopferte, hatte einen Mula (Maulesel) und einen kleinen Wagen. Mit diesem fuhren wir, als es uns günstig schien, nach Madrid zur Stadtkommandantur und erreichten in dem allgemeinen Durcheinander, daß jeder schließlich einen Salvo conducto (Passierschein) mit allen notwendigen Stempeln erhielt. Ich trennte mich von Louis, der in den folgenden Tagen auf einem Lastwagen, unter Säcken versteckt, Dieguez und andere Kommunisten aus Madrid herausbrachte. Dieguez wurde später gefangengenommen und erschossen.

Ein Trupp Soldaten, die Madrid in Richtung Valencia verließen, nahm mich auf ihrem Lastwagen mit. Dann mußte ich einen zweiten finden, der nach Aranjuez fuhr und hatte Glück. Ich stieg schon vor dem Dorf aus und suchte, wohl von einem guten Geist geleitet, Carmen auf (oder: Sie hatte veranlaßt, daß man mich schon am Dorfeingang abfing). Carmen sagte, ›meine Leute‹ hätten gleich zu Beginn des Putsches am 7. März Aranjuez verlassen, um an die Küste zu gelangen. Meine Frau sei mitgefahren. Wo ich die Compagneros finden könne, wisse sie nicht. Ich solle auf keinen Fall in das Hotel zurückgehen; dort seien bereits die Faschisten und die hätten gedroht, kurzen Prozeß zu machen, wenn sie noch einen aus der Gruppe der Interbrigadisten finden würden.

Den Freunden aus Aranjuez verdanke ich es, daß ich in einem Güterwagen nach Valencia fahren konnte. Es war eine Fahrt ins Ungewisse. Überall waren die Anzeichen des Rückzuges der republikanischen Truppen und der Auflösung der Ordnung zu sehen. Es würde nur noch Tage dauern bis zur Besetzung des Gebietes durch die Francofaschisten.

In Valencia suchte ich in den Hotels nach Bim und den anderen Mitarbeitern. Wie groß die Freude war, als ich sie schließlich fand, läßt sich kaum beschreiben. Allerdings war nur ein Teil der Gruppe in Valencia; der Portugiese Ferreiro und andere waren nach Cartagena aufgebrochen. Ferreiro hatte, wie ich nach 1945 erfuhr, in Cartagena ein Fischerboot gefunden, das ihn und andere Flüchtlinge nach Algerien brachte. Nach kurzer Internierung konnte er in die Sowjetunion ausreisen, wo er bis Ende des Krieges gegen Hitlerdeutschland als Sprecher der Sendungen des Moskauer Rundfunks in Portugiesisch tätig war. In Aranjuez hatte er eines Tages eine Versammlung verlangt, weil ich russisch lernte. Dies, so meinte er, sei ein Zeichen von Defätismus, meines Wunsches in die Sowjetunion zu gelangen. Nun war ausgerechnet er nach Moskau gelangt. Dies nennt man wohl die List der Geschichte.

Die in Valencia Gebliebenen suchten nach einem Weg, das Land zu verlassen. Wir verschafften uns beim Konsul von Venezuela Papiere, die zwar keinen Wert hatten, aber doch nützlich sein konnten. Jimmy Shand und John Philipp Muller hatten vom Generalkommissar für Sicherheit eine Ausreiseerlaubnis aus Valencia oder Gandia erhalten, »wenn es ein Schiff gibt«. Sie wurden von einem englischen Zerstörer an Bord genommen. Meiner Frau und mir, Erich Henschke, Amadeo Felicetti und F. Biheller gelang es am 19. oder 20. März gewissermaßen in letzter Minute, auf einen englischen Frachter zu kommen, der in den Hafen eingelaufen war und rasch mit Flüchtlingen, darunter vielen Frauen und Kindern, überfüllt war. Der Frachter lief noch am Abend aus. Wohin, das wußten nur die Götter.

An die Stätten unseres Wirkens in Madrid und Aranjuez sind wir erst Mitte Januar 1989 zurückgekehrt, anläßlich der Teilnahme am Vereinigungsparteitag der KP Spaniens. Santiago Alvarez führte uns durch Madrid. Überall mußte er feststellen: Hier – im Universitätsviertel wurde gekämpft, hier war die Redaktion von Mundo Obrero und die Bezirksleitung, aber nichts ist mehr, wie es war. Ihr werdet nichts wiedererkennen. Die Gran via war da, aber wo war unserer Studio gewesen?

Auf dem Friedhof von Fuencaral legten wir an der Gedenktafel für die bei der Verteidigung von Madrid gefallenen Interbrigadisten Blumen nieder. Wir gedachten der deutschen und anderen Antifaschisten, die im Kampf für die Freiheit des spanischen Volkes ihr Leben ließen. Santiago Alvarez, der Freund und Kamerad, führte uns an die Brücke über den Jarama und ließ in seinen Schilderungen die opferreichen Kämpfe um Madrid wiedererstehen. Er und Ignazio Gallego fuhren mit uns nach Aranjuez, wo sich auch alles verändert hatte, und dann weiter nach Toledo mit seinem hartumkämpften Alcazar.

Das schönste Erlebnis dieser Tage war der Besuch bei Dolores Ibarruri, der Passionaria, deren leidenschaftliches »No pasaran« (Sie werden nicht durchkommen) ich zum ersten Mal auf einer Kundgebung im Frühjahr 1937 in Valencia gehört hatte. Wir brachten ihr Grüße der deutschen Spanienkämpfer und schilderten die Eindrücke vom Parteitag. Sie hörte aufmerksam zu, war aber schon zu alt, um viel zu sprechen. Dies war der endgültige Abschied von Spanien. Ich dachte an das Lied der XI. Brigade:

Wie könnten wir je vergessen das Land
Darin wir unsere Besten gelassen.
Das Land, das uns alle vereinigt fand
Im Kämpfen, im Lieben und Hassen.

Die Hölle von Argeles Der Frachter verließ am Abend mit hunderten Flüchtlingen an Bord den Hafen von Valencia. Nach kurzer Fahrt wurde er von einem Kriegsschiff Francos angehalten. Dem Kapitän wurde befohlen, Palma de Mallorca anzusteuern. Natürlich verbreitete sich unter den Passagieren rasch Furcht: Was würde wohl mit uns geschehen? Wir hatten jedoch unverhofftes Glück. Ein englischer Zerstörer, der Engländer und Amerikaner, darunter unsere Freunde Jimmy Shand und John Muller, evakuiert hatte, schaltete sich ein und begleitete das Kriegsschiff Francos und unseren Frachter. Im Hafen von Mallorca lag unser Schiff fast einen Tag, weil zwischen dem Kapitän des Zerstörers und den Franco-Behörden ein heftiger Streit im Gange war. Die Engländer gaben jedoch nicht nach, da es sich bei dem Frachter um ein Schiff handelte, das unter englischer Flagge fuhr. So konnten wir schließlich weiterfahren. Das Schiff geriet in einen schweren Sturm. Viele Flüchtlinge wurden seekrank. Wir hielten uns an Deck auf und blieben vom schlimmsten verschont. Der Steuermann, ein Deutscher, verbreitete Optimismus. Er teilte uns mit, daß das Schiff Kurs auf Marseille nimmt. »Dort werden Sie durch eine Kommission begrüßt werden, denn man hat Achtung vor den Spanienkämpfern«, meinte er.

Wir schätzten die Lage anders ein. Frankreich hatte durch seine Nichteinmischungspolitik der spanischen Republik großen Schaden zugefügt. Der Empfang würde für uns nicht freundlich sein. Wahrscheinlich bestünde die Kommission aus Vertretern der Polizei und der Surete. Diese realistische Voraussicht veranlaßte mich, meinen Paß zu zerreißen und die Schnipsel ins Meer zu werfen. Denn er lautete auf Felix Albin aus Esch in Luxemburg. Ich sagte mir, einen Luxemburger werden die französischen Behörden sofort in sein Land abschieben, und damit wächst die Gefahr, in die Hände der Gestapo zu geraten. So machte ich in den spanischen Dokumenten, in denen der Name angegeben war, mich selbst zu Felix Albin aus Eschenbach in Deutschland.

Es kam wie erwartet. Am Kai in Marseille stand ein Empfangskomitee. Die Herren – Polizei und Surete national – kamen an Bord und kontrollierten die Ausweise. Man versicherte uns, daß wir die beste Unterkunft erhalten würden. Dies sah dann so aus, daß man uns in ein Hotel im Zentrum der Stadt transportierte, das wir zwar betreten, aber nicht mehr verlassen durften. Wir waren im Gefängnis.

Am darauffolgenden Tag wurden Männer und Frauen getrennt. Bim wurde in das Kloster Marvejols gebracht, die anderen Freunde und ich nach Argeles sur mer. Dies war ein riesiges Lager in der Nähe von Perpignan und der spanisch-französischen Grenze. Als die Internationalen Brigaden aus Spanien abzogen und über die französische Grenze gingen, wurden sie in den Dünen am Mittelmeer ›untergebracht‹. Mit dem Fall Kataloniens begann der Exodus vieler Tausende. Reste der geschlagenen republikanischen Truppen, Bürger aller Schichten verließen ihr Land. Viele Bauern kamen mit der ganzen Familie, Vieh, Wagen und Hausrat. Eine unübersehbare Menge – es müssen schließlich über 200 000 Männer, Frauen und Kinder gewesen sein – lagerte im Sand. Irgendwelche stabilen Unterkünfte gab es nicht. Wenn jemand seine Notdurft verrichten mußte, geschah dies meist direkt am Ufer. Das Lager wurde von berittenen Senegalesen bewacht. Es gab einen florierenden schwarzen Markt, auf dem man alles erwerben konnte, vom Brot bis zum Füllfederhalter. Bei der wilden Flucht hatten die Katalanen und die Soldaten der republikanischen Armee viel Überflüssiges mitgenommen. Die Interbrigadisten, die seit Februar in dem Lager lebten, hatten in ihrem Abschnitt eine bestimmte Ordnung – Erdhöhlen, Zelte, Versorgungseinrichtungen – geschaffen, so daß unsere Gruppe, als wir Ende März ankamen, schon bessere Bedingungen vorfand.

Argeles war die Hölle. Oder besser: Es war der Vorhof zur Hölle, denn als der Krieg ausbrach, wurden weitere Konzentrationslager – Les Milles, Le Vernet u. a. – eingerichtet, die, wie Lion Feuchtwanger in seinem Buch »Der Teufel in Frankreich« schreibt, für deutsche Antifaschisten und rassisch Verfolgte zur Hölle wurden.

So also sah der Empfang aus, der uns durch das ›demokratische‹ Frankreich bereitet wurde. Im April wurden die Interbrigadisten in das Lager Gurs verlegt. Es befand sich in den niederen Pyrenäen bei der Stadt Pau, also nahe der Grenze zum Baskenland. Wir hatten nun feste Baracken, die vor dem kalten Wind in 1 000 Meter Höhe Schutz boten. Die Bewachung war äußerst streng; für das geringste Vergehen gegen die Lagerordnung gab es Strafen. In der Kommandantur wurden Lagerinsassen geprügelt.

Wir richteten uns ein, so gut es ging. Zwischen den Baracken begannen einige Gruppen, Gärtchen anzulegen und kleine Kunstwerke zu schaffen. Gurs wurde während der deutschen Besetzung Frankreichs zum Sammellager für Hitlergegner und Juden. Von hier aus gingen Transporte in die Vernichtungslager.

Als Konrad Wolf, der leider zu früh verstorbene Filmregisseur und Präsident der Akademie der Künste der DDR, seine Serie von Filmen über Ernst Busch drehte, wollte er auch Aufnahmen von Gurs machen. Doch er fand, wie er mir schrieb, nur noch Reste einer Straße. Nichts erinnerte daran, daß an dieser Stelle Tausende gefangen waren und gelitten hatten.

Erste Klasse Eines Tages wurden Henschke, Felicetti, Biheller und ich aufgefordert, sofort zur Kommandantur zu kommen und alle unsere Sachen – das war nur das, was wir auf dem Leib trugen – mitzunehmen. Die Kameraden in der Baracke und wir selbst befürchteten, daß wir verprügelt oder abgeschoben würden. Als wir zur Kommandantur kamen, standen dort neben einem Taxi ein älterer Herr und ein junges Mädchen. Die französischen Polizisten stellten unsere Identität fest und forderten uns auf, dem älteren Herrn zu folgen, der sich uns als James Shand vorstellte. Wir stiegen in das wartende Auto und fuhren mit Shand und seiner Tochter Jean nach Pau.

Was war geschehen? Ich hatte aus Gurs nach unserer Ankunft an Jimmy Shand, den ich Ende Februar zuletzt gesehen hatte, geschrieben und ihm mitgeteilt, daß wir in Gurs interniert sind. Sein Vater, der nicht französisch sprach, war in Begleitung seiner Tochter, die nur einige Brocken französisch konnte, mit diesem Brief nach Frankreich gereist und hatte auf der Präfektur in Perpignan irgendwie verdeutlicht, daß er Albin und die anderen im Brief erwähnten Personen haben müsse. Er muß den Eindruck erweckt haben, ein »hohes Tier« zu sein. Man machte ihm klar, daß die Gesuchten in Gurs sind, wie aus dem Absender hervorging. So nahm er ein Taxi von Perpignan bis Gurs, eine weite Strecke. In Gurs zeigte er wieder den Brief und flößte offenbar den Franzosen solchen Respekt ein, daß sie keine weiteren Fragen stellten und uns ihm übergaben.

Wir waren frei, aber wie würde es weitergehen?

In Pau erklärte Shand, daß wir nach Paris reisen würden. Erster oder zweiter Klasse? Ich sagte natürlich, daß wir in dem herunter gekommenen Zustand, in dem wir uns befanden – waren wir doch direkt aus der Baracke gekommen – Karten weder für die erste noch die zweite, sondern nur für die dritte Klasse lösen dürften und sowieso kein Geld hätten. Er entschied: Erste Klasse, weil Leute, die so wie wir aussahen, dort nicht auffallen, sondern höchstens als spleenige Ausländer betrachtet würden. Im Abteil händigte er jedem ein Brusttuch und eine Krawatte aus, Geschenke seiner Frau. Jetzt waren wir wirklich vier Gentlemen in Räuberzivil.

In Paris brachte uns Shand im Hotel Lutetia unter, einem der vornehmsten Hotels der Stadt. Hier war 1936 unter dem Vorsitz von Heinrich Mann der Ausschuß der deutschen Volksfront gegründet worden, der sich jedoch 1938 wieder auflöste. Der Grund sollen Spannungen zwischen Heinrich Mann und Walter Ulbricht sowie antikommunistische Äußerungen bürgerlicher Mitglieder gewesen sein. Walter Ulbricht wurde danach als Sekretär des ZK der KPD in Paris durch Franz Dahlem abgelöst.

Im Lutetia wohnten wir einige Tage zu zweit in einem Zimmer.

Ich nahm über die mir aus der Arbeit mit der JSU (›Juventud Socialista Unificada‹) und dem »Sender 29,8« bekannten Adressen die Verbindung zum Sekretariat des ZK auf. James Shand hatte erklärt, daß er uns nach England bringen werde. Ich sagte Oskar Müller, dem Verbindungsmann zum ZK, daß ich nicht auf eine Insel wolle, sondern die Partei mir einen Auftrag in Deutschland oder in einem anderen Land erteilen solle. Er teilte mir nach einigen Tagen mit, wir sollten das Angebot Shands annehmen.

Für eine Einreise in Großbritannien besaßen wir kein Visum. Shand erklärte, daß er mit Hilfe von Abgeordneten des Unterhauses die Erlaubnis beschaffen werde. Er buchte für uns den Flug von Le Bourget nach London und flog selbst voraus. Ich erinnere mich, daß der Beamte, der auf dem Flugplatz die Papiere kontrollierte, sagte: »Mit diesen Papieren können Sie zwar aus Frankreich ausreisen, aber ob man Sie ohne Visum in London aufnehmen wird, bezweifle ich. Wo werden Sie dann bleiben, denn nach Frankreich können Sie nicht zurückkommen? In der Luft?«. Dies war schwarzer Humor. Doch wir landeten in London. Erich Henschke wurde nach allen Regeln der Kunst über das Woher und Wohin befragt, wir anderen durften unbehelligt die Sperre passieren. Ein Taxi brachte uns in das von Shand vorgesehene Hotel. Es war ein Hotel der Temperenzler, d. h. alkoholfrei. So konnten wir die Ankunft in

Großbritannien nicht mit einem Whisky begießen, sondern mußten uns mit einer ›cup of tea‹ begnügen.

Merry old England James Shand war ein außergewöhnlicher Mensch. Er war in seiner Jugend Mitglied der ›Labour Party‹ gewesen. Seinen Beruf als Apotheker hatte er aufgegeben und irgendwann in den 20er Jahren einen Hunderennstall erworben. Auf der Rennbahn liefen Hunde hinter einem künstlichen Hasen her. Man konnte für 50 Cent Wetten auf einen Hund abschließen und so einige Shilling gewinnen. Was Ascott für die Reichen, waren solche Hunderennen für die einfachen Leute. Shand unterstützte mit einem Teil der Einnahmen die Zeitung der KP Großbritanniens »Daily Worker«. Während des Krieges in Spanien charterte er ein Schiff mit Lebensmitteln und Kleidern für die Kinder im Baskenland.

Unsere Einreise nach Großbritannien war möglich geworden, da James Shand für uns die Bürgschaft übernahm. Die Regierung Chamberlain mußte nach dem Münchener Abkommen und angesichts der drohenden Annexion der Tschechoslowakei durch Hitlerdeutschland ihre strenge Einwanderungsgesetzgebung lockern. Hunderte von deutschen Flüchtlingen, die in der CSR Zuflucht gefunden hatten, konnten so noch in letzter Stunde über Schweden und Dänemark nach England gebracht werden. Große Verdienste erwarb sich bei dieser Rettungsaktion der deutsche Kommunist Heinz H. Schmidt, der eng mit dem von Margret Lloyd und anderen Persönlichkeiten gegründeten ›Czech Refugee Trust Fund‹ zusammenarbeitete. Leider konnten nicht alle Flüchtlinge gerettet werden, viele – unter ihnen Max Reimann und Walter Bartel fielen in die Hände der Gestapo.

Die ersten Wochen verbrachten wir in der Villa der Shands in Liverpool. Wir gewöhnten uns allmählich an die Freiheit und an die englische Lebensweise, doch machten wir uns große Sorgen um Bim, die sich noch immer in Marvejols, dem französischen Internierungslager für Frauen befand. Im Juli 1939 erreichte James

Shand> eine Aufenthaltserlaubnis für Bim in England. Sie sah in ihrer zusammengewürfelten Kleidung ebenso abenteuerlich aus wie wir ausgesehen hatten, als wir aus Gurs kamen. Aber nun war dank der Hilfsbereitschaft unserer englischen Freunde alles gut; wir waren wieder einmal zusammen.

Ich habe keinen Augenblick vergessen, was die Familie Shand und andere englische Freunde – die liberale Unterhausabgeordnete Eleanor Rathbone, die Kommunisten William Gallacher, Harry Politt, Isabel Brown, Margret Mynat und andere – für uns getan haben. Ohne ihre Hilfe wäre unser Weg der gleiche gewesen, den die Interbrigadisten in Gurs, Vernet und Marvejols gehen mußten: In die KZ's und nach Ausschwitz oder in ein anderes Vernichtungslager der Gestapo. Es war daher eine schwere Entscheidung, daß ich nach dem Krieg alle Verbindungen zu den englischen Freunden abbrach, als in der DDR Ende der vierziger Jahre im Zusammenhang mit der Affäre Noel Field die Verdächtigungen gegen die aus der westlichen Emigration Gekommenen einsetzten. Um zu verhindern, daß Bim und ich als Agenten der CIA oder des englischen Geheimdienstes angeklagt und die englischen Freunde in die Affäre verwickelt würden, brach ich alle Kontakte ab. Dies war eine Reaktion, die mich noch heute mit Scham erfüllt und für die ich mich bei denen, die noch am Leben sind, entschuldigen möchte.

In Liverpool konnten wir nicht bleiben. Wir fuhren nach London und baten um Unterstützung durch den ›Czech Refugee Trust Fund‹, die uns dank der Befürwortung Heinz H. Schmidts auch gewährt wurde. Auf diese Unterstützung waren wir angewiesen, da die Aufenthaltserlaubnis mit einem Arbeitsverbot verbunden war.

In London bestand seit 1934 eine Gruppe emigrierter deutscher Kommunisten, unter ihnen der Komponist und Musikwissenschaftler Ernst Hermann Meyer, der Wirtschaftshistoriker Jürgen Kuczynski, der Historiker Alfred Meusel, der Publizist Heinz Kamnitzer. Nun waren viele Flüchtlinge aus der CSR hinzugekommen, so die früheren Reichstagsabgeordneten Wilhelm Koenen und Hugo

Gräf. Zu dem Spanienkämpfer Oberstleutnant Hans Kahle waren Erich Henschke und ich gestoßen. Die Anzahl der deutschen Kommunisten in Großbritannien hatte sich vervielfacht. Dies erforderte eine Verständigung über unsere Aufgaben und Möglichkeiten im Kampf gegen den Hitlerfaschismus und über die Tätigkeit der zwangsläufig nicht legalen Parteiorganisation. Auf einer Parteikonferenz im August 1939 wurde ich zum politischen Leiter gewählt, wohl auch, wie mir Jürgen Kuczynski gestand, um als Vermittler zwischen den ›Alteingesessenen‹ und den ›Neuen‹, die aus der CSR gekommen waren, zu dienen. Vertreter des ZK war Wilhelm Koenen, ein bewährter Arbeiterfunktionär. Er hatte in der Novemberrevolution der USPD angehört und war 1919 als Leiter der Zentralstelle der Betriebsräte tätig. Mit zehntausenden Mitgliedern der USPD trat er 1920 gemeinsam mit Ernst Thälmann zur KPD über und war einer ihrer Abgeordneten im Reichstag.

Ein Zentrum des gesellschaftlichen und kulturellen Lebens der deutschen Emigration war der von Johann Fladung geleitete ›Freie Deutsche Kulturbund in Großbritannien‹. Fladung war von der Gestapo schwer gefoltert worden und halb erblindet. Er besaß große Energie und widmete sich ganz dem Aufbau und der Wirksamkeit des Kulturbundes, der sich als Anti-Nazi-Organisation freier Deutscher die Aufgabe stellte, das britische Volk über die Lage in Deutschland und den Charakter des Nazifaschismus zu informieren sowie die Anti-Nazi-Opposition in Deutschland zu unterstützen. Zu seinen Förderern gehörten zahlreiche britische Persönlichkeiten, so der Bischof von Chichester, der Komponist Alan Bush, die Schauspielerin Dame Sybill Thorndike, der Schriftsteller I. B. Priestley. Eine wichtige Rolle spielte der Freie Deutsche Kulturbund bei der Bewahrung der humanistischen und progressiven Werte der deutschen Kultur. Zu den kulturellen Aktivitäten gehörten Konzerte, Theaterabende, Ausstellungen und antifaschistische Publikationen. Im Rahmen der zum Kulturbund gehörenden Freien Deutschen Hochschule hielten Jürgen Kuczynski, Hans Kahle, Siegbert Kahn, Alfred Meusel, Hans Siebert und andere Vorträge. Ich sprach über Franz Mehrings »Lessinglegende«, über Georg Büchner und hielt eine Vorlesung über dialektischen und historischen Materialismus.

Drole de Guerre Ende August, als Hitlerdeutschland und die Sowjetunion einen Nichtangriffspakt abschlossen (am 24. August 1939), kam es in der Parteiorganisation zu heftigen Auseinandersetzungen. Zwar war uns bekannt, daß die Bemühungen der Sowjetunion, mit England und Frankreich ein System der kollektiven Sicherheit zu vereinbaren, gescheitert waren, aber es schien kaum glaubhaft, daß sich die Sowjetunion mit Hitler verständigen würde.

Obwohl nach der Zerstückelung der Tschechoslowakei klar war, daß Hitlers nächstes Opfer Polen sein würde, hatten die englische und die französische Regierung keine ernsthaften Schritte unternommen, um gemeinsam mit der Sowjetunion eine weitere Aggression Hitlerdeutschlands zu verhindern. Erst Ende Juli 1939 wurde eine britisch-französische Delegation nach Moskau entsandt. Sie bestand jedoch aus zweitrangigen Delegierten, die keine echten Verhandlungsvollmachten hatten. Der damalige Mitarbeiter der USA-Botschaft und spätere amerikanische Botschafter in Moskau, Charles E. Bohlen, schreibt in seinem Buch »Witness to History – 1929 – 1969«: »Die britische und die französische Delegation kamen in Leningrad an, um mit der Sowjetunion einen gegenseitigen Beistandspakt auszuhandeln. Sie kamen mit dem Schiff, eine Tatsache, die im Diplomatischen Korps in Moskau viel diskutiert wurde; für die Reise nach Leningrad hatte man mehr als zwei Wochen benötigt. Diese Delegation wurde geleitet von einem ältlichen britischen Admiral und einem französischen General. Angehörige der britischen Botschaft waren entsetzt über den niedrigen Rang dieser Delegation. Sie hätte vom französischen und britischen Außenminister geleitet werden müssen, um die Ernsthaftigkeit von Paris und London zu demonstrieren, ein Abkommen abzuschließen. Das halbherzige britisch-französische Herangehen trug von Anfang an den Stempel des Mißerfolgs.«[15]

Das Doppelspiel der Regierungen Chamberlain und Daladier war offenkundig. Unter diesen Umständen hatte die Sowjetunion, um sich zu schützen, den Ausweg in einem Nichtangriffspakt mit Hitlerdeutschland gesehen. Über den Wortlaut des Paktes wurde wenig veröffentlicht. Die Existenz eines geheimen Zusatzprotokolls, das die Interessensphären Deutschlands und der Sowjetunion abgrenzte, war zu jener Zeit nicht bekannt und wurde auch von sowjetischer Seite – so in den Memoiren Gromykos und Gorbatschows – bestritten. Dadurch sollte der offenkundige Schacher bei der Zerstückelung Polens und der Aneignung weiterer Gebiete verdeckt werden, der ein deutlicher Ausdruck sowjetischer Interessen- und Machtpolitik war.

Unter den Kommunisten und anderen Antifaschisten in England führte der Nichtangriffspakt zu scharfen Diskussionen. Manche meinten, die Sowjetunion habe die antifaschistische Sache verraten und trennten sich verbittert von uns. Andere vertraten die Ansicht, nun werde Hitler die Sowjetunion nicht angreifen. Wir einigten uns schließlich darauf, daß die Sowjetunion durch den Abschluß des Paktes Zeit gewinnen wollte. Der, wie die Medien berichteten, angeblich von Walter Ulbricht in einer in Schweden erscheinenden Zeitschrift vertretene Standpunkt, jetzt müsse alles auf den Kampf gegen den englischen und französischen Imperialismus konzentriert werden, erschien uns höchst unwahrscheinlich und fand keine Billigung. Für uns deutsche Antifaschisten würde es unter keinen Umständen eine Preisgabe des Kampfes gegen das Naziregime geben.

Am 1. September 1939 überfiel die Wehrmacht Polen, am 3. September erklärte Großbritannien Hitlerdeutschland den Krieg. Für uns entstand aus zweierlei Gründen eine komplizierte Situation. Erstens gebrauchte die Regierung Chamberlain, die durch das Münchener Abkommen Hitler zu seinen Aggressionen ermutigt hatte, nun antifaschistische Losungen, und die Massen glaubten, daß es sich um einen Krieg gegen den Faschismus handele. Aber weder England noch Frankreich dachten ernsthaft an Kampfhandlungen. Es kam zum »komischen Krieg« (drole de guerre; die Engländer sprachen vom »phoney war«), während gleichzeitig die Regierung bestrebt war, sich mit Hitler gegen die Sowjetunion zu verständigen. Davon zeugte nicht nur die Unterstützung Finnlands im Krieg mit der Sowjetunion vom 30.11.1939 bis 12.3.1940, sondern vor allem das Scheitern der Verhandlungen mit der Sowjetunion. Welchen Charakter hatte also dieser Krieg, der gar nicht geführt wurde? Wir diskutierten leidenschaftlich und kamen zu dem Schluß, daß es sich um einen Konflikt imperialistischer Mächte handele, bei dem allerdings die Tatsache, daß auf der anderen Seite Hitlerdeutschland und das faschistische Italien standen, deren Politik für alle Völker eine Gefahr darstellte, von den Herrschenden in Großbritannien und Frankreich unterschätzt würde. Diese Einschätzung, die für die erste Phase des Krieges – den »drole de guerre« – galt, war nicht leicht zu vertreten, da in der Bevölkerung, und natürlich auch unter den deutschen Emigranten, die Aussagen der Regierung über den antifaschistischen Charakter des begonnenen Krieges Zustimmung fanden.

Die zweite Komplikation, die sich für uns ergab, bestand darin, daß bald nach Kriegsbeginn die Internierung der »enemy aliens«, der »feindlichen Ausländer«, begann. Es wurden besondere Gerichte (Tribunals) eingesetzt, die über die Internierung entschieden. Zuerst wurden die Vertreter von Naziorganisationen, Seeleute und andere Bürger Nazideutschlands interniert, dann die rassisch Verfolgten und schließlich die politischen Flüchtlinge. So waren bis auf wenige Ausnahmen – dazu gehörten Bim und andere Frauen sowie Jürgen Kuczynski und Hans Kahle – alle deutschen Kommunisten interniert. Meine erste Funktion als Politischer Leiter der KPD-Gruppe war also nur von kurzer Dauer.

Im Lager Huyton bei Liverpool, in das ich im Mai 1940 eingewiesen wurde, befanden sich etwa 3 000 Internierte. Am Anfang herrschten chaotische Zustände. Wir – eine kleine Gruppe deutscher Kommunisten – setzten uns dafür ein, Ordnung zu schaffen, die Versorgung zu organisieren, die hygienischen Bedingungen zu verbessern. Nach einiger Zeit hatte die englische Lagerleitung das Lager in drei Abschnitte geteilt: In einem waren die Nazianhänger untergebracht, im zweiten Sozialdemokraten und Gewerkschafter, im dritten die jüdischen Emigranten und unsere Gruppe.

Bei der Aufnahme der Personalien war es zu einem Zwischenfall gekommen, der mich beunruhigt hatte. Der Offizier, dem ich mein spanisches Dokument übergab, das auf Felix Albin aus Eschenbach lautete, fragte plötzlich: »Welches Eschenbach?« und ich antwortete ohne Zögern: »Wolframseschenbach!« Als ich das Zelt, in welchem die Registrierung erfolgte, verließ, wurde mir plötzlich bewußt, daß ich einen Fehler gemacht hatte. In meinem Dokument stand »Eschenbach« und nicht »Wolframseschenbach«. Gab es überhaupt einen Ort dieses Namens? Ja, es gibt ein Wolframseschenbach im Böhmerwald, aber dies konnte ich erst viel später feststellen.

Die Ursache für meine Beunruhigung bestand darin, daß ich bei der Einreise und bei der Registrierung den Namen Felix Albin beibehalten und meinen richtigen Namen verschwiegen hatte. Auch Bim gab Eltern, Geburtsort und Geburtsdatum an, die nicht existierten. Wir hielten aus konspirativen Gründen an den falschen Namen fest, weil wir nicht wußten, was uns die Zukunft noch bringen würde. Vielleicht würde Hitler> die Invasion und Besetzung Englands wagen?

Vom Lager aus wandten wir uns unmittelbar nach der Einweisung an den kommunistischen Unterhausabgeordneten William Gallacher und die liberale Abgeordnete Eleanor Rathbone. Wir stellten die Frage, ob es mit den Erklärungen der Regierung gegen die Naziherrschaft zu vereinbaren sei, daß Spanienkämpfer und andere deutsche Antifaschisten gemeinsam mit Nazis interniert werden, ja, ob unter solchen Umständen die Erklärung, es handele sich um einen antifaschistischen Krieg, überhaupt ernst zu nehmen sei. Diese Aktion fand im Unterhaus und in der Presse eine große Resonanz zu unseren Gunsten. Vielleicht war dies der Grund, weshalb unsere kommunistische Gruppe plötzlich auf die Isle of

Man, eine zwischen England und Irland liegende Insel, verlegt wurde.

Wir waren in einem von Stacheldraht umgebenen Hotel am Strand von Peel untergebracht. Der Leiter dieses kleinen Lagers, ein ehemaliger Kolonialoffizier, haßte seine Aufgabe. Er hatte die Gewohnheit, jeden Morgen in Begleitung eines Soldaten einen langen Marsch zu unternehmen und erlaubte uns mitzumarschieren. Davon machten wir reichlich Gebrauch, gab es doch in dieser Zeit, da der Ginster in voller Blüte stand, nichts Herrlicheres, als kreuz und quer über die von den gelben Sträuchern bedeckte Insel zu streifen. Wir hatten also Glück im Unglück. Andere Internierte, die nach Kanada oder Australien gebracht wurden, mußten viel ertragen. Ein Transport mit Flüchtlingen wurde von einem deutschen U-Boot versenkt.

Die Aktion für unsere Freilassung hatte teilweise Erfolg. Ich wurde im April 1941 unter der Bedingung entlassen, in Caldbeck bei Carlisle, also in Cumberland an der Grenze zu Schottland, als Holzfäller zu arbeiten. Ich sollte mich bei der Polizei melden und mich nur im Umkreis von 5 km vom Ort entfernen. Diese ständige Überwachung, Polizeikontrolle und Reiseeinschränkung waren beschwerlich, aber immerhin besser als die Internierung in einem Lager.

Caldbeck war ein kleines Dorf. Wir wohnten privat und kamen zu den Mahlzeiten in ein Heim, das von einer alten Lehrerin geleitet wurde, die zusammen mit dem Dorfpolizisten über uns wachte. An Sonnabendnachmittagen fuhren wir nach Carlisle, um zu bummeln und ›fish and ships‹ zu essen. Außer uns Deutschen (Bim und ich, Hans Mark und seine österreichische Frau Lizzy, das Ehepaar Pilarski, die Gebrüder Pringsheim, zwei Sozialdemokraten) gehörten österreichische, tschechoslowakische, jugoslawische und polnische Kommunisten zur Belegschaft. Zum ersten Male erlebte ich bei Kommunisten aus anderen Ländern gegenüber deutschen Antifaschisten antideutsche Ressentiments, besonders nach dem Überfall Hitlerdeutschlands auf die Sowjetunion. Es kostete einige Mühe, sich zu verständigen. Die Arbeit im Wald war schwer und ungewohnt. Ich fällte Bäume, stand an der Säge und transportierte die Hölzer auf der Schulter zur Verladung. Es regnete fast ununterbrochen, dies verstärkte den kargen, düsteren Charakter dieser Landschaft. Die englischen Kollegen hatten uns gegenüber keine Vorbehalte. Ihre Kraftausdrücke gehörten zum schärfsten, was man sich denken konnte. Ich benutzte Pausen und die Freizeit, um zu lesen und Aufzeichnungen über die Kriegsereignisse und über Fragen der Dialektik zu machen. Diese Tätigkeit als Holzfäller dauerte von Mai 1941 bis Sommer 1943, als die Waldarbeit eingestellt wurde.

Im Frühsommer 1943 gelang es unseren Freunden, für Bim und mich die Erlaubnis zur Übersiedlung nach London zu erreichen. Wir zogen gemeinsam mit Siegbert Kahn und dessen Frau in ein typisches Reihenhaus in der Sandringham Road. Ich erwarb an einer Technischen Fachschule die Qualifikation als Schweißer und fand Arbeit in der Firma B., die Pumpen für die Admiralität herstellte. Der Inhaber war ein deutscher Jude, der am ersten Weltkrieg teilgenommen und 1919 in einem Freikorps in Oberschlesien gegen Polen gekämpft hatte. Dies war der Grund, weshalb er 1938 nach England ausreisen konnte. Dabei gelang es ihm, sein Vermögen mitzunehmen und in England eine kleine Fabrik zu kaufen. Obwohl er die englische Staatsbürgerschaft erworben hatte, konnte er seine konservative deutsch-nationale Gesinnung nicht verleugnen. Er hatte höchste Achtung vor deutscher Wertarbeit und war überzeugt, daß die Deutschen nach der Niederlage, wenn man ihnen nur einen Amboss und einen Hammer ließe, bald »wieder hochkommen« würden.

In diesem Betrieb arbeitete ich bis April 1945 als Schweißer gemeinsam mit Anton Ruh, der später Botschafter der DDR in Rumänien wurde, und Franz Fischer (später Kreissekretär der SED in Berlin-Treptow). Wir arbeiteten im Akkord, merkten aber bald, daß unser Arbeitstempo von den englischen Kollegen nicht gebilligt wurde. Sie gaben auch in dieser Zeit den Kampf für höhere Löhne und bessere Arbeitsbedingungen nicht auf. Herr B. wurde zu manchem Zugeständnis gezwungen. Ich verdiente sehr gut, so konnten wir uns manchen Wunsch erfüllen.

Als die Bombardierung Londons durch die V1-Marschflugkörper einsetzte, wurden die Sicherungsmaßnahmen im Betrieb verstärkt. Das Tückische an Hitlers ›Wunderwaffe‹ war, daß man sie kommen sah, nachdem der Alarm gegeben war, aber nicht vorhersehen konnte, wann der Mechanismus ausklinken und wohin die Bombe fallen würde. Wir hatten Glück, in der Sandringham Road fiel eine V1 in einiger Entfernung von unserem Haus, und auch der Betrieb blieb verschont.

Nach langen und unergiebigen Auseinandersetzungen über die Einschätzung der Lage in Deutschland und die Aufgaben der Emigration trat die bisherige Leitung der Parteiorganisation (Jürgen Kuczynski und Siegbert Kahn) zurück. Ich wurde erneut zum Politischen Leiter gewählt und übte diese Funktion vom Sommer 1944 bis Juli 1946 aus. Im Gegensatz zu den wenigen Wochen vor Kriegsbeginn konnte ich nun, neben der anstrengenden Arbeit im Betrieb, eine intensive politische Arbeit leisten, die durch die veränderte militärische und politische Lage erforderlich wurde.

Never give in Die deutsche Offensive, die am 10. Mai 1940 begann, führte zur Besetzung Dänemarks und Norwegens, dem Einmarsch der deutschen Truppen in Holland, Belgien und Frankreich und zur Niederlage der englischen Armee bei Dünkirchen. Der »drollige Krieg« war vorüber. Die Vereinigten Staaten griffen in den Krieg in Europa ein. Von nun an weitete sich der Krieg aus und wurde zu einer globalen Auseinandersetzung zwischen der Antihitlerkoalition und den Achsenmächten.

In England übernahm Winston Churchill die Regierung und rief dazu auf, niemals aufzugeben: »Never give in, never, never, never!« Trotz Internierung erlebten wir mit, wie das englische Volk auf Dünkirchen reagierte. England kapitulierte nicht. Die »Home Guard« (Heimatwehr) rüstete sich mit allem möglichen aus, mit Jagdflinten, Messern und Sensen, um Widerstand zu leisten, falls

Hitler die Invasion versuchen sollte. Der Wille, bis zum Letzten zu kämpfen, war überall spürbar. Irgendwie – so die Stimmung – würde man sich »durchwursteln« (muddling through) und den Sieg erringen.

In Jugoslawien und anderen Ländern verstärkte sich der Widerstand gegen die faschistische Okkupation. Der Krieg nahm mehr und mehr den Charakter eines antifaschistischen Befreiungskrieges der Völker an.

Dann kam der 22. Juni 1941, Hitlers Wortbruch und der heimtückische Überfall der Wehrmacht auf die Sowjetunion. Er rief auch in England eine breite Bewegung der Solidarität mit der UdSSR hervor und verstärkte die Erkenntnis, daß es in diesem Krieg um Sein oder Nichtsein, um die Befreiung der Menschheit von der drohenden Gefahr faschistischer Versklavung ging.

Die Kriegspolitik des deutschen Imperialismus war, wie 1914, durch die völlige Blindheit für die Stärke der anderen Mächte, durch die Unterschätzung des Gegners gekennzeichnet. So leugneten die Naziführer jede Stabilität des Sowjetstaates, sprachen von einem »Koloß auf tönernen Füßen«, von »Potemkinschen Dörfern« und von Rußland als einem geographischen Begriff. Sie hegten die absurde Idee, daß dieser Staat beim ersten Schlag zusammenbrechen werde. Die deutschen Soldaten marschierten in dem Glauben an die Unbesiegbarkeit der Armee gegen die Sowjetunion, mit dem Hunger nach »Lebensraum« und dem Dünkel des Herrenmenschentums.

Auf sowjetischer Seite hatte die Führung offensichtlich mit der Vertragstreue Hitlers gerechnet und den Nachrichten über einen bevorstehenden Überfall keinen Glauben geschenkt. In den ersten Monaten des deutsch-sowjetischen Krieges wirkte in der Sowjetarmee noch die Erwartung, daß die deutsche Arbeiterklasse den Krieg gegen die Sowjetunion verweigern würde, eine Erwartung, die sich durch die faschistische Schreckensherrschaft in den besetzten Gebieten bald als haltlos erwies. Als die Rote Armee am Beginn des Krieges eine Niederlage nach der anderen erlitt und bis vor die

Tore Moskaus zurückwich, waren wir – wie die englische Öffentlichkeit – tief besorgt. Dennoch zweifelten wir nicht daran, daß die Sowjetunion siegen würde. Wir konnten uns diese Niederlagen nur aus der zeitweiligen Überlegenheit Hitlerdeutschlands erklären, das den Vorteil einer auf vollen Touren laufenden Kriegsmaschinerie und der Verfügung über die Ressourcen ganz Europas voll nutzte. Die Folgen der Repressalien gegen führende Kader der Roten Armee und der Fehlentscheidungen an verschiedenen Abschnitten der Front – die in der sowjetischen Publizistik besonders seit 1985 aufgedeckt wurden – waren uns im Herbst 1941 nicht bekannt.

Durch die sowjetische Gegenoffensive vor Moskau im Dezember 1941 wurde der Mythos von der deutschen Unbesiegbarkeit zerstört. Der Blitzkrieg war gescheitert. Die Kämpfe um Stalingrad und Kursk brachten die Wende. In diesen erbitterten Schlachten zeigte es sich, daß die Sowjetarmee die militärische und moralische Überlegenheit erlangte. Von nun an war es, trotz des langen Ausbleibens der zweiten Front im Westen, ersichtlich, daß Hitlerdeutschland nicht siegen konnte. Als dann 1944 endlich der D-Day, die Eröffnung der zweiten Front, erfolgte, war dessen Schicksal endgültig besiegelt.

Wir deutschen Antifaschisten sahen unsere wichtigste Aufgabe darin, mit ganzer Kraft zum Sieg der Antihitlerkoalition beizutragen und zu erreichen, daß das deutsche Volk selbst den Krieg beendete, indem es das Hitlerregime stürzte, und damit die Voraussetzung für ein freies, demokratisches Deutschland schuf.

Freie Deutsche Bewegung Am 12. und 13. Juli 1943 wurden in der Sowjetunion das ›Nationalkomitee Freies Deutschland‹ und am 11. September 1943 der ›Bund der Offiziere‹ gegründet. Dem Nationalkomitee gehörten deutsche Kriegsgefangene, antifaschistische Reichstagsabgeordnete, Gewerkschaftsfunktionäre und Männer des öffentlichen Lebens an, Vertreter aller Volksschichten mit unterschiedlichen religiösen und politischen Überzeugungen. Zum Vorsitzenden wurde der Schriftsteller Erich Weinert gewählt. Einer der

Stellvertreter war Leutnant Graf Heinrich von Einsiedel, ein Urenkel Bismarcks. In einem Manifest wandte sich das Nationalkomitee an die deutsche Wehrmacht und an das deutsche Volk mit der Mahnung, rechtzeitig durch Taten zu beweisen, daß es ein freies Volk sein will und entschlossen ist, Deutschland von Hitler zu befreien.

Die Gründung des Nationalkomitees war ein deutlicher Beweis dafür, daß sich bei Soldaten und Offizieren, die an den Sieg Hitlerdeutschlands geglaubt hatten, das Bewußtsein für die drohende nationale Katastrophe entwickelte. Sie waren bereit, mit bewährten Antifaschisten und Patrioten für den Sturz Hitlers und die Rettung der deutschen Nation zu wirken. Es war kein Zufall, daß Soldaten und Offiziere, die bei Stalingrad in Gefangenschaft gerieten, als erste erklärten: »Wir sehen jetzt klar, daß Hitler uns betrog. Er sandte nicht nur die 6. Armee in den Tod. Er verrät unser Volk, unsere Eltern, Frauen und Kinder«.

Die Bildung des ›Nationalkomitees Freies Deutschland‹ und des ›Bundes der Offiziere‹ fand auch unter deutschen Antifaschisten in Großbritannien breiten Widerhall. Am 25. September 1943 fand die erste Konferenz zur Gründung einer ›Freien Deutschen Bewegung‹ in England statt. Der Einladung des parteilosen Bevölkerungsstatistikers Prof. Renee Kuczynski, der auch die Tagung leitete, waren etwa 400 Menschen gefolgt. Der Historiker Prof. Meusel leitete die Gründungskonferenz mit einem Referat über »Hitler-Deutschland vor dem Untergang« ein. Der sozialdemokratische Reichstagsabgeordnete Dr. Karl Rawitzki sprach über »Ziele und Aufgaben«. Es schloß sich eine Diskussion an, an der sich Prof. A. Liebert, der Vorsitzende der Kantgesellschaft, Dr. August Weber, Vorsitzender der Staatspartei, die Sozialdemokraten Adele Schreiber (Reichstagsabgeordnete der SPD) und Geiser, Oberstleutnant Kahle, Wilhelm Koenen (Reichstagsabgeordneter der KPD) und andere beteiligten. Ich wies in der Diskussion darauf hin, daß es Hitler gelungen war, die Mehrheit des deutschen Volkes mitzureißen.

Erst jetzt fänden sich neue und alte Gegner des Hitlerregimes zusammen. Es wäre kleinlich und verhängnisvoll, denen, die neu kommen, nicht die Hand zu bieten. Nur die Volkseinheit und nicht sektiererische Gruppenpolitik kann Deutschland retten.

Während die Tagung den Willen von Kommunisten, Sozialdemokraten, Vertretern ehemaliger bürgerlicher Parteien, Gewerkschaftern und Schriftstellern zum gemeinsamen Wirken zeigte, waren Schwierigkeiten und Illusionen nicht zu übersehen. Mancher Antifaschist konnte das Zusammengehen mit Nazis und Angehörigen der Wehrmacht nicht verstehen. Andere wiederum überschätzten die Stärke des Widerstandes.

Der Gründung folgte schon am 13./14. November 1943 die erste Delegiertenkonferenz der ›Freien Deutschen Bewegung‹. Über »Die Krise des Hitlerregimes und das deutsche Volk« sprachen Dr. August Weber, Wilhelm Koenen und ich, über »Der Aufbau der ›Freien Deutschen Bewegung‹ in Großbritannien« Siegbert Kahn. Kaplan Bruno Taussig hielt eine Diskussionsrede. Adele Schreiber verlas einen Appell zur Sammlung für ein Stalingrader Hospital. Der Präsident der Tagung Dr. R. Kuczynski hielt das Schlußwort. Ich wurde in den Vorstand gewählt und gehörte diesem bis zur Auflösung der Bewegung an.

Das Aktionsprogramm der ›Freien Deutschen Bewegung‹ in Großbritannien, das von der Tagung beschlossen wurde, lautete im Wortlaut: »Wir setzen uns ein: 1. Für eine Erhebung des deutschen Volkes zur raschesten Beendigung des Krieges und zum Sturze der Naziherrschaft, 2. Für ein freies, friedliebendes, demokratisches Deutschland, das Militarismus, Völker- und Rassenhaß beseitigt, 3. Für die Sammlung und Einigung aller hitlerfeindlichen Deutschen und ihrer Organisationen in Großbritannien, ohne Unterschied der sozialen Herkunft, Rasse, Religion und Parteizugehörigkeit, 4. Für die Unterstützung und Förderung der Friedens- und Freiheitsbewegung gegen die Hitlerherrschaft in Deutschland, 5. Für den Sieg der Vereinten Nationen und den Aufbau und die Sicherung des kommenden Friedens nach den

Grundsätzen der Atlantik Charter und der Moskauer Dreimächtekonferenz, 6. Für das nationale Selbstbestimmungsrecht der von Nazideutschland unterdrückten Völker und die volle Solidarität mit ihrem Befreiungskampf, 7. Für die Bestrafung der Kriegsverbrecher und Wiedergutmachung des von Deutschland begangenen Unrechtes, 8. Für die Wiederherstellung des von den Nazis geschändeten deutschen Ansehens durch Aufdeckung und Anprangerung ihrer Verbrechen an allen Völkern, einschließlich dem deutschen Volke.

In diesem Sinne erstreben wir Mitarbeit an allen Formen der Propaganda nach Deutschland und unter den Deutschen, Zusammenarbeit mit Behörden und Organisationen, Unterrichtung der englischen Öffentlichkeit in Wort und Schrift, Verbindung mit allen gleichgesinnten freien deutschen Bewegungen in anderen Ländern sowie mit Vertretungen der Vereinten Nationen. Wir sind bereit, im Rahmen unseres Aktionsprogrammes die bestehenden Flüchtlingsorganisationen und Komitees bei der Vertretung der Interessen der Flüchtlinge aus Deutschland zu unterstützen.«

Für die Ziele der ›Freien Deutschen Bewegung‹, die in Glasgow, Manchester, Birmingham und anderen Städten Ortsgruppen hatte, setzten sich hunderte Antifaschisten verschiedener Weltanschauung und Parteizugehörigkeit ein. Ich sprach auf vielen Veranstaltungen, um das Aktionsprogramm zu erläutern. Anläßlich des Attentats auf Hitler am 20. Juli 1944 hielt ich in einer Ausschußsitzung am 27. Juli ein Referat, das auch als Artikel in dem von Palme Dutt herausgegebenen »Labour Monthly« erschien. Im Kern war diese Analyse richtig, obgleich sie auf unvollständigen Angaben beruhte und über die am 20. Juli beteiligten Kreise und ihre verschiedenen Ziele noch keine gesicherten Erkenntnisse vorlagen. Wir schätzten die Aktion des Grafen von Stauffenberg als eine heroische Tat für die Rettung des Vaterlandes vor der durch Hitlers Kriegspolitik drohenden Katastrophe ein. Die Schwäche der Aktion bestand offensichtlich darin, daß sie sich auf führende Kreise der Armee und Repräsentanten des Bürgertums und der Sozialdemokratie beschränkte und keine breite Resonanz im Volk fand. Auch war das außenpolitische Programm im einzelnen nicht bekannt. Der 20. Juli 1944 weckte große Hoffnungen und verstärkte zugleich die Bitternis darüber, daß Hitler davongekommen war.

In unseren Erklärungen und Publikationen über die Lage in Deutschland gingen wir, auch als der Krieg schon auf deutschem Boden stattfand, immer von der Hoffnung aus, daß das deutsche Volk selbst einen wesentlichen Beitrag zum Sturz der Naziherrschaft leisten werde. Allerdings mußte ich auf der 3. Delegiertenkonferenz der FDB am 17./18. Februar 1945 über die Bewegung ›Freies Deutschland‹ feststellen, daß sie noch nicht zur Flamme geworden ist. Sie hat innerhalb Deutschlands und in der Armee noch nicht die Breite und Wirkung erlangt, die wir erhofften. »Wir müssen es unumwunden aussprechen, daß bisher immer noch Millionen deutscher Männer und Frauen im Banne der Nazipropaganda stehen und den sinnlosen Widerstand fortsetzen.«

In der ›Freien Deutschen Bewegung‹ hatten sich Antifaschisten verschiedener Weltanschauung und Parteizugehörigkeit zusammengefunden. Aber dies waren höchstens 10 Prozent der deutschen Emigranten, die Mehrheit – hauptsächlich jüdische Flüchtlinge – verhielt sich passiv, abwartend oder ablehnend. Eine Mitarbeit der in London tätigen Vertreter des Parteivorstandes der SPD (Ollenhauer, Vogel u. a.) und der Landesgruppe der deutschen Gewerkschaften sowie der Gruppe ›Neubeginnen‹ war nicht erreicht worden. Gegen Ende des Krieges traten Friedrich Stampfer und andere Sozialdemokraten in der New Yorker »Neue Volkszeitung« offen mit antisowjetischen Äußerungen hervor, gegen die wir Stellung nahmen. Sie befürchteten, die Tätigkeit des Nationalkomitees könne zu einem deutsch-russischen Bündnis gegen den Westen führen und damit Nachkriegsdeutschland von vornherein festlegen. Als Organ der ›Freien Deutschen Bewegung‹ diente das Anti-Nazi Monthly »Freie Tribüne«, das von der ›Freien Deutschen Jugend‹ herausgegeben wurde.

Die »Freie Tribüne« trat für ein breites Bündnis aller Hitlergegner ein. Dazu äußerten sich in den ersten Nummern namhafte Persönlichkeiten, so der sozialdemokratische Publizist Victor Schiff, die Schriftsteller Hans J. Rehfisch, Jan Petersen, Hermynia zur Mühlen, Erich Fried, Max Zimmering, der Philosoph A. Liebert, Kaplan Bruno Taussig, der Journalist Monty Jakobs, der Kommunist Wilhelm Koenen. Einige – so Victor Schiff – trennten sich jedoch bald wieder von der Bewegung, ob unter dem Einfluß britischer Behörden oder antikommunistischer Vorurteile war nicht klar.

Das Haupthindernis für die Bewegung bestand darin, daß die englischen Behörden keinerlei Bereitschaft zeigten, unseren Vertretern Zugang zu den Kriegsgefangenenlagern zu gewähren oder sich über den Rundfunk an das deutsche Volk zu wenden. Auch der Vorschlag der 3. Delegiertenkonferenz, als Frontpropagandisten unter englischem und amerikanischem Oberkommando Aufklärung über den verlorenen Hitlerkrieg zu leisten, fand keine Zustimmung. Der englische Außenminister Anthony Eden erklärte bereits im November 1943, die Regierung Ihrer Majestät beabsichtige nicht, die ›Freie Deutsche Bewegung‹ diplomatisch anzuerkennen, sehe aber gegenwärtig keinen Grund, ihre Tätigkeit zu behindern. Herrschende Kreise Großbritanniens hatten frühzeitig begonnen, aus der sozialdemokratischen und bürgerlichen Emigration Vertrauensleute zu gewinnen, die nicht im Verdacht linker Sympathien standen und nach dem Sieg Verantwortung in Deutschland übernehmen sollten.

Wir ließen uns dennoch nicht entmutigen. In meiner Rede auf der 3. Delegiertenkonferenz der FDB stellte ich fest: daß unsere Erfolge zwar noch lange nicht unseren Erwartungen entsprechen. Doch sind wir stolz, auch hier die Einheit deutscher Hitlergegner nach besten Kräften verwirklicht und gefördert zu haben.

Unsere Familie hatte sich vergrößert. Im November 1944 war unser Sohn geboren worden. Bim hatte in einem Londoner Hospital unter den widrigen Bedingungen der ständigen V1-Angriffe entbunden. Wir waren glücklich über die Geburt unseres Sohnes, denn in den Jahren der Illegalität, des Kampfes in Spanien und der ständigen Trennungen mußten wir uns den Wunsch nach einem Kind versagen.

Ende April 1945 mußte ich die Arbeit in der Firma B. aufgeben. Die bei den Schweißarbeiten entstandenen Dämpfe wirkten sich ungünstig auf meine Bronchien aus. Ich hatte nun mehr Zeit und konnte mich voll der Parteiorganisation und der ›Freien Deutschen Bewegung‹ widmen. Unsere Wohnung in der Sandringham Road, im Stadtteil Golders Green, wurde zum Treffpunkt vieler Freunde.

Zwischenbilanz Das Ende des Krieges rückte immer näher. Zwischen den Alliierten herrschte, solange der Krieg andauerte, das gemeinsame Interesse am Sieg über Hitlerdeutschland und über Japan. Dies schloß Meinungsverschiedenheiten und gegensätzliche Interessen nicht aus. Auf der Konferenz von Teheran (27. 11. bis 1. 12. 1943) hatten sich die »Großen Drei« erst nach hartnäckigem Streit auf die Eröffnung einer zweiten Front in Frankreich geeinigt. Roosevelt hatte sich gegen Churchill für diese Lösung entschieden und dadurch Stalins Zusicherung zum Eingreifen der Sowjetarmee in den Krieg gegen Japan erlangt. Auf der Konferenz von Jalta (4. bis 11. 2. 1945) präzisierten die Alliierten ihre Vorstellungen über die Zukunft Europas und Deutschlands. In Deutschland sollte der Nazismus beseitigt werden. Man beschloß die Aufteilung Deutschlands in Besatzungszonen, die Bildung eines Alliierten Kontrollrats, die Demontage von Fabriken.

Jalta gilt manchen Historikern als Festschreibung der Teilung Europas und Deutschlands, als ein Übel, das alles Unheil der Nachkriegszeit verursacht hat. Doch zunächst muß man feststellen, daß es ohne Hitlerdeutschlands Raubkrieg nicht zu Teheran und Jalta gekommen wäre. Deutschland konnte nicht mit Straffreiheit rechnen. Hitlers totaler Krieg, die Politik der verbrannten Erde, der Holocaust und all die anderen Verbrechen machten einen Frieden ohne Annexionen und Kontributionen unmöglich.

Die erste Hälfte des 20. Jahrhunderts war vorüber. Sie war turbulent und hatte die Menschheit große Opfer gekostet. Zwei Weltkriege, revolutionäre Bewegungen, Kämpfe um nationale Unabhängigkeit, grundlegende Erkenntnisse der Wissenschaft, neue kulturelle Strömungen, Veränderung der Lebensbedingungen hatten sie geprägt. Das wichtigste Ereignis war der Sieg der Oktoberrevolution in Rußland. Er schuf die Voraussetzung für den Aufbau des Sozialismus auf einem Sechstel der Erde. Die der Menschheit drohende Gefahr der faschistischen Barbarei war durch die Antihitlerkoalition abgewandt worden. Am Sieg über Hitlerdeutschland und Japan hatte die Sowjetunion einen bedeutenden Anteil.

Ich war Kommunist geworden und hatte am Kampf gegen den Faschismus teilgenommen. Mehr als einmal war mein Leben bedroht gewesen. Als gute Kameraden hatten Bim, meine Frau, und ich, manch schwierige Situation gemeistert. Wie würde es nun weitergehen, welchen Weg würden wir einschlagen müssen, um zu Glück und Frieden zu gelangen?

Lange vor dem Ende des Krieges und der Naziherrschaft bewegte uns die Frage, wie das künftige Deutschland aussehen soll. Ich war überzeugt, daß endlich Lehren aus der deutschen Geschichte zu ziehen sind und ein neuer Weg beschritten werden muß. Allzulang hatten Fürsten und Adlige, Konzernherren, Bankiers und Großgrundbesitzer das Geschick der deutschen Nation bestimmt. Im Kaiserreich führte das Bündnis von Großbourgeoisie und Junkertum zum ersten Weltkrieg. Die reaktionärsten Kreise des Finanzkapitals waren schuld am Untergang der Weimarer Republik. Sie brachten Hitler an die Macht und trugen die Hauptverantwortung für den zweiten Raubkrieg des deutschen Imperialismus. Immer hatten sie sich in eigennütziger Weise über die Interessen der Nation hinweggesetzt.

Eine Rückkehr zur Weimarer Republik konnte nicht in Frage kommen. Sie lebte in der Erinnerung als ein schwacher Staat, der mit Nationalismus und Chauvinismus nicht fertig wurde. Nun, nach der Niederlage Hitlerdeutschlands, mußten die Dinge an der

Wurzel angepackt werden. Das neue Deutschland mußte ein Deutschland des Volkes sein, friedliebend, demokratisch und antifaschistisch. In dieser Überzeugung und hochgespannten Erwartung bereiteten wir uns auf die Rückkehr nach Deutschland vor.

Anmerkungen

1 E.W. Tarlé, Talleyrand. Leipzig 1950, S. 165 ff.
2 Heinrich Eilderman, Urkommunismus und Urreligion. Berlin 1921
3 Manfred Kossok, 1917 – was bleibt? In: Neues Deutschland v. 7./8. 11. 1992
4 Reportage »Deckname Felix Albin« von Ernst Steinke, RIAS II v. 22. 5. 1973
5 Kurt Finker, Mit dem Stimmzettel gegen die Nazidiktatur. In: Neues Deutschland v. 23./24. 1. 1993
6 Am 1. Mai 1929 ging die Polizei auf Befehl des Berliner sozialdemokratischen Polizeipräsidenten Zörgiebel gegen eine verbotene Demonstration vor. Dabei wurden 31 Teilnehmer getötet und viele verwundet.
7 Revolutionäre deutsche Parteiprogramme. Berlin 1967, S. 119
8 Vgl. Anm. 5
9 Willi Bohn, Stuttgart Geheim. Frankfurt/Main 1970, S. 28
10 Julius Schätzle, Stationen zur Hölle. Konzentrationslager in Baden und Württemberg 1933–1945. Frankfurt/Main 1974, S. 18
11 Christa Wagner, Die durchs Feuer liefen. Berlin 1975, S. 131
12 Brief an Sarah Federowa-Wiener, Tel Aviv. In: UZ v. 9. 11. 1992
13 Einfügung durch das Gericht
14 La Lucha y la Vida. Memoiren der Dolores Ibarruri. Barcelona 1985, S. 290
15 Zit. nach Gerhard Kegel, Über einige Grundlagen der historischen Wahrheit in unserer Epoche. In: Horizont Nr. 8/1987

2. Kapitel 1946 bis 1949

Wartezeit ■ Die Bombe ■ Die Vereinigung ■ Ackermanns »besonderer Weg« ■ Die Rückkehr ■ Deutschlandpolitik ■ Im »Vorwärts« ■ Geistige Trümmer ■ Kulturelle Erneuerung ■ Der kalte Krieg ■ Auf der Hackeburg ■ Der Volkskongreß ■ Das Jubiläumsjahr ■ Die Magnettheorie ■ Zweigleisig ■ Die »Partei neuen Typus« ■ Leninismus ■ Die Autorität Stalins ■ Das Ende des »besonderen Weges« ■ Zwei deutsche Staaten

Wartezeit Das Ende des zweiten Weltkriegs in Europa und den Tag des Sieges erlebte ich in Ryle auf der Isle of Wight im Süden Englands. Auf diesem schönen Fleck Erde hielt ich mich zu einem kurzen Erholungsurlaub auf. Die Erkrankung der Atemwege machte einen Klimawechsel erforderlich. Dr. R. hatte mir bei englischen Freunden eine Unterkunft besorgt. Es war herrlich, am Strand zu liegen, dem Rauschen der Wellen zu lauschen und den Weg der Wolken zu verfolgen.

Mit der bedingungslosen Kapitulation der Wehrmacht am 7. Mai vor den Westalliierten und am 8. Mai vor dem Kommando der Sowjetarmee endete in Europa der von Hitlerdeutschland entfesselte Krieg, der fast alle Länder unseres Kontinents erfaßt und den Völkern unermeßliches Leid gebracht hatte. Am Tag des Sieges herrschte überschwengliche Freude. Ich erlebte dies in Ryle. Bim, die in London geblieben war, nahm mit Freunden an der Siegesfeier in Hyde Park teil. Ich war froh über das Ende des »Tausendjährigen Reichs«. In dieses Glücksgefühl mischte sich die bittere Erkenntnis, daß die Deutschen, trotz des opferreichen Kampfes der Antifaschisten verschiedener Richtungen, keinen wesentlichen Beitrag zum Sieg und zur Befreiung vom Hitlerfaschismus geleistet hatten. Was würde nun aus Deutschland werden? Wann würden wir zurückkehren können, und welche Aufgaben würden wir zu bewältigen haben? Ein ganzes Jahr sollte vergehen, bis wir darüber Klarheit erlangten.

Am 5. Juni 1945 verkündeten General Eisenhower, Feldmarschall Montgomery, Marschall Shukow und General de Lattre de Tavigny die »Deklaration über die Niederlage Deutschlands und die Übernahme der obersten Staatsgewalt in Deutschland«. Damit lag die militärische und politische Macht in den Händen der Alliierten.

In Deutschland etablierte sich das Besatzungsregime und begann der Wiederaufbau. Wir aber waren immer noch fern der Heimat. Wir waren Großbritannien dankbar für das Asyl, das uns gewährt worden war. Aber jetzt wollten die meisten von uns so schnell wie möglich zurück nach Deutschland. Unsere Bemühungen um eine rasche Rückkehr stießen jedoch bei den englischen Behörden auf wenig Gegenliebe. Sozialdemokraten und Gewerkschafter, wie Ollenhauer und Schöttle, durften bald nach Kriegsende in die britische Zone ausreisen und ihre politische und gewerkschaftliche Tätigkeit aufnehmen. Aus unserer Gruppe gelang es Wilhelm Koenen und Hans Kahle, noch 1945 in die sowjetische Besatzungszone zu übersiedeln. Im Juni 1945 wandte sich die ›Freie Deutsche Bewegung‹ direkt an Prime Minister Attlee und Foreign Secretary Bevin mit dem Ersuchen, die Ausreise zu genehmigen. Eine Abordnung übergab dem Foreign Office eine Liste mit 567 Namen von Rückkehrwilligen. Die Antwort lautete: die Rückkehr politischer Flüchtlinge könne noch nicht gestattet werden, sei jedoch »under constant review«. Damals sagte man, um die englische Bürokratie zu kennzeichnen, wenn etwas »under constant review« oder »under activ consideration« sei, bedeute dies, daß die betreffenden Akten nicht mehr aufzufinden sind.

Die Hindernisse, die einer raschen Rückkehr deutscher Kommunisten und anderer Antifaschisten in den Weg gelegt wurden, waren für uns keine Überraschung. Sie hingen vermutlich mit der Änderung des politischen Klimas in Großbritannien zusammen, die man schon im Sommer 1945 feststellen konnte. Maßgebende Kreise strebten das Ende der Antihitlerkoalition an und traten für ein gemeinsames Vorgehen der USA und Großbritanniens gegen die »sowjetische Expansion« ein. Damit war zugleich das Bestreben verbunden, der während des Krieges entstandenen Sympathie der Volksmassen für die Sowjetunion entgegenzuwirken. Wir brachten die Verzögerung unserer Rückkehr mit dieser Änderung der Politik in Verbindung.

Wegen der Atembeschwerden konnte ich die Arbeit als Schweißer nicht fortsetzen. So hatte ich Zeit für die politische Tätigkeit. Ich kümmerte mich um die Herausgabe unserer Zeitschrift »Freie Tribüne« und um Probleme, die mit der Rückkehr zusammenhingen. Eines Tages suchte mich Jürgen Kuczynski auf, um mir in meiner Eigenschaft als Politischer Leiter der Parteiorganisation der

KPD mitzuteilen, daß er als Oberst der amerikanischen Armee nach Deutschland zurückkehren werde. Seine Aufgabe sollte darin bestehen, mit einem Team die Verantwortung von IG Farben und anderen Konzernen für das Hitlerregime und den Krieg zu untersuchen. Gegen ein derartiges Vorhaben war natürlich nichts einzuwenden. Ich verschwieg Kuczyinski allerdings nicht, daß ich überrascht sei über sein Verhalten. Bisher war in der Leitung der Parteiorganisation über solche Fragen entschieden worden. Er hatte dies mißachtet. Wir verabschiedeten uns nicht besonders herzlich. Nach einiger Zeit erhielt ich von ihm eine Postkarte aus Berlin. Er schrieb, Walter (Walter Ulbricht) schaue ihm über die Schulter und billige sein Verhalten.

Jetzt, da der Krieg entschieden war, fand auch ein Streit sein Ende, der sich eigentlich nur aus der Isoliertheit der Emigration erklären läßt. Die Trennung von der Heimat hatte immer wieder zu Diskussionen über die Stärke des inneren Widerstandes in Deutschland geführt. Während eine Gruppe (Kuczynski, Grete Wittkowski, Siegbert Kahn) dazu neigte, diese Stärke zu überschätzen, stellten ich, Heinz H. Schmidt, Hans Schrecker und andere fest, daß es dem Gestapoterror und der Goebbelspropaganda immer wieder gelang, den Widerstand zu brechen. Auch nach der Bildung des ›Nationalkomitees Freies Deutschland‹ und der ›Freien Deutschen Bewegung‹ entwickelte sich in Deutschland kein breiter Widerstand. Der Krieg kehrte zu seinem Ausgangspunkt zurück und fand erst im Herzen Berlins sein Ende.

Es war schmerzlich, sich dies einzugestehen. In allen Jahren seit dem Machtantritt Hitlers und noch während der Endphase des Krieges hatte ich die Hoffnung auf den Sturz des Hitlerregimes durch das deutsche Volk oder auf einen wesentlichen Beitrag dazu nicht aufgegeben. Ich glaubte fest an das »andere« Deutschland, wenn ich auch dessen Stärke nicht überschätzte. Um so infamer ist der Versuch Kuczynskis in einem seiner zahlreichen, nach 1990 erschienenen Bücher [1], mich als Anhänger Lord Vansittarts zu diffamieren. Lord Vansittart, der während des Krieges in England und den USA eine rege Propaganda durchführte, war ein Deutschenhasser. Er bezeichnete die Deutschen als Hunnen, als die Verkörperung von Aggressivität und Barbarentum und forderte ihre Bestrafung nach dem Krieg. Gegen diese chauvinistischen Äußerungen war ich in der »Freien Tribüne« und in Vorträgen aufgetreten. Kuczynskis Verleumdung wird auch durch meine Mitgliedschaft im Vorstand der ›Freien Deutschen Bewegung‹ widerlegt, die einem Anhänger Vansittarts nicht gewährt worden wäre. Ich machte K. brieflich darauf aufmerksam. Er hatte jedoch nicht die Charakterstärke, sich öffentlich zu entschuldigen.

In den Wochen und Monaten des Wartens auf die Rückkehr verfolgten wir aufmerksam das Geschehen in den einzelnen Besatzungszonen. Die ›Freie Deutsche Bewegung‹ setzte ihre Tätigkeit fort, um ihre Anhänger auf die künftige Arbeit in Deutschland vorzubereiten. Am 28. Mai 1945 hielt ich in der Holy Trinity Church Hall in London eine Rede »Von der deutschen Katastrophe zur antifaschistischen Demokratie«. Ich betonte, daß die Entscheidung über die weitere Entwicklung Deutschlands, darüber, ob wir die uns durch den alliierten Sieg gegebene Chance des friedlichen und demokratischen Aufbaus auszunutzen verstehen, von der Tatkraft und Einheitlichkeit des Handelns aller antinazistischen, ehrlichen, verantwortungsbewußten Deutschen aus allen Volksschichten abhängt. Diese Rede wurde im Juni oder Juli 1945 auch in Paris durch das Komitee deutscher Widerstandskämpfer als Informations- und Diskussionsmaterial verbreitet.

Am 30. Dezember 1945 fand in London die Abschlußkonferenz der ›Freien Deutschen Bewegung‹ statt. Die Teilnehmer waren sich einig, daß nunmehr die demokratischen Parteien und Organisationen das deutsche Volk für die restlose Ausrottung des Faschismus und für den friedlichen Aufbau mobilisieren müssen.

Die »Freie Tribüne« stellte Ende Juni 1946 ihr Erscheinen ein. Sie hatte dazu beigetragen, die deutschen Emigranten mit den Ereignissen in Deutschland bekannt zu machen und von der Notwendigkeit der Rückkehr in die Heimat zu überzeugen. Wie viele dieser Aufforderung gefolgt sind, weiß ich nicht. Es war durchaus verständlich, wenn jüdische Emigranten sich entschlossen, in England zu bleiben. Andererseits waren wir stolz darauf, daß viele Mitglieder der ›Freien Deutschen Jugend‹ nun unsere Reihen verstärkten und sich zur Rückkehr nach Deutschland entschlossen.

Die Bombe Wenige Monate nach Kriegsende in Europa wurden wir durch die Nachricht aufgeschreckt, daß am 6. August ein amerikanisches Flugzeug eine Atombombe auf die japanische Stadt Hiroshima abgeworfen hatte. Drei Tage später traf die zweite Bombe Nagasaki. Überall wurde das Geschehen mit Entsetzen aufgenommen, waren doch in wenigen Sekunden Hunderttausende getötet und zwei Städte sinnlos zerstört worden. Der Besitz der Atombombe und weiterer nuklearer Waffen wurde von diesem Zeitpunkt an ein wesentlicher Faktor der Weltpolitik. Das nukleare Zeitalter begann nicht als Segen, sondern als Bedrohung der Menschheit.

Erst später wurde bekannt, daß Präsident Truman auf der Potsdamer Konferenz im Einverständnis mit Churchill Stalin informiert hatte, daß die USA über eine Waffe von ungewöhnlicher Sprengkraft verfügen. Beide wunderten sich über dessen kühle Reaktion. Stalin wußte über die Entwicklung einer Atombombe in den USA – das Manhattan-Projekt – seit 1941 Bescheid. Er verfügte über Informationen der sowjetischen Aufklärung und von Wissenschaftlern, wie dem deutschen Kernphysiker und Kommunisten Klaus Fuchs, die ein amerikanisches Atommonopol verhindern wollten. Für Truman soll der Einsatz der Atombomben »das größte Ereignis der Geschichte« gewesen sein. Da die militärische Niederlage Japans bereits feststand, konnte der Abwurf der Atombomben nur an die Adresse der Sowjetunion und an die Weltöffentlichkeit gerichtet sein als Demonstration der Stärke und des Anspruchs der USA auf die führende Rolle in der Welt.

Ich wußte nicht, daß zu diesem Zeitpunkt eine Gruppe deutscher Atomforscher – Otto Hahn, Werner Heisenberg, Walther Gerlach und andere – in einem Landhaus in der Nähe von Cambridge interniert war und über die Folgen ihrer Forschungstätigkeit nachdachte, die zum Glück nicht zur Atombombe für Hitler geführt hatte.

Klaus Fuchs verbüßte als »Atomspion« eine langjährige Gefängnisstrafe. Danach lebte er in der DDR. Er wurde Mitglied des ZK der SED und der Akademie der Wissenschaften. Wir trafen in den 70er und 80er Jahren oft zusammen. Ich lernte einen hochbegabten, äußerst sensiblen und bescheidenen Menschen kennen, der sich seiner Tat nicht rühmte, aber hohe Anerkennung dafür verdient hat. In den 90er Jahren beschuldigte mich ein Filmemacher, einen Film über Klaus Fuchs verhindert zu haben. Der Kritiker hatte nicht begriffen, daß die Genehmigung nicht von mir abhing, sondern von den mit Klaus Fuchs verbundenen Institutionen, und diese meinten, es sei zu früh für einen Film, der in allen Einzelheiten die Motivation und Handlungsweise von Klaus Fuchs darstellen müßte.

Vierzig Jahre nach Hiroshima und Nakasaki, am 26. April 1986 explodierte ein Reaktor – der Block I – im Atomkraftwerk von Tschernobyl. Weite Teile der Ukraine und Weißrußlands wurden radioaktiv verseucht. Die im Block und bei den Räumungsarbeiten Eingesetzten sowie Hunderttausende, die evakuiert werden mußten, erlitten schwere Schäden. In der DDR und anderen europäischen Staaten wurde die Radioaktivität gemessen, die zum Glück keine gefährlichen Werte zeigte. Die Katastrophe von Tschernobyl hat die Besorgnis über die Anwendung der Kernenergie und die dazu erforderlichen Sicherheitsbestimmungen zu einem Dauerthema gemacht.

Die Vereinigung Das wichtigste Ereignis während unserer Wartezeit, dem ich aus vollem Herzen zustimmte, war die Vereinigung von KPD und SPD in der sowjetischen Besatzungszone zur ›Sozialistischen Einheitspartei Deutschlands‹ (SED).

Unmittelbar nach dem Vereinigungsparteitag schrieb ich die Broschüre »The Socialist Unity Party of Germany«, die im Juni

1946 mit einem Vorwort des Labour-Abgeordneten Zilliacus in London erschien.[2]

In einem Geburtstagsgruß an Wilhelm Pieck stellte ich Anfang Januar 1946 im Namen der Parteiorganisation der KPD in Großbritannien fest: »Die Überwindung der unseligen Spaltung der deutschen Arbeiterklasse, eine Aufgabe, der Du stets Deine Kräfte gewidmet hast, ist heute in greifbare Nähe gerückt durch die Vorbereitung der Einheitspartei, wie sie von der Berliner Konferenz am 20. Dezember beschlossen wurde.«

Die Vereinigung wird heute vielfach als eine unter sowjetischem Druck erfolgte »Zwangsvereinigung« geschildert. Wir konnten uns in der Emigration natürlich kein vollständiges Bild von dem Einigungsprozeß machen, es war uns aber bewußt, daß es Für und Wider gab, mußten doch Vorurteile abgebaut und Schranken niedergerissen werden, die Kommunisten und Sozialdemokraten jahrzehntelang getrennt hatten.

Das Verlangen nach Einheit der Arbeiterbewegung war nicht zufällig entstanden oder nur Sache der Kommunisten. Wer die Weimarer Republik erlebt hatte, wußte, wie bitter der Zwist zwischen Kommunisten und Sozialdemokraten war. In den zwölf Jahren der Hitlerdiktatur wurde die Notwendigkeit des einheitlichen Handelns und der Schaffung einer Einheitspartei immer zwingender. Im Widerstand gegen den Hitlerfaschismus, in Zuchthäusern und Konzentrationslagern und in der Emigration war bei Kommunisten und Sozialdemokraten der Entschluß gereift, unbedingt die verhängnisvolle Spaltung der Arbeiterbewegung zu überwinden. Nach der Befreiung vom Hitlerfaschismus war der Drang zur Einheit, zu einem Neuanfang der Arbeiterbewegung übermächtig. Unmittelbar nach dem 8. Mai 1945 gab es in vielen Orten in Ost und West Bestrebungen von Kommunisten und Sozialdemokraten, sich zu vereinigen.

Zur Einheit drängten auch jene, die sich aufgrund ihrer Erfahrungen mit dem Hitlerregime und dem Krieg den beiden Arbeiterparteien angeschlossen hatten und nunmehr beim Wiederaufbau die Kraft gemeinsamen Handelns spürten.

Der Vereinigung beider Parteien ging die Aktionseinheit zur Lösung von Problemen des Alltags sowie eine monatelange Diskussion an der Basis und in dem gemeinsamen Ausschuß über Grundsätze und Ziele der Einheitspartei voraus. Angesichts der Gefahr einer reaktionären Restauration entschieden sich die Vertreter beider Parteien auf der Sechziger Konferenz im Dezember 1945 für die »baldige Verwirklichung der politischen und organisatorischen Einheit der Arbeiterbewegung« als einer dringenden nationalen Notwendigkeit. Als Minimalprogramm sah die Konferenz die Schaffung einer parlamentarischen Republik vor, als Maximalprogramm die Verwirklichung des Sozialismus auf dem Wege der Ausübung der politischen Herrschaft durch die Arbeiterklasse.

Nach der Dezemberkonferenz trug die Diskussion über die programmatischen Grundlagen der Einheitspartei und die Lehren aus der Geschichte der deutschen Arbeiterbewegung, vor allem aus der Novemberrevolution 1918, wesentlich zur Verständigung beider Parteien bei. Eine große Rolle spielte die Herausgabe marxistischer Schriften. Es erschienen das »Manifest der Kommunistischen Partei« von Marx und Engels, Engels' »Die Entwicklung des Sozialismus von der Utopie zur Wissenschaft«, Lenins »Was tun?« und »Der linke Radikalismus, die Kinderkrankheit im Kommunismus«.

Sozialdemokraten wie Otto Grotewohl, Otto Buchwitz, Fritz Ebert, Max Fechner, Erich Mückenberger, Käthe Kern und viele andere gingen bewußt den Weg, der zur Gründung der SED führte. Dies gilt auch für ehemalige Mitglieder und Funktionäre der ›Sozialistischen Arbeiterpartei‹ (SAP) und kommunistischer Gruppen, wie Max Seydewitz, Edith Baumann, Klaus Zweiling, Hans Seigewasser, Jakob Walcher und andere. Ich habe in Gesprächen mit (früheren) Sozialdemokraten 1946 wie in späteren Zeiten festgestellt, daß die Schaffung der Einheitspartei ihrer tiefen Überzeugung entsprach und sie an der Notwendigkeit und Richtigkeit dieses Schrittes nicht zweifelten. Besonders Otto Buchwitz beeindruckte durch die Schilderung, wie er während der Haft im Zuchthaus Brandenburg zu dem Schluß gekommen war, alles daran zu setzen, die unglückselige Spaltung der deutschen Arbeiterbewegung zu überwinden. Kein einziger meiner Gesprächspartner hat jemals erklärt, »zwangsvereinigt« worden zu sein.

Die sowjetische Militäradministration stellte sich auf den Standpunkt, daß es Sache der deutschen Kommunisten und Sozialdemokraten sei, über die Vereinigung zu entscheiden. Sie war, im Gegensatz zu den westlichen Besatzungsbehörden, für die Vereinigung. So konnte es vorkommen, daß Ortskommandanten ›nachhalfen‹, d. h. eingriffen, wenn sich Sozialdemokraten oder Kommunisten nicht einig werden konnten oder sich offen als Gegner der Vereinigung erwiesen. Dies war keineswegs im Sinne der Führung beider Parteien.

Die vorherrschende Stimmung bei Kommunisten wie Sozialdemokraten war in jener Zeit der Wille zur Zusammenarbeit und zur Vereinigung. Gegen die Vereinigung wandten sich vor allem Kurt Schumacher und das von ihm geleitete SPD-Büro in der britischen Zone. Schumacher lehnte die Einheitspartei ab, weil die KPD an die Sowjetunion und die KPdSU gebunden sei. Er organisierte eine Kampagne gegen den Zentralausschuß der SPD. Dabei suchte er durch ein Referendum eine Entscheidung der Berliner Sozialdemokraten gegen die Vereinigung zu erreichen. Der Zentralausschuß lehnte das Referendum ab. Als es in den Westsektoren dennoch stattfand, nahmen von 32 557 Sozialdemokraten 23 755 teil. Sie sollten zwei Fragen beantworten. Erstens: Bist Du für den sofortigen Zusammenschluß der beiden Arbeiterparteien? Zweitens: Bist Du für das Bündnis der beiden Arbeiterparteien? Bei der ersten Frage stimmten 2 937 für und 19 529 gegen die sofortige Vereinigung, bei der zweiten Frage stimmten 14 763 für eine Zusammenarbeit der beiden Parteien und 5 707 dagegen. Der Rest der Stimmen war ungültig. Dieses Ergebnis zeigte, wie stark der Wunsch nach der Zusammenarbeit von Sozialdemokraten und Kommunisten war. Tatsächlich ging die Auseinandersetzung in der Berliner Sozialdemokratie über Zusammenarbeit oder sofortige Vereinigung weiter.

In Berlin vereinigten sich die Parteiorganisationen der KPD und der SPD am 14. April 1946. Hier nahmen zahlreiche Sozialdemokraten nicht an der Vereinigung teil und bildeten eigene Parteiorganisationen der SPD, die in Ostberliner Stadtbezirken bis in die 50er Jahre bestanden.

Auch in dem von Otto Grotewohl geleiteten Zentralausschuß der SPD traten einige Mitglieder (Dahrendorf, Gerner, Klingelhöfer) gegen die Vereinigung auf. Am 10. April 1946 – also vor dem Vereinigungsparteitag – wurde von Schumacher das Ostbüro der SPD gebildet, das eng mit den westlichen Besatzungsbehörden zusammenarbeitete und – nachdem die Vereinigung nicht verhindert werden konnte – sich mit der »Unterwanderung« der SED befaßte.

In den Westzonen herrschte bei Kommunisten, Sozialdemokraten, Gewerkschaftern und parteilosen Antifaschisten ebenfalls ein starker Drang zur Einheit der Arbeiterparteien. In Baden und im Saarland vereinigten sich lokale Parteiorganisationen der KPD und SPD, in anderen Gebieten entstanden gemeinsame Arbeits- und Aktionsausschüsse. Jedoch gelangte das Streben nach einer Einheitspartei über Ansätze nicht hinaus, da die Besatzungsmächte, unter deren Schirmherrschaft sich die restaurativen Kräfte breit machten, alle Schritte zur Vereinigung unterbanden. Die französischen Besatzungsbehörden widersetzten sich der Vereinigung, weil für sie jeder Zentralismus unannehmbar war und sie daher der Gründung einer gesamtdeutschen Partei nicht zustimmen wollten. Die englische Militärregierung lehnte im Mai 1947 die Anerkennung der SED als politische Partei in ihrer Zone ab. Hier herrschte wohl die Furcht vor, daß die geeinte Arbeiterbewegung zu einer starken Kraft für die Umwälzung der Macht- und Eigentumsverhältnisse im Sinne einer antifaschistisch-demokratischen Ordnung werden könnte. Dies hätte die von den Westmächten und ihren deutschen Verbündeten geplante Bildung eines Separatstaates und die Restauration der kapitalistischen Verhältnisse ernsthaft behindern können.

Auf dem 40. Parteitag der SPD, der am 19. und 20. April 1946 in Berlin stattfand, stimmten alle 445 Delegierte aus der SBZ und 103 Westdelegierte für die Vereinigung.

Am 20./21. April 1946 nahm dann der Vereinigungsparteitag einstimmig die »Grundsätze und Ziele der Sozialistischen Einheitspartei Deutschlands« an, die von der konsequenten Durchführung der antifaschistisch-demokratischen Umwälzung ausgehen. Als ihr Ziel erklärte die SED die »Befreiung von jeder Ausbeutung und Unterdrückung, von Wirtschaftskrisen, Armut, Arbeitslosigkeit und imperialistischer Kriegsdrohung. Dieses Ziel, die Lösung der nationalen und sozialen Lebensfragen unseres Volkes, kann nur durch den Sozialismus erreicht werden«. Als Voraussetzung, um dieses Ziel zu erreichen, wurde die Eroberung der politischen Herrschaft durch die Arbeiterklasse und die Herstellung des Bündnisses mit den anderen Werktätigen bezeichnet.

In der Broschüre »The Socialist Unity Party of Germany« schilderte ich den Weg der deutschen Arbeiterbewegung von der Vereinigung der Lassalleaner und der Eisenacher auf dem Gothaer Parteitag 1875 bis zur Spaltung 1918 und deren verhängnisvollen Folgen. Ich analysierte die einheitsfeindliche Politik Kurt Schumachers und forderte die ›Labour Party‹ auf, diese Politik nicht zu unterstützen, sondern gegen die Behinderung der Einheitsbestrebungen in der britischen Zone aufzutreten.

Ich setzte mich auch mit dem Argument von Vertretern der ›Labour Party‹ auseinander, daß die Vereinigung nicht akzeptiert werden könne, weil »die Demokratie nicht mit dem Einparteienstaat zu vereinbaren« sei. Dieses Argument diente in der britischen Zone zur Behinderung und Unterbindung der Einheitsbestrebungen. Tatsächlich hatte der Gründungsparteitag der SED in seinem Manifest erklärt, daß die Vereinigung der beiden sozialistischen Parteien nicht den Übergang zum Einparteiensystem bedeute, vielmehr hätten die anderen demokratischen antifaschistischen Parteien, die sich auf andere Programme und Philosophien stützen, ein Recht zu existieren. Die Zielstellung der SED sei nicht das Einparteiensystem, sondern die Beendigung der Spaltung der Arbeiterbewegung und die Stärkung der antifaschistisch-demokratischen Einheitsfront. Diese wurde 1948 durch zwei weitere Parteien, die ›Demokratische Bauernpartei Deutschlands‹ und die ›Nationaldemokratische Partei Deutschlands‹ verstärkt. Das Mehrparteiensystem und die Zusammenarbeit der Parteien hatten sich beim Wiederaufbau bewährt.

Ackermanns »besonderer Weg« Nach der Dezemberkonferenz 1945 veröffentlichte Anton Ackermann einen Aufsatz unter dem Titel »Gibt es einen besonderen Weg zum Sozialismus?«[3] Er hebt seine Übereinstimmung mit dem Sozialdemokraten Helmut Lehmann hervor, der zwischen dem Programm-Minimum der demokratischen Erneuerung in einer parlamentarisch-demokratischen Republik und dem Programm-Maximum, der Verwirklichung des Sozialismus, unterschieden hatte. Die grundlegende Voraussetzung zur Verwirklichung des Programms ist die Aufrichtung der ganzen Macht der Arbeiter, stellt Ackermann fest, denn »die sozialistische Arbeiterbewegung kämpft in der demokratischen Republik um die ganze Macht im Staate«.

Wie kann der Übergang von der demokratischen Republik zur ganzen Macht der Arbeiterklasse vor sich gehen? Kann die Arbeiterklasse auf dem demokratisch-parlamentarischen Weg oder nur auf dem Weg revolutionärer Gewaltanwendung in den Besitz der ganzen politischen Macht kommen? In Deutschland, einem besetzten Land, hänge die Möglichkeit, auf friedlichem Wege von der demokratischen Erneuerung zur sozialistischen Umgestaltung weiter zu gehen, zunächst von einem Faktor ab, der »außerhalb des Einflusses der sozialistischen deutschen Arbeiterbewegung liegt«. Durch die Maßnahmen der Alliierten sei die reaktionäre Staatsmaschinerie weitgehend zerschlagen und dem deutschen Volk die Möglichkeit zugesichert, ein neues demokratisches Deutschland aufzubauen. »Folglich löst sich die Frage nach dem weiteren Weg in die folgende Frage auf: Entwickelt sich der neue demokratische

Staat als ein neues Gewaltinstrument in den Händen reaktionärer Kräfte, so ist der friedliche Übergang zur sozialistischen Umgestaltung unmöglich. Entwickelt sich aber die antifaschistisch-demokratische Republik als ein Staat aller Werktätigen unter Führung der Arbeiterklasse, so ist der friedliche Weg zum Sozialismus durchaus möglich«.

Im einzelnen untersucht Ackermann dann die Besonderheiten der historischen Entwicklung des deutschen Volkes, seine politischen und nationalen Eigenheiten, die besonderen Züge der Wirtschaft und Kultur, die den Weg zum Sozialismus prägen. Er zitiert aus der Entschließung vom 21. Dezember 1945: daß die Einheitspartei selbständig und unabhängig sein soll. Ihre Aufgabe sei es, ihre Politik und Taktik entsprechend den Interessen der deutschen Werktätigen und den speziellen Bedingungen Deutschlands zu entwickeln. Sowohl bei der Verwirklichung des Programm-Minimums als auch des Programm-Maximums soll sie, von den Besonderheiten der Entwicklung unseres Volkes ausgehend, einen eigenen Weg einschlagen.

Ackermann betont, daß die nationalen Traditionen, die politischen und kulturellen Besonderheiten des deutschen Volkes dem Sozialismus in Deutschland das Gepräge geben werden. In diesem Sinne muß ein besonderer deutscher Weg bejaht werden, nicht jedoch, was das Hineinwachsen in den Sozialismus anbelangt, denn hier hängt alles von der Stärke der jeweiligen Klassenkräfte ab.

Drei Jahre später, am 24. September 1948, übte Ackermann Selbstkritik. Er bezeichnete die Theorie von einem »besonderen deutschen Weg« als ein Zurückweichen vor der wilden antikommunistischen Hetze. Diese Theorie enthalte »das Element einer Abgrenzung von der Arbeiterklasse und von der bolschewistischen Partei der Sowjetunion ...« Sie sei eine Theorie die »dem Antibolschewismus Raum« läßt, »statt ihn entschieden und mit aller Kraft zu bekämpfen«. Diese Argumentation ist keineswegs überzeugend. Sie wirkt gequält und verbirgt nur schlecht, daß Kräfte »von außerhalb« eingegriffen hatten, die offenbar befürchteten, daß die geeinte

Arbeiterbewegung eigene Wege gehen könnte. Sie ließen keinen Zweifel daran, daß die Realisierung des Minimal- wie des Maximalprogramms der SED stets unter Kontrolle der sowjetischen Besatzungsmacht bleiben muß.

So waren wir während der Wartezeit ständig über die Lage in Deutschland informiert. Es war klar, daß verschiedenartige Kräfte – innere wie äußere – darum rangen, den weiteren Weg Deutschlands zu bestimmen. Durch das »Auseinanderdriften« der bisherigen Alliierten waren in diesem entscheidenden Jahr bereits Festlegungen getroffen worden, die einerseits auf die Bildung eines Weststaates und andererseits auf die Verankerung neuer Macht- und Eigentumsverhältnisse in der sowjetischen Besatzungszone hinausliefen.

Die Rückkehr Anfang Juli 1946 wurde endlich die Rückkehr nach Deutschland möglich. Die Botschaft der UdSSR in London übergab meiner Frau und mir ein Einreisevisum der Sowjetischen Militäradministration in Deutschland für die sowjetische Besatzungszone. Von der Botschaft der CSR erhielten wir ein Transitvisum. Eines Tages wurden wir informiert, daß wir in einem tschechoslowakischen Militärflugzeug, das in wenigen Stunden starten werde, Plätze haben könnten. In größter Eile packten wir das Notwendigste in zwei Seesäcke und fuhren zum Flugplatz Croydon. Nach einer Zwischenlandung auf dem amerikanischen Militärflughafen in Frankfurt/Main waren wir in Prag, und hier begann ein geradezu kafkaeskes Kapitel. Da wir eine Unterkunft brauchten und unseren eineinhalbjährigen Sohn versorgen mußten, suchte ich das Zentralkomitee der ›Kommunistischen Partei der Tschechoslowakei‹ auf, dessen Sitz ich aus der Zeit vor dem Krieg kannte. Als ich mich schließlich zu Ludwig Freund, der als Emigrant in England gewesen war, durchgefragt hatte, sprach er mich englisch an, obwohl er sehr gut deutsch konnte. Auch die anderen tschechischen Freunde verhielten sich so. Keiner wagte es, deutsch zu sprechen. Doch sie waren hilfsbereit und brachten uns in einem Gästehaus in der Altstadt unter.

Wir mußten uns bei der Polizei melden. Im Präsidium stand vor der Abteilung für Deutsche eine Menschenmenge. Ich überlegte: Um hier die notwendigen Stempel zu erhalten, müßte ich tagelang anstehen. Kurz entschlossen ging ich in die Abteilung für andere Ausländer, wo niemand anstand und legte, ohne zu sprechen, dem Beamten unsere Papiere vor.

Er ließ sich Zeit, aber als er die Dokumente gelesen hatte, fing er an zu brüllen: Ich solle mich in die Abteilung für Deutsche begeben. Ich schwieg noch immer, legte jedoch ein Päckchen englische Zigaretten auf den Tisch. Jetzt wurde der Beamte schlagartig freundlich, nur wunderte er sich über unser Visum. Ein Transitvisum für die CSR und gar ein Einreisevisum für die sowjetische Besatzungszone in Deutschland – das hatte er noch nie gesehen.

Mit Zigaretten konnte man offenbar alles bekommen, sie waren die beste Währung. Deutsch durfte man nirgendwo sprechen, so sprach Bim, wenn sie Milch für den Jungen holte, nur russisch.

Prag war zu dieser Zeit eine graue, ärmlich wirkende Stadt, und auch die Menschen machten diesen Eindruck. Die meisten Kaffeehäuser am Wenzelsplatz, wo vor dem Krieg reges Leben herrschte, viele Zeitungen auslagen und der Gast, wenn er wollte, den ganzen Tag bei einer Tasse Kaffee und einem Glas Wasser mit Debattieren, Schachspielen, Studieren oder Zeitunglesen verbringen konnte, waren noch nicht wieder eröffnet. Es wäre wohl auch unmöglich gewesen, die gemütliche Vorkriegsatmosphäre wiederherzustellen, jetzt, wo jedermann mit der Suche nach dem täglichen Brot beschäftigt war. In der Altstadt waren viele Geschäfte der Händler und Gewerbetreibenden geschlossen, die Jalousien herabgelassen. Es schien, als ob Prag nur langsam wieder zum Leben erwachte.

Nach einigen Tagen in Prag ging die Reise weiter. An der Grenze fielen größere Gruppen von Männern auf, die weiße Armbinden trugen – Sudetendeutsche, wahrscheinlich auf dem Weg zum Arbeitseinsatz oder zur Aussiedelung. Wir wurden zu einem Triebwagen geführt, der eine aus Wien kommende sowjetische Militärpatrouille in die sowjetische Besatzungszone bringen sollte. Der verantwortliche Offizier wollte uns nicht mitfahren lassen. Als wir ihn überzeugt hatten, daß wir deutsche Antifaschisten sind, schlug die Stimmung um. Die Soldaten halfen, den Kinderwagen und die beiden Seesäcke mit unseren Habseligkeiten zu verstauen. Sie stiegen in Bad Schandau aus. Zum Abschied gab einer der Soldaten unserem Sohn ein großes Stück Speck. Das war die erste Begegnung mit Sowjetsoldaten und die erste menschliche Geste auf deutschem Boden.

In Dresden hatten wir große Schwierigkeiten, als wir die Straßenbahn benutzen wollten, die uns zu unserem Quartier bringen sollte. Die Leute gingen rücksichtslos vor, um mitfahren zu können. Erst als ich nach längerem Warten die Geduld verlor und ebenfalls die Ellbogen gebrauchte, konnten wir uns durchsetzen und einsteigen. Dieses Erlebnis war beängstigend, weil jeder nur auf sich bedacht war, und es keinerlei Verständnis, keinerlei Hilfsbereitschaft gab.

Bim blieb mit dem Jungen bei Wilhelm Koenen und Emmy Damerius in Dresden. Ich fuhr nach Berlin und meldete mich beim Parteivorstand der SED in der Wallstraße.

Deutschlandpolitik Während unserer Wartezeit in England waren im besetzten Deutschland weitreichende Entscheidungen gefallen. Ich mußte mich mit der Lage vertraut machen.

Erstens: Auf der Potsdamer Konferenz, die vom 17. 7. bis 2. 8. 1945 stattfand, beschlossen die Alliierten, Deutschland zu entmilitarisieren, zu entnazifizieren und zu demokratisieren. Sie bezeichneten es als ihr Ziel, den deutschen Militarismus und Nazismus auszurotten. Eine Zentralregierung sollte es nicht geben. Die Bildung einer Zentralverwaltung zur Aufrechterhaltung der wirtschaftlichen Einheit scheiterte am Widerstand Frankreichs. Damit war die Verwirklichung der Konferenzbeschlüsse in einem entscheidenden Punkt von Anfang an blockiert.

Zweitens: Bald nach der Potsdamer Konferenz traten in der Deutschlandpolitik der Siegermächte zwei Linien zutage. Die

Sowjetunion wollte sich ein für allemal gegen die Wiederholung einer deutschen Aggression absichern. Sie wollte ein einheitliches demokratisches Deutschland. Der westdeutsche Historiker Hillgruber betont, ein Gesamtdeutschland von der Oder und Neiße bis zur Westgrenze sei für die Sowjetunion das eigentliche Ziel gewesen. »Nur wenn Westdeutschlands Integration in den amerikanischen Machtbereich nicht verhindert werden konnte, blieb als letzte ungünstigste Lösung die Einbeziehung der SBZ in den volksdemokratischen Gürtel«.[5]

Leider verlief die Geschichte in dieser Richtung. Winston Churchill trat am 5. März 1946 im Beisein von Präsident Truman in Fulton für einen engen Zusammenschluß zwischen den USA und Großbritannien ein, um der »sowjetischen Expansion« in Europa Einhalt zu gebieten. Am 4. September 1946 vereinbarten die Militärgouverneure der USA und Großbritanniens, ihre Besatzungszonen wirtschaftlich zu einer Bizone zusammenzuschließen. Dies war eine Abkehr von Potsdam und ein Schritt zur Schaffung eines separaten Weststaates.

Drittens: In der sowjetischen Besatzungszone wurden schon am 10. Juni 1945 antifaschistisch-demokratische Parteien zugelassen. Die Kommunistische Partei Deutschlands (KPD) bezeichnete die Aufrichtung eines antifaschistisch-demokratischen Regimes, einer parlamentarischen demokratischen Republik mit allen demokratischen Rechten und Freiheiten für das Volk als ihr strategisches Ziel. Sie erklärte, daß der Weg, Deutschland das Sowjetsystem aufzuzwingen, falsch wäre, »denn dieser Weg entspricht nicht den gegenwärtigen Entwicklungsbedingungen in Deutschland«. Die ›Sozialdemokratische Partei Deutschlands‹ (SPD) entwickelte sich mit dem von Otto Grotewohl geleiteten Zentralausschuß rasch zu einer starken Partei. Für sie ergab sich eine komplizierte Lage, weil das in der britischen Zone aktive »Büro Schumacher« den Zentralausschuß nicht anerkannte und eine Zusammenarbeit ablehnte.

Viertens: Die Potsdamer Konferenz hatte zugestimmt, daß die Sowjetunion eine Wiedergutmachung für die Kriegsschäden erhalten soll. Schon 1946 wurde die Einstellung der Reparationsleistungen aus dem Westen an die Sowjetunion durch General Cloy verfügt. Die ganze Last der Wiedergutmachung wurde der sowjetischen Besatzungszone (DDR) aufgebürdet. (Bis Ende 1953 betrugen diese Reparationsleistungen 13 Milliarden Dollar.)

Die von der Potsdamer Konferenz beschlossene Entnazifizierung führte zum Verbot der NSDAP, zur Internierung von Naziführern und Kriegsverbrechern und zur Überprüfung ehemaliger Mitglieder von Naziorganisationen. In der Bundesrepublik fand die Entnazifizierung im Mai 1951 ihren Abschluß mit dem »Gesetz zur Regelung der Rechtsverhältnisse der unter Artikel 131 fallenden Personen«. Über 180 000 ehemalige Nazis wurden wieder in den Staatsdienst (Justiz, Diplomatie) übernommen.

Fünftens: Die Mächte der Antihitlerkoalition hatten sich schon vor Kriegsende entschieden, in Deutschland eine Bodenreform durchzuführen.[5] Im Herbst 1945 gestattete die SMAD die Durchführung der Reform, die auch das Anliegen aller Parteien in der sowjetischen Besatzungszone war. Sie wurde als Maßnahme zur Entmachtung des feudalen Großgrundbesitzes und zur Förderung der demokratischen Entwicklung, zur Sicherung der Ernährung und zur Schaffung neuer Heimstätten für die Umsiedler betrachtet. Rund 2,6 Mio. Hektar Boden wurden enteignet, wovon 2,2 Mio. Hektar an 119 000 Landarbeiter, 91 000 Umsiedler und 12 600 landarme Bauern und Kleinpächter übergeben wurden. Der Rest ging als gesellschaftliches Eigentum an Länder, Kreise und Gemeinden und bildete die Grundlage für die volkseigenen Güter. Die Durchführung der Reform lag in den Händen der gewählten Bodenreformkommissionen mit ihren 52 000 Mitgliedern. Die Mehrheit der Landbevölkerung unterstützte die Reform.

Die sowjetischen Besatzungsorgane verfügten 1945 die Schließung der Großbanken und Versicherungen. An deren Stelle traten landeseigene oder kommunale Finanz- und Kreditinstitute. Durch die Befehle 124 und 126 wurde die vorläufige Beschlagnahme des Eigentums des faschistischen Staates, der NSDAP, von Kriegsverbrechern und aktiven Nazis verfügt. Die Groß- und Rüstungsbetriebe wurden unter zeitweilige Zwangsverwaltung gestellt. Diese Maßnahmen waren das Ergebnis von Gesprächen und Vereinbarungen zwischen der SMAD und der KPD bzw. den Parteien des demokratischen Blocks. Sie wurden in Befehlen verlautbart, da dies zu den Gepflogenheiten der Armee gehörte, entsprachen aber dem Willen der antifaschistischen Kräfte und fanden deren Billigung.

Die Landesverwaltung Sachsen beschloß am 29. Oktober 1945, den Flick-Konzern entschädigungslos zu enteignen und dessen Unternehmen und Vermögenswerte zum Eigentum des Volkes zu erklären. Ein Volksentscheid in Sachsen ergab eine Mehrheit von 77,6 Prozent für die entschädigungslose Enteignung jener Betriebe und Unternehmen, »die als Kriegsinteressenten anzusehen sind oder die Naziverbrechern, aktiven Nazis oder Kriegsinteressenten gehören«.

Zu den bedeutendsten Ergebnissen der antifaschistisch-demokratischen Umwälzung gehörte die demokratische Schulreform, die von KPD und SPD in einem gemeinsamen Aufruf vom 18. Oktober 1945 gefordert wurde. Sie berücksichtigte Erkenntnisse von Reformpädagogen aus der Weimarer Zeit und Forderungen der Arbeiterbewegung, die auf die Brechung des Bildungsprivilegs und die Weltlichkeit der Schule gerichtet waren. Als Bildungsziel galt, die Jugend frei von nazistischen und militaristischen Gedanken, im Geiste einer kämpferischen Demokratie, der Freundschaft der Völker und zu selbständigem, aufrechten, freiheitlichen und fortschrittlichen Denken und Handeln zu erziehen.

Durch die Zentralverwaltung für Volksbildung, die Regierungen der Länder und Provinzen wurden 1946 Verordnungen zur Demokratisierung der Schule erlassen, die eine 8-klassige Einheitsschule für alle Kinder in Stadt und Land als grundlegenden Schultyp vorsahen.

An den Universitäten und Hochschulen wurde mit der Säuberung des Lehrkörpers begonnen. Die erste Universität, die mit allen

Fakultäten die Tätigkeit wieder aufnahm, war die Friedrich-Schiller-Universität Jena (15. 10. 1945).

Im »Vorwärts« Als ich im Juli 1946 den Parteivorstand aufsuchte, waren erst wenige Monate seit der Gründung der SED vergangen. In dem Gebäude in der Wallstraße, dem damaligen Sitz des Parteivorstandes (später befand sich in diesem Haus der Dietz-Verlag), herrschte eine Atmosphäre angespannter und zielstrebiger Arbeit. Ständig trafen Genossen ein, die wie ich darauf brannten, sich einzureihen.

Ich traf Franz Dahlem und Anton Ackermann wieder, mit denen ich zuletzt in Spanien zusammengearbeitet hatte und lernte neue Freunde kennen, so Hermann Scheler und andere Mitarbeiter der Abteilung Parteischulung.

Da ich aus Württemberg stamme, wäre es natürlich gewesen, die Reise fortzusetzen. Der Parteivorstand entschied jedoch, ich solle in Berlin bleiben und als stellvertretender Chefredakteur des »Vorwärts« arbeiten. Der »Vorwärts«, das traditionsreiche Blatt der Sozialdemokratie, war in den ersten Nachkriegsjahren die Zeitung der Berliner Parteiorganisation der SED. Diese wurde gemeinsam von dem Kommunisten Hermann Matern und dem Sozialdemokraten Karl Littke geleitet. Chefredakteur des »Vorwärts« war Max Keilson, der aus der sowjetischen Emigration zurückgekehrt war. Er war ein bildender Künstler, der nun die Aufgabe hatte, eine Zeitung herauszugeben. Ich schätzte ihn sehr. Wir gewöhnten uns rasch aneinander und arbeiteten gut zusammen. Seine Frau, Grete Keilson, leitete die Personalabteilung des Parteivorstandes. Unsere Familien verbrachten manches Wochenende gemeinsam.

Die Redaktion befand sich im Zentrum Berlins, in der Mauerstraße. Man mußte über Trümmer steigen, um in das Haus zu gelangen. Die Zerstörung Berlins war unbeschreiblich. Im Zentrum war kaum ein Haus von den Bombardierungen und Kämpfen verschont geblieben. Tagsüber arbeiteten überall »Trümmerfrauen«, um Ziegel zu putzen und Schutt abzutragen. Es war selbstverständlich, daß wir, so oft wir konnten, einige Stunden Aufbauarbeit leisteten.

Zur Redaktion gehörten nur wenige Mitarbeiter. Max Keilson und ich waren für den politischen Teil und die Gesamtredaktion verantwortlich, Ilse Galfert für Kultur, dazu kamen ein Lokal- und ein Sportredakteur, ein Volontär – Eberhard Heinrich, der in den 70er Jahren Vorsitzender des Journalistenverbandes der DDR wurde – und Cläre Einhorn, die aus der englischen Emigration zurückgekommen war, als Redaktionssekretärin. Die Zeitung befaßte sich vor allem mit Berliner Ereignissen. Dabei nahm die Berichterstattung über negative Erscheinungen in den Westsektoren, vor allem auf dem Gebiet der Wirtschaft, wo sich ehemalige Konzerne wie Siemens und AEG wieder breit machten, einen vorderen Platz ein.

Besonders wichtig war die Auseinandersetzung mit den einheitsfeindlichen, antikommunistischen Angriffen des »Telegraf«, einer in Westberlin erscheinenden Zeitung der Schumacher-SPD. Im Oktober 1946 fanden in Berlin Bezirks- und Magistratswahlen statt. Sie brachten für die SPD 48 Prozent, die CDU 22 Prozent und die SED 20 Prozent der Wählerstimmen. Dieses für die SED unbefriedigende Ergebnis wurde von der in den Westsektoren erscheinenden Presse zu scharfen Angriffen auf die Einheitspartei ausgenutzt. Als Schumacher auf einer Pressekonferenz im britischen Sektor hysterische Tiraden gegen die Sowjetunion und die Einheitspartei von sich gab, stellte ich ihm die Frage, wie er es mit seinem Gewissen vereinbaren könne, das Land, das den größten Beitrag zur Befreiung vom Hitlerfaschismus geleistet hatte, in derart unflätiger Weise zu beschimpfen. Ich hatte nicht mit seiner Reaktion gerechnet. Er verlor völlig die Beherrschung. Offenbar war er es nicht gewohnt, zurechtgewiesen zu werden. Die Pressekonferenz war geplatzt. Der anwesende Korrespondent der »Prawda« gratulierte mir zu meinem Auftreten, hatte jedoch zu den Ausfällen Schumachers geschwiegen.

Eine Neuerung in der Zeitung war das »Vorwärts-Tagebuch«, das kurze Kommentare und Glossen zu aktuellen Ereignissen enthielt. Ich schrieb sie unter dem Signum »XYZ«, gelegentlich steuerte auch Max Keilson einen Beitrag bei. Vorbild für das »Tagebuch« war eine Rubrik im Londoner »Daily Worker« gewesen.

Die Fertigstellung der Zeitung erforderte einen großen Zeitaufwand. Die Manuskripte mußten in die Druckerei in der Nähe der Leipziger Straße gebracht werden. War der Umbruch fertig, mußte ich als Diensthabender gegen 3 Uhr früh mit den Abzügen zur sowjetischen Zensur, die sich am Karlplatz befand. Hatte ich den erforderlichen Stempel, ging es in aller Eile zurück zur Druckerei, damit der Druck gegen 4 Uhr beginnen konnte. Meist verlief die Prozedur reibungslos, vor allem, wenn der sowjetische Zensor die deutsche Sprache gut beherrschte oder keinen Wert darauf legte, die Artikel zu lesen. Ein solcher Zensor war Major Pschenizin, den ich Jahre später in Moskau wieder traf. Schwierigkeiten machte ein Georgier, der nur wenig deutsch sprach, jedoch, wenn ich ihm die Abzüge vorlegte, nicht selten behauptete »Hier ist Fehler«. Ich konnte keinen Fehler entdecken, mußte aber unbedingt rechtzeitig in der Druckerei sein und erklärte mich daher ohne weitere Diskussion bereit, den Fehler sofort zu korrigieren. Damit hatte ich den Stempel. Die sowjetische Zensur machte nie ernsthafte Schwierigkeiten. Das Erscheinen des »Vorwärts« war stets gesichert.

Der Winter 1946/47 war sehr hart. Man hatte uns (Bim war mit dem Jungen nach Berlin gekommen) eine Wohnung in Berlin-Buch zugewiesen. Nach dem Andruck der Zeitung um 4 Uhr früh konnte ich nach Hause. Wenn das alte, klapprige Auto in dem tiefen Schnee nicht mehr weiter wollte, stapfte ich von Karow nach Buch. Zur Arbeit fuhr ich gegen 11 Uhr mit der S-Bahn in die Stadt. Das wäre mir einmal fast schlecht bekommen. Als wir in den Bahnhof Heinersdorf einfuhren, stand dort auf einem Nebengleis ein Güterzug, der Kartoffeln geladen hatte. »Jetzt schleppt der Iwan auch noch unsere Kartoffeln weg«, hieß es in der Gruppe von Männern, in der ich stand. Ich mischte mich ein und sagte, »wenn der Iwan überhaupt die Absicht hat, dann weil ihm die Deutschen zuerst die Kartoffeln gestohlen haben«. Die Umstehenden reagierten wütend.

Einer sagte, »wenn Du nicht das Maul hältst, schmeißen wir Dich aus dem Zug.« Die Menschen waren in dieser Zeit voll Gift und Galle. Sie hatten Hunger, froren und wußten nicht, wie ihre Zukunft aussehen würde.

Die Arbeit am »Vorwärts« befriedigte mich. Ich befand mich in einem guten Kollektiv und konnte meine Arbeitswut austoben.

Im »Vorwärts« wie in anderen Zeitungen und Zeitschriften zeichnete ich meine Beiträge mit »Felix Albin« oder »F. A.«, »Falb« und »XYZ«. Den Namen Felix Albin hatte ich im Januar 1937 angenommen, als ich nach Spanien ging. Nun wollte ich natürlich wieder meinen eigentlichen Namen tragen. Das Gleiche galt für Bim. Wir mußten dem bürgerlichen Recht Genüge tun. Dies stieß auf unerwartete Schwierigkeiten, da sich die wenig erfahrenen Mitarbeiter der neuen Polizei in dem Wirrwarr von »falschem« Namen, Heirat, Geburt eines Sohnes usw., nicht zurechtfanden. So behielt ich bis 1948 den Namen Albin, bis schließlich Kurt Fischer, der Innenminister des Landes Sachsen, durch eine »Lex Albin« den gordischen Knoten löste und unserer Familie ermöglichte, meinen Geburtsnamen zu tragen.

Geistige Trümmer Der 8. Mai 1945 war der Tag der Befreiung von der faschistischen Gewaltherrschaft. Er wurde in der SBZ bzw. DDR stets gefeiert. Es wäre jedoch eine Selbsttäuschung gewesen, anzunehmen, daß die Mehrheit der Deutschen unmittelbar nach dem Krieg von Befreiung sprach. Sie war zufrieden, daß der Krieg zu Ende war, doch viele konnten die Niederlage nicht verwinden. Sie begrüßten Amerikaner und Engländer nicht als Befreier, sondern als Schutz gegen die Russen.

Die Beseitigung der Trümmer und der Wiederaufbau erforderten harte Arbeit. Noch schwieriger war die Beseitigung der »geistigen« Hinterlassenschaft des Hitlerregimes.

Es war unverkennbar, daß die Naziideologie tiefe Spuren hinterlassen hatte. Vielen fiel es schwer einzugestehen, daß das Hitlerregime ein verbrecherisches Regime gewesen war, das den Namen

Deutschlands geschändet hatte. Von den Greueltaten der SS in der Sowjetunion, Polen und den anderen besetzten Ländern, der Ausrottung der Juden, den Konzentrationslagern, der Aushungerung der sowjetischen Kriegsgefangenen und Ausbeutung der Zwangsarbeiter hatten wohl die meisten mehr oder weniger gewußt. Entweder hatten sie dieses Geschehen als Recht der »Herrenrasse« gegenüber den »Untermenschen« gerechtfertigt oder ihr Wissen verdrängt. Nun aber, nach dem Ende des Krieges, konnte nicht mehr geleugnet werden, daß es Auschwitz und Maidanek, Buchenwald, Sachsenhausen und wie die Stätten des Grauens alle hießen, tatsächlich gegeben hatte. Man mußte sich den Tatsachen stellen, Schuld und Verantwortung auf sich nehmen.

Wir sahen in dieser Zeit eine vorrangige Aufgabe des »Vorwärts« darin, die Wahrheit über das Wesen und die Ziele der Hitlerdiktatur zu verbreiten, konnte doch nur die Abrechnung mit dieser Vergangenheit die für den Aufbau der neuen Ordnung erforderlichen Kräfte freisetzen. Wichtig für das Verständnis des Wesens des Hitlerfaschismus, vor allem seiner ökonomischen Grundlagen, waren zu dieser Zeit die Bücher von Alexander Abusch »Der Irrweg einer Nation«, von Walter Ulbricht »Die Legende vom deutschen Sozialismus. Ein Lehrbuch für das schaffende Volk über das Wesen des deutschen Faschismus« und von Albert Norden »Lehren deutscher Geschichte«. Sie trugen zu der Erkenntnis bei, daß der Faschismus der politische, soziale und ideologische Hauptfeind der Arbeiterklasse und des ganzen werktätigen Volkes ist.

Doch stand dieser Aufklärung ein Hindernis im Wege, das schwer zu überwinden war: der Antikommunismus und Antisowjetismus. Er hatte in Deutschland schon vor dem Hitlerregime nicht nur den Rechten, sondern auch Liberalen und Sozialdemokraten als Waffe gegen die revolutionäre Arbeiterbewegung und den Sozialismus gedient. Ich erinnere mich an ein Plakat, das in den 20er Jahren an Litfaßsäulen zu sehen war. Es zeigte einen Totenkopf mit einem Messer zwischen den Zähnen, einem Galgen und Gräbern im Hintergrund und die Aufschrift »Die Gefahr des Bolschewismus«.

Natürlich arbeitete die antikommunistische Propaganda nicht nur mit solch primitiven Mitteln. Tatsache ist, daß sie seit 1917 keine Unterbrechung erfuhr.

Die Goebbels-Propaganda hat das Bild vom »bolschewistischen Ungeheuer« im Verlauf des Krieges im Osten weiter ›vergröbert‹, zuerst, um die Überlegenheit der Deutschen über die slawischen »Untermenschen« zu zeigen, dann, als sich die Wehrmacht zurückziehen mußte, um die Angst vor den Russen, vor der Vergeltung zu schüren.

Nun kamen die bitteren Erlebnisse vieler Menschen bei der Aussiedlung aus dem Osten, bei Vergewaltigungen und Plünderungen hinzu. Andererseits aber zeigte es sich, daß die Russen gar nicht so schlimm waren. Sie halfen, das Leben wieder in Gang zu bringen und erwiesen sich als Menschen, mit denen man auskommen konnte.

Es war klar, daß eine friedliche Zukunft des deutschen Volkes nur erreicht werden konnte, wenn zwischen Deutschen und Russen ein freundschaftliches Verhältnis entstand. Die deutsch-sowjetische Freundschaft war von Anfang an ein Hauptziel unserer politischen und ideologischen Arbeit. So entstand die ›Gesellschaft zum Studium der Kultur der Sowjetunion‹, der ich im Mai 1948 beitrat. Seit 1950 hieß sie ›Gesellschaft für deutsch-sowjetische Freundschaft‹.

Die Auseinandersetzung mit der Nazivergangenheit, die Überwindung der antikommunistischen Vorurteile und das Wirken für die deutsch-sowjetische Freundschaft waren nur eine Seite der notwendigen geistigen Erneuerung. In den Jahren, die unmittelbar auf den Krieg folgten, ging es vor allem auch darum, den Zustand der Lethargie, der Hoffnungslosigkeit zu überwinden, in welchem sich viele Menschen befanden. Als einen Beitrag zur Überwindung dieser pessimistischen Stimmung und Weltsicht betrachte ich meinen Artikel »Freiheit und Notwendigkeit in der Geschichte«, den die »Tägliche Rundschau« veröffentlichte. Er setzte sich vor allem mit dem Geschichtspessimismus in der bürgerlichen Geschichtsschreibung der Gegenwart auseinander. Man konnte kaum ein bürgerliches Werk finden, das nicht von der Krise sprach, in die das gesamte Leben der Menschheit hineingeraten war, das nicht von der bohrenden universellen Zukunftssorge, der angeblichen Fragwürdigkeit und Lebensgefährlichkeit des geschichtlichen Geschehens handelte. Die Ratlosigkeit der bürgerlichen Geschichtstheorie und ihr Bestreben, der Geschichte jeglichen Sinn abzusprechen, sowie die Betonung, daß es unmöglich sei, aus Geschichte irgendwelche Lehren zu ziehen, entsprach dem Zeitgeist, war ein Ergebnis der durch die Katastrophe des Krieges verursachten Erschütterungen. Aus der Leugnung jeglichen Sinns, jeglicher Gesetzmäßigkeit in der Geschichte ergab sich: Es bleibt nichts als Angst, ein Gefühl der Ohnmacht, des Ausgeliefertseins an übernatürliche dämonische Mächte, ein Gefühl der Sinnlosigkeit und verlorener Illusionen.

Der historische Materialismus – hielt ich dagegen – habe keinen Grund, in Fatalismus und Pessimismus zu verfallen. Denn er orientiert auf die Verwirklichung menschlicher Freiheit. Er lehrt, die Gesetze des gesellschaftlichen Geschehens zu erkennen und zu beherrschen. Für den Anhänger des historischen Materialismus kann es keine Stimmungen der Angst, keine Sinnlosigkeit der Geschichte, keine Unterordnung unter die blinde Notwendigkeit geben, weil er das Neue in unserer Zeit sieht und für den Sieg dieses Neuen, des freien Menschentums eintritt.

Wie dieser Ausschnitt zeigt, war mein Denken von einem unverwüstlichen Geschichtsoptimismus geprägt, von der Überzeugung, daß dic mit Bewußtsein begabten, mit Überlegung oder Leidenschaft handelnden und auf bestimmte Zwecke hinarbeitenden Menschen fähig sein würden, die gesellschaftlichen Gesetzmäßigkeiten zu erkennen und auszunutzen. Zickzackbewegungen, jähe Wendungen, Niederlagen lagen scheinbar hinter uns. Wir befanden uns in einer Aufbruchsstimmung und gingen entschlossen daran, das neue Deutschland zu erbauen, von dem wir in der Zeit des

Faschismus geträumt hatten. Kein Zweifel, das große Werk würde gelingen.

Ein Bruch mußte auch mit dem reaktionären Preußentum erfolgen. Die Alliierten hatten das Ende Preußens verkündet, aber damit war nur Preußen als Staat ausgelöscht, die Tradition der Knechtsseligkeit war ebensowenig beseitigt wie der »Geist von Potsdam«, der Geist des Militarismus. Eine der Veröffentlichungen, die sich mit dem reaktionären Preußentum auseinandersetzte, war Franz Mehrings »Lessinglegende«. Doch gerade diese machte deutlich, daß man das Kind nicht mit dem Bade ausschütten darf, daß es in Preußen eine fortschrittliche Tradition, einen Lessing und andere bürgerliche Aufklärer gegeben hatte. Diese Überlegung führte zur Kritik an Abuschs »Irrweg einer Nation« als einer einseitigen Sicht auf die deutsche Geschichte. Das deutsche Volk hat auch seine revolutionären Traditionen – den Bundschuh und Armen Konrad, Thomas Müntzer und den Bauernkrieg von 1525, die Revolution von 1848/49 und die Novemberrevolution von 1918, um nur die wichtigsten zu nennen. Hitler prägte der Stadt Weimar das Schandmal Buchenwald auf. Aber Weimar war auch das Zentrum der deutschen Klassik, des Wirkens von Goethe, Schiller, Herder. Dieses progressive Erbe wieder lebendig zu machen, aus ihm Kraft zu schöpfen, war für den Neubeginn, für die Entwicklung einer humanistischen Kultur unerläßlich.

Kulturelle Erneuerung Das kulturelle Leben war schon am 18. Mai 1945 durch ein öffentliches Konzert im Funkhaus in der Masurenallee mit der IX. Sinfonie von Beethoven wieder in Gang gekommen. In Dresden wurde im Juni die Paluccaschule wieder eröffnet. Der Kreuzchor trat zum ersten Mal nach dem Krieg auf. In den ersten beiden Nachkriegsjahren fanden viele bedeutende kulturelle Ereignisse statt: die Aufführung der Oper »Orpheus und Eurydike« von Christoph Willibald Gluck in der Deutschen Staatsoper Berlin, die Uraufführung des Films »Die Mörder sind unter uns« von Wolfgang Staudte, die Gründung des Aufbau-Verlags, die

Neueröffnung des Deutschen Theaters in Berlin mit Lessings »Nathan der Weise« und viele andere. Große Bedeutung hatte das Erscheinen literarischer Werke, so Heinrich Heines »Deutschland ein Wintermärchen«, Heinrich Manns »Der Untertan«, Anna Seghers »Das siebte Kreuz«, Hans Falladas »Wer einmal aus dem Blechnapf frißt », Johannes R. Bechers »Abschied« usw.

Schon am 13. Mai 1945 erfolgte die erste Sendung des Deutschen Demokratischen Rundfunks. Die Leitung wurde Hans Mahle übertragen (ihm war ich zuletzt 1936 in Strasbourg begegnet, wo er mein Nachfolger in der Grenzarbeit wurde). Mit ihm trugen Heinz H. Schmidt, Fritz Erpenbeck, Otto Fischer, Mathäus Klein, Artur Mannbar und Erwin Wilke Verantwortung für den Rundfunk. Dessen Sitz war in der Masurenallee im britischen Sektor. Da die Grenze zwischen dem sowjetischen Sektor und den Westsektoren offen war, konnte der Sendebetrieb zunächst ungestört ablaufen. Ich hielt 1946/1947 mehrere Vorträge zur Einführung in den Marxismus und über das Wesen der Volksdemokratien. Im Rundfunk lernte ich auch Mathäus Klein kennen, einen ehemaligen Pfarrer, der sich dem Nationalkomitee Freies Deutschland angeschlossen hatte. Wir waren in den folgenden Jahren durch das gemeinsame Interesse an Philosophie freundschaftlich verbunden.

Die SED schenkte von Anfang an der kulturellen Entwicklung besondere Aufmerksamkeit. Auf ihrer Kulturkonferenz vom 28./29. 1. 1947, dem ersten Kulturtag im Mai 1948, der 1. Parteikonferenz 1949 arbeitete sie gemeinsam mit Kulturschaffenden ihren Kurs zur Hebung des Bildungs- und Kulturniveaus, zur Förderung von Wissenschaft und Kunst und zur Kultur in den Betrieben und auf dem Lande aus.

Im sowjetischen Sektor von Berlin und der sowjetischen Zone erschienen ab Mitte Mai 1945 die Zeitungen »Tägliche Rundschau« als Organ der SMAD, die »Berliner Zeitung«, die »Deutsche Volkszeitung« als Organ der KPD und »Das Volk« für die SPD. Nach der Vereinigung von KPD und SPD wurde »Neues Deutschland« das Zentralorgan der SED. Die Presse war ein wichtiges Instrument im Kampf gegen den Ungeist des Faschismus und für eine humanistische, demokratische Kultur.

Die sowjetische Militäradministration sah eine ihrer wichtigsten Aufgaben in der Förderung von Kunst und Künstlern. Große Verdienste haben sich dabei die sowjetischen Kulturoffiziere erworben. Sie verstanden es, Kulturschaffende wie Aribert Wäscher, Paul Wegener, Eduard von Winterstein, Käthe Dorsch und viele andere zur Mitarbeit zu gewinnen. Sergei Tulpanow, Alexander Dymschitz, Jakow Drabkin und andere Kulturoffiziere (vor allem auch jene in den Ländern) waren unermüdlich, wenn es galt, gute Bedingungen für die Entwicklung der humanistischen Kultur zu schaffen. Sie waren zumeist Germanisten und kannten die deutsche Sprache und die progressive Kultur unseres Volkes, vor allem die klassische Philosophie und Literatur ausgezeichnet. Sie waren zugleich Mittler der Sowjetkultur, die in den Nachkriegsjahren von dem einseitigen und engstirnigen Kunstverständnis Stalins und Shdanows geprägt war. Bleibende Spuren hinterließ ihr Wirken in den Häusern der Sowjetkultur und vor allem in den Kriegsdenkmälern. Ich habe an vielen Ehrungen für die gefallenen Sowjetsoldaten an dem Ehrenmal im Treptower Park teilgenommen und war immer wieder von dessem antifaschistischen Inhalt und der architektonischen Gestaltung beeindruckt. Der Soldat, der ein Kind in den Armen hält, um es zu schützen und gleichzeitig mit seinem Fuß ein Hakenkreuz zertritt, ist ein Symbol des Antifaschismus und Humanismus. Auch die anderen Denkmäler im Tiergarten und in der Schönholzer Heide machten den Besuchern den Sinn des Kampfes gegen den Faschismus und die Größe der in diesem Kampf erbrachten Opfer bewußt.

Eine wichtige Aufgabe der geistigen und kulturellen Erneuerung sahen wir darin, jene Schätze zu heben, die von einem anderen, einem kulturvollen Deutschland Zeugnis ablegten. Dieser Aufgabe widmete sich vor allem der von Johannes R. Becher am 3. Juli 1945 gegründete ›Kulturbund zur demokratischen Erneuerung Deutschlands‹, dem sich namhafte Wissenschaftler und Künstler, Publizisten und Politiker anschlossen. Ich war von Anfang an mit dem Kulturbund verbunden und gehörte viele Jahre seinem Präsidialrat an.

Der Kulturbund breitete sich auch in den Westzonen aus. In mehr als 30 westdeutschen Städten gab es Gruppen. Mit dem Ausbruch des Kalten Krieges wurde der Kulturbund in den Westsektoren Berlins und in den Westzonen verboten.

Zu den unvergeßlichen kulturellen Erlebnissen jener Zeit gehört für mich die Uraufführung des DEFA-Films »Ehe im Schatten« unter der Regie von Kurt Maetzig (1947) und der Auftritt des Alexandrow-Ensembles auf dem Gendarmenmarkt (1948). Ich denke auch gern an die Vorlesungen über marxistische Philosophie, die Major Patent im Haus der Sowjetkultur am Kupfergraben abhielt.

Als Mitarbeiter des »Vorwärts« hatte ich Zugang zur »Möwe« und zum Klub der Kulturschaffenden (dem ehemaligen Herrenhaus) in der Jägerstraße. Hier trafen sich Schauspieler, Schriftsteller, Wissenschaftler und andere Angehörige der Intelligenz. Im harten Winter 1947/1948 waren diese Treffpunkte ein Schutz und gleichzeitig eine Möglichkeit zum Gedankenaustausch.

In der »Möwe« lernte ich Wolfgang Harich kennen, der als Theaterkritiker für die »Tägliche Rundschau« tätig war. Viel diskutiert wurde ein Vorfall; die Schauspielerin Käthe Dorsch hatte Harich geohrfeigt, weil er sie in einer Theaterkritik schlecht beurteilt hatte. Ich verbürge mich nicht für die Richtigkeit dieser Geschichte, sie würde allerdings den Charakter Harichs gut kennzeichnen. Er war in seinen Urteilen oft unerbittlich und rechthaberisch.

Leider habe ich in diesen Jahren wenig Gelegenheit gehabt zu einem Theaterbesuch, einem Konzert oder einer Filmvorführung, Die Nachtarbeit im »Vorwärts« und der weite Weg nach Buch waren echte Hindernisse.

Noch in der englischen Emigration hatte ich einen Artikel über Georg Büchners Werk geschrieben. Der »Hessische Landbote«, jenes flammende Manifest des jungen Dichters, das die Bauern und Handwerker zum Kampf gegen die Fürstenherrschaft und für eine wahre Volksheimat aufrief, hatte auf mich einen großen Eindruck gemacht. »Das ganze deutsche Volk muß sich die Freiheit erringen«, hatte Büchner gefordert. Er hat mehr als jeder andere Deutsche seiner Zeit begriffen, daß jede politische Revolution ohne materielle Grundlage, ohne ein notwendiges Bedürfnis der großen Masse scheitern muß. Dieser Gedanke findet sich immer wieder in seinen Schriften. »Soll jemals die Revolution auf eine durchgreifende Art ausgeführt werden, so kann und darf das blos durch die grosse Masse des Volkes geschehen«. War diese Erkenntnis nicht von höchster Aktualität? Ging es jetzt nicht – in noch höherem Maße – darum, die Erstarrung und Hoffnungslosigkeit zu überwinden und die große Masse des Volkes für die antifaschistisch-demokratische Umwälzung zu gewinnen?

Eine Zusammenfassung dieses Artikels erschien in der von Fritz Erpenbeck herausgegebenen Zeitschrift »Theater der Zeit« (H. 5, 1947). Hier lautete die optimistische Schlußfolgerung, die ich aus Büchners Werk – vor allem dem »Woyzeck« – zog: »Wir überwinden die Bedingungen der Unfreiheit, die Zeiten, in denen der Mensch Versuchsobjekt und Zielscheibe sadistischer Triebe war. Das Leben entwickelt sich vom Dämonisch-Dumpfen zum Erhaben-Edlen. Wir suchen neue gesellschaftliche Tatsachen zu schaffen, Tatsachen des demokratischen Zusammenlebens und letztlich der sozialistischen Freiheit des Menschen«.

Der kalte Krieg Der zweite Weltkrieg veränderte das Kräfteverhältnis zwischen den Mächten. Deutschland, Italien und Japan waren besiegt. Sie konnten vorläufig in der Weltpolitik keine Rolle spielen. Die Sowjetunion hatte 27 Millionen Tote zu beklagen und riesige materielle Verluste erlitten. Sie war aus dem Krieg politisch, militärisch und moralisch erstarkt hervorgegangen und hatte große Autorität erlangt. Ihre Stimme konnte in den internationalen Angelegenheiten nicht mehr überhört werden.

Der Vormarsch der Sowjetarmee und der nationale Befreiungskampf führten in Osteuropa zur Entstehung der Volksdemokratien. In Westeuropa erlangten die kommunistischen Parteien, die sich im Kampf gegen die faschistische Okkupanten bewährt hatten, großen Einfluß. Ihre Vertreter nahmen zeitweise Positionen in der Regierung ihrer Länder ein. Der Zerfall des Kolonialsystems beschleunigte sich und führte zur Entstehung neuer Nationalstaaten (Indien, Indonesien usw.). So brachte der Sieg über Hitlerdeutschland und Japan bedeutende Veränderungen zugunsten der sozialistischen, demokratischen und nationalrevolutionären Kräfte.

Auf der anderen Seite erwiesen sich die USA als stärkste kapitalistische Macht. Ihre Industrieproduktion war im Krieg um das Dreifache gestiegen. Sie war für die anderen Staaten der Antihitlerkoalition zum Lieferanten von Kriegsmaterial, zum Gläubigerland geworden. Große Teile ihrer Streitkräfte hatten an den Kriegshandlungen teilgenommen und standen nun in Europa und Asien. Der Besitz der Atombombe gab ihr ein (zeitweiliges) Übergewicht.

Großbritannien war in ökonomische und militärische Abhängigkeit von Amerika geraten. Seine Auslandsverschuldung hatte sich versechsfacht, sein Weltreich war im Niedergang.

Frankreich war durch die Okkupation und die Kriegsschäden geschwächt und von den USA ökonomisch abhängig.

Die USA und Großbritannien hatten nicht die Absicht, Deutschland und Japan zu ruinieren. Beide sollten so stark bleiben, daß sie als ernsthafte Konkurrenten nicht in Frage kamen, aber gleichzeitig als Prellbock gegen die Sowjetunion dienen konnten.

So wurden bald nach dem Krieg in der SBZ durch die Militäradministration und die staatlichen Organe Entscheidungen getroffen, die zum Aufbau eines neuen Staatsapparates, zur Enteignung der Kriegsverbrecher und Naziaktivisten, zur Bodenreform und zur Neugestaltung des Bildungswesens führten. Dies waren bedeutende Einschnitte in die Macht- und Eigentumsverhältnisse. Sie entsprachen den Beschlüssen der Potsdamer Konferenz.

Auch im Westen – so in Nordrhein-Westfalen und in der Verfassung von Hessen sowie im Ahlener Programm der CDU – waren eine »Sozialisierung der Schlüsselindustrien« und die Bodenreform gefordert worden, Maßnahmen, die allerdings nach dem Ausbruch des kalten Krieges nicht durchgeführt wurden.

Die Tatsachen machen deutlich, daß am Ende des zweiten Weltkriegs Eingriffe in die Macht- und Eigentumsverhältnisse durchaus als legitim angesehen und, wo es das Kräfteverhältnis erlaubte, auch vollzogen wurden.

Anfang Januar 1947 wurde der amerikanische Außenminister Byrnes durch George C. Marshall abgelöst. Mitte März wurde die Truman-Doktrin »zum Schutz Griechenlands und der Türkei« verkündet. Sie sicherte allen freien Völkern amerikanische Unterstützung gegen den Kommunismus zu. Dies sah dann so aus, daß die unter Führung der KP Griechenlands aus dem Kampf gegen die deutschen Okkupanten hervorgegangene Widerstandsbewegung mit amerikanischer und britischer Hilfe niedergeschlagen wurde.

Im Rahmen der Truman-Doktrin trat am 5. 6. 1947 der Marshallplan (European Recovery Programm) in Kraft. Sechzehn westeuropäische Staaten erhielten von 1948 bis 1952 insgesamt 13 Milliarden Dollar Wirtschaftshilfe. Auf die drei Westzonen entfielen insgesamt 1,4 Milliarden Dollar. Dies gab der westdeutschen Wirtschaft Auftrieb. Vor allem stellte die Einbeziehung der Westzonen in den Marshallplan einen Beweis für die Orientierung der USA auf eine separate Weststaatlösung dar. Das Angebot der USA an die Sowjetunion, für sich und die von ihr befreiten Länder ebenfalls die Marshallplanhilfe in Anspruch zu nehmen, wurde von dieser abgelehnt, da daran die Bedingung geknüpft war, daß die Durchführung des Programms in den Händen der USA liegen soll. Polen und die CSR widerriefen auf Druck von Moskau ihre Zusage zur Teilnahme an der Marshallplan-Konferenz in Paris.

Die Truman-Doktrin, der Marshallplan und der Ausgang der Londoner Außenministerkonferenz zeigten, daß es den USA darauf ankam, durch die Integration Westdeutschlands den sowjetischen Einfluß zu begrenzen und zugleich die westlichen Besatzungszonen (später die Bundesrepublik) einzubinden und von Alleingängen abzuhalten.

Im Sinne dieser Strategie entwickelte der amerikanische Diplomat George F. Kennan die Konzeption des »Containment«.[6] Er befürwortete eine Politik der Eindämmung des Einflußes der Sowjetunion durch Schaffung wirtschaftlicher und politischer Situationen, die der UdSSR nahelegen sollten, Konflikte mit dem Westen zu vermeiden. Das »Containment« sollte kein Startschuß für ein amerikanisch-sowjetisches Wettrüsten sein. Es sollte eher zu gegebener Zeit einen Ausgleich der Interessen zwischen den USA und der Sowjetunion ermöglichen.

Vor allem die Ereignisse im Fernen Osten nach der Niederlage Japans – der Vormarsch der Volksbefreiungsarmee in China, die Bildung der Demokratischen Republik Vietnam und der Volksrepublik Korea – trugen dazu bei, daß in der Außenpolitik der USA das »Containment« mehr und mehr durch unmittelbare Konfrontation, politischen und militärischen Druck ersetzt wurde. Dies veranlaßte Kennan, aus dem US – Außenministerium auszuscheiden.

Seit 1947 war der kalte Krieg in vollem Gange.

Im Februar 1948 kam es in der Tschechoslowakei zu einem Generalstreik, der sich gegen den Versuch von bürgerlichen Ministern richtete, die Regierung Gottwald zu Fall zu bringen und die Entwicklung zum Sozialismus zu verhindern. Die Massen sprachen sich für die Politik Gottwalds und gegen die bürgerlichen Minister aus. Präsident Benes nahm deren Demission an. Diese Ereignisse verstärkten die Besorgnis der Westmächte über die Entwicklung in Mittel- und Osteuropa.

Die Außenminister der USA, Großbritanniens, Frankreichs und der Benelux-Staaten tagten im Februar 1948 in London. Sie berieten über den wirtschaftlichen Anschluß der Westzonen an Westeuropa. Eine zweite Londoner Konferenz (20. 4. bis 1. 6. 1948) empfahl die Bildung eines Weststaates. Der Außenminister der

Sowjetunion wurde von diesen Beratungen ausgeschlossen. Nachdem dem sowjetischen Vertreter im Kontrollrat, Marschall Sokolowski, ein Bericht über die Festlegungen der ersten Londoner Konferenz verweigert worden war, verließ dieser den Alliierten Kontrollrat. Am 10. März fand die letzte Sitzung dieses Gremiums statt. Am 20. Juni begann die von der Sowjetunion verhängte Blockade Westberlins. Durch die Sperrung der Zugangswege und die Einstellung von Lieferungen aus der SBZ wollte Stalin auf die Westmächte Druck ausüben. Der amerikanische Militärgouverneur General Lucius D. Clay sorgte dafür, daß der Westen die Verbindung mit Westberlin über eine Luftbrücke aufrechterhielt. Täglich fanden bis zu 927 Flüge statt und wurden 6 393 Tonnen Güter nach Westberlin gebracht.

Am 18. Juni 1948 wurde von den westlichen Siegermächten eine Währungsreform für die drei Westzonen verkündet, die auf die Westsektoren Berlins ausgedehnt wurde. Zehn Reichsmark wurden für eine DM getauscht. Diese einseitige Währungsreform war ein weiterer Schritt zur Spaltung Deutschlands, ihre Einführung in den Westsektoren Berlins angesichts der offenen Grenze mit dem sowjetischen Sektor eine Herausforderung und eine Maßnahme zur Spaltung Berlins. Die SMAD war gezwungen, auf die westlichen Aktionen zu antworten. Auf Grund des Befehls Nr. 111 erließ die Deutsche Wirtschaftskommission eine Verordnung über den Geldumtausch im gleichen Verhältnis für die Sowjetzone und Ostberlin.

Im September wurde der Magistrat von Groß-Berlin gespalten. Im Westen wurde Ernst Reuter (SPD) zum regierenden Bürgermeister gewählt. In Ostberlin übernahm Friedrich Ebert das Bürgermeisteramt. Berlin war nun in zwei Teile getrennt. Die Blockade Westberlins wurde nach Geheimverhandlungen zwischen den USA und der Sowjetunion aufgehoben.

Wenn es auch unbestreitbar ist, daß der Ausgangspunkt des kalten Krieges in dem Übergang der USA und der anderen Westmächte zu einer Politik der Konfrontation mit der Sowjetunion liegt, wäre es doch falsch, deren Anteil an dessen Eskalation zu negieren. So hat zweifellos die sowjetische Blockade Westberlins den kalten Krieg angeheizt. Die Blockade führte auf westlicher Seite zum Zusammenschluß und zur Demonstration der eigenen Stärke. Sie schürte die antikommunistische und antisowjetische Stimmung und schadete dem Ansehen der Sowjetunion, zumal diese als Verlierer aus dem Spiel hervorging. Sie beunruhigte die Bürger Ostberlins und der sowjetischen Zone, die einen militärischen Konflikt befürchteten. Durch ein Wechselspiel von Aktion und Reaktion, durch entsprechende Handlungen beider Seiten, schaukelte sich der kalte Krieg auf und führte in der Folgezeit mehrere Male zur unmittelbaren Gefahr eines dritten Weltkriegs.

Auf der Hackeburg In der Redaktion des »Vorwärts« arbeitete ich eineinhalb Jahre. Anfang 1948 machte mir Anton Ackermann, der als der führende Theoretiker der SED galt, den Vorschlag, an einem Lehrgang teilzunehmen, der theoretisch befähigte Genossen auf die Lehrtätigkeit an Universitäten und Hochschulen vorbereiten sollte. Ich sagte zu, war dies doch das erste Mal seit meinem Eintritt in die KPD, daß ich an einem Lehrgang teilnehmen konnte. Mein Antrag auf Freistellung für wissenschaftliche Ausbildung und Arbeit wurde vom Zentralsekretariat der SED am 20. Januar 1948 genehmigt. In einer von Prof. Dr. Brugsch unterzeichneten Verfügung der Deutschen Verwaltung für Volksbildung in der sowjetischen Besatzungszone vom 21. April 1948 heißt es: »Der Präsident der Deutschen Verwaltung für Volksbildung hat gemäß Befehl Nr. 55 des Obersten Chefs der Sowjetischen Militäradministration Deutschlands ab 1. April 1948 Herrn Felix Albin-Hager, Berlin-Buch, Mewesstraße 34 zur Sonderausbildung für den Nachwuchs an Wissenschaftlern und Hochschullehrern zugelassen«. Auf Grund dieser Zulassung wurde mir ein monatliches Stipendium sowie die Lebensmittelkartengruppe 1 zunächst bis zum Dezember 1948 gewährt. Dies war für diese Zeit eine große Vergünstigung.

Zu den Teilnehmern dieses »Dozentenlehrgangs«, der im Sommer 1948 am Zentralinstitut für wissenschaftlichen Sozialismus beim Zentralvorstand der SED stattfand und vier Monate dauerte, gehörten Georg Klaus, Wolfgang Harich, Georg Mende, Rita Schober, Hermann Ley, Ernst Hoffmann, Klaus Schrickel und andere, insgesamt etwa 25 Philosophen, Historiker, Ökonomen und Literaturwissenschaftler. Wir lebten und arbeiteten auf der Hackeburg in Klein-Machnow, dem ehemaligen Besitz des Nazi-Postministers. Bekannte Marxisten, wie Hermann Duncker, Anton Ackermann, Klaus Zweiling, Fred Oelssner hielten Vorlesungen. Zugleich waren die Teilnehmer verpflichtet, selbst Vorträge zu halten und Seminararbeiten vorzulegen. Zu jedem Vortrag fand eine Diskussion statt, so daß es oft zu einem regen Meinungsstreit kam. Die Methode, im Streitgespräch Probleme zu klären, die verschiedenen Meinungen abzuwägen, unterschiedliche Standpunkte gelten zu lassen, war eine große Anregung. Der Lehrgang war für mich – und wie ich weiß, auch für andere Teilnehmer – ein einmaliges Erlebnis an Gemeinsamkeit, Offenheit und Erziehung zu wissenschaftlicher Gründlichkeit.

Aus ihm ging eine Gruppe marxistischer Hochschullehrer hervor, die auf das geistige Leben in der DDR großen Einfluß ausübte.

Dies gilt besonders für Georg Klaus. Er hatte umfassende Kenntnisse als Mathematiker, Logiker und Naturwissenschaftler und vertrat einen materialistischen Standpunkt. Seine Auseinandersetzung mit dem katholischen Philosophen Wetter, seine Bücher über moderne Logik, Kybernetik und Informationstheorie trugen zum Verständnis der neuen wissenschaftlichen Erkenntnisse bei. Leider ist dieser von mir hochgeschätzte Philosoph früh an einem Leberleiden gestorben.

Nach Abschluß des Dozentenlehrgangs fand am Zentralinstitut ein Meinungsaustausch über die Durchführung der Vorlesungen statt. Die Schrift von Victor Stern »Grundzüge des dialektischen und historischen Materialismus« wurde der Kritik unterzogen, vor allem, weil sie sich nicht gründlich mit der bürgerlichen Philosophie der Gegenwart auseinandersetzte. Außerdem wurde eine umfassende Darstellung des Klasseninhalts und der Parteilichkeit aller bisherigen Philosophie sowie des Charakters und der Rolle der durch den Marxismus vollzogenen Umwälzung der Philosophie vermißt. Die philosophische Abteilung des Instituts kam zu dem Schluß, daß Stern eine Neubearbeitung seiner Schrift vornehmen müsse und die Schrift »in der gegenwärtigen Form aus dem Gebrauch an unseren Parteischulen zurückzuziehen ist«. Diese Forderung hätte bedeutet, daß Stern ein neues Buch schreiben mußte. In der Ablehnung seines Werkes zeigte sich ein Rigorismus – oder besser Dogmatismus –, der Schule machen sollte.

Victor Stern war ein Philosoph »wie er im Buche steht«. Er war Pfeifenraucher. Man erzählte, daß er einmal, als er seine Pfeife reinigte und im Aschbecher ausklopfte, aus Zerstreutheit »Herein« rief.

Ein Meinungsstreit wurde unter meiner Leitung auch zu dem Manuskript »Naturphilosophie« des österreichischen Philosophen Walter Hollitscher geführt. Diese Vorlesungen zur Einführung in die Naturdialektik wiesen nach Ansicht der Versammelten Einflüsse der Wiener Schule des logischen Positivismus auf. Zugleich waren sie jedoch ein Versuch, aus den Ergebnissen der modernen Naturwissenschaft Schlußfolgerungen für die Theorie der Dialektik zu ziehen. Auch in diesem Fall plädierten wir nicht für die Veröffentlichung. Die Vorlesungen erschienen in der DDR in erweiterter Fassung erst 1984/85.

Es war sicher ein Fehler, die Werke von Stern und Hollitscher nicht zu drucken. Sie hätten trotz ihrer Schwächen vor allem bei Naturwissenschaftlern Interesse an der Dialektik der Natur geweckt. Die Kritik hätte den Autoren geholfen, bei einer Neuauflage ihrer Bücher Verbesserungen vorzunehmen. Aus Sorge um die – wie wir meinten – »Reinheit des Marxismus« verbanden wir die notwendige Kritik mit Forderungen, die keinen Spielraum für geistige Vielfalt ließen und zur Einengung der marxistischen Theorie beitrugen. Nach der Diskussion zu seinem Buch hatte ich nur noch selten Kontakt mit Hollitscher. Er lehrte mehrere Jahre an der Karl-Marx-Universität Leipzig und ging dann wieder nach Österreich zurück – aus politischen Gründen oder wegen seiner Gesundheit.

Der Volkskongreß Im Juli 1947 reiste eine Delegation des Parteivorstands (Pieck, Grotewohl, Ulbricht, Fechner) nach Moskau, um mit Stalin, Molotow, Berija, Suslow und Shdanow das weitere Vorgehen zu beraten. Die Ergebnisse flossen in die Beratungen des II. Parteitages der SED ein (20. bis 24. September 1947), der gegen den Marshallplan Stellung nahm und die Losung ausgab, »mehr produzieren, gerechter verteilen, besser leben«. Durch die Reparationen, Sabotage in den Betrieben, Veruntreuung von Volksvermögen, unzureichende Ernährung, Mangel an Rohstoffen und Energie war eine schwierige Lage entstanden. Die SED, die zu diesem Zeitpunkt 1,8 Millionen Mitglieder hatte, die in 37 000 Grundorganisationen erfaßt waren, mußte vor allem ihr politisch-ideologisches Wachstum sichern. Das erforderte, wie der Parteitag beschloß, eine gründliche marxistisch-leninistische Schulung der Parteimitglieder, die Verstärkung der Kritik und Selbstkritik und die Aneignung sowjetischer Erfahrungen.

Im Dezember 1947 fand der erste Volkskongreß für Einheit und gerechten Frieden mit 2215 Teilnehmern, darunter 664 aus den westlichen Zonen, statt. Er wählte eine Delegation, die der Außenministerkonferenz in London Vorschläge für die deutsche Einheit übergeben sollte. Dazu gehörte die Bildung gesamtdeutscher Zentralverwaltungen, die Enteignung der Großindustrie im Westen, die Bildung einer gesamtdeutschen Regierung noch vor Abschluß des Friedensvertrags. In Vorbereitung des Kongresses war ein Vorschlag der SED für eine gesamtdeutsche Willenserklärung zur Londoner Konferenz im Block der demokratischen Parteien von Jakob Kaiser, dem Vertreter der CDU, abgelehnt worden. Gegen die Einberufung des Kongresses hatten sich die Parteien der Westzonen, außer der KPD, gewandt. Die Volkskongreßbewegung wurde in den Westzonen verboten.

Das Jubiläumsjahr Das Jahr 1948 war ein Jubiläumsjahr: 100 Jahre Manifest der Kommunistischen Partei und 100 Jahre Revolution von 1848/49. Über das »Kommunistische Manifest« schrieb ich mehrere Artikel. Ein Thema war das Verhältnis des Marxismus zur Nation. In einem Beitrag kritisierte ich die sträfliche Mißachtung des Nationalgefühls durch die Marxisten. Dies habe dazu geführt, daß reaktionäre Kreise immer wieder natürliche nationale Gefühle und Tendenzen für volksfeindliche Zwecke mißbrauchen konnten. Ich erinnerte an die Kritik Georgi Dimitroffs auf dem VII. Weltkongreß der Komintern 1935 an der KPD, weil diese lange Zeit das verletzte Nationalgefühl und die Empörung der Massen über den Versailler Vertrag nicht genügend in Rechnung stellte und das Programm der sozialen und nationalen Befreiung verspätet, und ohne es breit zu propagieren, veröffentlichte. Daraus zog ich die Schlußfolgerung, daß weder die SPD noch die KPD es vor 1933 verstanden, die Nazis daran zu hindern, das Nationalgefühl in eine gefährliche Waffe zu verwandeln. Heute dürfte es an der Zeit sein, auch aus diesem Fehler zu lernen.

Im Ringen um die Einheit Deutschlands war schon im November 1946 der Parteivorstand der SED mit dem Entwurf einer Verfassung der ganz Deutschland umfassenden Deutschen Demokratischen Republik an die Öffentlichkeit getreten. Die Ministerpräsidenten der Länder der sowjetischen Besatzungszone hatten am 6. und 7. Juni 1947 an einem Treffen mit den Ministerpräsidenten der Westzonen-Länder teilgenommen, zu dem der bayrische Ministerpräsident Ehard nach München eingeladen hatte. Ehard wollte über die Versorgung der Bevölkerung, das Flüchtlingselend und andere aktuelle Fragen beraten, die Ministerpräsidenten der Ostzone hingegen über die Bildung einer deutschen Zentralverwaltung als Schritt zur Schaffung eines deutschen Einheitsstaates. Da die

Ministerpräsidenten der Westzonen dies ablehnten, verließ die Delegation aus der SBZ die Konferenz.

Am 17. und 18. Mai 1948 tagte der zweite Deutsche Volkskongreß. Daran nahmen auch 500 Delegierte aus den Westzonen teil. Der Kongreß beschloß die Bildung eines gesamtdeutschen Volksrats. Am wichtigsten war sein Beschluß, ein Volksbegehren für eine Volksabstimmung über die Einheit Deutschlands durchzuführen. Die Unterschriftensammlung für das Volksbegehren ergab 13 Millionen Unterschriften. Davon waren 12 Millionen aus der SBZ.

Im Rahmen des Ringens um Einheit und gerechten Frieden war auch die Erinnerung an die Revolution von 1848/49 von Bedeutung. Zur Volksrevolution von 1848/49 schrieb ich eine etwa 100-seitige Arbeit, die eigentlich eine Dissertation sein sollte. Als ich sie dem Dekan der Historischen Fakultät der Humboldt-Universität (und Freund aus der englischen Emigration), dem Historiker Alfred Meusel, vorlegte, anerkannte dieser zwar deren wissenschaftliche Qualität, lehnte es aber ab, sie zur Promotion anzunehmen. Sein Argument lautete, da ich zur Philosophischen und nicht zur Historischen Fakultät gehöre, könne ich auch nicht mit einer Arbeit zur Geschichte promovieren, sondern müsse ein philosophisches Thema wählen. Dazu fehlte aber in den folgenden Jahren die Zeit. So konnten nur Teile der Arbeit über »Revolution und Konterrevolution in Deutschland 1848/49« als Lektion an der Parteihochschule »Karl Marx« Verwendung finden und gedruckt werden (Mai 1952). Außerdem erschien ein Artikel »Marx und Engels und die Revolution von 1848« in der theoretischen Zeitschrift »Einheit« (H. 3, 1948), den Alfred Meusel als Beitrag in seine Broschüre »Die deutsche Revolution von 1848« übernahm.[7]

Die Revolution von 1848 war eine unvollendete bürgerlich-demokratische Revolution. Die Hauptaufgabe der Revolution – Einigung und Demokratisierung Deutschlands – blieb ungelöst. Nach der Befreiung vom Hitlerfaschismus stand das deutsche Volk wieder an einem Wendepunkt, stellte ich in dem Beitrag zur Broschüre Meusels fest. Es müsse Aufgaben lösen, die in der bürgerlich-demokratischen Revolution von 1848 ungelöst blieben, und darüber hinaus mit den Folgeerscheinungen des damaligen Versagens aufräumen: dem Militarismus und Nazismus, der Macht der Monopole und auch dem chauvinistischen Geist, den die Verpreußung Deutschlands und die Herrschaft des faschistischen Imperialismus großzüchtete. Es müsse zur Verständigung und zu einem engen Bündnis mit den Völkern Ost- und Südeuropas gelangen, die Volksrepubliken schufen, mit den reaktionären Klassen und Ideen brachen und sich rasch in Richtung des Sozialismus entwickeln. Im Kampf um diesen neuen Weg, um eine antifaschistische Demokratie in einer einheitlichen, unteilbaren deutschen Republik wird die Stellungnahme von Marx und Engels zu der Revolution von 1848 stets als Vorbild dienen. Denn diese Stellungnahme widerlegt nicht nur die Behauptung von dem angeblich antinationalen und antidemokratischen Charakter des Marxismus. Sie lehrt, daß der Kampf um die nationale Einheit nicht gering geschätzt werden darf, sondern als die entscheidende Voraussetzung für die Entwicklung Deutschlands zum Sozialismus anzusehen ist. Sie zeigt den geschichtlichen Sinn der Volksbewegung für Einheit und gerechten Frieden.

Die Magnettheorie Wenn die Entwicklung nach Potsdam schließlich zum kalten Krieg und zur Spaltung Deutschlands führte, so darf dies nicht ausschließlich darauf zurückgeführt werden, daß die Antihitlerkoalition auseinanderbrach und Deutschland zum Schachbrett wurde, auf dem die Gegensätze der beiden Großmächte ausgetragen wurden. Die Orientierung auf die Bildung eines separaten Weststaates fand von Anfang an dic Billigung und Untcrstützung westdeutscher Politiker und Unternehmer. So erklärte Konrad Adenauer bereits am 5. Oktober 1945 gegenüber britischen Pressevertretern, der von Rußland besetzte Teil sei für eine nicht zu schätzende Zeit für Deutschland verloren. Es sei notwendig, die drei Teile des nicht russisch besetzten Gebietes, die bei Schaffung eines Rhein-Ruhr Staates entstünden, in einem staatsrechtlichen Verhältnis miteinander zu belassen. Es könnte das eventuell bundesstaatlich sein.[8]

Ähnliche Stellungnahmen gaben der Kali-Industrielle Arnold Rechberg an die amerikanische und der CDU-Politiker Schlange-Schöningen an die britische Militärregierung ab. Sie sprachen sich dafür aus, eine gemeinsame Verwaltung für die drei Westzonen zu schaffen, sie »im Sinne einer zielklaren Westpolitik zu organisieren«. So werde – meinten sie – in Kürze ein solches Übergewicht entstehen, »daß die Russen daraufhin bis zur Oder zurückweichen«, d. h. das von ihnen besetzte Gebiet preisgeben.[9]

Der Historiker Badstübner stellt dazu fest: »Die Abschreibung der Ostzone verband sich – hier wohl zum ersten Male – mit einer ziemlich kaltschnäuzigen Kombination von Verelendungskalkül und Magnettheorie. Nach ihr sollte die Ostzone, die bei Ausbleiben eines Friedensvertrags und der Einheit Deutschlands für die Reparationsleistung an die Sowjetunion vollständig aufzukommen hatte, ruhig verelenden, um dann umso eher von den prosperierenden Westzonen bzw. dem Weststaat angezogen und integriert zu werden. Hierfür leistete in der Praxis Kurt Schumacher, durch die Ausrichtung der SPD-Politik auf die Westzonen und die Ablehnung jeder Gespräche und Kontakte mit der KPD und dann der SED, als erster einen entscheidenden Beitrag. Schon im Mai 1947 erklärte er die Magnettheorie zur einzig möglichen deutschlandpolitischen Strategie.

Badstübner zitiert folgende Äußerung Schumachers: »Es ist realpolitisch vom deutschen Gesichtspunkt aus kein anderer Weg zur Erzeugung der Einheit Deutschlands möglich als die ökonomische Magnetisierung des Westens, die ihre Anziehungskraft auf den Osten so stark ausüben muß, daß auf die Dauer die bloße Innehabung des Machtapparates dagegen kein sicheres Mittel ist. Es ist gewiß ein schwerer und vermutlich langer Weg«.[10]

Ich erinnere an diese Äußerungen, weil sie deutlich machen, daß gewisse konservative und sozialdemokratische Kreise schon von der Existenz der sowjetischen Besatzungszone an eine Strategie verfolgten, die nach der Gründung der DDR fortgesetzt wurde und deren Ziel es war, auf keinen Fall auf deutschem Boden einen antifaschistisch-demokratischen Staat zu dulden. Zu seiner Beseitigung sollten auch ökonomische Mittel eingesetzt werden. Seine wirtschaftliche Entwicklung sollte auf jede mögliche Weise behindert werden (z. B. durch die Last der Reparationen), so daß ein Gefälle zugunsten des Westens entsteht.

Zweigleisig Am Ende des Dozentenlehrgangs machte mir Anton Ackermann den Vorschlag, eine Lehrtätigkeit am Institut für Philosophie der Humboldt-Universität und gleichzeitig die Leitung der Abteilung Parteischulung des Parteivorstandes der SED zu übernehmen. Ich hatte an dem Dozentenlehrgang teilgenommen, um danach als Hochschullehrer tätig zu sein. Nun brachte mir der Parteivorstand das Vertrauen entgegen, eine wichtige Parteifunktion auszuüben, und ich fühlte mich – offen gesagt – von diesem Vertrauen beeindruckt. Ich überlegte: Es konnte nützlich sein, an der Universität wissenschaftlich zu arbeiten, Vorlesungen und Seminare abzuhalten, dies wäre für die Schulungsarbeit wichtig, und umgekehrt könnten Erfahrungen der Praxis sich auf die Tätigkeit an der Universität günstig auswirken. So entschloß ich mich, gleichzeitig beide Aufgaben zu übernehmen. Diese Entscheidung habe ich nicht bedauert, obgleich sie eine große Belastung mit sich brachte. Erst Anfang der siebziger Jahre mußte ich zu meinem Leidwesen auf die regelmäßigen Vorlesungen an der Universität und an der Akademie für Gesellschaftswissenschaften des ZK verzichten, um mich ganz der Parteiarbeit zu widmen.

Zunächst erhielt ich einen Lehrauftrag. Am 14. August 1951 berief mich der Staatssekretär für das Hochschulwesen Prof. Dr. Gerhard Harig mit Wirkung vom 1. September zum Professor mit Lehrstuhl für das Fach Dialektischer und historischer Materialismus an der Philosophischen Fakultät der Humboldt-Universität Berlin. Dies war der erste Lehrstuhl für marxistische Philosophie an der Berliner Universität.

Ich war Fachrichtungsleiter für die Fachrichtung Philosophie und Mitglied des Senats unter den Rektoren Hartke, Neye, Schröter und Wirzberger. Das Präsidium der Deutschen Akademie der Wissenschaften berief mich unter Präsident Friedrich zum Mitglied der Sektion Philosophie. Außerdem war ich seit 1955 Mitglied des wissenschaftlichen Rates für die friedliche Anwendung der Atomenergie und seit 1959 Mitglied des Forschungsrats der DDR.

Ich hielt wöchentlich zwei- bis dreimal Vorlesungen, zunächst über dialektischen, später über historischen Materialismus und schließlich über die Geschichte der marxistischen Philosophie Dabei bemühte ich mich, die marxistische Philosophie als Philosophie für den modernen Menschen, als mit dem Leben verbundene Philosophie darzustellen. Ich ging davon aus, daß der dialektische Materialismus der »blos denkenden Betrachtung« (Hegel) das aktive, tätige Verhalten entgegensetzt (besser: hinzufügt), das nicht nur Erkennen, sondern auch Verändern erfordert. Aus dieser Einheit von Theorie und Praxis, aus der eminent praktischen Bedeutung der Theorie wird ersichtlich, daß der dialektische Materialismus nicht eine philosophische Schule im üblichen Sinn ist. Eine besondere Vorlesung befaßte sich mit Theorie und Methode der materialistischen Dialektik.

Ich hatte Freude an der Zusammenarbeit mit den Studenten und wäre wahrscheinlich, wenn ich nur diese Tätigkeit ausgeübt hätte, kein schlechter Hochschullehrer geworden. Zu meinen Aufgaben gehörte die wissenschaftliche Betreuung von Aspiranten. Ich habe es bedauert, daß ich schließlich die doppelte Last eines Hochschullehrers und des Leiters der Abteilung im ZK nicht verkraften konnte.

In den Jahren 1946 bis 1948 galt für die leitenden Funktionen in der SED das Prinzip der Parität. So waren der Kommunist Anton Ackermann und der Sozialdemokrat Otto Meier gemeinsam für die ideologische Arbeit verantwortlich. Die 1. Parteikonferenz (vom 25. – 28. Januar 1949) hob die Parität auf. Sie wählte Wilhelm Pieck, Otto Grotewohl, Franz Dahlem, Friedrich Ebert, Helmut

Lehmann, Paul Merker und Walter Ulbricht zu Mitgliedern, Anton Ackermann und Karl Steinhoff zu Kandidaten des Politbüros. Für den Bereich der Agitation und Propaganda war nun Fred Oelssner verantwortlich. Er war Professor an der »Roten Professur« in Moskau gewesen. Als Ökonom befaßte er sich besonders mit der Krisentheorie und mit ökonomischen Problemen des Sozialismus. Er ließ mir als Abteilungsleiter weitgehend freie Hand.

Die Tätigkeit der Abteilung Parteischulung stützte sich auf einen Beschluß des Parteivorstands vom Mai 1946 über den Aufbau eines einheitlichen Bildungssystems. Monatlich sollten die Mitglieder der Partei an einem Bildungsabend teilnehmen, der sich mit einem vom Parteivorstand vorgegebenen Thema befaßte. Die Abteilung arbeitete zu dem betreffenden Thema ein Bildungsheft aus, das in hoher Auflage erschien. Im Zentralorgan »Neues Deutschland« erschien ein theoretischer Beitrag zu diesem Thema. In einem Wochenendkurs wurden die Lektoren für die Durchführung des Bildungsabends geschult. Dieses System galt bis 1950 und bewährte sich gut. Die Bildungsabende gaben oft Veranlassung zu lebhaften und streitbaren Diskussionen. Zur Unterstützung der Bildungsarbeit der Freien Deutschen Jugend gab die Abteilung unter der Redaktion von Peter Nelken eine Serie »Der junge Marxist« heraus, die großen Anklang fand.

Als Leiter der Abteilung Parteischulung hatte ich engen Kontakt mit der politischen Verwaltung der sowjetischen Militäradministration (SMAD). Ich war oft in Karlshorst, um mit Semjonow oder seinen Mitarbeitern über Probleme unserer Bildungsarbeit zu sprechen. Die Beziehungen waren freundlich und sachlich. Natürlich konnten die Hinweise und Ratschläge der sowjetischen Gesprächspartner nicht mißachtet werden. Bei aller Achtung, die diese uns deutschen Antifaschisten entgegenbrachten, darf nicht vergessen werden, daß die deutsche Arbeiterbewegung versagt hatte und die Partei der Einheit, die SED, des Rates und der Hilfe der sowjetischen Freunde bedurfte. So war es selbstverständlich, daß wir die Erfahrungen der KPdSU berücksichtigten.

Kurz: Die Vertreter der SMAD hatten das Sagen, letzten Endes galt ihr Wort. Sie waren Vertreter der Besatzungsmacht. Wenn sie sich auch an die von der KPdSU vorgegebene politische Linie hielten, die die Schaffung eines einheitlichen antifaschistisch-demokratischen Deutschlands vorsah, so hatten sie doch ihre Erziehung und Ausbildung im Land Stalins erhalten, dessen politische und gesellschaftliche Struktur nicht derjenigen entsprach, mit der sie nun zu tun hatten. So wurden unmerklich sowjetische Auffassungen über Wirtschaft, Staat und Recht, Bildung, Wissenschaft und Kultur in die SED und das Leben in der sowjetischen Besatzungszone eingeführt.

Die Zusammenarbeit mit der SMAD ergab sich nicht nur aus der Notwendigkeit, die Weisungen der Besatzungsmacht zu befolgen. Ich war schon seit meiner Jugend überzeugt – und diese Überzeugung hatte sich durch den deutschen Überfall auf die Sowjetunion und seine Folgen weiter vertieft – daß Deutschland und die Sowjetunion, die beiden mächtigsten Staaten auf diesem Kontinent, miteinander in Frieden leben müssen. Verständigung und Freundschaft mit der Sowjetunion mußten ein Hauptziel unserer Politik sein und bleiben. An diese Überzeugung habe ich mich in der Zusammenarbeit mit der SMAD gehalten.

Die »Partei neuen Typus« Die Bildung politischer Parteien war in der SBZ unmittelbar nach Kriegsende erfolgt. Es war wichtig, Parteien zu schaffen, die Kräfte vereinigten und Initiativen ergriffen, um den Wiederaufbau in Gang zu setzen und elementare Bedürfnisse zu befriedigen. In erster Linie kam es auf die beiden Arbeiterparteien an, die dem Hitlerregime Widerstand geleistet hatten und für den Krieg keine Verantwortung trugen. Sie gewannen rasch an Einfluß.

Ende März 1946, also vor der Vereinigung, hatten in der SBZ die SPD 681 500 und die KPD 620 000 Mitglieder. Seit dem Vereinigungsparteitag hatte sich die SED zu einer Massenpartei entwickelt. In Berlin schlossen sich von 66 300 Sozialdemokraten weniger als 30 000 der SED nicht an. Statt dessen waren 32 000 Neuaufnahmen zu verzeichnen. Insgesamt hatte die SED in Berlin 142 300 Mitglieder. In der englischen, amerikanischen und französischen Zone hatte die KPD zu diesem Zeitpunkt (nach wahrscheinlich überhöhten Schätzungen) etwa 300 000, die SPD etwa 450 000 Mitglieder.

Neben den zahlenmäßig geringen alten Kadern der KPD und SPD, die manchmal ihren früheren sektiererischen oder reformistischen Anschauungen anhingen, bildeten die aufbauwilligen neuen Mitglieder, die den Grundsätzen und Zielen der SED zustimmten, die Mehrheit. Die meisten hatten keine Bindungen an die Arbeiterbewegung vor 1933 gehabt und nicht aktiv am Kampf gegen den Hitlerfaschismus teilgenommen. Ihre politischen Erfahrungen waren gering und entwickelten sich erst durch die Teilnahme am demokratischen Aufbau. In die Partei waren auch Menschen eingetreten, die sich davon irgendwelche Vorteile erhofften.

Zahlenmäßig stark, aber politisch, ideologisch und organisatorisch noch wenig entwickelt – das war die SED zu diesem Zeitpunkt. Sie mußte zu einer Partei werden, die fähig war, die schwierigen Aufgaben des Aufbaus einer neuen Ordnung zu bewältigen und die Auseinandersetzung mit deren inneren und äußeren Gegnern zu bestehen. Sie war nicht Opposition, sondern trug Verantwortung für die völlige Überwindung des Faschismus und das Gelingen der antifaschistisch-demokratischen Umwälzung. Der sich entwickelnde kalte Krieg und die immer deutlicheren Bestrebungen zur Restauration der kapitalistischen Herrschaft, zur Schaffung eines westdeutschen Staates, verstärkten den Druck auf die politische Situation in der Ostzone. Diese Spannungen stellten an die SED immer höhere Anforderungen. Sie brauchte Geschlossenheit und einheitliches Handeln, Standhaftigkeit, Fähigkeit zum Kampf und theoretische Klarheit.

Die ersten Schritte zur Verwandlung der SED in eine solche Partei (eine »Partei neuen Typus«) waren bereits erfolgt.

Schon bei der Vorbereitung der Vereinigung war über die Notwendigkeit der Verankerung der Partei in den Betrieben, die Schaffung von Betriebsgruppen diskutiert worden. In der Weimarer Republik war die Sozialdemokratie vorwiegend ein in Wohngebieten organisierter Wahlverein gewesen. Es leuchtete auch den früheren Sozialdemokraten ein, daß eine lose Form der Organisation unter den neuen Bedingungen ungeeignet war. Die Diskussion um diese Fragen bestimmte die Vorbereitung der 1. Parteikonferenz.

In Artikeln und Reden habe ich diese Entwicklung begrüßt. Ich ging davon aus, daß die SED in die Verantwortung genommen war und in dem Ringen um einen neuen Weg in der deutschen Geschichte nicht abseits stehen konnte.

Otto Grotewohl stellte in seinem Referat auf der Parteikonferenz fest, daß die marxistisch-leninistische Partei auf dem Grundsatz des demokratischen Zentralismus beruht, durch den Kampf gegen den Opportunismus gestärkt wird und vom Geist des Internationalismus durchdrungen ist. Als Vorbild dieser Partei diente in ideologisch-politischer wie organisatorischer Hinsicht die Kommunistische Partei der Sowjetunion (KPdSU). Sie galt als kampferprobteste kommunistische Partei, hatte sie doch beim Aufbau des Sozialismus auf einem Sechstel der Erde und im Krieg gegen den Hitlerfaschismus ihre Reife bewiesen. Schon vor der 1. Parteikonferenz waren Erfahrungen der KPdSU in der Presse und durch sowjetische Lektoren vermittelt worden. Am 7. Februar 1947 reiste die erste offizielle Delegation des Parteivorstands der SED, bestehend aus Wilhelm Pieck, Otto Grotewohl, Walter Ulbricht, Max Fechner und Fred Oelssner nach Moskau. Sie machte sich u. a. mit dem Parteiaufbau und der Arbeitsweise der KPdSU sowie mit Inhalt und Form ihrer Agitation und Propaganda vertraut.

An der Entwicklung der SED zur »Partei neuen Typus« wird heute von Historikern heftige Kritik geübt. Es sei damit ein Weg eingeschlagen worden, der in die Sackgasse führte, in das Versagen von 1989. Ist also das Ende der SED und der DDR schon in der Entwicklung der SED zur »Partei neuen Typus« Ende der 40er Jahre vorbestimmt? Die Kritiker sagen allerdings nicht, welches Parteimodell richtig gewesen wäre, ob in der konkreten historischen Situation nach dem Ende des Krieges ein »pluralistisches« Modell – das sie offenbar im Auge haben – wirksamer gewesen wäre. Sie ignorieren nicht nur die damalige innere Situation, sondern auch den sich verschärfenden Konflikt zwischen West und Ost. Sie beantworten die Frage nicht, wie und aus welchen Gründen sich die SED von der KPdSU hätte abgrenzen können und sollen. Vor allem gehen sie nicht dialektisch vor, betrachten die Partei nicht als einen sich ständig verändernden Organismus, der bei Entstehen nicht die gleiche Gestalt hatte wie am Ende.

Ich bin überzeugt, daß eine Restauration des Kapitalismus nicht verhindert und die antifaschistisch-demokratische Umwälzung in der SBZ (DDR) nicht durchgeführt werden konnte, wenn die SED eine lose Vereinigung oder Bewegung, mit verschiedenen politischen Strömungen, Plattformen oder Fraktionen gewesen wäre, die der Diskussion mehr Aufmerksamkeit geschenkt hätte als der gemeinsamen Aktion. Die Form der Organisation mußte den gegebenen Bedingungen und den zu bewältigenden Aufgaben entsprechen. Es kann für die Arbeiterbewegung, wie ihre Geschichte zeigt, keine ein für allemal gültige Organisationsform geben.

Die Kritik an der Schaffung der »Partei neuen Typus«, d. h. einer marxistisch-leninistischen Partei, geht auch daran vorbei, daß der klärende Meinungsaustausch, die offene Kritik und Selbstkritik, der Kampf gegen Methoden des Kommandierens und Administrierens in den 50er und 60er Jahren weitgehend das Leben der Partei bestimmten. Es gab offene Diskussionen in den Grundorganisationen, Gegenstimmen bei Parteiwahlen, gründliche Befragungen der Kandidaten, aber auch Verletzungen der innerparteilichen Demokratie. Wo dies geschah, wurde es nicht einfach hingenommen. So kritisierte der Parteivorstand am 23. August 1949 Tendenzen des Kommandierens und der Verhinderung des klärenden Meinungsaustausches in unteren Parteiorganisationen.

Ich wandte mich in einem Artikel »Was heißt innerparteiliche Demokratie?« gegen solche Tendenzen.[11]

Vor dem III. Parteitag (1950) fanden noch zwei Bildungsabende statt, zu denen ich die Presseartikel schrieb, im April über »Lenins Kampf für die Partei neuen Typus« und im Mai über »Kritik und Selbstkritik, das Entwicklungsgesetz unserer Partei«.

In dem Artikel über Kritik und Selbstkritik schrieb ich u. a.: »Eine marxistisch-leninistische Partei darf heikle Fragen nicht umgehen, Fehler nicht verheimlichen, sich nicht durch Selbstzufriedenheit blenden und durch Erfolge berauschen lassen. Dies würde unvermeidlich die Partei zugrunde richten«. Und weiter: »Natürlich werden unsere Feinde bestrebt sein, aus der Enthüllung unserer Fehler Nutzen zu ziehen. Aber weit größer wäre der Schaden, der entstehen würde, wenn wir aus diesem Grunde auf offene Kritik und Selbstkritik verzichten und unsere Schwächen übersehen würden«.

Leninismus Zu den Aufgaben der Abteilung Parteischulung gehörte die Organisierung des Studiums der bereits 1938 erschienenen »Geschichte der KPdSU (B), Kurzer Lehrgang«, als deren Verfasser Stalin galt. In der Abteilung wurde ein Büro zur Ausarbeitung der Anleitungen für Referenten und von Artikeln für die Presse gebildet. Es wurde von Hanna Wolf geleitet, die in der Sowjetunion während des Krieges in Krasnogorsk in einem Antifa-Lager für deutsche Kriegsgefangene unterrichtet hatte.

Mit dem Studium des »Kurzen Lehrgangs« war die Propagierung des Leninismus verbunden. Dies ging nicht ohne Auseinandersetzungen in der Partei vor sich. So erinnere ich mich, daß der alte Hermann Dunker es zunächst entschieden ablehnte, vom Leninismus und vom Marxismus-Leninismus zu sprechen. Für ihn waren Marx und Engels die Meister, Lenin jedoch nur ein Schüler wie Kautsky, Rosa Luxemburg, Franz Mehring und andere. Hermann Dunker genoß großes Ansehen. Er war ein leidenschaftlicher Propagandist des Marxismus. Seine Vorlesung über das« Manifest der Kommunistischen Partei« von Marx und Engels war ein unvergeßliches Erlebnis. Bei einem Besuch in der Gewerkschaftshochschule in der Nähe von Bernau lernte ich eine seiner Arbeitsmethoden kennen. Er ging, als ich eintrat, in seinem Zimmer auf und ab. Dabei las er einen gerade erschienenen Roman und machte mit einem Bleistift Notizen und Zeichen am Rand. Als ich mich wunderte, daß er einen Roman so gründlich wie ein wissenschaftliches Werk durcharbeitete, meinte er, man könne aus der belletristischen Literatur oft mehr über eine Zeit, ihre Probleme, ihre Kultur erfahren als aus wissenschaftlichen Abhandlungen. Im übrigen habe dies schon Friedrich Engels in bezug auf die Werke Balzacs gesagt.

Rechtssozialdemokratische Theoretiker suchten eine Kluft zwischen Marxismus und Leninismus aufzubauen. So hatte Paul Sering (Richard Löwenthal) in seinem Buch »Jenseits vom Kapitalismus« behauptet, der Marxismus sei in allen seinen Grundzügen ein Produkt der europäischen Entwicklung, der Bolschewismus (Leninismus) sei »russifizierter Marxismus«. Damit sollte bewiesen werden, daß man den Marxismus annehmen könne, ohne sich gleichzeitig zum Leninismus zu bekennen, der nur für Rußland gültig sei.

Lenin war ein russischer Marxist und ein russischer Revolutionär, sein theoretisches Denken und seine revolutionäre Tätigkeit waren vor allem auf die Veränderung der sozial-ökonomischen Verhältnisse Rußlands gerichtet. Aber dies war nicht möglich ohne Kenntnis internationaler Erfahrungen.

Lenin erkannte die Notwendigkeit, den Marxismus nicht nur gegen revisionistische Verfälschungen, wie sie insbesondere in der deutschen Sozialdemokratie zu verzeichnen waren, und gegen linkes Sektierertum zu verteidigen, sondern ihn weiterzuentwickeln. Die neuen historischen Bedingungen am Beginn des 20. Jahrhunderts mußten im Lichte des Marxismus analysiert werden, um die richtigen Schlußfolgerungen für die revolutionäre Bewegung ziehen zu können.

Eine bedeutende Leistung Lenins war die Aufdeckung des Wesens des Imperialismus. Er hatte seine Erkenntnisse über den

Charakter des Imperialismus und die Perspektiven der revolutionären Arbeiterbewegung vor allem aus der gründlichen Untersuchung der wirtschaftlichen Entwicklung Deutschlands und den Erfahrungen der deutschen Arbeiterbewegung gewonnen. Dabei wies er den besonders aggressiven Charakter des junkerlich-bürgerlichen deutschen Imperialismus nach, der zu den Hauptturhebern des ersten Weltkrieges gehörte und gegenüber der Sowjetmacht in Rußland eine räuberische Eroberungspolitik durchführte. In seiner Analyse befaßte sich Lenin besonders mit der Rolle des Opportunismus und des Zentrismus in der deutschen Sozialdemokratie, den Gewerkschaften und Genossenschaften, die 1914 zur Unterstützung des Krieges führte, während andererseits die deutsche Linke – wie Lenin in »Der linke Radikalismus, die Kinderkrankheit im Kommunismus« schrieb – »der Partei am nächsten kam, wie sie das revolutionäre Proletariat braucht, um siegen zu können«.[12]

Hier kann es nicht darum gehen, die Verdienste Lenins um die Verteidigung und Weiterentwicklung des Marxismus zu würdigen. Es soll nur der internationale Charakter des Leninismus hervorgehoben werden, der von der geschichtlichen Entwicklung bestätigt wurde. Unter der Überschrift »Lenin und der Leninismus« setzte ich mich im »Vorwärts« (8. 4. 1949) mit der Ansicht Serings auseinander und betonte, wer heute Marxist sein wolle, müsse Leninist sein. »Zwischen Marxismus und Leninismus besteht keine Kluft, sondern eine untrennbare Einheit. Das Werk Lenins besitzt nicht ausschließlich russischen Charakter, sondern internationale Bedeutung. Besonders die deutsche Arbeiterklasse muß sich mit dieser international gültigen Lehre restlos vertraut machen, will sie ihre historische Aufgabe als Führerin der deutschen Werktätigen im Kampf um die Einheit und demokratische Umgestaltung Deutschlands erfüllen«.

Für die SED waren besonders die Lehren Lenins über den Staat und über den Aufbau der sozialistischen Gesellschaft von Bedeutung, die er in »Staat und Revolution«, »Die nächsten Aufgaben der Sowjetmacht« und anderen Werken entwickelt hatte.

Wir waren auch bemüht, die Leistungen anderer Marxisten wie die August Bebels, Karl Kautskys (solange er Marxist war), Rosa Luxemburgs und anderer Theoretiker zu würdigen. So wurden Bebels »Die Frau und der Sozialismus«, Kautskys »Vorläufer des Sozialismus«, Mehrings »Lessinglegende« und »Über den historischen Materialismus«, Plechanows Werke zur Philosophie und Kunst und schließlich die gesammelten Werke Rosa Luxemburgs, Karl Liebknechts und Franz Mehrings sowie Gramscis »Zur Politik, Geschichte und Kultur« herausgegeben. Man kann jedoch nicht sagen, daß sie in der Bildungsarbeit der SED einen besonderen Platz einnahmen, handelte es sich doch um Werke zu bestimmten Aspekten der Geschichte, Ökonomie oder Philosophie, während der Leninismus das in sich geschlossene System der Lehren des Marxismus in »moderner Gestalt« umfaßte. Die Kenntnis der Werke Rosa Luxemburgs, Plechanows u. a. blieb Sache des Einzelnen. Dies trug sicherlich zur Verarmung unserer weltanschaulichen und politischen Kultur bei. Ich bin überzeugt, daß es notwendig und richtig war, sich zum Leninismus – als dem zeitgenössischen Marxismus – zu bekennen, aber darüber durfte der Beitrag, den andere Marxisten zur Vertiefung der Marxschen Lehre geleistet hatten, nicht so am Rande behandelt werden, wie dies der Fall war.

Die Autorität Stalins Bei der Propagierung des Leninismus wurde vor allem auf Stalins Vorlesungen »Über die Grundlagen des Leninismus« aus dem Jahre 1924 an der Swerdlow-Universität Bezug genommen. Schon in der Zeit zwischen den beiden Weltkriegen spielte dieses Werk für Generationen von Kommunisten eine Rolle. Es gehörte zu den ersten marxistischen Schriften, die ich nach meinem Eintritt in die KPD studierte.

Neben dem »Kurzen Lehrgang« und den Vorlesungen wurden auch die Schriften Stalins »Ökonomische Probleme des Sozialismus in der UdSSR« und »Der Marxismus und die Fragen der Sprachwissenschaft« in der Parteischulung verwandt. Dabei rückte Stalin propagandistisch immer enger an die Seite Lenins. In einem

Artikel zu seinem 70. Geburtstag am 21. Dezember 1949 bezeichnete ich ihn als den »Lenin unserer Zeit«. Stalin wurde gemeinsam mit Lenin als Organisator und Führer der bolschewistischen Partei und der Oktoberrevolution genannt. Wenn auch nicht vom Marxismus-Leninismus-Stalinismus gesprochen wurde, so galt doch Stalin de facto als der »vierte Klassiker«, gleichwertig neben Marx, Engels und Lenin. Seine theoretischen Äußerungen wurden von mir kritiklos akzeptiert. So sagte ich in einer Diskussion zur Schrift Stalins über die Sprachwissenschaft: »Ist es denn nicht so, daß Genosse Stalin keinerlei überflüssige Worte sagt? Jede Definition ist dort durchdacht und ist die Zusammenfassung und Verallgemeinerung der gesamten Erfahrungen der Wissenschaft, der internationalen Arbeiterbewegung, des Klassenkampfes«. Kurz: Stalin war die unbestrittene Autorität. Seine Arbeiten wirkten vor allem durch die leicht verständliche Sprache und die Reduzierung komplizierter Probleme auf einige Grundregeln. Dies gilt z. B. für die Darstellung der »vier Grundzüge« der Dialektik im »Kurzen Lehrgang«. Diese Grundzüge konnte man sich leicht einprägen, aber durch diese Reduzierung wurde das Verständnis für die Vielfalt und Kompliziertheit der gesellschaftlichen Erscheinungen und Prozesse, für die Mannigfaltigkeit der Zusammenhänge in der Gesellschaft erschwert.

Doch dies wurde erst später erkannt und – nach Stalins Tod – kritisiert. Die Theorien Stalins durchdrangen mehr und mehr die Theorie und Propaganda der kommunistischen und Arbeiterparteien Osteuropas. Die Überschätzung Stalins wurde zur Regel.

Nach dem Tod Lenins und der Auseinandersetzung mit Trotzki, Sinowjew, Bucharin und anderen über den weiteren Weg der Sowjetunion – dem Aufbau des Sozialismus in nur einem Land – stand Stalin an der Spitze des sozialistischen Aufbaus, der durch Industrialisierung, Kollektivierung und Kulturrevolution gekennzeichnet war. In dieser Periode war die Sowjetunion der einzige sozialistische Staat. Sie befand sich in einer kapitalistischen Umkreisung, die jederzeit zu neuen Interventionskriegen führen konnte. Aus dem Rußland der Bastschuhe wurde in weniger als zwei Jahrzehnten ein mächtiger Industriestaat. Während in der kapitalistischen Welt Unsicherheit und Krise herrschten, viele Millionen arbeitslos wurden, gab es in der UdSSR Vollbeschäftigung und ein erstaunliches wirtschaftliches Wachstum. Dieser Erfolg war mit dem Namen Stalins verbunden.

Als Hitlerdeutschland die Sowjetunion überfiel, war Stalin Oberbefehlshaber der Sowjetarmee, die nach ungeheuren Opfern und Anstrengungen den Sieg errang. Oft wurde berichtet, daß Soldaten mit dem Ruf : »Für das Vaterland, für Stalin« in den Kampf gingen. Während des Krieges, den ich in England erlebte, galt Stalin als der Hoffnungsträger für den Sieg über den Faschismus.

Die Methoden der Administration, der straffen Ordnung und Disziplin, die unter Stalin angewandt wurden, waren hart und unerbittlich. Nach dem Bürgerkrieg, den Interventionskriegen und der Hungersnot, erforderte der Wiederaufbau eine strenge Ordnung und zugleich die Mobilisierung der Massen, die sich noch an den Ideen der Oktoberrevolution orientierten. Die »Liquidierung des Kulakentums als Klasse« galt als eine unvermeidliche Aufgabe. Im Krieg mußten in der Armee wie im Hinterland Kommandomethoden angewandt werden. Dies galt auch für den Wiederaufbau nach dem Krieg. Ich kann mich nicht erinnern, daß vor 1945 in der kommunistischen Bewegung – außer bei Anhängern des Trotzkismus und in den sowjetfeindlichen Medien – diese Methoden wie auch die Prozesse der Jahre 1937/38 grundsätzlich abgelehnt wurden.

Über die Beurteilung der Sowjetunion zu der Zeit, von der hier die Rede ist, gibt Heinrich Mann in seinem Buch »Ein Zeitalter wird besichtigt« Auskunft. Er schreibt über den Kampf gegen die deutschen Interventen: »Sie (die Sowjetunion K. H.) verteidigt sich gut, weil sie ihre Völker überzeugt hatte von der Güte der sozialistischen Freiheit. Ihre Völker verteidigen sie mit völliger Hingabe, weil sie ihr Land frei wollen und die Sowjets gleichsetzen dem Land und seiner Freiheit. Es sind die Erfahrungen eines Vierteljahrhunderts, die hier kämpfen«. Und weiter: »Auf hoher Ebene verteidigt sich nur das Volk, das seine Revolution verteidigt. Ein innerer Krieg muß gewonnen und überstanden sein, damit die Nation es mit ganzer Seele verdient, einen verhaßten Eindringling aus dem Land zu jagen. Auch der noch? Auf ihn!« Damit ist Tuchatschewski gemeint. Nachdem Heinrich Mann den Geist des Volkes, das unter Stalins Führung kämpfte, geschildert hat, erklärt er: »Von ihrer Entschlossenheit hatten die Sowjets vor aller Augen das Maß gegeben, als sie den Verräter Tuchatschewski hinrichteten... Ein Sowjetmarschall, der verrät, kann nichts anderes sein als Handlanger der Fremden, die wie er die Sowjets stürzen wollen«.[13]

Diese Aufzeichnungen zeigen, daß der Beobachter des Zeitalters, Heinrich Mann, die Erschießung Tuchatschewskis nicht als ein Verbrechen Stalins ansah, sondern als eine Notwendigkeit, die sich aus dem Kampf des Sowjetvolkes um Leben oder Tod ergab.

Während meiner Teilnahme an der Verteidigung der spanischen Republik waren mir – wie in Teil I dieses Buches geschildert – die Prozesse von 1937/38 als eine notwendige Maßnahme gegen die Feinde des Sozialismus erschienen. Von massenhaften Repressalien und Gesetzesverletzungen auf Weisung Stalins war damals nichts bekannt, oder ich glaubte den Nachrichten nicht, die darüber berichteten.

Der Personenkult um Stalin kannte keine Grenzen. Er wurde auch von der SMAD mit allen Mitteln gefördert.

Die deutschen Antifaschisten, die aus der Illegalität, den Konzentrationslagern oder der westlichen Emigration kamen, kannten die Vorgänge in der Sowjetunion nicht. Diejenigen, die davon wußten, die als Emigranten in der Sowjetunion gelebt hatten, schwiegen – aus welchen Gründen auch immer. So erschien in dieser Periode alles, was mit der Sowjetunion, mit Stalin verbunden war, noch in einem hellen Licht. Heute ist es leicht, dies zu verurteilen, doch darf man, um bestimmte Ereignisse zu verstehen, diese nicht aus der konkreten historischen Situation, in der sie geschehen sind, herauslösen.

Das Ende des »besonderen Weges« Am Ende des Krieges herrschte in den befreiten Ländern Freude über den Sieg der Alliierten. In Jugoslawien, der Tschechoslowakei, Polen und anderen Ländern hatten die nationalen Befreiungsbewegungen einen beachtlichen Beitrag zur Befreiung von der faschistischen Okkupation geleistet. Das Nationalbewußtsein war erstarkt und damit der Wille, die Zukunft des Vaterlandes nach eigenen Entwürfen zu gestalten. In den volksdemokratischen Ländern sollte das sowjetische Modell nicht übernommen, sondern ein besonderer, den jeweiligen nationalen Bedingungen entsprechender Weg zum Sozialismus eingeschlagen werden. Dies war das Ziel Titos in Jugoslawien und Rayks in Ungarn (und dieser besondere Weg zum Sozialismus – der Selbstverwaltung – wurde in Jugoslawien auch eingeschlagen). In Polen sprach Gomulka von der Möglichkeit eines besonderen Weges zum Sozialismus, ohne Diktatur des Proletariats und mit einem der parlamentarischen Demokratie (aber nicht der westlichen) ähnlichen Gesellschaftsvertrag. In Bulgarien und Albanien gab es ähnliche Vorstellungen. Im Gründungsaufruf der KPD vom Juni 1945 war festgestellt worden, daß es falsch wäre, in Deutschland das Sowjetsystem einzuführen. Anton Ackermann hatte einen Aufsehen erregenden Artikel veröffentlicht, der darlegte, daß der Sozialismus friedlich und auf demokratische Weise erreichbar sei. In der Tat ging in der sowjetischen Besatzungszone dank der Anwesenheit sowjetischer Truppen die Umwälzung friedlich vor sich. Es entstanden ökonomische und politische Formen, die sich von den sowjetischen Verhältnissen unterschieden und im übrigen auch bis zum Ende der DDR bestehen blieben (z. B. das Mehrparteiensystem). Lenin hatte darauf hingewiesen, daß verschiedene Formen des Sozialismus möglich sind in Abhängigkeit von dem Entwicklungsstand und den Traditionen der Völker, die diesen Weg einschlagen. Insofern – so meine ich – war an dem besonderen Weg nichts zu kritisieren, solange es ein Weg zum Sozialismus war und das Prinzip des Internationalismus bewahrt wurde. Dies bedeutete insbesondere, mit dem mächtigsten

Land des Sozialismus, der Sowjetunion, in Freundschaft zusammenzuarbeiten.

Mit dem Beginn des kalten Krieges ab 1947 änderte sich die internationale Lage. Besonders der Marshallplan und die Truman-Doktrin, aber auch die Bestrebungen, durch Bizone und Währungsreform die Bildung eines westdeutschen Separatstaates voranzutreiben, zeigten sehr deutlich, daß die USA ihre Führungsrolle immer entschiedener wahrnahmen und die Schaffung eines Westblocks anstrebten. Die Sowjetunion antwortete auf diese Bestrebungen damit, daß sie gegenüber den volksdemokratischen Ländern ihre Hegemonie geltend machte und bestrebt war, jegliche zentrifugale Entwicklung zu unterbinden.

Schwierigkeiten ergaben sich vor allem mit Tito und dem ›Bund der Kommunisten Jugoslawiens‹. War schon die« Selbstverwaltung« eine bisher nicht erprobte Lösung, so erregte das Bestreben Titos, eine Balkanföderation mit Bulgarien und Griechenland zu schaffen, das Mißtrauen der sowjetischen Führung.

Im September 1947 war auf einer Konferenz der kommunistischen und Arbeiterparteien in Szklarsk Poreba (Schreiberhau) in Polen, die von Shdanow geleitet wurde, das ›Kommunistische Informationsbüro‹ (Kominform) gegründet worden. Im Juni 1948 und November 1949 nahm es auf Betreiben Stalins die Verurteilung Titos und den Bruch mit dem Bund der Kommunisten Jugoslawiens vor. Dabei wurde die Beschuldigung erhoben, Tito handle im Auftrag oder in Übereinstimmung mit dem amerikanischen Geheimdienst. Dies war, wie sich später herausstellte, eine bewußte Verleumdung, die jedoch ihren Zweck erfüllte.

Ich war damals überzeugt, daß die Verurteilung Titos gerechtfertigt war und schrieb in einem Artikel zum politischen Bildungsabend, daß der Verzicht auf die Freundschaft mit der Sowjetunion unausbleiblich zum Verrat an den nationalen Interessen des eigenen Volkes führt »wie dies durch die schändliche Rolle der Tito-Clique bestätigt wird, die im Auftrag des amerikanischen Geheimdienstes die Errungenschaften der jugoslawischen Volksbefreiungsbewegung zerstört.« Tito hatte das Bündnis mit der Sowjetunion preisgegeben und damit das Prinzip des sozialistischen Internationalismus verletzt. Dieses verlangte die Zusammenarbeit und den gegenseitigen Beistand der sozialistischen Länder sowie der kommunistischen und Arbeiterparteien. Entscheidend war die Stellung jedes Landes und jeder Partei zu dem wichtigsten Land des Sozialismus, der Sowjetunion. Distanzierung von der Sowjetunion konnte nur zum Schaden für alle sein. In dieser Hinsicht konnte und durfte es keinen »besonderen« Weg geben, wohl aber waren Besonderheiten in der Wirtschaft, dem Staatsaufbau, der Kultur möglich.

Titos Bestreben, eine selbständige Balkanföderation zu bilden, hätte den Zusammenschluß der sozialistischen Staaten um die Sowjetunion zu einem Zeitpunkt gefährdet, wo es auf einheitliches Handeln gegenüber der Konfrontationspolitik des Westens ankam. In meinen Augen war Titos Verhalten revisionistisch, d. h. eine Preisgabe des sozialistischen Internationalismus. Jugoslawien blieb dem sowjetischen Bündnissystem fern und orientierte die Bewegung der Blockfreien auf eine gegenüber dem sozialistischen wie dem kapitalistischen Lager neutrale Haltung. Der Bund der Kommunisten ging eigene Wege, ohne feste Bindung an die kommunistische Weltbewegung.

Ich lehnte diese Politik Titos ab. In der Folgezeit habe ich meine Äußerung, er sei ein Agent des amerikanischen Geheimdienstes gewesen, bedauert, hatte ich doch während des Krieges den von ihm geführten Freiheitskampf der Völker Jugoslawiens gegen die faschistische Okkupation bewundert. Ich bedauere auch mein Vorwort zur deutschen Ausgabe der Anklageschrift gegen den ehemaligen ungarischen Außenminister Laszlo Rayk und seine Mitangeklagten. Sie wurden des Zusammenspiels mit der »faschistischen Bande Titos« und imperialistischen Geheimdiensten beschuldigt, um »den Sturz der volksdemokratischen Ordnung sowie die Schaffung eines vom USA-Imperialismus abhängigen und von dessen Werkzeug Tito geführten reaktionären sowjetfeindlichen Balkanblocks vorzubereiten«. Diese Verleumdungen wurden in der Presse der SED und in den Volksdemokratien verbreitet, später jedoch als Fälschungen Berijas bezeichnet.

Ohne Zögern hatte ich die Anklage gegen Rayk, ein amerikanischer Agent zu sein, gutgeheißen. Als ich in den 60er Jahren das erste mal mit János Kádár und Georgy Aczel in Budapest zusammentraf, habe ich mich bei ihnen (die im Zusammenhang mit dem Raykprozeß jahrelang in Haft waren) entschuldigt. Sie nahmen diese Entschuldigung an, und in der Folgezeit entwickelte sich zwischen mir und Aczel, der in Ungarn für die Kulturpolitik verantwortlich war, eine Freundschaft. Er ist im Dezember 1991 verstorben.

Hätte es eine Möglichkeit gegeben, den Bruch mit Jugoslawien und das Vorgehen gegen Tito und Rayk zu vermeiden? Ich meine, daß weder die SED noch die Parteien der volksdemokratischen Länder angesichts des kalten Krieges und der Entschlossenheit der Sowjetunion, ihre Interessen zu wahren und die Zusammenarbeit der Staaten ihres unmittelbaren Einflußbereichs zu sichern, dazu den Willen und die Kraft gehabt hätten. Oder, anders gesagt, daß es uns gelungen wäre, Tito von seinem »besonderen Weg« abzuhalten. Aber wie soll ich erklären, daß ich die ungeheuerlichen Beschuldigungen gegen Tito, Rayk und andere, amerikanische Agenten zu sein, für bare Münze nahm? Die plausibelste Erklärung ist wohl, daß ich in Treu und Glauben handelte, zur Politik der Sowjetunion blindes, uneingeschränktes Vertrauen hatte und trotz aller Erlebnisse und Erfahrungen nicht imstande war, »an allem zu zweifeln«.

Zwei deutsche Staaten Am 29. August 1949 fand der Test der ersten sowjetischen Atombombe statt, vier Jahre nach Alamogordo. Damit war das amerikanische Monopol gebrochen und der Weg zur allmählichen Herstellung des militär-strategischen Gleichgewichts geöffnet. Die Verfechter der Politik der Stärke (z.B. General McArthur in Korea) konnten nicht mehr an einen Einsatz ihrer Atombomben denken, ohne mit einem Gegenschlag rechnen zu müssen.

Das nukleare Potential beider Weltmächte erhielt immer mehr Gewicht bei der Bestimmung der internationalen Lage. Von nun an drohte der Menschheit die Gefahr eines nuklearen, alles Leben vernichtenden Weltkriegs, der sich aus den widerstreitenden Interessen der USA und der UdSSR ergeben konnte. Zur Verschärfung des kalten Krieges trug die Einrichtung eines Kontrollsystems (Cocom-Coordinating Comittee on Multilateral Export Controls) bei, das 1949 unter amerikanischer Führung gegründet wurde. Es sollte die Lieferung von Techniken und technischen Unterlagen, die Rüstungszwecken dienen konnten, an die Sowjetunion und die osteuropäischen Länder verhindern. Das Cocom war eine Institution ohne jegliche vertragliche und völkerrechtliche Grundlage, dem zuletzt siebzehn Länder angehörten. Es wurde erst im März 1994 aufgelöst (unter dem Vorbehalt, daß der »Radikalismus in Rußland« nicht die Oberhand gewinnt). Diese Exportkontrolle hat den Zugang der DDR und der anderen sozialistischen Länder zu den Hochtechnologien sehr erschwert.

1949 wurde der Indochina-Krieg beendet, in den USA löste der Republikaner Eisenhower den Demokraten Truman als Präsident ab, in Großbritannien übernahm der Tory Churchill anstelle Attlees (Labour) wieder die Regierung, und in Frankreich wendeten sich die Mehrheitsverhältnisse gegen die Europapolitik.

Das Jahr 1949 war auch das Jahr der Gründung der NATO. Sie war das Instrument, um die USA weiterhin in Westeuropa zu halten, die Sowjetunion von dieser Region fernzuhalten und Westdeutschland in den Westblock einzubinden.

In Westdeutschland war nach der Schaffung der Bizone, dem Scheitern der Münchener Konferenz der Länderchefs im Juni 1947, der Londoner Sechs-Mächte Konferenz (1948) durch den aus elf westdeutschen Landtagen gewählten Parlamentarischen Rat das Grundgesetz der Bundesrepublik Deutschland verkündet worden. Dem Grundgesetz lag der Entwurf einer Verfassung zugrunde, der von den westlichen Militärgouverneuren in den »Frankfurter Dokumenten« im Sommer 1948 vorgelegt wurde.

Das Grundgesetz wurde am 23. Mai 1949 verabschiedet und mit Ausnahme von Bayern von den Ländern in den Westzonen ratifiziert. Am 7. September konstituierten sich in Bonn der Bundestag und Bundesrat. Damit galt die Bundesrepublik als gegründet. Am 12. September wählte die Bundesversammlung mit knapper Mehrheit Theodor Heuss (FDP) zum Bundespräsidenten und drei Tage später mit der Mehrheit von einer Stimme – seiner eigenen – Konrad Adenauer zum Bundeskanzler.

In der sowjetischen Besatzungszone fanden im Mai Wahlen zum 3. Deutschen Volkskongreß statt. Nachdem im Westen das Grundgesetz angenommen und durch die Besatzungsmächte gebilligt worden war, rief der Volkskongreß zur Bildung einer Nationalen Front für Einheit und gerechten Frieden auf. Ihr Ziel sollte ein Friedensvertrag auf der Grundlage der Beschlüsse von Jalta und Potsdam sein. Gleichzeitig nahm der Volkskongreß die Verfassung für eine – immer noch als gesamtdeutsch gedachte – Deutsche Demokratische Republik an. Dies war ein Ruf zur Einheit in letzter Stunde.

Im September, also nach der Gründung der Bundesrepublik, beriet eine Delegation (Wilhelm Pieck, Ulbricht, Grotewohl, Oelssner) in Moskau das weitere Vorgehen im Kampf um die Wiederherstellung der Einheit Deutschlands. Doch zunächst waren die Würfel gefallen.

Am 7. Oktober 1949 konstituierte sich der Deutsche Volksrat zur provisorischen Volkskammer und setzte die Verfassung der Deutschen Demokratischen Republik in Kraft. Am 11. Oktober wurde Wilhelm Pieck zum Präsidenten der DDR gewählt. Am 12. Oktober bestätigte die Volkskammer die Regierung unter Ministerpräsident Otto Grotewohl.

Die Deutsche Demokratische Republik war gegründet, aber in dieser Form entsprach sie nicht den Erwartungen und Zielstellungen, die sich die Bewegung für Frieden und nationale Einheit gestellt hatte. Denn die Auflösung des besonderen Weststaates und die Bildung einer gesamtdeutschen Regierung mit Sitz in Berlin war am Widerstand der Westmächte und der mit ihnen verbündeten

Kreise der BRD gescheitert. So umfaßte die Deutsche Demokratische Republik nicht Gesamtdeutschland, sondern nur das Gebiet der sowjetischen Besatzungszone. Das Streben nach einem einheitlichen Deutschland blieb auch nach der Gründung der DDR das Anliegen der in der Nationalen Front des demokratischen Deutschland vereinten Parteien und Massenorganisationen – allerdings unter ungünstigen Bedingungen.

Stalin hatte in einem Telegramm am 13. Oktober 1949 die Gründung der DDR als einen » Wendepunkt in der Geschichte Europas« bezeichnet. Er erwartete offenbar, daß die DDR der Grundstein für ein einheitliches Deutschland werden könne, daß sie die Anziehungskraft und Stärke entwickeln werde, um eine neue Bedrohung durch Deutschland zu verhindern.

Die Westmächte und die Adenauerregierung wollten ein Deutschland, das sich nach dem Westen orientierte. Sie erwarteten, daß sich Ostdeutschland anschließen würde. Dies sollte über die besseren Lebensbedingungen in der BRD durch eine Art Magnetwirkung herbeigeführt werden. Adenauer hielt – bei günstigen Bedingungen – auch eine »Befreiung der Sowjetzone« für denkbar. Die Adenauerregierung verkündete den Alleinvertretungsanspruch der BRD für alle Deutschen. Diese beanspruchte, die allein legitimierte staatliche Organisation des deutschen Volkes zu sein und behauptete, Erklärungen der »Sowjetzone« seien nicht verbindlich für das deutsche Volk. Damit wurde zum Ausdruck gebracht, daß es zur Bundesrepublik keine Alternative geben dürfe, daß sie gewissermaßen die einzig mögliche Gesellschafts- und Staatsordnung für Deutschland sei und jeder Versuch, einen anderen Weg einzuschlagen, bekämpft werden würde. Die Verkündung des Alleinvertretungsanspruchs in der Regierungserklärung Adenauers vom 21. Oktober 1949 war der Vollzug der Spaltung Deutschlands und eine Kampfansage an den anderen deutschen Staat, der als Nicht-Staat behandelt wurde.

Politiker und Medien des Westens meinten, die DDR könne nicht bestehen und werde schon nach kurzer Zeit wieder verschwinden.

Vielleicht hofften die Westmächte, daß das Interesse der SU an einem einheitlichen Deutschland zur baldigen Preisgabe der DDR führen werde. Oder es war die Erwägung im Spiel, daß die DDR für die Sowjetunion eine zu große Last werden würde. Schließlich mußte man zur Kenntnis nehmen, daß die DDR kein Provisorium war, sondern ein eigenständiger Staat und daß sich auf deutschem Territorium zwei Staaten gegenüberstanden, die verschiedenen Lagern angehörten. Hillgruber schreibt: »Die für die Zukunft entscheidende Frage lautete, welche der beiden Hauptsiegermächte sich in Deutschland mit ihrem einander ausschließenden – beiderseits gesamtdeutschen – Ziel durchsetzen würde«.[14]

Die Gründung der Deutschen Demokratischen Republik – auch wenn sie nicht Gesamtdeutschland, sondern nur das Gebiet der Sowjetzone umfaßte – war für uns die größte Errungenschaft der antifaschistisch-demokratischen Umwälzung. Sie war die Erfüllung der Träume der revolutionären deutschen Arbeiterbewegung von einem Staat der Arbeiter und Bauern auf deutschem Boden. Ihr galt es, alle Kraft zu widmen, mochten die Schwierigkeiten noch so groß sein. So kann ich die Gefühle ausdrücken, die ich am 7. Oktober 1949 empfand, als ich den Fackelzug der Jugend zu Ehren der jungen Republik erlebte.

Anmerkungen

1 Jürgen Kuczynski, Schwierige Jahre, Tagebuchblätter 1987 bis 1989. Berlin 1990, S. 16
2 Felix Albin, The Socialist Unity Party of Germany. Introduction by K. Zilliacus MP. London 1946
3 Anton Ackermann, Gibt es einen besonderen Weg zum Sozialismus? Berlin 1946
4 Andreas Hillgruber, Deutsche Geschichte 1945–1986. Die deutsche Frage in der Weltpolitik. Stuttgart/Berlin/Köln 1989, S. 23 f.
5 Siegfried Kuntsch, Bis Ende 1947 ist eine Bodenreform durchzuführen. In: Neues Deutschland v. 30. 6. 1990
6 George F. Kennan, Memoiren eines Diplomaten. Stuttgart 1968
7 Alfred Meusel, Die deutsche Revolution von 1848. Mit einem Beitrag von Felix Albin: Marx und Engels und die Revolution von 1848. Berlin 1948
8 Konrad Adenauer, Erinnerungen 1945–1953. Stuttgart 1963, S. 344 f.
9 Hans Schlange-Schöningen, zit. bei Rolf Badstübner: Die Entstehung des ostdeutschen Teilstaates DDR. Ihre Historizität und Legitimität. Journal für Recht und Würde, Febr. 1993, S. 14
10 Rede Kurt Schumachers, zit. ebd., S. 1
11 Was heißt innerparteiliche Demokratie? In: Neues Deutschland v. 13. 9. 1949
12 W. I. Lenin, Entwurf zur Umarbeitung des theoretischen, des politischen und einiger anderer Teile des Programms. In: Ausgewählte Werke, Bd. 6. Moskau 1933, S. 96
13 Heinrich Mann, Ein Zeitalter wird besichtigt. Berlin 1947, S. 42 f.
14 Andreas Hillgruber, a. a. o., S. 46

3. Kapitel 1950 bis 1961

Folgen der Spaltung ■ III. Parteitag ■ Familiäres ■ Gespräche mit der Intelligenz ■ Die Formalismus-Debatte ■ Zauberer ■ Fälschungen und Verbrechen ■ Die Stalinnote ■ Die 2. Parteikonferenz ■ Nikita Chrustschow ■ Unnötiger Zwist ■ 17. Juni 1953 ■ Die Affäre Herrnstadt-Zaisser ■ Über Bloch und andere Philosophen ■ Zwei Militärblöcke ■ XX. Parteitag der KPdSU ■ Die 3. Parteikonferenz ■ Stoßrichtung Dogmatismus ■ Ende des Tauwetters ■ Die Harich-Gruppe ■ Nachwehen ■ Die Moskauer Beratung 1957 ■ Bildungsprobleme ■ Rolle der Wissenschaft ■ In Vietnam ■ Vor dem Mauerbau ■ Ernste Sorgen ■ Spiel mit dem Feuer ■ 13. August 1961

Folgen der Spaltung Die Spaltung in zwei Staaten derselben Nation, Geschichte und Kultur war ein schmerzhafter Eingriff in das nationale Bewußtsein der Deutschen. Es war von Anfang an klar, daß diese Wunde nur schwer oder gar nicht heilen würde. Die Spaltung wirkte sich auf viele Familien aus, die im Osten wie im Westen zu Hause waren. Sie erschwerte persönliche Beziehungen wie wissenschaftliche und kulturelle Kontakte. Allerdings war von 1949 bis 1961 der Zugang zu Westberlin offen, ein Zustand, der gegen Ende dieser Periode für die DDR untragbar wurde.

Die Beseitigung der Kriegsfolgen war schwierig, da das in hohem Masse zerstörte Produktionspotential weiter reduziert wurde durch die Demontage von Maschinen und Eisenbahnschienen und die Entnahmen aus der laufenden Produktion für die Sowjetunion und Polen.

Das Territorium der DDR war halb so groß wie das der Bundesrepublik, die Zahl der Einwohner erreichte knapp 17 Millionen, d. h. etwas mehr als ein Viertel der Bevölkerung der Bundesrepublik. Die DDR war ein rohstoffarmes Land. Sie hatte nur Braunkohle, Steinsalze, Uranvorkommen und Sand. Als ich in einer Versammlung auf diesen Mangel an Rohstoffen hinwies, meinte der damalige Rektor der Bergakademie Freiberg, ich sei im Irrtum. Tatsächlich sei die DDR ein rohstoffreiches Land, denn im Erzgebirge gebe es alles, von Gold und Silber angefangen. Nur: da die Mineralien nicht in dicken Flözen vorkommen, müßten völlig neue Abbaumethoden gefunden werden, um sie aus dem Gestein auszuwaschen. Mit diesen neuen Methoden sei aber noch lange nicht zu rechnen.

Von ihrer Wirtschaftsstruktur her war die DDR auf die Verarbeitung von Rohstoffen angewiesen. Diese konnte sie in erster Linie nur aus der Sowjetunion (Erdöl, Erdgas, Erze) und Polen (Kohle) beziehen. Daraus ergab sich eine nahezu völlige ökonomische Abhängigkeit von der Sowjetunion. Für diese waren die Uranvorkommen in der DDR von besonderem Gewicht. In welchem Ausmaß die Uranausbeute die Entwicklung der sowjetischen Atombomben ermöglicht hat, weiß ich nicht. Alles, was die Förderung und Verarbeitung dieses Rohstoffs durch die Wismut AG betraf, galt als geheim.

Auch der Zugang zu dem Gebiet war schwierig. Ich wurde in den 50er Jahren von der Parteiorganisation der SED in der Wismut zu einer Aussprache mit dem wissenschaftlich-technischen Personal nach Aue eingeladen. Für die Einreise nach Aue wäre ein Propusk (Passierschein) der SMAD erforderlich gewesen, da das gesamte Gebiet als Sperrgebiet galt. Es hätte lange gedauert, den Passierschein zu beschaffen. Deshalb schlugen die Genossen der Wismut vor, mich unter Umgehung der sowjetischen Wachen illegal nach Aue und wieder zurück zu bringen. So geschah es auch; wir benutzten einen Schleichweg, ich sprach mit den Wissenschaftlern und Ingenieuren und verließ Aue auf dieselbe illegale Weise.

Durch die Spaltung wurde die deutsche Wirtschaftseinheit zerstört. Die DDR mußte eine eigene ökonomische Basis errichten. Sie mußte große Mittel aufwenden für den Aufbau einer eigenen Metallurgie, des Maschinenbaus und des Schiffbaus. Hinzu kam die Notwendigkeit, die überalterten Produktionsanlagen der chemischen Industrie, des Fahrzeugbaus und anderer Bereiche zu erneuern. Kurz, nach 1949 mußte eine DDR-eigene Volkswirtschaft mit entsprechender Branchenstruktur und Produktionspalette geschaffen werden. Die sozialökonomische Struktur war gemischt; neben den volkseigenen Betrieben und den Maschinenausleihstationen auf dem Lande bestanden privatkapitalistische Betriebe und Einzelbauernwirtschaften.

Im September 1950 wurde die DDR Mitglied des ›Rates für gegenseitige Wirtschaftshilfe‹ (RGW) und damit Teil des sozialistischen Wirtschaftssystems, das in hohem Maße abgetrennt war vom kapitalistischen Weltmarkt. Am 29. September 1951 wurde das Berliner Abkommen zwischen den Währungsgebieten der DM (West) und der DM (Ost) zur Regelung des »innerdeutschen« Handels abgeschlossen, das mit Modifikationen und Ergänzungen bis 1990 für den Waren- und Dienstleistungsverkehr zwischen beiden deutschen Staaten galt.

III. Parteitag Vom 20. bis 24. Juli 1950 fand der III. Parteitag der SED statt, auf dem ich zum Kandidaten des ZK gewählt wurde. Der Parteitag konnte einen wirtschaftlichen Fortschritt verzeichnen. Die Industrieproduktion hatte den Vorkriegsstand (dieses Teils des ehemaligen Deutschen Reiches) erreicht; 6 000 volkseigene Betriebe und ›Sowjetische Aktiengesellschaften‹ (SAG) erbrachten drei Viertel der industriellen Bruttoproduktion. Mit der Annahme des Beschlusses über den ersten Fünfjahrplan 1951 – 1955 erfolgte der Übergang zur langfristigen Planung.

Der Parteitag wählte Walter Ulbricht zum Generalsekretär der SED und nahm ein Statut an, das den demokratischen Zentralismus als Organisationsprinzip der Partei bezeichnete. Er beschloß, den Bildungsabend durch das Parteilehrjahr zu ersetzen.

Durch die Einführung des Parteilehrjahres sollte in der SED eine »Atmosphäre des Lernens« geschaffen werden. Auch Parteilose konnten an Zirkeln oder Kursen teilnehmen. Für die marxistische Bildung der Parteimitglieder war diese Form der Schulung ein Fortschritt. Es gab jedoch auch negative Erscheinungen, die sich im Lauf der Zeit verstärkten. So nahm zwar die Kontrolle der Leitungen über das Studium der Parteimitglieder zu, aber auch die Jagd nach möglichst hohen Teilnehmerzahlen verschärfte sich. Der Inhalt, die Qualität der Zirkel und Kurse wurden oftmals nicht genügend geprüft.

Nach dem III. Parteitag wurde die Verantwortung für Wissenschaft, die bisher von der Abteilung Propaganda wahrgenommen worden war, der neu geschaffenen Abteilung Wissenschaft und Hochschulen des ZK übertragen, zu deren Leiter ich ernannt wurde. Von diesem Zeitpunkt an hatte ich keinen unmittelbaren Einfluß auf die Durchführung des Parteilehrjahrs und die Parteischulen mehr, mit Ausnahme des Instituts (später der Akademie) für Gesellschaftswissenschaften, des Instituts für Marxismus-Leninismus und der Parteihochschule, die als wissenschaftliche Einrichtungen galten und zu meinem Verantwortungsbereich gehörten. Auch die Anleitung der Tages- und Wochenpresse, einschließlich der kulturpolitischen Wochenzeitung »Sonntag« oder der »Weltbühne«, sowie von Rundfunk und Fernsehen lag nie in meiner Verantwortung, sondern gehörte stets zum Arbeitsbereich des jeweiligen Sekretärs für Agitation und Propaganda. Zuerst war dies Werner Lamberz und nach dessen Tod Joachim Herrmann.

Nach dem III. Parteitag fanden am 15. Oktober 1950 Wahlen zur Volkskammer, den Landtagen, Kreistagen und Gemeindevertretungen statt, erstmals auf der Grundlage von Einheitslisten der Nationalen Front. Die Aufstellung der Kandidaten erfolgte in öffentlichen Wahlversammlungen und war meist mit einer Befragung der Kandidaten verbunden. Die Anzahl der Abgeordneten der einzelnen Parteien war vereinbart worden. Für die Liste der Nationalen Front wurden 99,7 Prozent der Stimmen abgegeben.

Zum Schutz der DDR und zur inneren Sicherheit wurden die kasernierte Volkspolizei auf 50 000 Mann verstärkt und das Ministerium für Staatssicherheit gegründet. Im Dezember 1950 wurde das Gesetz zum Schutz des Friedens erlassen. Durch das Görlitzer Abkommen (6. 7. 1950) anerkannte die DDR die Oder-Neiße-Grenze als Friedensgrenze. Dies war ein entscheidender Schritt zur Herstellung freundschaftlicher Beziehungen zwischen Deutschen und Polen.

Familiäres Das Jahr 1950 endete für unsere Familie mit einem freudigen Ereignis. Am 1. Dezember wurde unsere Tochter geboren. Jetzt hatten wir einen Sohn und eine Tochter. Würden sie sich vertragen? Wie würde sich der Altersunterschied von sechs Jahren auswirken? Ihre Kinderzeit war sorgenfrei, aber Bim und ich konnten uns wegen unserer Arbeit – Bim hatte in der ›Internationalen Demokratischen Frauenföderation‹ (IDFF) zu arbeiten begonnen – den Kindern nicht immer so intensiv widmen, wie wir dies wollten.

Doch die Ferien gehörten der Familie. Ein Jahr vor Ninas Geburt verbrachten wir auf Einladung des Malers Tom Beyer den Urlaub in einem Hotel bei Göhren auf der Insel Rügen. Eines Tages besuchte uns Wilhelm Pieck, der sich ebenfalls in Göhren aufhielt.

Wir waren überrascht über den Besuch. Aber wir wußten, daß sich Wilhelm Pieck öfters nicht an das Protokoll hielt. Allerdings hatten wir Ärger mit einem Fotografen und einer Urlauberin, die sich in unsere Runde drängten, um eine Aufnahme des Präsidenten der DDR zu machen.

In den folgenden Jahren waren wir im August in Ahlbeck an der Ostsee und nachdem ich bei einem Aufenthalt in Oberhof Skilaufen gelernt hatte, regelmäßig im Winter in diesem schönen Ort im Urlaub. Der Feriensommer 1955 ist mir aus zwei Gründen in besonderer Erinnerung. Zum erstenmal waren wir in Ungarn am Plattensee in Balaton Aliga. Eines Tages schreckte uns Ninas Geschrei auf, sie war ins Wasser gefallen. Da der Balaton am Ufer nicht tief ist, war außer dem Schrecken nichts geschehen.

Bei diesem Aufenthalt ließ mich Rakosi, der Erste Sekretär der ›Ungarischen Sozialistischen Arbeiterpartei‹ (USAP) rufen, um mit mir über das Verhältnis zur Intelligenz zu sprechen. Er hatte gehört, daß wir uns sehr um die Schriftsteller, Künstler und Wissenschaftler bemühten und wollte unsere Erfahrungen kennenlernen. Vielleicht gab es in Ungarn zu dieser Zeit bereits Aktivitäten des Petöficlubs, der bei den Ereignissen von 1956 eine besondere Rolle spielen sollte?

Anfang der 50er Jahre war ich zur Kur in Barwicha bei Moskau und in Piestany in der Slowakei, um das Rheuma zu heilen, das ich mir im Lager und bei der Forstarbeit im ewig regnerischen Cumberland zugezogen hatte. In Barwicha konnte ich mich nur schlecht verständigen, mein Russisch reichte nicht aus. Ich spielte Domino mit einem chinesischen Funktionär aus Sinkiang, aß morgens, mittags und abends eine Sauerkrautdiät, fuhr Ski und ließ alle Prozeduren über mich ergehen. Die Moorpackungen in Piestany halfen gegen das Rheuma, die Abende mit den slowakischen Freunden beim Wein und dem Gesang der Lieder vom Räuber Jannossi bleiben in der Erinnerung.

Wir waren aus Buch nach Pankow in die Achtermannstraße gezogen. Es war eine Drei-Zimmerwohnung in einer Siedlung der

Kommunalen Wohnungsverwaltung. Wie oft habe ich es in den folgenden Jahren bedauert, daß wir diese Wohnung aufgeben mußten. Als ich 1958 Kandidat des Politbüros wurde, mußten wir in das »Städtchen« in Niederschönhausen und danach nach Wandlitz umziehen. Damit war der tägliche Kontakt mit den Nachbarn in der Straße, mit den Menschen im Wohngebiet nicht mehr gegeben.

Gespräche mit der Intelligenz In den 50er und 60er Jahren hatte ich eine Vielzahl von Aussprachen mit Angehörigen der Intelligenz. Sie fanden in Betrieben – z. B. den Leunawerken –, an fast allen Universitäten und Hochschulen, in Klubhäusern und im Kulturbund statt. Nach einer kurzen Einleitung begann die Diskussion, die oft mehrere Stunden dauerte. Diese war in der Regel lebhaft, offen und kritisch. Die Gespräche dienten vor allem dazu, unsere Politik zu erklären, aber auch zu spezifischen Fragen der Intelligenz Stellung zu nehmen. Sie sollten Vertrauen schaffen und Vorurteile abbauen, die der Zusammenarbeit hinderlich waren.

Im März 1949 hatte die ›Deutsche Wirtschaftskommission‹ (DWK) in der sowjetischen Besatzungszone eine »Verordnung über die Erhaltung und Entwicklung der deutschen Wissenschaft und Kultur« erlassen. Sie enthielt Festlegungen zur Verbesserung der Arbeits- und Lebensbedingungen der Intelligenz. In Betrieben fand dies bei Arbeitern angesichts der schwierigen Wirtschaftslage keine Billigung. Vorurteile, die unter kapitalistischen Bedingungen gegenüber Wissenschaftlern und Ingenieuren entstanden waren, wirkten weiter. So wurden in den Leunawerken Ingenieure und Techniker von vielen Arbeitern als »Weißkittel« bezeichnet, als Leute, die auf der Seite der ehemaligen Konzernherren standen und auf die kein Verlaß sei. Dieses Mißtrauen erschwerte es manchem Angehörigen der Intelligenz, sich für die neue Ordnung zu entscheiden.

Auch bei Angehörigen der Intelligenz wirkte die unter kapitalistischen Bedingungen entstandene Distanz gegenüber Werktätigen, die Auffassung, »etwas Besseres« zu sein, weiter. Doch nicht nur diese gegenseitigen Vorbehalte mußten überwunden werden, wenn sich ein festes Bündnis zwischen Arbeiterklasse und Intelligenz herausbilden sollte. Vor allem kam es darauf an, Verständnis für die Rolle der DDR und die gesellschaftliche Verantwortung der Intelligenz zu erlangen.

Aus der »alten«, bürgerlichen Intelligenz, d. h. jenen Angehörigen der Intelligenz, die unter kapitalistischen Bedingungen gelebt und gearbeitet hatten, die in der Zeit des Hitlerregimes in die innere Emigration gegangen waren, nahmen viele nach dem Ende des Krieges bewußt an der demokratischen Erneuerung von Wissenschaft und Kultur, der Neugestaltung der Volksbildung und des Gesundheitswesens sowie dem Aufbau der Wirtschaft teil. Es gab aber auch nicht wenige, die sich zurückhielten oder Zweifel an der antifaschistisch-demokratischen Umwälzung hatten. Nach der 2. Parteikonferenz ging es um die Frage, ob denn der Sozialismus notwendig sei.

Zur Verbesserung der Arbeits- und Lebensbedingungen der Intelligenz und zur Würdigung ihrer Leistungen wurden Anfang der 50er Jahre wichtige Entscheidungen getroffen. Am 16. März 1950 beschloß der Ministerrat eine Verordnung zur Entwicklung einer fortschrittlichen demokratischen Kultur des deutschen Volkes und zur weiteren Verbesserung der Arbeits- und Lebensbedingungen der Intelligenz. Auf diese »Kulturverordnung« folgte wenige Tage später das von der Volkskammer angenommene Gesetz über die Verleihung der Nationalpreise. Am 24. März vollzog Wilhelm Pieck die Gründung der Deutschen Akademie der Künste, als deren erster Präsident Arnold Zweig gewählt wurde. Die Künstlerverbände – der Schriftstellerverband, der Verband bildender Künstler, der Verband der Komponisten und Musikwissenschaftler –, die bisher im Rahmen des Kulturbundes existierten, wurden selbständig. 1951 wurden die Altersversorgung der Intelligenz und die Vergütung der Hochschullehrer geregelt. Diese Maßnahmen sollten es der Intelligenz erleichtern, ihre Position in der Gesellschaft zu bestimmen.

Besondere Aufmerksamkeit schenkten wir jenen Wissenschaftlern, die nach 1945 mit ihren Familien mehr oder weniger freiwillig in die Sowjetunion gegangen waren und dort wichtige Aufgaben auf dem Gebiet der Kernenergie und in anderen Bereichen erfüllt hatten. In den 50er Jahren kehrten sie zurück und konnten sich entscheiden, ob sie in der DDR bleiben oder in die Bundesrepublik übersiedeln wollten. Die meisten Rückkehrer entschieden sich für die DDR. So lernte ich die Professoren Steenbeck, Thiessen, Volmer, Gustav Hertz, Manfred von Ardenne und andere kennen, mit denen sich in der Folgezeit ein gutes Verhältnis entwickelte. Der Physiker Max Steenbeck, der Werkleiter bei Siemens gewesen war und sich nach seiner Rückkehr aus der Sowjetunion bei Besuchen in der Bundesrepublik eingehend mit dem Verhalten und der Denkweise seiner ehemaligen Vorgesetzten befaßt hatte, begründete in seinem Buch »Impulse und Wirkungen. Schritte auf meinem Lebensweg« (Verlag der Nation, Berlin 1977) seine Entscheidung für die DDR mit ethischen Prinzipien. Er sandte mir sein Buch mit folgender Widmung: »Herrn Kurt Hager in lebendiger Erinnerung an manches Gespräch, das auch bei unterschiedlicher Meinung von mir immer als freundschaftlich und offen empfunden wurde«.

An der Wiedereingliederung dieser Wissenschaftler hatte mein persönlicher Mitarbeiter Kurt Rätz einen großen Anteil. Er führte Gespräche, half bei der Suche nach Wohnungen und war für die Rückkehrer ein guter Geist.

Auf Fragen der Intelligenz antwortete ich in Reden und Artikeln, dem Vortrag »Intelligenz und Sozialismus«, der Rede »Die deutsche Intelligenz und der Friedensvertrag« (29. 9. 1961) vor dem Präsidialrat des Kulturbundes und bei weiteren Gelegenheiten.

Die Formalismus-Debatte Auf einer Festsitzung zu den Goethetagen in Weimar verlieh Wilhelm Pieck am 25. August 1949 erstmalig die Nationalpreise. Zu den Ausgezeichneten in Literatur und Kunst gehörten u. a. Johannes R. Becher, Heinrich Mann (in Abwesenheit) (I) Bernhard Kellermann, Friedrich Wolf (II), Ernst Busch, Wolfgang Langhoff, Carl Orff (III). Bertolt Brecht erhielt 1951 den Nationalpreis erster Klasse. Er wandte sich gegen die »unglückliche« Praxis der Abstufung, da damit die Beurteilung der Ausgezeichneten und eine Wertung von Literatur und Kunst verbunden sei. Dieser Einwand spielte in den folgenden Jahren immer wieder eine Rolle. Aber schließlich blieben die drei Klassen erhalten, um eine Gleichmacherei zu vermeiden.

Die Verleihung von Nationalpreisen gehörte zu den Maßnahmen, die den Kulturschaffenden bewußt machen sollten, daß sie beim Aufbau der neuen Ordnung gebraucht werden. Sie fand auch breite Zustimmung. Doch verschlechterte sich Anfang der 50er Jahre das kulturpolitische Klima so sehr, daß viele Künstler und Schriftsteller die Lust und den Mut zu aktiver Mitarbeit verloren.

In der Kulturpolitik setzte nach sowjetischem Vorbild eine engstirnige Kampagne gegen Formalismus und Kosmopolitismus ein. Shdanow hatte 1948, sicher mit Billigung Stalins, diese Kampagne mit einem Angriff auf Schostakowitsch, Prokofjew, Chatschaturjan und andere Komponisten sowie die Schriftsteller Soschtschenko und Anna Achmatowa eröffnet.

Er stellte fest, daß es einen scharfen, wenn auch nach außen hin maskierten Kampf zwischen zwei Richtungen in der sowjetischen Musik gibt. »Die eine Richtung stellt das gesunde, fortschrittliche Prinzip in der Sowjetmusik dar, das auf der Anerkennung der gewaltigen Rolle des geistigen Erbes, insbesondere der Traditionen der russischen musikalischen Schule, auf der Verbindung des hohen Ideengehalts und Inhaltsreichtums der Musik, ihrer Wahrhaftigkeit und Realistik, ihrer tiefen organischen Verbundenheit mit dem Volk, seinem musikalischen, seinem Liedschaffen einerseits, mit hohem professionellem Können andererseits basiert. Die andere Richtung ist der Ausdruck des Formalismus, der der Sowjetkunst fremd ist; sie bedeutet unter dem Banner eines angeblichen Neuerertums die Abkehr vom klassischen Erbe, die Abkehr von der Volkstümlichkeit der Musik und vom Dienst am Volk zugunsten des Dienstes an den rein individualistischen Empfindungen einer kleinen Gruppe auserwählter Ästheten«.[1]

In der DDR wurde die Kampagne durch einen Aufsatz von Orlow in der Zeitung der SMAD, »Tägliche Rundschau«, eröffnet. Unter dem Titel »Wege und Irrwege der modernen Kunst« behauptete der Verfasser (Semjonon?), in der DDR herrsche der Formalismus. Besonders in der bildenden Kunst werde ein Kult des Häßlichen und Unmoralischen betrieben, sei die Preisgabe des Realismus und der Einfluß des Westens festzustellen. So gerieten Arno Mohr, John Heartfield, Max Lingner, Rene Graetz, Carl Orff, George Grosz, Paul Dessau und andere Künstler in die Schußlinie. Die Künstler reagierten empört. Sie erhielten jedoch keine Unterstützung. Der Angriff von sowjetischer Seite wurde auf der 5. Tagung des ZK der SED (15. – 17. 3. 1951) fortgesetzt.

Auf dieser Tagung sprach der damalige Abteilungsleiter für Kultur, Hans Lauter, über »Der Kampf gegen den Formalismus in Kunst und Literatur, für eine fortschrittliche deutsche Kultur«. Unter diesem Titel nahm das ZK einen Beschluß an. Als Ergebnis der Tagung wurden im Lauf des Jahres die ›Staatliche Kommission für Kunstangelegenheiten‹ (unter Leitung von Helmut Holtzhauer) und das ›Amt für Literatur und Verlagswesen‹ bei der Regierung der DDR gebildet. Die Staatliche Kommission sollte die Koordinierung und Leitung der gesamten staatlichen Arbeit auf künstlerischem Gebiet übernehmen.

Die Diskussion über Formalismus, volksfremde Dekadenz oder volkstümliche Kunst, Realismus und Volkstümlichkeit hatte im Grunde mit der Premiere von Brechts »Mutter Courage und ihre Kinder« begonnen. Die Aufführung war, vor allem dank der überragenden Schauspielkunst Helene Weigels als Mutter Courage, zu einem sensationellen Erfolg geworden. Die Kritiker, darunter der Herausgeber von »Theater der Zeit«, Fritz Erpenbeck, anerkannten die dichterische Kunst Bertolt Brechts und die schauspielerische Leistung Helene Weigels. Erpenbeck äußerte jedoch die Befürchtung, daß die fortschrittliche sozialistische Dramatik durch eine

Aufweichung der Form gefährdet sein könnte. Er schrieb: »Wo verliert sich, trotz fortschrittlichen Wollens und höchsten formalen Könnens der Weg in eine volksfremde Dekadenz – wo führt bei fortschrittlichem Wollen und höchstem formalen Können der Weg zur Volkstümlichkeit, zur dringend notwendigen Gesundung unserer Dramatik?«. Der Vorwurf, möglicherweise siege eine »volksfremde Dekadenz«, wurde durch die breite volkstümliche Wirkung des Werkes Brechts und des Berliner Ensembles in den folgenden Jahren überzeugend widerlegt. Doch in der Anfangszeit war es für viele nicht leicht, sich mit dem Theater Brechts oder mit moderner Musik zurechtzufinden.

Die Kampagne traf vor allem Bert Brecht, Hanns Eisler und Paul Dessau. Brechts »Mutter Courage und ihre Kinder«, die »Mutter« sowie der »Herrnburger Bericht«, Dessaus Oper »Die Verurteilung des Lukullus« und das Libretto der Faust-Oper von Eisler führten zu heftigem Für und Wider.

Auf scharfe Ablehnung stieß insbesondere die Oper von Paul Dessau. Dem Libretto lag ein Hörspiel zugrunde (»Das Verhör des Lukullus«), das Brecht 1939 in Dänemark schrieb. Als Brecht und Dessau in der amerikanischen Emigration zusammenarbeiteten, war davon die Rede, das Hörspiel zu »veropern«. Diese Idee wurde erst 1948 in Berlin wieder aufgegriffen. Zu diesem Zeitpunkt fand in Nürnberg der Prozeß gegen die Kriegsverbrecher statt. Nun war es angebracht, den Titel in »Die Verurteilung des Lukullus« zu ändern. Dessau verzichtete in seiner Musik bewußt auf ein »schwelgerisches Klanggeräusch« und gebrauchte moderne Ausdrucksmittel der Zwölftontechnik. Dies führte zu heftigem Widerspruch und zur Ablehnung der Oper.

Hanns Eislers Opernlibretto »Johann Faustus« wurde in drei Sitzungen der Mittwochsgesellschaft der Akademie der Künste diskutiert. Dabei begründeten Wilhelm Girnus und Alexander Abusch ihren ablehnenden Standpunkt damit, daß Eisler die klassische Auffassung von Faust als »ewigen Wahrheitssucher« preisgegeben habe.

Den angeblichen »Formalisten« wurde vorgeworfen, das nationale Kulturerbe zu negieren, auf Emotionen zu verzichten, das Formale, Gestalterische zu sehr zu betonen, Dabei wurde verkannt, daß Brechts episches Theater keineswegs nur ein eingreifendes Denken anstrebt, sondern zugleich Gefühle zu wecken sucht, wie das Gefühl der Gerechtigkeit, den Drang nach Freiheit, den Zorn über Ausbeutung usw.

Über den Inhalt dieser Auseinandersetzung schreibt Werner Mittenzwei in seiner Brecht-Biographie: »War es nach 1945 darum gegangen, die Menschen über den aktiven Humanismus der deutschen Klassik wieder zur politischen Verantwortung heranzuziehen, so bildeten jetzt die klassischen Formen mehr und mehr das Muster und die Norm für die gegenwärtige Kunstentwicklung. Neue, ungewohnte künstlerische Lösungen, eingesetzt in dem Bestreben, dem sozialistischen Kunstfortschritt zu dienen, kamen in Verdacht, Abweichungen vom sozialistischen Realismus oder vom Realismus überhaupt zu sein.«[2]

Ich besuchte eine Aufführung der »Mutter Courage« und bewunderte besonders Helene Weigel. Als Abteilungsleiter des ZK für Propaganda konnte ich an der geschlossenen Voraufführung der Oper Paul Dessaus teilnehmen. Ich empfand sie als neuartig und ungewohnt, aber durchaus zeitgemäß, war doch das »ins Nichts mit ihm« das Schicksal, das diejenigen verdienten, die den zweiten Weltkrieg und nunmehr den Koreakrieg vom Zaun gebrochen hatten. Die Aktualität der Oper mußte anerkannt werden, aber die schrillen Töne der Musik waren für viele ungewohnt.

Die aus der Sowjetunion auf die DDR übertragene Formalismusdiskussion mußte bei uns auf Verständnislosigkeit und Ablehnung stoßen, betrachteten die kritisierten Künstler doch ihr Schaffen als Beitrag zur fortschrittlichen, humanistischen Kultur. Die Diskussion war unnütz und schädlich, a) weil sie verkannte, daß es keine Form ohne Inhalt und keinen Inhalt ohne Form geben kann, b) weil sie bedeutende Künstler ins Abseits stellte, c) weil sie – und dies ist das Entscheidende – durch die Verbindung von Kritik mit administrativen Maßnahmen das Muster für künftige Auseinandersetzungen schuf.

Bemerkenswert ist, wie die Auseinandersetzung um die Oper »Lukullus« zu Ende ging. Dessau berichtet, daß Brecht und er von Wilhelm Pieck zu einem Gespräch in dessen Wohnung eingeladen wurden. An dem Gespräch, das drei Stunden dauerte, nahmen Otto Grotewohl und andere führende Politiker teil. Dessau betont, daß er sich keinen besseren Mittler hätte wünschen können als Wilhelm Pieck. »Nicht nur, daß Genosse Pieck ein hervorragender, aufmerksamer und höflicher Zuhörer war, er sorgte auch dafür, daß konkrete Resultate für unsere Arbeit herauskamen. Wenn das Gespräch hin und wieder scharf wurde, verstand er es, mit einer freundschaftlichen Geste die Wogen wieder zu glätten. Seine eigenen nützlichen Gedanken brachte er mit äußerster Bescheidenheit vor«. Einige Wochen nach dieser Zusammenkunft fragte ihn Pieck: »Sag mal, hast Du ändern können?« »Diese Frage aus dem Munde eines Staatspräsidenten, des Genossen Pieck, des Freundes der schönen Künste, ergriff mich tief und wird mir, solange ich lebe, nicht aus dem Kopf gehen«, schreibt Dessau.[3]

Georg Lukács und Johannes R. Becher vertraten in dieser Auseinandersetzung die Position der Verteidigung und Würdigung des nationalen klassischen Erbes. Die Priorität, die sich daraus gegenüber den Werken der »Neuerer« ergab, war, wie ich meine, engstirnig, da sie wissen mußten, daß es nicht gelingen würde, Brecht, Dessau und Hanns Eisler aus der Kunstszene zu verdrängen.

Anfang der 50er erschienen in der DDR zahlreiche Bücher von Georg Lukács. Nach den Ereignissen in Ungarn 1956 entstand eine Pause, in den 70er Jahren wurden die »Ästhetik« und andere Werke dieses hervorragenden Literaturwissenschaftlers veröffentlicht (soweit es gelang, eine Lizenz zu erwerben). Die Werke Brechts erlebten zahlreiche Aufführungen und Ausgaben. Der Streit zwischen »Klassikern« und »Formalisten« war vergessen. Er war die erste offene Auseinandersetzung zwischen »Geist und Macht«, die mit Schärfe ausgetragen wurde. Die Staatliche Kunstkommission unter Helmut Holtzhauer, die es nicht verstand, ein gutes Verhältnis zu den Künstlern herzustellen, wurde bald aufgelöst. Brecht verspottete sie in dem Gedicht »Nicht feststellbarer Fehler der Kunstkommission«, in dem es heißt: »Trotz eifrigsten Nachdenkens, konnten sie sich nicht bestimmter Fehler erinnern, jedoch bestanden sie heftig darauf Fehler gemacht zu haben – wie es der Brauch ist.«[4]

Die Staatliche Kommission wurde am 7. Januar 1954 durch das Ministerium für Kultur abgelöst, mit Johannes R. Becher als Minister.

Zauberer Nach dem Ausscheiden aus dem »Vorwärts« und dem Ende der Nachtarbeit hatte ich mehr Zeit, um »die Höhen der Kultur zu stürmen«. Ich besuchte Premieren, ging in Konzerte und Ausstellungen. Solange wir in Berlin wohnten, wurde dies zur Regel. Als wir nach Wandlitz umziehen mußten, entstanden neue Hindernisse.

Viele Theatererlebnisse sind mit der Komischen Oper und deren Intendanten Walter Felsenstein (1947 bis 1975) verbunden. Er war wahrhaftig ein Zauberer, der das Musiktheater zur Blüte führte. Unvergeßlich sind für mich seine Inszenierungen von »Hoffmanns Erzählungen« und von Janáčeks »Das schlaue Füchslein«. Wir hatten oft Gelegenheit, bevor sich der Vorhang hob, miteinander zu sprechen. Dabei lernte ich eine Eigenschaft Felsensteins kennen, die wohl zum Bild eines schöpferischen Künstlers gehört: Er äußerte immer Zweifel, ob der Abend gelingen würde, ob die Inszenierung beim Publikum ankommen würde. Nein, dies war unmöglich, hatte es doch bei den Proben so viele Pannen gegeben, war doch dieser oder jener von den Mitwirkenden gerade heute nicht auf der Höhe. Ich habe ihn vor der Aufführung nie anders erlebt als aufgeregt, zweifelnd, unruhig. Dabei war bekannt, daß er bereits bei den Proben Vollkommenheit verlangt und durchgesetzt hatte. Ohne seine Strenge konnte das Werk nicht gelingen.

Eines Tages verließ ihn sein Assistent Götz Friedrich (er ist heute Intendant der Deutschen Oper in Berlin). Mir war klar, daß

Friedrich selbst Verantwortung übernehmen wollte, kann doch der Schüler nicht zeitlebens am Rockschoß des Meisters hängen.

Felsenstein holte 1953 den Opernregisseur Joachim Herz an die Komische Oper, der auch sein Nachfolger wurde. Auch Herz stellte hohe Forderungen an die Mitwirkenden und bereicherte das Musiktheater um hervorragende Inszenierungen. Er hatte leider, was die Leitung des Theaters anbelangt, zwei linke Hände und fand für seine administrativen Methoden nicht immer das Verständnis des Ensembles.

Beim Besuch von Theateraufführungen war es üblich, daß Bim und ich vor Beginn und in der Pause ins Zimmer des Intendanten geführt wurden. Ich habe Bertolt Brecht nicht persönlich kennen gelernt, im Brecht-Ensemble kümmerte sich Helene Weigel um uns, wenn sie nicht gerade auf der Bühne stehen mußte. Ich habe die meisten Stücke Brechts – außer »Baal« – im Brecht-Ensemble gesehen.

Alle Theatererlebnisse, sei es an der Komischen Oper, im Brecht-Ensemble, bei Burghardt und Pischner an der Staatsoper oder Heterle am Maxim-Gorki-Theater betrachte ich als Bereicherung meines Lebens. Ich bedauere nur, daß während meines politischen Lebens viel zu wenig Zeit blieb, um sich der Kunst zu widmen.

Ich will noch einen Dirigenten erwähnen, dessen Konzerte ich in den 50er Jahren besuchte – Franz Konwitschny. Er war ein bedeutender Interpret der Werke von Bach und Beethoven. Bei einer Aufführung der Leonoren-Ouvertüre geschah es, daß das Orchester längst zu Ende war, aber Konwitschny weiter dirigierte, bis es ihm selbst zuviel wurde. Des Rätsels Lösung: Er war vor dem Konzert in der sowjetischen Botschaft ausgezeichnet und mit Wodka traktiert worden. Die obligatorischen »sto gramm« hatten ihn in die euphorische Stimmung versetzt.

Fälschungen und Verbrechen Nach dem Vorgehen gegen Tito, nach dem Raykprozeß in Ungarn, dem Kostoffprozeß in Bulgarien folgte im Juli 1951 die Verhaftung Gomulkas und Marian Spichalskis in Polen wegen »rechtsnationalistischer Abweichungen«. Dort kam es nicht zu einem Prozeß.

Schon im Raykprozeß war die Behauptung aufgestellt worden, der Vertreter einer amerikanischen Hilfsorganisation für Flüchtlinge, Noel H. Field, gehöre dem amerikanischen Geheimdienst an und diejenigen, die mit ihm – vor allem in Mexiko, Frankreich und der Schweiz – Kontakt gehabt hätten, seien für den CIA angeworben worden. Unter dieser Beschuldigung wurden 1952 in der CSR der Generalsekretär der KP, Rudolf Slansky, und zehn weitere Kommunisten, darunter Ludwig Freund, den ich aus der Emigration in England kannte, angeklagt und zum Tode verurteilt.

Anfang der 50er Jahre wurden auch die SED und die KPD von der Affäre Field erfaßt. In dem Maße, wie sich die Konfrontationspolitik zwischen den beiden Lagern verstärkte und sich der Krieg in Korea ausweitete, wuchs die Furcht vor Agententätigkeit und Sabotage, nahmen die Aufforderungen zur Wachsamkeit zu. Unter dem Vorwand, mit Noel H. Field in Verbindung gestanden zu haben, wurden zahlreiche Parteimitglieder, die aus der Emigration in westlichen Ländern zurückgekehrt waren, aus ihren Funktionen entfernt. Sie erhielten Parteistrafen oder wurden ausgeschlossen und inhaftiert. So wurden die Mitglieder des Politbüros des ZK der SED Paul Merker und Franz Dahlem beschuldigt, Agenten zu sein. Von den Maßnahmen waren auch Fritz Sperling und weitere führende Funktionäre der KPD betroffen. Meine Freunde aus der Emigration in England, Heinz H. Schmidt und Hans Schrecker, wurden ebenfalls mit Field in Verbindung gebracht (Schrecker wurde inhaftiert, Schmidt mußte seine Funktion als Intendant des »Berliner Rundfunks« niederlegen). Merker wurde 1950 aus der Partei ausgeschlossen, 1952 verhaftet, 1955 vom Obersten Gericht zu acht Jahren Zuchthaus verurteilt und 1956 entlassen, mit der Begründung, alles sei ein Mißverständnis gewesen.

Ich hatte zu Paul Merker keine unmittelbaren Beziehungen. In der Emigration hatte ich Kenntnis erhalten von einem Briefwechsel zwischen Wilhelm Koenen und Merker, in welchem es um die

Zukunft Deutschlands ging. Nach 1945 begegneten wir uns gelegentlich. Ich erfuhr erst nach 1990, daß man ihm im Prozeß das Eintreten für die Wiedergutmachung an den Juden zum Vorwurf machte und ihn als Zionist und Kosmopolit diffamierte – eine ungeheuerliche Beschuldigung, die seine Ankläger demaskiert.

Franz Dahlem wurde seiner Funktionen enthoben. Ihm wurde außer der Verbindung zu Field zur Last gelegt, daß er 1939, als damals verantwortlicher Sekretär des ZK der KPD in Paris, bei Ausbruch des Krieges den Mitgliedern der KPD die Anweisung gegeben habe, sich bei der französischen Polizei zu melden. Für die meisten – auch für Franz Dahlem selbst – führte diese Meldung ins Lager Le Vernet, und von dort, nach der Besetzung Frankreichs, in die Folterkammern der Gestapo, nach Mauthausen und in andere Konzentrationslager.

Ich empfand die Anklage gegen Franz Dahlem als ungerecht und unwürdig, kannte ich ihn doch als einen aufrechten Kommunisten. Aber ich hatte nicht den Mut zu protestieren. Das Vorgehen gegen Westemigranten beunruhigte Bim und mich sehr. Wir wunderten uns, daß Albert Norden, der als Emigrant in den USA gewesen war, und ich weiterhin im ZK verblieben. Wir konnten wohl nicht mit Field> in Verbindung gebracht werden. Ich hatte vor dieser Zeit nie von ihm gehört. Die Atmosphäre des Mißtrauens, die entstanden war, führte dazu, daß wir alle Kontakte zu Freunden in England abbrachen. Wenn allerdings der Literaturwissenschaftler Hans Mayer in seinem Buch » Der Turm von Babel« behauptet: »Ein Kurt Hager verzehrte sich jahrelang vor Gram, daß er nur im englischen Asyl überdauern durfte, statt in – zeitweiliger – sibirischer Verbannung wie Erich Wendt, der Gründer des Aufbauverlags«[5] so ist mir diese Bemerkung unverständlich. Ich weiß nicht, wer Mayer diese »Information« aufgetischt hat. Er wird sicher verstehen, daß es mir völlig genügte, in England überdauert zu haben.

Noel H. Field war für das ›Unitarian Service Committee‹ (USC) tätig, das während dem zweiten Weltkrieg in Frankreich, der Schweiz und anderen Ländern deutsche Antifaschisten betreute.

Vielleicht war er ein Agent der CIA. Dies ist wahrscheinlich, da diejenigen, die in den USA oder anderswo als Diplomaten oder in anderen führenden Funktionen tätig waren, meist einen Teil ihrer Ausbildung im Geheimdienst absolvierten. Daraus folgt jedoch nicht, daß jene, denen er Hilfe leistete, ebenfalls Agenten waren oder wurden. Dies wurde behauptet und nach einiger Zeit zurückgenommen, als Mißverständnis erklärt. Die Verhaftungen und Prozesse dienten nach meiner Meinung dazu, in der durch den Koreakrieg entstandenen kritischen Situation die Wachsamkeit gegenüber Umtrieben westlicher Dienste zu verstärken. Dabei wurden, wie das Schicksal Paul Merkers zeigt, die übelsten Methoden angewandt. Nach Stalins Tod und der Verurteilung Berijas, auf dessen Konto wohl die Fälschungen und Verbrechen des KGB und seiner deutschen Helfer hauptsächlich gingen, stellte es sich heraus, daß die Anklage gegen Noel H. Field konstruiert war.

So tragisch das Schicksal jener Westemigranten war, denen Verbindungen zu Field vorgeworfen wurden, so muß doch die Behauptung zurückgewiesen werden, nahezu alle Westemigranten seien in der DDR auf Ablehnung gestoßen. Den meisten Emigranten, die aus Großbritannien, den skandinavischen Ländern, den USA, der Schweiz, Frankreich und von anderswo zurückgekehrt waren, gelang rasch die Integration. Sie konnten sich ein neues Leben aufbauen und Arbeit aufnehmen. Viele übten führende Funktionen aus – so Herbert Warncke, Paul Verner, Gerhart Eisler, Horst Brasch, Willi Barth usw. Sicher gab es für viele bei der Wiedereingliederung in dieses fremd gewordene Land Probleme. Doch gilt dies gleichermaßen für die sowjetische wie für die Westemigration.

Zum Glück kam es in der DDR bei den unter Ausschluß der Öffentlichkeit geführten Prozessen nicht zu Todesurteilen wie in Ungarn und der CSR. Das Vorgehen gegen Merker, Dahlem und andere hat großen Schaden verursacht und stellt ein düsteres Kapitel in der Geschichte der DDR dar. Durch die Prozesse und anderen Repressalien, die Agentenfurcht und die ständigen Aufrufe zur Wachsamkeit ist ein giftiger Virus in die SED und die Gesellschaft eingeimpft worden, der nicht wieder entfernt werden konnte und der im Laufe der Zeit den ganzen Organismus schwächte. Von diesem Zeitpunkt an nahmen Wachsamkeit und Mißtrauen einen immer größeren Platz ein, was sich schädlich auf das innerparteiliche Leben und das gesellschaftliche Klima auswirkte.

Nun wird mir entgegengehalten: »Alles gut und schön, aber warum haben Leute wie Du dieses giftige Klima nicht verhindert?« Ich glaube, daß dies nicht geschah, weil wir stets unter Druck standen und immer wieder mit äußerer Einwirkung rechnen mußten. Die Bedrohung war real, und daher billigte ich die Aufforderungen zur Wachsamkeit. Zum anderen fehlte mir die Kraft – oder der Mut – diesem durch die Prozesse hervorgerufenen Klima entgegenzuwirken. Ich fühlte mich in dieser Zeit hilflos und einer dunklen Macht (Berija) ausgesetzt.

Die Stalinnote Der Koreakrieg veranlaßte die USA, sich verstärkt für die Wiederaufrüstung und die Einbeziehung der Bundesrepublik in die 1949 gegründete NATO einzusetzen. Da Frankreich an Stelle des NATO-Beitritts der Bundesrepublik eine »europäische Lösung« favorisierte, verständigten sich die Außenminister der drei Westmächte in New York (19. 9. 1950) darauf, eine europäische Armee mit westdeutscher Beteiligung aufzustellen – die ›Europäische Verteidigungsgemeinschaft‹ (EVG). Damit sollte das Drängen Adenauers nach einer gleichberechtigten Rolle der BRD innerhalb des westlichen Bündnisses befriedigt und gleichzeitig die Kontrolle über diesen Juniorpartner gesichert werden.

Die Sowjetunion und die DDR traten diesen Bestrebungen durch verstärkte Bemühungen um die Herstellung der Einheit Deutschlands entgegen. Die Volkskammer nahm am 9. Januar 1952 einen Gesetzentwurf zur Durchführung gesamtdeutscher Wahlen auf der Grundlage des Reichstagswahlgesetzes der Weimarer Republik an. Dieses weitgehende Zugeständnis wurde von den Westmächten und der Bundesregierung nicht akzeptiert. So erging es auch dem Vorschlag der Sowjetregierung an die Westmächte, einen Friedensvertrag mit dem durch eine gesamtdeutsche Regierung vertretenen Deutschland abzuschließen. Dieser als »Stalinnote« bekannte Vorschlag sah eine Vereinigung in den Grenzen der DDR und der BRD vor. Nach Abzug der ausländischen Truppen sollte die Neutralisierung Deutschlands erfolgen. Am 9. April 1952 sollten freie gesamtdeutsche Wahlen stattfinden. Stalin zeigte Bereitschaft, für ein solches Deutschland die DDR preiszugeben. Natürlich hätten die SED und die anderen Parteien der DDR sich den neuen politischen Bedingungen anpassen und um die Gunst der Wähler ringen müssen. Auf jeden Fall hätte ein neutrales Deutschland, wie Österreich, Schweden, Finnland und die Schweiz, einen entscheidenden Faktor für den Frieden in Europa darstellen können.

Obwohl ich es als paradox empfand, daß die soeben gegründete DDR durch die Vorschläge der Sowjetunion und der Regierung der DDR in einem einheitlichen Deutschland aufgehen sollte, billigte ich diese Vorschläge, weil die Einheit Deutschlands das erstrangige Ziel der Arbeiterbewegung in Ost und West sein mußte. Erst auf dem gesamtdeutschen Boden konnten sich die fortschrittlichen, demokratischen gegen die restaurativen Kräfte durchsetzen.

In der »Stalinnote« kam die Besorgnis der Sowjetunion über die Remilitarisierung Westdeutschlands und dessen Einbeziehung in ein antisowjetisches Bündnis zum Ausdruck. In der Bundesrepublik fand die Note große Resonanz. Da Adenauer Ende August 1950 ohne Absprache mit den anderen Mitgliedern der Regierung gegenüber den Westmächten die Bereitschaft zu einem westdeutschen Verteidigungsbeitrag erklärt hatte, war der Vorsitzende der ›Gesamtdeutschen Volkspartei‹, Gustav Heinemann, aus Protest gegen die Wiederaufrüstung aus dem Kabinett ausgetreten. Heinemanns Partei, die allerdings im Vergleich zur CDU kein großes Gewicht hatte, trat 1952 für ein neutrales Deutschland ein, das über eine für Verteidigungszwecke ausreichende Wehrmacht verfügen und dessen Status durch eine Viermächte-Garantie gesichert werden sollte. Heinemann ging vom Primat der Vereinigung aus und wandte sich gegen Adenauers Politik der Westintegration.

Die »Stalinnote« wurde von den Westmächten und von der Adenauerregierung bereits am 20. März abgelehnt. Auch eine zweite sowjetische Note an die Westmächte vom 9. April 1952 mit dem Vorschlag, unverzüglich gesamtdeutsche Wahlen unter Kontrolle der Besatzungsmächte (nicht der UNO, wie vom Westen vorgeschlagen) abzuhalten und die militärische Neutralität Deutschlands zu garantieren, stieß auf Ablehnung.

Der Grund dürfte die Befürchtung der Westmächte und der Adenauerregierung gewesen sein, in einem neutralen Gesamtdeutschland könnte die Dynamik der antifaschistisch-demokratischen Umwälzung wirksam werden.

Adenauer unterzeichnete am 26./27. Mai 1952 den Generalvertrag (Deutschlandvertrag) und den Vertrag über die Gründung der ›Europäischen Verteidigungsgemeinschaft‹ (EVG). Dieser enthielt die Verpflichtung, einer unter amerikanischem Kommando zu bildenden Europa-Armee westdeutsche Truppen zur Verfügung zu stellen. Damit wurde die Integration der Bundesrepublik in den Westblock verstärkt und die Remilitarisierung der Bundesrepublik vorangetrieben.

Nach der Ablehnung der Noten war Stalin überzeugt, daß die Bundesrepublik Kurs auf die Remilitarisierung und die Einbindung in die NATO nahm. Er vereinbarte Ende April 1952 mit der Führung der DDR, den Aufbau der bewaffneten Kräfte zu beschleunigen und die bisher im großen und ganzen durchlässige Grenze zwischen der DDR und der Bundesrepublik abzuriegeln. Von diesem Zeitpunkt an wurde unter Anleitung sowjetischer Offiziere das sowjetische Grenzsicherungssystem eingeführt. Es bestand aus einer 5 km tiefen Sperrzone, 500 Meter Schutzstreifen, 10 Meter breitem, gepflügten Kontrollstreifen. Dieses in der Tiefe gestaffelte System blieb im Prinzip in der DDR wie in den anderen sozialistischen Ländern bis 1990 bestehen.

Während sich die Sowjetunion und die DDR um eine Friedensregelung bemühten, wurde die Strategie der »Eindämmung« (containment) unter dem amerikanischen Außenminister Foster Dulles durch das Streben nach Zurückdrängung des Sozialismus – das »roll back« – verschärft. In der Bundesrepublik war seit März 1952 beim Bundesministerium für gesamtdeutsche Fragen ein Forschungsbeirat für Fragen der Wiedervereinigung Deutschlands tätig, der laut »Spiegel« vom 9. Juli 1952 »ein detailliertes Sofortprogramm für alle Überleitungsmaßnahmen im Falle der Machtübernahme« in der »Sowjetzone« ausarbeiten sollte. Der »Tag X«, der »Tag der Befreiung« sollte den Übergang zur kapitalistischen Marktwirtschaft einleiten. Der Forschungsbeirat veröffentlichte in zwei- bis dreijährigem Abstand Berichte, die im einzelnen darlegten, wie die Staats- und Wirtschaftsordnung der DDR beseitigt werden soll. Er wurde im September 1974 aufgelöst, »von der damaligen Bundesregierung auf dem Altar der Entspannungspolitik geopfert«, wie ein ehemaliger Mitarbeiter formulierte.[6]

Ich kann von mir sagen, daß ich stets für ein einheitliches Deutschland eingetreten bin. Es sollte allerdings ein entschieden antifaschistisches Deutschland sein, also revanchistischen, chauvinistischen und faschistischen Bestrebungen keinerlei Spielraum gewähren. Darin sollte es sich eindeutig von der Weimarer Republik unterscheiden. Es sollte ein demokratisches Deutschland sein, dessen Verfassung die Mitwirkung und Mitbestimmung des Volkes an der Lösung der gesellschaftlichen Probleme vorsah und dafür die entsprechenden Garantien bot. Nach der Ablehnung der »Stalinnote« und der Vorschläge der DDR hatte ich jedoch wenig Hoffnung, daß die Einheit in einem absehbaren Zeitraum verwirklicht werden könnte.

Die 2. Parteikonferenz Vom 9. bis 12. Juli 1952 tagte in der Werner-Seelenbinder-Halle die 2. Parteikonferenz der SED, an der ich teilnahm. Unter begeisterter Zustimmung der Delegierten beschloß die Konferenz, mit der planmäßigen Errichtung der Grundlagen des Sozialismus in der DDR zu beginnen.

Dieser Beschluß wird von einigen Historikern als eigenmächtige Handlung der SED-Führung oder Walter Ulbrichts interpretiert. Er sei ohne Zustimmung Moskaus gefaßt worden, ein »einsamer Beschluß der SED-Spitze« gewesen, der »weder in der SED noch im Parlament beraten« worden war. Die SED-Führung sei bei dem Beschluß vor allem von zwei Motiven ausgegangen. Erstens wollte sie (ohne das Ziel eines einheitlichen Deutschlands aufzugeben) »die Eigenständigkeit der DDR gegenüber der BRD« betonen; zweitens wollte sie »das Pokerspiel Stalins mit der DDR durchkreuzen« (er wollte sich in der deutschen Frage noch alle Türen offen halten).

Ich halte diese Argumente für nicht zutreffend.

Beginnen wir mit »Stalins Pokerspiel«. Die Vorschläge Stalins vom März und April 1952 zum Abschluß eines Friedensvertrags, der die Neutralisierung Deutschlands vorsah, waren ein Versuch, eine weitere Verhärtung der Fronten des kalten Krieges zu verhindern. Sie waren von den Westmächten und von Adenauer brüsk zurückgewiesen worden. Adenauer hatte den Deutschlandvertrag und den Vertrag über die Europäische Verteidigungsgemeinschaft unterzeichnet. Sein Staatssekretär Hallstein verkündete am 12. März 1952, das »Endziel der Vereinigung Europas sei der Zusammenschluß aller Teile des Kontinents bis zum Ural«. So waren die Chancen für die deutsche Einheit im Frühsommer 1952 äußerst gering.

Dennoch hielt sich die Sowjetunion, wie ihre weiteren Initiativen zeigten, in der Deutschlandfrage alle Wege offen und unterstützte auch entsprechende Vorschläge der DDR. Die Schaffung der Grundlagen des Sozialismus konnte zur Außenpolitik der Sowjetunion kein Widerspruch sein, weil eine sozialistische DDR ein gewichtiges Pfand bei Verhandlungen sein würde. Die DDR war wirtschaftlich erstarkt und konnte durch den Übergang zum Sozialismus an Kraft gewinnen. Was die Lage in der BRD anbelangt, so würde die Adenauerregierung nicht ewig bestehen. Eine starke sozialistische DDR würde Wirkung auf Westdeutschland ausüben. Und wenn sich die andere Seite davon nicht beeindrucken ließ, sondern weiterhin die Friedensregelung für und mit Gesamtdeutschland ablehnte, so blieb auf jeden Fall die sozialistische DDR ein Verbündeter der Sowjetunion.

So das »Pokerspiel« Stalins. Tatsächlich erfolgte der Beschluß der 2. Parteikonferenz mit Zustimmung Moskaus. Alles spricht sogar dafür, daß die Initiative von Moskau ausging und die SED-Führung bei einer Beratung mit der KPdSU damit konfrontiert wurde. Anfang März 1952 hatte das Politbüro der SED eine Kommission zur Ausarbeitung von Thesen über die Perspektive der DDR gebildet. Die Kommission bestand aus Fred Oelssner, Walter Ulbricht, Anton Ackermann, Rudolf Herrnstadt, Bruno Leuschner, Paul Verner und Albert Schäfer. Die Thesen wurden am 21. März vom Politbüro gebilligt. Vom 29. März bis 10. April hielten sich Pieck, Grotewohl und Ulbricht in Moskau auf. Sicher haben die Thesen bei den Beratungen mit Stalin, Bulganin, Malenkow, Mikojan und Molotow eine Rolle gespielt. Aus Notizen Wilhelm Piecks geht hervor, daß die Delegation die Zustimmung zur Schaffung der Grundlagen des Sozialismus erhielt. Gleichzeitig scheint ihr der Rat erteilt worden zu sein, über die Bildung der Landwirtschaftlichen Produktionsgenossenschaften »nicht allzuviel Lärm zu machen.«

Ein besonderes Thema der Beratungen war die Notwendigkeit des militärischen Schutzes der DDR durch die Schaffung einer Volksarmee, die Bewaffnung der Polizei und die Verschärfung des Grenzregimes.

Die Initiative Moskaus zum Aufbau des Sozialismus in der DDR wird auch durch den Ende Mai 1953 gefaßten Beschluß des Politbüros des ZK der KPdSU »Über Maßnahmen zur Gesundung der politischen Lage in der DDR« bestätigt (siehe den Abschnitt 17. Juni 1953).

Der Sozialismus war bereits in »Grundsätze und Ziele der SED«, das vom Vereinigungsparteitag 1946 angenommen wurde, als Ziel der Partei anvisiert worden. Jetzt würden wir diese geschichtliche Aufgabe in Angriff nehmen. Sie wurde damit begründet, daß die politischen und ökonomischen Bedingungen sowie das Bewußtsein der Arbeiterklasse und der Mehrheit der Werktätigen soweit entwickelt seien, daß dieser Schritt möglich wurde. Dies war, wie sich ein Jahr später herausstellte, eine zu positive Beurteilung. Wohlweislich wurde die Betonung auf die Schaffung der »Grundlagen« des Sozialismus, d. h. der sozialistischen Produktionsverhältnisse gelegt. Denn seit Kriegsende waren erst sieben Jahre vergangen. Trotz der demokratischen Reformen und der Bemühungen um eine geistige und kulturelle Erneuerung waren noch starke Überreste der kapitalistischen Strukturen und Denkweisen vorhanden. Dies galt vor allem für die Landwirtschaft. Durch die freiwillige Gründung von Produktionsgenossenschaften, die sich auf die Hilfe der Maschinenausleihstationen stützten, sollten auf dem Lande sozialistische Produktionsverhältnisse geschaffen werden.

Nach der 2. Parteikonferenz erfolgte die Auflösung der fünf Länder und die Neuaufteilung der DDR in vierzehn Bezirke. Dies geschah, um die Verwaltung zu erleichtern, bedeutete aber die Beseitigung der historisch gewachsenen Länderstruktur. Wenn man bedenkt, daß zu diesen Veränderungen noch die Konzentration der Investitionen auf die Schwerindustrie und der zügige Aufbau der Nationalen Volksarmee kamen, so ergibt sich, daß die Beschlüsse der 2. Parteikonferenz große Belastungen für die Bevölkerung mit sich brachten.

Nikita Chrustschow Am 5. März 1953 starb Stalin. Sein Tod erfüllte mich mit tiefem Schmerz. Ich stand am Fenster meines Arbeitszimmers im Karl-Liebknecht-Haus und kämpfte mit den Tränen. Stalin war ein Teil unseres Lebens gewesen, eine Persönlichkeit, die seit dem Tode Lenins der Geschichte ihren Stempel aufgedrückt hatte. Der XX. Parteitag der KPdSU, der das Bild von Stalin verändern sollte, hatte noch nicht stattgefunden.

Stalin war tot. Wer würde sein Nachfolger sein? Malenkow, Chrustschow oder gar Berija? Dieser strebte nach der Macht und gab dies deutlich zu erkennen. Durch den Zusammenschluß der Ministerien für Staatssicherheit und des Inneren der UdSSR verfügte er über die Sicherheitsdienste und die Spezialtruppen des

Innenministeriums. Doch gelang es Chrustschow mit Unterstützung Malenkows und mehrerer Marschälle und Generale – unter ihnen Marschall Shukow –, Ende Juli 1953 Berija zu verhaften. Ein Sondergericht verurteilte ihn am 23. Oktober 1953 wegen Hochverrats, antisowjetischer Verschwörung, Machtmißbrauch und anderer Delikte zum Tode.

Malenkow wurde Vorsitzender des Ministerrats. Auf Vorschlag Bulganins wählte das Zentralkomitee der KPdSU im September 1953 Chrustschow zum Ersten Sekretär.

Chrustschow, der aus einer Bauernfamilie stammte, war seit 1918 Mitglied der KPdSU. Er wurde 1934 Mitglied des ZK, 1938 Kandidat und ein Jahr später Mitglied des Politbüros. In seinen Funktionen als 1. Sekretär des Moskauer Gebietskomitees und 1. Sekretär der KP der Ukraine war er ein Gehilfe Stalins. Er bestimmte nahezu ein Jahrzehnt bis zu seinem Sturz (11. Oktober 1964) die Geschicke der Sowjetunion.

Chrustschow neigte zu großartigen Projekten, wie der Erschließung von Neuland in Sibirien und Kasachstan, die Enthusiasmus erweckten, aber nicht gründlich genug geprüft waren und nicht die erhofften Ergebnisse brachten. Er neigte zur Prahlerei und Aufschneiderei. So versprach er, die USA in den allernächsten Jahren in der Produktion von Milch, Butter und Fleisch einzuholen. Er mischte sich offen in DDR-Angelegenheiten ein. Walter Ulbricht beschrieb eine Autofahrt mit ihm: »Als Chrustschow in die DDR kam, schimpfte er die ganze Zeit bis Magdeburg auf mich – ich glaube der Genosse Grüneberg ist damals im Wagen dabeigewesen – weil ich kein Maisjünger sei und weil der Mais nicht genügend wachse«.

Chrustschows Handlungen beruhten oft auf spontanen Entschlüssen. Sie erwiesen sich nicht selten als Fehlentscheidungen. So glaubte er, eine höhere Wirksamkeit der Parteiarbeit erreichen zu können, wenn in Industrie und Landwirtschaft besondere Leitungen (Büros) geschaffen und die ideologische Arbeit durch ideologische Kommissionen durchgeführt würden. Wir übernahmen, wie üblich, dieses Modell, wenn auch mit Widerwillen. Es stellte sich heraus, daß es nichts taugte. Die organisatorische Einheit der Partei wurde durch die Bildung einer Industriepartei und einer Landwirtschaftspartei sowie besonderer ideologischer Kommissionen untergraben. Unsere Rückkehr zum bewährten Parteiaufbau vollzog sich ohne Lärm.

Zu den außenpolitischen Handlungen Chrustschows gehörte eine Reise nach Jugoslawien (27.5.1955), um Tito zu versichern, daß die Anklagen gegen ihn das Werk Berijas gewesen seien und die KPdSU den Wunsch habe, sich mit dem Bund der Kommunisten Jugoslawiens zu versöhnen. Dies war de facto eine Abkehr von den Beschlüssen des Kominformbüros und eine Billigung der ursprünglich als revisionistisch bezeichneten Politik Titos. Aber Tito nahm das Angebot nicht an und verfolgte weiterhin seinen »blockfreien« Weg.

Unter Chrustschow nahm die sowjetische Außenpolitik mehr als einmal abenteuerliche Züge an, so 1956 im Jom-Kippur-Krieg, 1958 in der Berlin-Krise und 1961/62 in beiden Kubakrisen. Verhängnisvoll war der Bruch mit China. Wenn wir die Handlungen dieses dynamischen und zugleich cholerischen, unbeherrschten Staatsmanns an der Spitze der Sowjetunion betrachten, wird sich zeigen, daß er sicher das Beste wollte, aber tatsächlich die Sowjetunion nicht voran brachte. Am Anfang fand er viel Zustimmung, weil er sich bemühte, die Folgen der Repressalien aus der Stalin-Zeit zu beseitigen; am Ende seiner Herrschaft zeigte es sich, daß er ein Prahlhans war, der den Kommunismus versprach, aber die Lebensbedingungen der Bürger der Sowjetunion nicht verbessern konnte.

Unnötiger Zwist Zu einem unnötigen und schädlichen Zwist kam es Anfang der 50er Jahre mit der evangelischen Kirche. In der Bundesrepublik hatten die Vertreter der Evangelischen Kirchenleitung (EKD) ihre Zustimmung zur Remilitarisierung gegeben. In der DDR spitzten sich die Auseinandersetzungen mit Bischof

Dibelius (der 1933 Hitler gesegnet hatte) und anderen konservativen, mit dem Westen sympathisierenden Vertretern der Kirche zu. Dibelius forderte de facto zum passiven Widerstand auf. An den Oberschulen, Universitäten und Hochschulen suchte die »Junge Gemeinde«, die staatlich nicht anerkannt war, auf Weisung der Kirchenleitung ein Gegengewicht gegen die sozialistische Ideologie zu schaffen. Daraufhin wurden administrative Maßnahmen eingeleitet. An einigen Schulen und Hochschulen wurden Mitglieder der »Jungen Gemeinde« relegiert.

Es war notwendig, gegen den Kurs der Kirchenleitung aufzutreten, ohne der Kirche den Platz in der Gesellschaft streitig zu machen. Auch bemühten wir uns, die marxistische Weltanschauung zu verbreiten, ohne einem primitiven Atheismus das Wort zu reden. Wir betonten, daß die erste und grundlegende Aufgabe nicht der Kampf gegen die Religion, sondern das Ringen um den Frieden und den Sozialismus ist. Dafür mußten die Gläubigen gewonnen werden.

Die Konfrontation mit der Kirche und der »Jungen Gemeinde« wurde am 10. Juni 1953 durch ein Gespräch Otto Grotewohls mit Vertretern der evangelischen Landeskirchen beendet. Die Kirchenoberen mußten allmählich eingestehen, daß die DDR keine »Eintagsfliege« war und daß die von Dibelius vertretene »Überlebensstrategie« nicht aufrechterhalten werden konnte. In unseren Reihen konnte die bornierte Einstellung gegenüber Christen und das Mißtrauen gegenüber der Kirche nie völlig überwunden werden.

17. Juni 1953 Die Sowjetunion sah sich in den letzten Lebensjahren Stalins, besonders seit dem Ausbruch des Koreakrieges durch die von den USA betriebene Strategie des »roll back« einer starken Bedrohung ausgesetzt. Das wirkte sich auch auf die DDR aus. Der im Fünfjahrplan vorgesehene rasche Aufbau der Schwerindustrie und die zusätzlichen Ausgaben für die Landesverteidigung forderten Mittel, die durch Einsparungen im sozialen Bereich, durch Steuern und Abgaben für Großbauern, kleinere und mittlere Unternehmer, durch Preissteigerungen und andere Maßnahmen aufgebracht werden sollten. Hinzu kamen die Reparationen und Besatzungskosten. Dadurch verschlechterten sich die Lebensbedingungen breiter Schichten der Bevölkerung. Im Frühjahr 1953 entstand eine Krisensituation, die dringend eine Änderung der Politik erforderte. Ende Mai faßte das Politbüro des ZK der KPdSU nach einer Untersuchung der Lage in der DDR einen Beschluß »Über die Maßnahmen zur Gesundung der politischen Lage in der Deutschen Demokratischen Republik«, mit dem Otto Grotewohl, Walter Ulbricht und Fred Oelssner in Moskau Anfang Juni vertraut gemacht wurden. Der Beschluß zeigt, wie begrenzt vier Jahre nach der Gründung der DDR, ihre Souveränität noch war. In diesem Beschluß hieß es: »Als Hauptursache der entstandenen Lage ist anzuerkennen, daß gemäß den Beschlüssen der 2. Parteikonferenz der SED, gebilligt vom Politbüro des Zentralkomitees der KPdSU(B), fälschlicherweise der Kurs auf einen beschleunigten Aufbau des Sozialismus in Ostdeutschland genommen wurde ohne Vorhandensein der dafür notwendigen realen sowohl innen- als auch außenpolitischen Voraussetzungen«.[7]

Die Folge dieser Kritik war die überstürzte Verkündung des »Neuen Kurses« am 11. Juni 1953. Dabei wurden jedoch Maßnahmen vom Mai 1953, die sich gegen die Interessen der Arbeiter richteten, wie die Erhöhung der Normen, der Wegfall der Arbeiterrückfahrkarten u. a. nicht rechtzeitig zurückgenommen. So kam es zu Massenprotesten am 16. und 17. Juni 1953.

Während einer Sitzung mit den Abteilungsleitern des Zentralkomitees wurde darüber informiert, daß die Bauarbeiter in der Stalinallee streikten. Bald darauf zog ein Demonstrationszug der Bauarbeiter durch die Wilhelm-Pieck-Straße mit der Forderung, die hohen Normen abzuschaffen. Auf die Teilnehmer der Sitzung wirkte die Demonstration, die wir vom Tagungsraum aus beobachteten, wie ein Schock. Es herrschte Ratlosigkeit, einige hielten alles für verloren.

In der Stadt herrschte große Unruhe. Der »Rundfunk im amerikanischen Sektor« (RIAS) berichtete, daß am Potsdamer Platz ein

Haus in Brand gesteckt worden war, und rief ständig zu Demonstrationen auf.

Ich entschloß mich, selbst zu erkunden, was vor sich ging. Mit meinem Mitarbeiter Kurt Rätz lief ich zum Brandenburger Tor. Eine große Menschenmenge kam uns entgegen. Sie bewegte sich über die Straße Unter den Linden in Richtung Marx-Engels-Platz. Wir sahen, wie aus dem Westteil der Stadt immer mehr – vor allem junge – Menschen durch das Brandenburger Tor strömten. Es hieß, dies seien die Hennigsdorfer Stahlarbeiter, doch waren offensichtlich viele dabei, die aus Westberlin kamen, um »mitzumischen«. Wir kehrten um und gingen zum Marx-Engels-Platz. Dort hatten sich Tausende versammelt. Von der Tribüne (damals stand an der Stelle des Palastes der Republik eine Tribüne) wurden Reden gegen die DDR, die SED und die Sowjetunion gehalten. Es war klar, daß hier antisozialistische Kräfte ihr Spiel trieben und bestrebt waren, die Stimmung anzuheizen. Es handelte sich nicht mehr um einen Protest gegen die Normerhöhung und um Forderungen nach Lohnerhöhungen, sondern um eine politische Kundgebung, die die arbeitenden Menschen gegen Staat und Partei aufputschen sollte. Als sowjetische Panzer anrollten und die Menschen in Panik flüchteten, gingen wir zurück ins Karl-Liebknecht-Haus, das zeitweise von Demonstranten belagert wurde. Ein von dem Parteisekretär des ZK geführter Trupp drängte sie immer wieder zurück. In dieser Nacht blieben wir in unseren Arbeitszimmern. Am 18. Juni gingen wir (d. h. die Mitarbeiter der Abteilung) zur Frühschicht ins Berliner Glühlampenwerk Narva, um mit Arbeiterinnen und Arbeitern zu diskutieren. Es waren sachliche Gespräche über die Lage und die Sorgen der Werktätigen.

Am Nachmittag fuhr ich im Auftrag des ZK nach Rostock. Ein Sekretär des ZK hatte den Arbeitern der Neptunwerft, um sie vom Streik abzuhalten, Zusicherungen gemacht, die nicht eingehalten werden konnten.

In Rostock hielt ich mich mehrere Tage auf. In der Stadt war alles ruhig. Ich hatte Aussprachen mit Arbeitern, Architekten und

Schauspielern. Besonders eindrucksvoll war eine Kundgebung in der Warnowwerft. In einer großen Halle hatte sich die Belegschaft versammelt. Ich sprach über die Fehler, die die Partei gemacht hatte und über den Neuen Kurs. Während meiner Rede sprang ein junger Mann auf die Bühne und schimpfte auf die DDR und die SED. Ich unterbrach ihn und fragte, seit wann er auf der Werft arbeite. Seit drei Monaten. Was er vorher gemacht habe? Er sei arbeitslos gewesen. Woher er komme? Aus Westberlin. Als ich feststellte: Du warst in Westberlin arbeitslos und jetzt hast Du in der DDR Arbeit, darüber solltest Du froh sein, anstatt zu schimpfen, fand ich die Zustimmung der Versammlung. Aber weder ein Vertreter der Parteileitung noch der Werksleitung hatten das Wort ergriffen, um mich zu unterstützen.

Nach der Versammlung zogen einige Hundert Werftarbeiter unter dem Gesang von Liedern der Arbeiterbewegung zum Marktplatz von Warnemünde, wo ich zu den Teilnehmern sprach. Es war eine merkwürdige Kundgebung. Die Sonne brannte und die Menschen zogen sich allmählich in den Schatten der Häuser zurück. Nur die Kapelle blieb vor dem Rednerpult stehen. So sprach ich ins Leere und hörte durch den Widerhall von den Häusern meine eigenen Worte doppelt.

Ich war erschöpft und nutzte die Gelegenheit, um in Markgrafenheide in der Ostsee zu baden – ohne Badehose. Während ich etwas schläfrig im Sand lag, hörte ich plötzlich eine Stimme: »Herr Hager, ist dies denn erlaubt?« Ich schreckte auf und sagte: »Woher kennen Sie mich?« Antwort: »Ich war auf der Kundgebung in Warnemünde und vorher schon bei einer Aussprache.« »Und was heißt, ist denn das erlaubt?« »Nun, das ZK hat doch das Nacktbaden verboten, wird hier behauptet.« Ich konnte den Störenfried aufklären, daß es kein Verbot gibt. Aber damals war Nacktbaden am Ostseestrand noch ungewöhnlich und von der Bezirksleitung der SED in Rostock nicht erwünscht.

Mit den Ereignissen am 17. Juni befaßten sich die 14. Tagung des ZK am 21. Juni und die 15. Tagung (24. – 26. Juli) . Auf der ersten widersprach ich dem von mir verehrten Otto Buchwitz, der erklärt hatte, daß in der Partei Mutlosigkeit herrsche. Davon könne insgesamt nicht die Rede sein, sagte ich, denn gerade in diesen Tagen habe es viele Beweise der Standhaftigkeit und des Mutes von Mitgliedern der Partei gegeben. Ich stimmte allerdings Anton Ackermann zu, daß es sehr viel zu kritisieren gibt, angefangen vom Zentralkomitee und dessen Arbeitsmethoden bis hinunter zu den Betriebsparteiorganisationen, den Gewerkschaften usw. Dies müsse mit aller Entschiedenheit und Gründlichkeit geschehen. »Denn wenn wir die Lektion, die wir erhalten haben, nicht gründlich lernen und auswerten, dann werden wir in eine noch viel kritischere Situation hineingeraten«.[8]

In dem Entwurf einer Stellungnahme, die vom Politbüro vorgelegt worden war, hieß es, daß am 17. Juni eine Mißstimmung der Bevölkerung zum Ausdruck gekommen sei. Die Diskussionen, die ich mit Arbeitern, die auf die Straße gegangen waren, geführt hatte, zeigten: »Dies war nicht eine Mißstimmung, sondern das war der Ausdruck dessen, daß ein Teil der Arbeiterklasse kein Vertrauen mehr zur Partei und zur Regierung hat und uns nicht mehr folgt ... Das waren immerhin 50 bis 60jährige Leute, vernünftige Menschen, die man im Verlauf der Diskussion dazu bringen konnte, daß sie sagten, wir wollen ja diese Räuber gar nicht. Wir wollen den Adenauer nicht. Wir wollen keine Kapitalistenregierung. Aber was wir wollen ist, daß sich unser Leben endlich verbessert«.

Vor allem unsere Gespräche im Berliner Glühlampenwerk hatten gezeigt, was den Ereignissen vom 17. Juni zugrunde lag. »Im Berliner Glühlampenwerk ist bei 3 000 Arbeitern kein einziger, der nicht seit Oktober vergangenen Jahres durch verschiedene Maßnahmen eine Lohnkürzung von 10 bis 30 Prozent gehabt hätte. Da ist nicht nur eine Erhöhung der Normen, sondern da sind 10 oder 12 oder 15 verschiedenartige Maßnahmen, die zur Folge gehabt haben, daß sich das Leben der Menschen systematisch verschlechtert hat«.

Die gleiche Schlußfolgerung zog ich auch in meiner Diskussionsrede auf der 15. Tagung des ZK. »Wenn wir bis zum 17. Juni nur ungenügend mit den Massen verbunden waren, so sind wir durch den 17. Juni auf jeden Fall wachgerüttelt worden. Ich glaube, daß man das sagen kann. In einem solchen Umfang haben wir noch nie die Stimme der Massen zu hören bekommen. Wir wissen, daß dies nicht immer leicht war oder daß diese Stimme keineswegs immer freundlich war. Die schändliche Mißachtung der Sorgen und Nöte der Werktätigen durch viele Partei-, Gewerkschafts- und Verwaltungsorgane, die unvorstellbaren Mängel in der Arbeitsorganisation, die schlimmen Auswüchse des Bürokratismus und der Scheu vor Verantwortung, die Fallstricke einer sturen Schematisierung, die Schönfärberei unserer Presse, die Langweiligkeit unseres Rundfunks, all dies wurde offenbar. Dabei zeigte sich, daß wir vielfach mit den besten parteilosen Menschen keinen Kontakt hatten und haben, daß wir uns nicht mit ihnen berieten«.[9]

Der 17. Juni war weder ein »reiner« Volksaufstand noch ein »reiner« faschistischer Putsch. Der Protest richtete sich gegen die politischen und wirtschaftlichen Fehler von Partei und Regierung. Den Massen ging es um die Verbesserung der Arbeits- und Lebensbedingungen. In ihre Protestbewegung mischten sich gegnerische, ja zum Teil offen faschistische Kräfte, die den Sturz der Regierung Grotewohl und die Beseitigung der DDR anstrebten. Ich hatte den Auftritt dieser Kräfte auf dem Marx-Engels-Platz selbst erlebt. In Berlin und anderen Städten war es zu Brandstiftungen, dem Verbrennen der roten Fahne, dem Angriff auf Funktionäre, zum Gegröle faschistischer Lieder und anderen Ausschreitungen gekommen. In dieser Hinsicht war es gerechtfertigt, von einer Provokation zu sprechen, die im Rahmen des kalten Krieges den »Neuen Kurs« durchkreuzen und die DDR destabilisieren sollte.

Wie Egon Bahr inzwischen offen eingestand, heizte der RIAS die Stimmung an. »Wir waren zum eigentlichen Katalysator des Aufstands geworden«, hieß es, so daß der amerikanische Hochkommissar John McCloy bei RIAS-Direktor Gordon Ensing anrief und die Frage stellte, ob der RIAS den dritten Weltkrieg auslösen wolle.

Die Westmächte waren bestrebt, kein Öl ins Feuer zu gießen. Was allerdings geschehen wäre, wenn die Sowjetunion nicht eingegriffen hätte oder wenn die Kräfte, die im Westen von der »Befreiung der DDR« träumten, zum Zuge gekommen wären, läßt sich schwer sagen.

Die Affäre Herrnstadt–Zaisser Nach dem 17. Juni wären gründliche Überlegungen über die Verbesserung der Parteiarbeit, der Arbeit der staatlichen Organe, des Blocks der demokratischen Parteien, der Gewerkschaften und der anderen Massenorganisationen erforderlich gewesen. Statt dessen konzentrierte sich alles auf die Auseinandersetzung mit Rudolf Herrnstadt und Wilhelm Zaisser wegen deren angeblich fraktionellen Tätigkeit.

Nach der Rückkehr von Ulbricht, Grotewohl und Oelssner aus Moskau Anfang Juni war es im Politbüro im Zusammenhang mit der von der KPdSU vorgeschlagenen (oder besser: oktroyierten) Wende in der Politik offenbar zu heftigen Auseinandersetzungen gekommen, die sich nach dem 17. Juni zuspitzten. Die Mitglieder und Kandidaten sowie die Mitarbeiter des ZK hatten vom Inhalt dieser Auseinandersetzungen keine Kenntnis. Sie erfuhren Einzelheiten erst auf dem 15. Plenum des ZK durch den Rechenschaftsbericht des Politbüros. Darin wurden dessen Mitglieder Herrnstadt und Zaisser des Sozialdemokratismus, des kapitulantenhaften Verhaltens (im Zusammenhang mit dem Abdruck eines das Streikrecht verkündenden Interviews von Max Fechner in »Neues Deutschland«) und der faktischen Übereinstimmung mit Berija beschuldigt. Wie Herrnstadt später feststellt, soll Ulbricht ohne Kenntnis der übrigen Politbüromitglieder in den Rechenschaftsbericht in bezug auf Herrnstadt und Zaisser einen anderen Text eingefügt haben, der schärfer war und solche Vorwürfe und Gedankenverbindungen enthielt, daß eine neue Lage entstand. »Vor allem die Stellen über Berija und Fechner (die beide in Ulbrichts vorgelegtem Text vom Vortage nicht enthalten gewesen waren) alarmierten das Zentralkomitee«.[10]

Andererseits habe Ulbricht kein Wort gesagt über den zweijährigen Kampf im Politbüro gegen seine Versuche, eine persönliche Diktatur zu errichten. Kein Wort sei auch darüber gefallen, daß das Politbüro am 9. Juni (also vor den Ereignissen) beschlossen hatte, diesen Versuchen endgültig die Stirn zu bieten.

Ich war am zweiten Tag des Plenums der erste Diskussionsredner zum Rechenschaftsbericht, mit dem ich mich einverstanden erklärte, »vor allem aber mit den Feststellungen und Schlußfolgerungen über die Schädlichkeit des defaitistischen, kapitulantenhaften Verhaltens der Gruppe der Genossen Herrnstadt und Zaisser und des versöhnlerischen Verhaltens des Genossen Ackermann.« Ich stand unter dem Eindruck der Ausführungen Walter Ulbrichts und möglicherweise auch von Mitteilungen Fred Oelssners über Äußerungen Herrnstadts gegen den Dogmatismus (besonders in der theoretischen Zeitschrift »Einheit«) und den Parteiapparat. Die Anschuldigungen waren, wie es schien, so beweiskräftig, daß ich, wie die anderen ZK-Mitglieder auch, für den Ausschluß von Zaisser und Herrnstadt aus dem ZK stimmte. Nach der Kenntnis des »Herrnstadt-Dokuments« bin ich sicher, daß ernste politische Meinungsverschiedenheiten bestanden, die auch Gegensätze in der sowjetischen Führung reflektierten. Dort soll es im Frühsommer 1953 Auseinandersetzungen über die Haltung zur DDR gegeben haben. Berija plädierte angeblich dafür, auf den Aufbau des Sozialismus, ja auf die DDR überhaupt zu verzichten, da die Sowjetunion nur ein friedliches Deutschland brauche. Ob es in diesem Deutschland Sozialismus gibt oder nicht, sei für die Sowjetunion nicht von Bedeutung. Molotow und die übrigen Mitglieder der Führung der KPdSU sollen diese Äußerungen Berijas mit dem Argument zurückgewiesen haben, ein kapitalistisches Deutschland werde sich gegenüber der Sowjetunion nicht friedliebend oder neutral verhalten. Die DDR sei eine Garantie für den Frieden, und der Aufbau des Sozialismus müsse fortgesetzt werden. Vielleicht hatten Herrnstadt und Zaisser sich zu sehr an Berijas Haltung orientiert.

Heute meine ich, daß die Behandlung, die – wie aus dem »Dokument« hervorgeht – Zaisser und Herrnstadt von sowjetischer Seite, von Ulbricht, Hermann Matern und der ›Zentralen Parteikontrollkommission‹ (ZPKK) erfuhren, auf keinen Fall zu rechtfertigen ist.

Ende August 1953 wurden in Moskau einer Delegation der SED (Walter Ulbricht, Otto Grotewohl, Fred Oelsner) bedeutende Zugeständnisse gemacht. Die Sowjetregierung erklärte sich bereit, ab 1. Januar 1954 auf ihre noch offenen Reparationsforderungen von ca. 2,5 Milliarden Dollar zu verzichten und 33 SAD-Betriebe, darunter die Leunawerke, zurückzugeben. Außerdem gewährte sie der DDR einen Kredit von einer halben Milliarde Rubel, z. T. in frei konvertierbarer Währung.

Diese beachtliche Wirtschaftshilfe ermöglichte es, die Löhne der unteren Lohngruppen anzuheben, die Mindestrenten zu erhöhen, Preise zu senken und Maßnahmen, die vor dem 17. Juni getroffen wurden, rückgängig zu machen.

Über Bloch und andere Philosophen Auf dem IV. Parteitag der SED (April 1954), auf dem ich zum Mitglied des Zentralkomitees gewählt wurde, sprach ich in der Diskussion über die patriotische Verantwortung der Wissenschaftler. Der Parteitag stellte in den Mittelpunkt seiner Beratungen die Frage, wie das Hauptproblem unseres Volkes, die Herstellung der Einheit Deutschlands auf friedliche Weise gelöst werden kann. Er wandte sich an die Wissenschaftler und Kulturschaffenden mit der Aufforderung, all ihre Kräfte einzusetzen gegen das Wiedererstehen des deutschen Militarismus und für die Festigung der DDR als Basis des Friedens und der Demokratie. In meinem Diskussionsbeitrag sprach ich über die Lage der Wissenschaft in beiden deutschen Staaten und über die großen Möglichkeiten, die sich den Wissenschaftlern in einem einheitlichen demokratischen Deutschland bieten würden. Ich setzte mich mit dem in Westdeutschland verbreiteten Irrationalismus auseinander, dessen Ziel die Erschütterung des Vertrauens in die Erkenntnis der gesellschaftlichen Entwicklungsgesetze sei und forderte die Wissenschaftler der DDR, besonders die Philosophen, zur entschiedenen Auseinandersetzung mit dieser Ideologie auf.

Die Rede auf dem IV. Parteitag war keine besonders gute Rede, da sie einseitig die Abhängigkeit der westdeutschen Wissenschaft von den Konzernen, die Amerikanisierung und Militarisierung kritisierte und die Entwicklung der Wissenschaft in der DDR pries, ohne deren Schwächen und noch zu lösenden Probleme zu benennen. Überhaupt ist für nicht wenige meiner Äußerungen aus dieser Zeit eine schwarz-weiß Malerei, eine schematische Gegenüberstellung der Mängel in der BRD und der Vorzüge der DDR typisch. Dies hängt nicht nur mit der prinzipiellen Ablehnung der kapitalistischen Restauration in der BRD zusammen, sondern auch mit der Hoffnung, daß die DDR, als antifaschistischer Staat, auf die Werktätigen Westdeutschlands wie ein Magnet wirken werde.

Nach dem IV. Parteitag fand in Babelsberg eine Beratung der Abteilung Wissenschaft und Hochschulen über die Lage und die nächsten Aufgaben auf dem Gebiet der Philosophie statt (4./5. Juni 1954). Alfred Kosing sprach über die »Deutsche Zeitschrift für Philosophie«, Wolfgang Harich über die Stellung zur klassischen deutschen Philosophie, Rugard Gropp über die Auseinandersetzung mit nichtmarxistischer Philosophie und Walter Besenbruch über einige Fragen der marxistisch-leninistischen Ästhetik. Ich eröffnete die Tagung, machte Zwischenbemerkungen und hielt das Schlußwort.

Auf der Tagung wurde über das Verhältnis von Philosophie und Politik, über die Stellung zum nationalen philosophischen Erbe und über die Notwendigkeit des Bündnisses mit nichtmarxistischen Philosophen und Wissenschaftlern diskutiert. Dabei traten Meinungsverschiedenheiten zutage. Es wurde festgestellt, daß die »Deutsche Zeitschrift für Philosophie« sich kaum mit aktuellen politischen Fragen befaßt und wenig zur allgemeinverständlichen Darlegung unserer Weltanschauung beigetragen hatte. Ich vertrat den Standpunkt, daß die marxistische Philosophie nicht im Elfenbeinturm verharren darf, sondern sich als eine parteiliche, lebendige und schöpferische Philosophie engagieren müsse. Die damals sich entwickelnde Bewegung gegen die Atomwaffen, das Ringen um die friedliche demokratische Einheit Deutschlands und um die weitere Festigung der DDR durch den Ausbau der Demokratie hatten deren Unterstützung nötig.

In der Stellung zum nationalen philosophischen Erbe waren noch manche sektiererische Vorbehalte zu überwinden. So war der 150. Todestag Kants in der DDR – im Gegensatz zu Westdeutschland – kaum gewürdigt worden. Hegel wurde immer noch – nach der Vorgabe Stalins – als Vertreter der aristokratischen Reaktion auf die französische Revolution abgetan. Der ideengeschichtliche Zusammenhang des Marxismus mit den vorangegangenen geistigen und kulturellen Strömungen wurde nicht genügend beachtet. Die Auseinandersetzung mit den in der BRD – aber auch in der DDR – verbreiteten Philosophien von Heidegger und Jaspers, mit dem Neothomismus und anderen idealistischen Richtungen war unzureichend. Der Idealismus wurde als das Banner reaktionärer Klassen, als unfruchtbar betrachtet. Dieses sektiererische, schablonenhafte Denken hinderte daran, den Reichtum des progressiven nationalen Erbes nutzbar zu machen und eine differenzierte Beurteilung der philosophischen Richtungen der Gegenwart vorzunehmen.

Eine Kontroverse ergab sich vor allem mit Gropp und anderen Leipziger Philosophen über unsere Haltung zu Ernst Bloch. Ich hatte gute Beziehungen zu Bloch, mit dem ich in Berlin oder Leipzig manches freundschaftliche Gespräch führte. Er gab mir das Manuskript seines Buches »Subjekt – Objekt« zur Begutachtung (allerdings ließ ich es – was auch mit Manuskripten anderer Autoren geschah – zu lange ungelesen liegen). Bloch hatte sich mehrfach bei mir bitter über die Ablehnung und das geradezu feindliche Verhalten beklagt, die ihm am Leipziger Philosophischen Institut entgegenschlugen. Ich setzte mich auf der Tagung für Bloch ein und kritisierte das Verhalten Gropps als ein Beispiel dafür, wie wir mit Bundesgenossen nicht umgehen sollten.

Bloch war ein konsequenter Antifaschist. Er bezeichnete sich als Marxist, aber seine Philosophie der Hoffnung war eher bürgerlich-humanistisch. Seine Werke konnten keineswegs als fortschrittsfeindlich, als antisozialistisch bezeichnet werden. Ich sagte, man müsse ihn als einen progressiven Denker ansehen, der uns politisch nahe steht. Die Abteilung Wissenschaft beim ZK werde seine Wahl zum Mitglied der Akademie der Wissenschaften sowie die Verleihung des Nationalpreises befürworten. Darüber gab es keine Einigung. Tatsächlich gingen die Auseinandersetzungen in Leipzig weiter, so daß Bloch sich 1961 während einer Reise entschloß, in der BRD zu bleiben und einen Lehrstuhl an der Universität Tübingen anzunehmen. Der Literaturwissenschaftler Hans Mayer bezeugt allerdings, daß Bloch sich nicht von der DDR trennen wollte. Es können auch familiäre Gründe gewesen sein, die ihn bewogen, in der Bundesrepublik zu bleiben.

Auf der Tagung hatte ich zur Methode der Kritik gesagt, daß wir eine parteiliche und wissenschaftlich vertretbare Auseinandersetzung wollen und nicht ein Herausreißen von Zitaten aus dem Zusammenhang, eine Aussonderung bestimmter Denkweisen in irgendeine Schublade. Wir könnten auch auf philosophischem Gebiet nur weiterkommen, wenn wir neue Ideen entwickeln. Von Teilnehmern der Tagung wurde diese Haltung zu Bloch und zur ideologischen Auseinandersetzung mit Vertretern anderer Philosophien (wie dem Ontologen Jakobi und dem Logiker Schröder) oder auch mit den Anschauungen von Georg Lukács als ein »neutraler« (sprich: versöhnlerischer) Standpunkt bezeichnet. Im Grunde genommen fand ein Prozeß statt, in welchem die offene wissenschaftliche Auseinandersetzung zunehmend durch Unduldsamkeit, dogmatische Starrheit und administrative Maßnahmen ersetzt wurde. Dies hing mit der Verschlechterung der politischen Lage, der Verschärfung des kalten Krieges und des Existenzkampfes der DDR zusammen.

Zwei Militärblöcke Die Sowjetunion wiederholte am 13. August 1954 die Vorschläge vom März 1952 (»Stalinnote«). Sie wies darauf hin, daß die Teilnahme der Bundesrepublik an EVG und NATO einen Zusammenschluß West- und Ostdeutschlands zu einem geeinten Staat unmöglich machen werde. Sie schlug gesamtdeutsche Wahlen unter Teilnahme aller demokratischen Organisationen vor. Dennoch trat die BRD nach der Ratifizierung der Pariser Verträge am 5. Mai 1955 der NATO bei. Daraufhin erfolgte am 14. Mai die Gründung des ›Warschauer Pakts für Freundschaft, Zusammenarbeit und gegenseitigen Beistand‹. Ihm schlossen sich Albanien, Bulgarien, die CSR, Polen, Rumänien, Ungarn, die DDR und die UdSSR an. Gleichzeitig wurde der Politisch-Beratende Ausschuß der Warschauer Paktstaaten gebildet.

So standen sich die beiden deutschen Staaten als Mitglieder unterschiedlicher Militärblöcke gegenüber. Die Grenze zwischen Sozialismus und Kapitalismus ging mitten durch Deutschland. Da auf beiden Seiten mächtige Streitkräfte der Besatzungsmächte und der Armeen der BRD und der DDR stationiert waren, entstand eine außergewöhnliche Situation. Diese Grenze mitten durch ein gespaltenes Land, die zugleich die Teilung Europas markierte, war in der Zeit des kalten Krieges ein Pulverfaß, das jederzeit explodieren konnte.

Am 20. September 1955 war in Moskau der »Vertrag über die Beziehungen zwischen der DDR und der UdSSR« unterzeichnet worden. Damit war die Souveränität und völlige Gleichberechtigung der DDR formell anerkannt. In Wirklichkeit blieb die Abhängigkeit von der Sowjetunion und den Entscheidungen des Warschauer Pakts bis zum Ende der DDR in hohem Maße bestehen.

Adenauer, der sich bei einer Moskaureise um die Rückkehr der letzten deutschen Kriegsgefangenen bemüht hatte, mußte sich gegen seinen Willen zur Aufnahme diplomatischer Beziehungen zwischen der Bundesrepublik und der UdSSR bereit erklären.

Gleichzeitig verkündete Bonn jedoch die Hallsteindoktrin, die den Alleinvertretungsanspruch für alle Deutschen betonte und allen

Staaten, welche die DDR anerkannten, mit dem Abbruch der diplomatischen Beziehungen seitens der BRD drohte. Die Hallsteindoktrin wurde 1957 gegenüber Jugoslawien und 1963 gegenüber Kuba angewandt.

Obwohl es nicht gelungen war, die Ratifizierung der Pariser Verträge und den Beitritt der BRD zur NATO zu verhindern, setzten die Sowjetunion und die DDR ihre Bemühungen um die Einheit Deutschlands fort. Im Sommer 1955 nahmen Chrustschow und Ministerpräsident Bulganin an dem Gipfeltreffen in Genf teil, auf dem der englische Premierminister Eden einen Stufenplan zur Wiederherstellung der deutschen Einheit vorlegte. Dieser sah als ersten Schritt freie Wahlen vor und enthielt das Zugeständnis, daß das Gebiet der DDR nach dem Entstehen Gesamtdeutschlands nicht in die NATO aufgenommen, sondern entmilitarisiert werden sollte. Die Sowjetunion wollte auch ein halbes NATO- Deutschland nicht akzeptieren. Chrustschow schreibt über dieses Gipfeltreffen, daß das Hauptziel der Westmächte tatsächlich die Liquidierung des Sozialismus in der DDR war »und die Schaffung eines einzigen kapitalistischen Deutschland, das dann zweifellos Mitglied der NATO sein würde. Was unseren Standpunkt in dieser Frage betrifft, so waren wir lediglich bereit, einen Friedensvertrag zu unterzeichnen, der die Existenz zweier deutscher Staaten anerkannte und der garantierte, daß beide Staaten sich so entfalten konnten, wie es die Bevölkerung für richtig hielt«.

Auf der Rückreise aus Genf hielt sich die sowjetische Delegation kurz in Berlin auf. Chrustschow machte auf mich den Eindruck eines hellwachen Menschen, der ständig auf der Hut ist. Er war von kleiner Statur, hatte einen runden Bauch, ein aufgedunsenes Gesicht, aus dem zwei aufmerksame listige Augen blitzten. Sein Gehabe erschien mir irgendwie theatralisch, ständig darauf bedacht, Eindruck zu machen. Oder war es von Unsicherheit diktiert? Ich hatte allerdings wenig Gelegenheit, ihn aus der Nähe zu beobachten.

Über seinen Besuch schreibt er: »Im Ganzen wurden wir begeistert begrüßt. Die herzliche Aufnahme in Berlin bestärkte uns in unserer Überzeugung, daß die Deutschen vom Kriegführen genug hatten und feste freundschaftliche Beziehungen mit uns knüpfen wollten«.[11]

Ende 1955 scheiterte die Genfer Außenministerkonferenz (27. 10. – 16. 11. 1955). Dies veranlaßte die Adenauerregierung, ihre Botschafter zur strikten Einhaltung der Hallsteindoktrin zu verpflichten und alles zu tun, um eine internationale Anerkennung der DDR zu verhindern.

Trotz der Bildung der NATO und des Warschauer Pakts gab es immer wieder Vorstöße, um zu einer Verständigung über die Einheit Deutschlands zu gelangen, so durch den Vorschlag des Ministerrats der DDR zur Bildung einer deutschen Konföderation (27. Juli 1957). Sie wurden von den Westmächten und der Bonner Regierung abgelehnt.

1956 wurde auf Antrag der Bundesregierung die Kommunistische Partei Deutschlands als verfassungswidrig verboten. Nach der Urteilsverkündung wurden Tausende verfolgt, bespitzelt, eingesperrt, mit Berufsverboten belegt. Sie wurden bis heute nicht rehabilitiert.

Die Mitgliedschaft in der NATO weckte bei einigen westdeutschen Politikern offenbar Machtgelüste. So enthüllte der Physiker Prof. Dr. C. F. von Weizsäcker in einem Vortrag: »Im Herbst 1956 wurde uns deutschen Atomforschern klar, daß erste Vorbereitungen getroffen wurden, die Bundeswehr atomar auszurüsten.« Er berichtete über ein Gespräch mehrerer Physiker mit dem Bonner Minister Strauß am 29. Januar 1957: »Zu unserer Beunruhigung erfuhren wir, daß Minister Strauß eine große atomare Aufrüstung der europäischen NATO für notwendig und für eine sichere Garantie des Friedens und der Freiheit hielt«.[12] Gegen diese Pläne protestierten Anfang April 1957 achtzehn bekannte Physiker Westdeutschlands, unter ihnen die Nobelpreisträger Heisenberg, Hahn, Born und von Laue. Ihnen schlossen sich vierzehn Kernphysiker der DDR an. Sie warnten vor dem Mißbrauch atomarer Kräfte und vor der Atompolitik, die Deutschland zum Opfer eines Atomkrieges machen würde.

Die Ablehnung dieser Politik war bei der Intelligenz mit dem Bekenntnis zur Friedenspolitik der DDR verbunden. Die Warnung der Kernphysiker beider deutscher Staaten vor der atomaren Bewaffnung wurde nahezu einmütig unterstützt. Anders stand es um die Unterstützung des Sozialismus. Hier suchten nicht wenige nach einem »dritten Weg« zwischen Kapitalismus und Sozialismus. Sie stellten die Frage: Hat denn nicht der Kapitalismus die Produktivkräfte in unerhörtem Maße entwickelt? Gibt es denn in der kapitalistischen Wirtschaft nicht vielfach modernere und technisch besser entwickelte Erzeugnisse und fortgeschrittenere Methoden in verfahrenstechnischer Hinsicht als bei uns? Die Fragen mußten bejaht werden. Sie übersahen nur, daß der Kapitalismus mit dem grundlegenden Widerspruch des gesellschaftlichen Charakters der Produktion und privaten Charakters der Aneignung behaftet ist. Ich vertrat den Standpunkt, daß der Aufbau des Sozialismus notwendig ist, um die Produktionsverhältnisse in Übereinstimmung zu bringen mit dem gesellschaftlichen Charakter der Produktivkräfte. Er ist, meinte ich, auch eine sittliche Notwendigkeit. Sozialismus heißt Abschaffung der Ausbeutung des Menschen durch den Menschen, Humanismus, Zusammenarbeit und gegenseitiger Beistand.

XX. Parteitag der KPdSU Ein entscheidendes Ereignis dieser Periode war der XX. Parteitag der KPdSU (14. – 25. Februar 1956), auf dem Chrustschow in einer Geheimrede mit dem Personenkult um Stalin abrechnete und die von Stalin angeordneten Repressalien und Gesetzesverletzungen anprangerte. Die Rede wurde in der Sowjetunion im Wortlaut erst 1989 veröffentlicht. Die Enthüllungen Chrustschows wirkten wie ein Erdbeben. Ich konnte die Verurteilung des Personenkults um Stalin jetzt verstehen und billigen, auch wenn ich selbst in meinen Reden und Aufsätzen dazu beigetragen hatte, Stalin als eine unfehlbare Gestalt zu preisen und damit die Rolle der Persönlichkeit zu überschätzen. Was jedoch die Gesetzesverletzungen und Repressalien anbelangte, so war es nicht leicht, die Enthüllungen zu akzeptieren. Hatte es in der Sowjetunion vor und während des Krieges keine Feinde gegeben? Sollte es plötzlich nicht mehr wahr sein, daß der Aufbau des Sozialismus durch Sabotage von »Weißen«, d. h. Angehörigen der gestürzten Bourgeoisie und von Großbauern gestört wurde und daß es im Krieg gegen Hitler-Deutschland Verräter gab (z. B. Wlassow)? Es gab viele Fragen, die noch zu beantworten waren. Ich brauchte Zeit.

Das ZK der SED beschloß am 22. März 1956 als erste Schlußfolgerung aus dem XX. Parteitag der KPdSU »zur Überprüfung von Angelegenheiten von Parteimitgliedern, die bestraft wurden, sowie von ehemaligen Parteimitgliedern eine Kommission aus acht Genossen« zu bilden. Die Kommission sollte jene Mitglieder der KPD rehabilitieren, die in der Sowjetunion Repressalien ausgesetzt oder ums Leben gekommen waren. Sie sollte Parteiausschlüsse und Parteistrafen sowie Gerichtsverfahren gegen ehemalige Mitglieder der SED und andere Bürger überprüfen. Sie leistete eine Arbeit, die den Eindruck erweckte, daß die in der Sowjetunion zu Unrecht Verfolgten nun alle rehabilitiert seien. Ich war überzeugt, daß es keine »weißen Flecke« mehr gab und habe dies auch öffentlich erklärt, bis ich 1987/88 im Zusammenhang mit der Ausarbeitung des zweiten Bandes der »Geschichte der SED« neue Informationen (Listen von Opfern) erhielt, die zeigten, daß hunderte deutsche Kommunisten, die in den Lagern umkamen, noch nicht rehabilitiert waren.

Am 8. Juli 1956 erschien in »Neues Deutschland« eine Erklärung »Zur Diskussion über den XX. Parteitag der KPdSU und die 3. Parteikonferenz der SED«. Darin wurde die Betonung darauf gelegt, aus den Enthüllungen über Personenkult und Gesetzesverletzungen Lehren zu ziehen, jedoch keine Fehlerdiskussion zuzulassen, sondern nach vorn zu schauen, vorwärts zu schreiten und wachsam zu sein. Die Aufforderung, keine Diskussion über Fehler zu führen, behinderte in der Folgezeit die kritische und selbstkritische Überprüfung der Arbeitsweise der SED und ihrer Führung. Sie wurde zu einer gängigen Formel, zu einem Hindernis für die Aufdeckung der Wahrheit.

Auf der 28. Tagung des ZK (27. – 29. 7. 1956) wurden Beschlüsse aufgehoben, die Anfang der 50er Jahre gefaßt worden waren. Die davon Betroffenen wurden rehabilitiert. Dies konnte natürlich das an ihnen begangene Unrecht nicht wiedergutmachen.

Auf dem XX. Parteitag nahm Chrustschow auch eine Abkehr von einigen Positionen des Marxismus-Leninismus und wichtigen Grundsätzen der bisherigen sowjetischen Außenpolitik vor.

Erstens setzte er der These Stalins von der Verschärfung des Klassenkampfes beim Aufbau des Sozialismus und dem damit verbundenen Kampf zwischen den beiden Lagern – Sozialismus und Imperialismus – die These von der Vermeidbarkeit des Krieges und der Notwendigkeit der Erhaltung des Friedens entgegen. Dies sollte durch die Verwirklichung des Prinzips der friedlichen Koexistenz zwischen Staaten unterschiedlicher Gesellschaftsordnung erreicht werden.

Zweitens erklärte er, daß unterschiedliche Wege zum Sozialismus möglich seien und die Errichtung der Macht der Arbeiterklasse nicht unbedingt gewaltsam erfolgen müsse. Es gäbe auch verschiedene (mannigfaltige) Formen des Sozialismus.

Drittens stellte der XX. Parteitag mit der Annahme der Direktive zum 6. Fünfjahrplan 1956 bis 1960 das Ziel, in historisch kurzer Frist die entwickelten kapitalistischen Länder in der Pro-Kopf-Produktion einzuholen und zu überholen. Dies sollte durch die Steigerung der Arbeitsproduktivität unter Nutzung des wissenschaftlich-technischen Fortschritts erreicht werden.

Viertens sollte an Stelle der Einzelleitung (und des damit möglichen Personenkults) die Kollektivität der Leitung treten. Die Gesetzlichkeit sollte strikt eingehalten, die sozialistische Demokratie entwickelt werden.

Die Thesen Chrustschows über die Vermeidbarkeit des Krieges und die friedliche Koexistenz klangen verlockend. Sie weckten aber auch Illusionen und warfen viele Fragen auf. War denn der Imperialismus plötzlich friedfertig geworden und von seiner antisozialistischen Konzeption des »roll back« abgerückt? Waren

Klassen und Klassenkampf plötzlich verschwunden? Erhoffte sich die Sowjetunion, da sie nun die Atombombe besaß (und auch die Wasserstoffbombe getestet hatte) ein Gleichgewicht mit den USA, eine grundlegende Veränderung des internationalen Kräfteverhältnisses?

Wie sich zeigen sollte, waren die auf dem XX. Parteitag von Chrustschow verkündeten Thesen von der friedlichen Koexistenz, dem friedlichen Weg zum Sozialismus, der raschen Angleichung der Lebensverhältnisse an den Standard der kapitalistischen Industriestaaten sowie der Kollektivität der Leitung weitgehend Wunschträume, die im sozialistischen Lager und in der kommunistischen Bewegung viele Illusionen hervorriefen. Sie weckten auch die Geister des Revisionismus, die unter der Flagge des Kampfes gegen den Dogmatismus den Angriff auf wichtige Grundsätze der marxistisch-leninistischen Theorie und Politik begannen.

Die 3. Parteikonferenz Die Rede Nikita Chrustschows auf dem XX. Parteitag wurde den Delegierten der 3. Parteikonferenz der SED (24. – 28. 3. 1956) in einer geschlossenen Sitzung auszugsweise zur Kenntnis gegeben. Ob jeder Delegierte deren Tragweite sofort erkannte, ist fraglich. Das Politbüro orientierte darauf, keine Diskussion über Fehler zu führen und Maßnahmen zur Entfaltung der Demokratie und Verbesserung der Parteiarbeit mit Bedacht durchzuführen.

Die Parteikonferenz legte das Schwergewicht auf die Wirtschaftspolitik. Sie beschloß die Direktive für den 2. Fünfjahrplan zur Entwicklung der Volkswirtschaft für die Jahre 1956 bis 1960. Die Konferenz kam zu dem Schluß, daß mit einer Modernisierung der industriellen Produktion begonnen werden muß. Durch Mechanisierung und Automatisierung sollte die Produktion beschleunigt auf den höchstmöglichen Stand gebracht werden. Hier war die Wissenschafts- und Wirtschaftspolitik vorgezeichnet, die Anfang der 60er Jahre zur Ausarbeitung und Einführung des Neuen Ökonomischen Systems der Planung und Leitung der Volkswirtschaft führte.

Mit dem 2. Fünfjahrplan sollte die DDR in eine neue Entwicklungsetappe eintreten, deren Hauptinhalt die Durchsetzung sozialistischer Produktionsverhältnisse in allen Bereichen der Volkswirtschaft war. Der Anteil der volkseigenen Betriebe an der industriellen Bruttoproduktion sollte von 85 Prozent (1955) auf 90 Prozent (1960) wachsen. Die Produktionsgenossenschaften des Handwerks sollten gefördert und die staatliche Beteiligung an den 13 000 privaten Betrieben, in denen ein Viertel der Arbeiter und Angestellten beschäftigt war, sollte erhöht werden. So wichtig diese Beschlüsse waren, sie konnten nur halbherzig verwirklicht werden. Die Aufmerksamkeit der Parteimitglieder und der Öffentlichkeit galt dem XX. Parteitag der KPdSU und dessen Folgen. Der Appell, keine Fehlerdiskussion zu führen, konnte nicht verhindern, daß besonders an wissenschaftlichen Einrichtungen eine heftige Diskussion über Grundfragen des Marxismus-Leninismus, über Demokratie und über die Rolle der Partei entbrannte. Die Ereignisse in Ungarn und Polen in der zweiten Hälfte des Jahres 1956 trugen dazu bei, daß bei der Durchführung der wirtschaftspolitischen Beschlüsse eine Verzögerung eintrat, die den Abstand der DDR zu den westlichen kapitalistischen Industriestaaten in bezug auf Produktivität und Effektivität von Wirtschaft und Wissenschaft erhöhte.

Stoßrichtung Dogmatismus Nach dem XX. Parteitag der KPdSU kam es in verschiedenen Bereichen der Gesellschaftswissenschaften zu Auseinandersetzungen. Auf einer Konferenz der Akademie der Wissenschaften (Mai 1956) über »Das Problem der Freiheit im Lichte des wissenschaftlichen Sozialismus«, auf der u. a. Ernst Bloch und der polnische Philosoph Kolakowski das Wort ergriffen, wurde das Thema »Freiheit« z. T. sehr abstrakt behandelt.

Ich sprach in der Diskussion über die Beziehung von Philosophie und Politik, die gesellschaftliche Bedingtheit des Freiheitsbegriffs und die im Sozialismus mögliche und zu verwirklichende Freiheit des Menschen. Zugleich betonte ich, daß die Forderung nach »Freiheit der Kritik« der Arbeiterbewegung viel Schaden zugefügt hat, weil sie nicht selten mit dem Bestreben verbunden war, nichts Festes im Marxismus gelten zu lassen. Zweifel an den Grundideen des Marxismus könne es für einen Marxisten nicht geben, wenn er den Boden des Marxismus nicht verlassen wolle. Dies war manchem Teilnehmer zu plebejisch.

Die Diskussion über Schlußfolgerungen aus dem XX. Parteitag wurde unter dem Motto geführt, mit der durch eine »jahrzehntelange Herrschaft des Dogmatismus« entstandenen Erstarrung Schluß zu machen.

Die Kritik, daß in der Stalin-Ära die Theorie eine untergeordnete Rolle spielte, pragmatisch und apologetisch entstellt und von einem sterilen Dogmatismus überwuchert wurde, wie sie z. B von Ernest Mandel geübt wurde,[13] hielt ich für übertrieben. Sie ließ außer acht, daß vor und nach dem Krieg in der Sowjetunion wie in westlichen Ländern nicht wenige marxistische theoretische Arbeiten von Rang erschienen, wie die Wirtschaftsanalysen von Eugen Varga, Maurice Dobb, Jürgen Kuczynski, die historischen Schriften von Tarlé, Jerussalimski, Gordon Childe. Die Zeitschrift »Unter dem Banner des Marxismus« war lange Zeit ein Forum des schöpferischen marxistischen Denkens. Andererseits läßt sich nicht bestreiten, daß die philosophische Forschung durch die Stalinschen Vereinfachungen behindert wurde.

In der Presse (»Neues Deutschland«, »Sonntag«) und an den Philosophischen Instituten entwickelte sich im Sommer 1956 eine Diskussion über den Gegenstand der Philosophie. Sie wurde durch einen Artikel von Robert Havemann gegen den Dogmatismus eröffnet. Der Dogmatismus klammere sich an Autorität und Tradition, es sei typisch, daß er immer vom Allgemeinen ausgehe. Von dieser Position aus erklärte Havemann, daß die Philosophie, die sich mit dem Allgemeinen befaßt, keine spezielle Wissenschaft mit einem bestimmten Gegenstand sei, wenn man von der besonderen Behandlung ihrer Geschichte und der noch nicht abgeschlossenen Auseinandersetzung mit dem Idealismus absehe.

Die Philosophie habe alle Gegenstände zum Gegenstand, »aber diese wiederum nur vermittels aller anderen einzelnen Wissenschaften von diesen Gegenständen«.

Vor allem Georg Klaus, Wolfgang Harich und Alfred Kosing gingen auf die These Havemanns ein. Klaus wies darauf hin, daß Engels die allgemeinsten Gesetze der Gesellschaft, der Natur und des Denkens als den Gegenstand der materialistischen Dialektik bezeichnete. »Diese Gesetze«, schrieb Klaus, »können keinesfalls durch eine bloße Zusammenfassung der Ergebnisse der Einzelwissenschaften gewonnen werden. Es bedarf dazu der philosophischen Abstraktion, die über die Tätigkeit der Einzelwissenschaften hinausgeht.« Was das Verhältnis von Philosophie und Naturwissenschaften anbelangt, so sei es zweiseitig. »Neue Ergebnisse der Einzelwissenschaften werden auf dem Wege der philosophischen Abstraktion zu einer Bereicherung der Philosophie führen. Aber es ist keinesfalls so, als sei die Philosophie nur der nehmende und die Naturwissenschaften nur der gebende Teil«.

Die Diskussion dauerte bis Februar 1957. Sie führte mehr und mehr zur Verhärtung der Standpunkte. Während Havemann darauf beharrte, daß das Verhältnis von Einzelnem, Besonderen und Allgemeinen nur erfaßt werden könne, wenn man von den positiven Wissenschaften ausgehe und daß Philosophen, die weiter nichts sind als nur Philosophen, nicht mehr gebraucht würden, betonten Klaus, Kosing und andere, daß keine Einzelwissenschaft mit ihrem notwendigerweise begrenzten Material allgemeinphilosophische Probleme klären kann. Aufgabe der Philosophie sei es vielmehr, das Allgemeine in allem Besonderen zu untersuchen. Die allgemeinsten Zusammenhänge und Gesetzmäßigkeiten aller Bereiche der objektiven Realität seien der Gegenstand der Philosophie.

Havemann meinte zurecht, daß die marxistische Philosophie sich ohne Kenntnis der Errungenschaften der Einzelwissenschaften nicht erfolgreich entwickeln kann. Aber seine Einschränkung des Gegenstandes der Philosophie auf Logik und Dialektik war positivistisch. Der dialektische und historische Materialismus hat als

Weltanschauung nicht nur die Erkenntnisse der Einzelwissenschaften, sondern zugleich die Erfahrungen des Klassenkampfes, die Lehren der praktischen Veränderung der Welt als Voraussetzung.

Ich beteiligte mich nicht an dieser Diskussion. Walter Ulbricht hatte eine Information über die Auseinandersetzung am Philosophischen Institut der Humboldt-Universität erhalten und beauftragte mich, mit Havemann in Gegenwart des Parteisekretärs der Universität zu sprechen. Bei dieser (wie darauf folgenden) Begegnung konnte ich ihn nicht davon überzeugen, daß sein »positivistischer« Standpunkt als eine Absage an den dialektischen und historischen Materialismus verstanden wird. Ich wollte mich dafür einsetzen, daß die Diskussion sachlich weiter geführt wird. Dies wurde immer schwieriger. Am 23. und 29. Januar 1957 erschien in »Neues Deutschland« ein Artikel »Koexistenz und Parteilichkeit« von Alfred Kosing, in welchem Havemann, Besenbruch, Herneck, Strauss, Albrecht und Bloch als Vertreter revisionistischer Tendenzen in der Philosophie angegriffen wurden.

Zu einer Auseinandersetzung kam es auch um die von dem Leipziger Literaturwissenschaftler Hans Mayer im »Sonntag« vom 2. Dezember 1956 vertretene Auffassung, daß in der Literatur ein Krisenzustand bestehe, in Ost und West nichts von literarischer Opulenz – wie sie in den zwanziger Jahren der Weimarer Republik zu finden war – vorhanden sei. Dagegen hatten Alexander Abusch und Alfred Kurella polemisiert. Ich stellte auf dem 32. Plenum des ZK die Frage, ob es in unserem Interesse liege, das Bemühen vieler neuer Talente um die Darstellung der neuen gesellschaftlichen Verhältnisse nicht zu fördern und die antifaschistische und sozialistische Literatur in einen Topf zu werfen mit der Literatur von James Joyce, Faulkner und anderen, die den Verfall und die Krise der bürgerlichen Gesellschaft verkörperten? »Ist es nicht klar, daß unsere Literatur eine aktive Rolle bei der Durchführung des sozialistischen Aufbaus, bei der Entwicklung neuer sozialistischer Beziehungen und der Umgestaltung des Bewußtseins zu spielen hat und es deshalb notwendig ist, sie zu pflegen, alles Neue, Keimende zu fördern und nicht durch bürgerlichen Snobismus zu ersticken?«

So weit, so gut. Aber eine Opulenz der Literatur und der Künste wie in den zwanziger Jahren hatten wir tatsächlich noch nicht. Da war Hans Mayer im Recht.

In einem Festvortrag auf der 500-Jahr-Feier der Ernst-Moritz-Arndt-Universität Greifswald über »Die deutsche Universität und der Aufbau des Sozialismus« (Oktober 1956) legte ich meinen Standpunkt zu ideologischen Auseinandersetzungen dar. Es heißt dort: »Wie steht es aber mit dem Verhältnis zu idealistischen Konzeptionen in der Philosophie, zu religiösen Anschauungen, zu nichtmaterialistischen Theorien in der Biologie und anderen Naturwissenschaften? Wir stimmen mit diesen Anschauungen nicht überein, aber wir wünschen eine rege geistige Auseinandersetzung, einen offenen, freimütigen Meinungsaustausch mit ihren Vertretern. Der Marxist hat diese Diskussion nicht zu fürchten, er wird im Gegenteil davon nur Nutzen ziehen, denn er wird genötigt sein, die Beweiskraft seiner Argumente zu überprüfen und auf viele neue Probleme eine Antwort zu suchen... Wogegen ich eindeutig Stellung nehmen möchte, ist die noch häufig anzutreffende Mißachtung der Weltanschauung des anderen, die Ersetzung der freimütigen Diskussion durch Bevormundung, die versteckte Drohung an Stelle des überzeugenden Arguments, die Schablone an Stelle des Gedankenreichtums, die Geringschätzung unserer eigenen Wissenschaft und das mangelnde Vertrauen in ihre Leistungen. In dieser Beziehung war in der Vergangenheit nicht alles in Ordnung. Der ehrliche Christ ist kein schlechterer Bürger als der Marxist. Und auch der Anhänger Mendels in der Biologie hat Anrecht darauf, daß man sich mit seinen Anschauungen wissenschaftlich auseinandersetzt. Wenn die Gegner unseres Arbeiter-und Bauernstaates und unserer Partei darüber frohlocken, daß wir mancherlei Fehler gemacht haben, so vergessen sie allerdings, daß wir es selbst sind, die diese Mängel überwinden, daß wir selbst gegen Bevormundung, Routine, Bürokratismus, Personenkult am entschiedensten Stellung nehmen und mit aller Entschlossenheit nach den Lebens- und Denkformen suchen, die dem Aufbau des Sozialismus angemessen sind.«[14]

Die Toleranz gegenüber Andersdenkenden, die in diesen Worten zum Ausdruck kommt, dauerte nicht an. Das Tauwetter, das nach dem XX. Parteitag eingesetzt hatte, ging rasch wieder zu Ende.

Die Festveranstaltung der Universität Greifswald fand in einem Zirkuszelt statt und erhielt dadurch ein besonderes Flair. Während Magnifizenz Katsch die Eröffnungsrede hielt und ich meinen Festvortrag hielt, brüllten von Zeit zu Zeit im Hintergrund die Löwen, und es trompeteten die Elefanten.

Ende des Tauwetters Schon wenige Monate nach dem XX. Parteitag kam es zu den Unruhen in Ungarn, zum Sturz Ochabs in Polen und zu Verhaftungen in der DDR, die dazu führten, daß die Zügel wieder straff gezogen wurden. Der XX. Parteitag hatte große Hoffnungen geweckt, daß die Überwindung des Personenkults und die Berufung auf Recht und Gesetz es der SED und den anderen kommunistischen und Arbeiterparteien ermöglichen würden, einen neuen Arbeitsstil und ein enges Vertrauensverhältnis zu den Bürgern zu entwickeln. Diese Erwartungen wurden nicht erfüllt. Die Ereignisse in Ungarn und Polen lösten Alarm aus. Sie zeugten von einer ernsten Krise des Sozialismus in diesen Ländern. Für die Sowjetunion stand der Verlust ihrer Einflußsphäre auf dem Spiel. Beide Ereignisse hatten zudem deutlich gemacht, daß die Gegner des Sozialismus durch den Westen Unterstützung erhielten. In der DDR hatten sich seit Anfang der 50er Jahre die Affäre Noel H. Field, der 17. Juni, das Vorgehen gegen die »Fraktion Zaisser – Herrnstadt« und die ständigen Aufforderungen zur Wachsamkeit negativ auf die innerparteiliche Atmosphäre ausgewirkt. Ein Anzeichen dafür war, daß in Versammlungen die freie Rede mehr und mehr durch das Ablesen von Texten ersetzt wurde oder daß kritische Bemerkungen als Ausdruck einer gegen die Politik der Partei gerichteten Haltung gewertet wurden. Natürlich vollzog sich diese atmosphärische Änderung nicht von einem Tag zum anderen, sondern im Verlauf von Jahren. Ausgangspunkt dafür waren – nach meiner Sicht – die gespannte Lage Anfang der 50er Jahre, besonders der 17. Juni 1953, sowie die internationale Entwicklung im Herbst 1956.

Ich hatte im Oktober 1956 an einem Treffen ehemaliger Spanienkämpfer in Warschau teilgenommen. Gerade in diesen Tagen wurde Ochab durch Gomulka abgelöst. Die begeisterte Zustimmung, die Gomulka fand, war mit der Hoffnung auf Verbesserung der Lebensbedingungen und mehr Demokratie verbunden. Der polnische Philosoph Adam Schaff schlug mir vor, mit ihm nach Lublin zu fahren, wo er auf einer Versammlung an der katholischen Universität sprechen mußte. In Lublin angekommen, erklärten mir die Vertreter der Bezirksleitung der PVAP, daß sie aus Sicherheitsgründen meine Teilnahme an der Kundgebung nicht gestatten könnten. War es, weil ich ein Deutscher war oder fürchteten sie, ich würde die kritische Atmosphäre nicht verstehen? Unser Protest nützte nichts, ich mußte den ganzen Tag in der Bezirksleitung zubringen, während Schaff an der Universität auftrat. Auf der Heimfahrt sagte er: »Das hättest Du erleben müssen, diese Begeisterung über die Übernahme der Führung durch Gomulka«. Nach der Rückkehr ließ mich Walter Ulbricht rufen. Im Beisein Otto Grotewohls berichtete ich begeistert über die Veränderungen im Nachbarland. Ulbricht sagte: »Willst Du wirklich bei dieser Einschätzung bleiben?« Grotewohl sah mich mitleidig an. Als ich bejahte und hinzufügte: »Wie immer man die Ereignisse in Polen beurteilt, wir werden damit leben müssen«, sagte Ulbricht: »Dann trage doch Deine Ansichten morgen dem Politbüro vor.« Am nächsten Tag wiederholte ich meinen Bericht – in Abwesenheit Ulbrichts – vor dem Politbüro. Es fand keine Diskussion statt. Auf dem folgenden 23. Plenum des ZK (11. 12. – 14. 12. 1956) wies ich in einer ausführlichen Rede darauf hin, daß es falsch wäre, die Ereignisse in Polen vorwiegend negativ zu beurteilen. Der polnische Wirtschaftswissenschaftler Oskar Lange hatte mir begeistert geschildert, wie die Arbeiter zu den Ereignissen Stellung nahmen. Sie sagten: »Jetzt bestimmen wir wirklich mit, das sind unsere Betriebe.« Diese Verbundenheit der Arbeiter mit ihrem Betrieb erschien mir als ein wesentliches Merkmal der sozialistischen Wirtschaft, dem wir große Beachtung schenken sollten. Ich sprach über die Notwendigkeit, dem Volk stets die Wahrheit zu sagen, kritische Hinweise ernst zu nehmen, die Verbundenheit der Partei mit den Werktätigen zu festigen, die sozialistische Demokratie zu entwickeln sowie die innerparteiliche Demokratie ernst zu nehmen, überhöhte Gehälter, unnötigen Prunk zu vermeiden, den Parteiapparat zu verkleinern. Kurz: Ich trat in alle nur denkbaren Fettnäpfchen. Im Anschluß an diese Diskussionsrede traten Paul Verner und Alfred Neumann, mit denen ich mich sonst gut verstand, scharf gegen mich auf. Ich wurde als Opportunist bezeichnet, weil ich die »reformistische und nationalistische Politik Gomulkas« unterstützt habe. Ich nahm an, daß man mich nach diesen heftigen Angriffen aus dem ZK ausschließen würde. Doch nichts geschah – und bald darauf wurden, wie nicht anders zu erwarten, zwischen Ulbricht und Gomulka Bruderküsse ausgetauscht.

Die Harich-Gruppe Im November 1956 kam es zur Verhaftung der Harich-Gruppe, zu der auch Manfred Hertwig, mein Assistent am Philosophischen Institut der Humboldt-Universität, gehörte. Harichs Verhalten war für mich unverständlich. Ich hatte ihn 1946 kennengelernt, als er Theaterkritiker an der »Täglichen Rundschau« war und mit ihm am Dozentenlehrgang in Klein-Machnow teilgenommen. Als wir in der Achtermannstraße wohnten, hatte er mich aufgesucht und die Frage gestellt, ob er in Westdeutschland nicht wirksamer arbeiten könne. Ich hatte ihn davon überzeugt, daß sein Wissen und Können für den Aufbau des Sozialismus gebraucht werden. Mit scharfsinnigen Fragen an Robert Havemann hatte er im Sommer 1956 in die Diskussion der Philosophen eingegriffen. Weder er noch Manfred Hertwig hatten bei Begegnungen irgendwelche Andeutungen über ihre Aktivitäten gemacht. Nach der Verhaftung der Gruppe wurde bekannt, daß Harich dem Botschafter der UdSSR, Puschkin, und Walter Ulbricht ein Memorandum mit politischen Forderungen vorgelegt hatte und daß er mit dem Ostbüro der SPD in Verbindung stand.

Auf die Frage, welches Ziel er verfolgte, hat Harich betont, es sei ihm um die Einheit Deutschlands gegangen. So erklärte er im März 1990 bei der Kassationsverhandlung, das Wichtigste an seinem damaligen Wirken und dem seiner Gefährten sei die Einheit Deutschlands gewesen. Dieses Ziel wollte er mit Hilfe der SPD erreichen. Dazu sagte er in einem Interview: »Die sozialdemokratische Politik bis zum Godesberger Programm war auch für die Einheit Deutschlands. Also habe ich mir gesagt, warum sollen wir nicht mit denen zusammengehen? Warum nicht versuchen, eine Politik zu machen, die den Sozialdemokraten in Bonn die Regierungsübernahme möglich machen könnte. Sie sind eingetreten gegen die Pariser Verträge, gegen die Aufrüstung. Wir müssen mit denen zusammenarbeiten. Und den XX. Parteitag mit seiner Stalinkritik nutzen für eine solche Politik«.[15]

In seinem Buch »Keine Schwierigkeiten mit der Wahrheit« schildert Harich, daß er annahm, daß eine nach dem jugoslawischen Modell der Selbstverwaltung und der Arbeiterräte umgestaltete DDR einen revolutionierenden Einfluß auf die westdeutsche Arbeiterklasse haben werde. »Das Kernstück aller parteipolitischen Reformvorschläge des Konzepts bestand in dem Plan, ein enges Bündnis zwischen der SED und der SPD herzustellen... Ein mit Hilfe der entstalinisierten SED errungener sozialdemokratischer Sieg bei der Bundestagswahl 1957 werde, unter endgültiger Bannung der Kriegsgefahr, unsere nationale Wiedervereinigung zu den vorteilhaftesten Bedingungen, die überhaupt zu erreichen seien, dann einleiten«.[16] Diese Konzeption sah die Liquidierung der DDR vor. Die Ziele der Gruppe waren auf die Änderung der Parteiführung der SED – die Ersetzung Walter Ulbrichts durch Paul Merker – und die Ersetzung der Planwirtschaft durch eine Perspektivplanung usw. gerichtet.

Harich übergab dem Botschafter der UdSSR seine Konzeption. Er dachte, er könne politischer Berater des Botschafters sein. Puschkin übermittelte Walter Ulbricht das Dokument. Beide versuchten in Gesprächen, Harich von seinen Vorstellungen abzubringen. Die Diskussion mit Puschkin dauerte einige Stunden, mit Ulbricht 20 Minuten. Ulbricht warnte Harich, keinen deutschen »Petöficlub« aufzubauen. Harich beachtete diese Warnungen nicht, sondern war bestrebt, gemeinsam mit Walter Janka im Aufbau-Verlag und der Redaktion des »Sonntag«, eine oppositionelle Gruppe aufzubauen. Er legte sich durch die Kontaktaufnahme mit dem Ostbüro der SPD und dem »Spiegel« selbst eine Schlinge. Das Ostbüro war ein Zentrum gegen die DDR gerichteter Aktivitäten. Da die Gruppe während und nach den Ereignissen in Ungarn auftrat, als sichtbar wurde, wohin ein Bürgerkrieg führt, mußte sie mit entschiedener Ablehnung rechnen.

Als Abteilungsleiter des ZK erhielt ich Kenntnis von den Aktivitäten der Gruppe. Ich muß sagen, daß ich für diese Aktivitäten keinerlei Sympathie empfand.

Besonders die Orientierung auf das jugoslawische Modell und die Kontaktaufnahme mit dem Ostbüro der SPD lehnte ich als abenteuerlich und wirklichkeitsfremd ab.

Auf die Verhaftung der Harich-Gruppe folgte die Verhaftung Walter Jankas, von Mitarbeitern des »Sonntag« sowie von Studenten und Dozenten der Karl-Marx-Universität Leipzig, die ähnliche Ideen wie Harich vertraten. In der Führung der SED und in der Regierung nahm man an, daß sich eine Opposition von Intellektuellen formierte, die hart angepackt werden müsse.

Die verhängten Strafen waren überzogen. Sie offenbarten eine Reaktion, die sich nur aus der Furcht vor »ungarischen Zuständen« erklären läßt. Die Konzeption der Harich-Gruppe hätte nicht mit der Unterstützung durch die Sowjetunion rechnen können. Chrustschow hatte mit dem XX. Parteitag eine Lawine ins Rollen gebracht, die – wie Ungarn zeigte – das ganze sozialistische Lager bedrohte. Da war kein Platz für die Reformvorschläge Harichs und anderer Intellektuellen.

Nachwehen Im Juli (27. 7. 1957) unterbreitete der Ministerrat der DDR der Bundesregierung den Vorschlag zur Bildung einer deutschen Konföderation, der jedoch wie üblich abgelehnt wurde. Dies ist nicht verwunderlich, da die Bildung der Konföderation von der Durchführung antiimperialistischer Veränderungen in der BRD, wie der Beseitigung der Herrschaft des Monopolkapitals und der Verwirklichung anderer demokratischer Reformen abhängig gemacht wurde. Dieser Vorschlag konnte mit keinem Erfolg rechnen, er war rein agitatorisch.

Nach der 3. Parteikonferenz und den Ereignissen des Herbstes 1956 waren die Anstrengungen vor allem auf die Verbesserung der Arbeit der staatlichen Organe und die Entfaltung der Demokratie gerichtet. Die Abgeordneten der Volkskammer beschlossen ein Gesetz über die örtlichen Organe der Staatsmacht. Die Kampagne zur Bildung landwirtschaftlicher Produktionsgenossenschaften wurde fortgesetzt. Nun war sie schon zu einem Wettbewerb zwischen den Bezirken geworden. Jeder wollte der erste sein, der den Abschluß melden konnte. Dieser Drang führte auch zu wachsendem Druck auf jene Bauern, die sich nicht entscheiden konnten oder wollten. Das Prinzip der Freiwilligkeit des Eintritts in die Genossenschaft wurde nach und nach aufgegeben.

Auf einer Versammlung im Bezirk Gera erzählte ich eines Tages von einem Vorgang in den 50er Jahren, der mir zu Ohren gekommen war. In einem Dorf dieses Bezirks hatten zwei Bauern vereinbart, die Kommunisten des Dorfes, falls diese sie in die LPG zwingen würden, am höchsten Baum am Dorfrand aufzuhängen. Die Kommunisten erfuhren von diesem Plan und sägten den Baum ab. Den Bauern blieb nichts anderes übrig, als sich für die LPG zu entscheiden. Als ich diese Geschichte erzählte, lachten die Teilnehmer der Versammlung. Zwei erhoben sich und erklärten, sie seien die Bauern gewesen, die den Plan ausheckten. Jetzt würden sie sich schämen, seien sie doch sehr zufrieden mit ihrer Genossenschaft.

Über die Entwicklung der LPG kam es auf der 30. Tagung des ZK (30. 1. 1957) zu einer Auseinandersetzung mit dem Direktor des Instituts für Agrarökonomie Kurt Viehweg. Er war dafür eingetreten, über einen längeren Zeitraum die Entwicklung der einzelbäuerlichen Wirtschaften vorzusehen und zu diesem Zweck die Ausstattung dieser Wirtschaften mit moderner Technik, mit Düngemitteln, Baumaterial usw. zu gewährleisten. Seine Position wurde als Angriff auf die Agrarpolitik der Partei gewertet, die von der Notwendigkeit einer modernen Großlandwirtschaft ausging. Viehweg wurde im März 1957 aller Ämter enthoben.

Zu einer weiteren Auseinandersetzung kam es 1957 mit den Wirtschaftswissenschaftlern Fritz Behrens und A. Benary, die mit einer Kritik am zentralistisch-administrativen Planungssystem hervorgetreten waren. Sie erklärten, die zentrale Leitung der sozialistischen Wirtschaft müsse darin bestehen, die Spontaneität der werktätigen Massen in die richtige Bahn zu lenken und mit ihrer Hilfe die sozialistischen Elemente der Volkswirtschaft zu entwickeln. Das spontane Handeln ergebe sich aus den unmittelbaren materiellen Interessen. Diese müßten durch materielle Anreize in den Betrieben (höhere Löhne, Anteil am Gewinn des Betriebes usw.) gefördert werden. Die zentrale Leitung und Planung müsse sich auf das Preissystem, das Kreditsystem usw. konzentrieren. Dem einzelnen Betrieb sollten keine Aufgaben von der Plankommission gestellt werden.

Diese Konzeption wurde als eine unmarxistische Auffassung des Verhältnisses von Spontaneität und Bewußtheit sowie als Einschränkung der wirtschaftsleitenden Rolle des Staates zurückgewiesen. Dabei wurden die richtigen Hinweise beider Wissenschaftler auf die Bedeutung der materiellen Interessen und auf die Notwendigkeit von Veränderungen in der zentralen Planung und Leitung in den Wind geschlagen.

Ein Markstein in der Diskussion zum XX. Parteitag der KPdSU war die Leserkonferenz der Zeitschrift »Einheit«, die im Mai 1957 stattfand. Daran nahm auch Walter Ulbricht teil. Die Konferenz sollte darüber beraten, wie die »Einheit« eine »wirklich kämpferische und führende theoretische Zeitschrift« werden könnte. Robert Havemann plädierte dafür, die Zeitschrift zu einem Organ der theoretischen Auseinandersetzungen zu machen und nicht zu einer Zeitschrift, »in der nur Ansichten geäußert werden, denen überhaupt nicht widersprochen werden kann und darf«. Ich machte die Zwischenbemerkung: »Es gibt aber doch einen Parteistandpunkt.« Walter Ulbricht unterstrich, daß Havemann recht habe, wenn er dem theoretischen Organ »eine führende Rolle bei der theoretischen Meinungsbildung über viele neue Fragen und bei den Auseinandersetzungen mit der bürgerlichen Ideologie« zuspreche.

Walter Ulbricht betonte in seinem Diskussionsbeitrag, niemand habe bestritten, daß beim Aufbau einer neuen Gesellschaftsordnung, besonders in der Übergangsperiode, Fehler vorkommen. Sie würden mit Hilfe demokratischer Methoden und der Kritik und Selbstkritik beseitigt. Doch blieb es bei der Verkündung dieser Prinzipien, in der Praxis galt: keine Fehlerdiskussion.

Am 14. Dezember 1957 beging Gerhard Ziller, der Sekretär des Zentralkomitees für Wirtschaft, Selbstmord. Über die Gründe erfuhr ich zunächst nichts, obwohl wir in Niederschönhausen Nachbarn waren. Auf der 35. Tagung des ZK (3. 2. 1958) wurde mitgeteilt, Ziller habe sich bei einem geselligen Beisammensein in der Wismut gemeinsam mit Schirdewan, Wollweber und Fritz Selbmann für die Änderung der Parteiführung, sprich: die Absetzung Walter Ulbrichts ausgesprochen. Für mich blieb der Selbstmord Gerhard Zillers dennoch unverständlich. Ich habe diese »Lösung« stets – und besonders bei einem Kommunisten – verworfen.

Auf der 35. Tagung des ZK wurden Karl Schirdewan und Ernst Wollweber »wegen grober Verstöße gegen das Parteistatut« aus dem ZK ausgeschlossen. Fred Oelssner, »der ihnen Vorschub geleistet hatte«, wurde von seinen Funktionen entbunden. Schirdewan, der im Politbüro für Fragen der Organisation verantwortlich war, hatte Wollweber (bis 1957 Minister für Staatssicherheit) und andere aufgefordert, gemeinsam für eine Änderung der Politik der Partei und gegen Ulbrichts selbstherrlichen Führungsstil aufzutreten. In der DDR sollte »ein gemäßigterer Kurs« gesteuert werden, vor allem hinsichtlich der Umgestaltung in der Landwirtschaft sowie gegenüber den Mittelschichten. Das Tempo der sozialistischen Entwicklung sollte gebremst werden. Dadurch sollte auch für die Bundesrepublik der Vorschlag für eine Konföderation beider Staaten annehmbarer gemacht werden. In der Auseinandersetzung wurde Schirdewan vorgeworfen, er sei der Meinung, daß eine konfliktlose Entwicklung des Sozialismus möglich sei. Diese Querelen endeten stets damit, daß Walter Ulbricht seine Macht festigte und der offene Meinungsaustausch in der Partei mehr und mehr eingeschränkt wurde. Natürlich muß man berücksichtigen, daß die stürmischen Ereignisse des Jahres 1956 weder in Moskau noch bei uns den Wunsch nach einem Führungswechsel aufkommen ließen. Stabilität war notwendig, und dabei konnte sich die KPdSU auf Walter Ulbricht verlassen.

Die Moskauer Beratung 1957 Nach den Feierlichkeiten zum 40. Jahrestag der Oktoberrevolution fanden in Moskau Beratungen der kommunistischen und Arbeiterparteien statt. Die KP Chinas war durch Mao Tse Tung vertreten. Der ›Bund der Kommunisten Jugoslawiens‹ nahm ebenfalls teil und stimmte dem Friedensmanifest zu, jedoch nicht der »Erklärung«.

Chrustschow würdigte die Teilnahme der jugoslawischen Kommunisten als einen Schritt vorwärts in der weiteren Annäherung zwischen den Parteien. Die Tatsache, daß sie die »Erklärung« nicht unterzeichneten, sei jedoch ein negatives Element. Wenn auch weniger als früher, bestünden doch in einer Reihe ideologischer und politischer Fragen noch Meinungsverschiedenheiten.[17]

Die Beratungen wurden als ein Ausdruck der »neuen internationalen Einheit der kommunistischen Bewegung« gewertet. Bemerkenswert ist die Feststellung der KP Chinas, daß die Sowjetunion das Zentrum des Zusammenschlusses sei. Chrustschows Ankündigung, die Sowjetunion werde in fünfzehn Jahren die USA in der Produktion pro Kopf der Bevölkerung überholt haben, wurde von chinesischer Seite durch die Prognose ergänzt, in der gleichen Zeit oder einer nur wenig längeren Zeitspanne werde England in der Produktion von Stahl und anderen wichtigen Industrieerzeugnissen durch China überholt werden.

In der »Erklärung« faßte die Moskauer Beratung die wichtigsten Gesetze zusammen, die für die sozialistische Revolution und den Aufbau des Sozialismus gelten sollten: Die Notwendigkeit der Diktatur des Proletariats in dieser oder jener Form; das Bündnis der Arbeiterklasse mit den Bauern und anderen Schichten der Werktätigen; das gesellschaftliche Eigentum an den wichtigsten Produktionsmitteln; den sozialistischen Internationalismus usw.

Diese Beratung war die letzte Tagung der kommunistischen Parteien, an der die KP Chinas teilnahm. Es sollten nur wenige Jahre vergehen, bis es zum Bruch kam.

Auf der Beratung hatte wahrscheinlich Mao Tse Tung die Anregung gegeben, in der theoretischen und propagandistischen Arbeit stärkeres Gewicht auf die Vermittlung der Dialektik zu legen. Die Konferenz erklärte: »Geht eine marxistische politische Partei bei der Prüfung der verschiedenen Fragen nicht von der Dialektik und dem Materialismus aus, so führt dies zu Einseitigkeit und Subjektivismus, zur Verknöcherung des Denkens, zur Loslösung von der Praxis, zum Verlust der Fähigkeit, die Dinge und Erscheinungen richtig zu analysieren, zu revisionistischen und dogmatischen Fehlern und zu Fehlern in der Politik«.

Bildungsprobleme Bei der Wahl zur Volkskammer 1958 wurde ich als Abgeordneter gewählt. Ich war Abgeordneter bis 1989, zuerst für Dresden, dann für Jena. Außerdem war ich Vorsitzender des Ausschusses für Volksbildung.

Fragen des Bildungswesens spielten Ende der 50er Jahre, wo sich die wissenschaftlich-technische Revolution und eine stürmische Entwicklung der Produktivkräfte anbahnte, eine wachsende Rolle. Das Politbüro hatte eine Schulkommission eingesetzt und mich mit der Leitung beauftragt. Ihr gehörten Margot Honecker, Alexander Abusch, Gerhard Neuner, Werner Lorenz, Hans Siebert sowie Schuldirektoren, Lehrer, Erzieher und pädagogische Wissenschaftler an. In intensiver Diskussion entstanden Thesen über die sozialistische Entwicklung des Schulwesens in der DDR, die ich in einem Referat auf der 4. Tagung des ZK (15. – 17. Januar 1959) erläuterte.

Am Beginn des Schulwesens in der SBZ und der DDR stand im Einklang mit dem Potsdamer Abkommen die Durchführung der demokratischen Schulreform, die Brechung des Bildungsprivilegs der Besitzenden und der Aufbau eines einheitlichen Schulsystems, besonders durch die Beseitigung der Zwergschulen und die Schaffung der Zentralschulen auf dem Lande. Mit dem Übergang zum Sozialismus war auch eine Umgestaltung des Schulwesens erforderlich. Die 2. Parteikonferenz im Jahre 1952 hatte bereits die Einführung der zehnklassigen Mittelschule und des polytechnischen Unterrichts gefordert. Es dauerte aber noch Jahre, bis diese Forderungen realisiert werden konnten.

Wir gingen davon aus, daß die Schüler keine ausreichende psychologische und praktische Vorbereitung auf ihre künftige berufliche Tätigkeit erhielten und oft nur über formale, nicht verarbeitete Kenntnisse verfügten. Die Schule mußte mit dem Leben verbunden werden.

Zur Verwirklichung der Aufgaben, die sich durch den technischen und gesellschaftlichen Fortschritt ergaben, reichte die 8-klassige Grundschulausbildung nicht aus. Deshalb wurde auf der 4. Tagung des ZK der Vorschlag unterbreitet, eine zehnklassige allgemeinbildende polytechnische Oberschule mit einem einheitlichen

Lehrplan für die Klassen eins bis zehn zu schaffen. Der Aufbau dieser Schule sollte bis 1964 vollendet und ihr Besuch von diesem Zeitpunkt an für alle Kinder obligatorisch sein. Neben der zehnklassigen Oberschule gab es die erweiterte Oberschule mit 12 Klassen, die zur Hochschulreife führte.

Der westdeutsche Pädagoge Wilhelm Lamszus bezeichnete den Übergang zur polytechnischen Bildung an unseren Schulen als einen kühnen Vorstoß in pädagogisches Neuland. Natürlich gab es bei Lehrern und Eltern auch Zweifel über die Zweckmäßigkeit der polytechnischen Bildung. Die Schulkommission war bestrebt, alle Fragen offen zu diskutieren.

Unter Leitung von Alexander Abusch wurde 1963 eine staatliche Kommission zur Ausarbeitung des Gesetzes über das einheitliche sozialistische Bildungssystem gebildet. Die vorbereitende Arbeit hatte unsere Schulkommission geleistet. Mit der Annahme des Gesetzes (1965) wurde der Besuch der zehnklassigen allgemeinbildenden polytechnischen Oberschule für alle Kinder obligatorisch.

Über die Entwicklung des Hochschulwesens hatte ich Anfang der 50er Jahre eine Diskussion mit Semjonow und seinem Mitarbeiter. Semjonow meinte, daß eine Vielzahl neuer Hochschulen gebildet werden müsse, um die Ausbildung der neuen Intelligenz zu gewährleisten. Als ich einwandte, dazu seien die Mittel nicht vorhanden, nannte er mich einen schlechten Marxisten. Ich müßte einsehen, daß das Nationaleinkommen der DDR ständig wachsen werde und so die Mittel zur Verfügung stünden. In der Tat wurden in den 50er Jahren neue technische, pädagogische, medizinische, künstlerische und andere Hochschulen gegründet, so daß die DDR über ein Netz von Universitäten und Hochschulen verfügte.

Die III. Hochschulkonferenz, die vom 28. Februar bis 2. März 1958 in Berlin stattfand, hatte das Ziel, die neuen Aufgaben im Hochschulwesen zu bestimmen. In meinem Referat sagte ich, daß es darum ginge, an den Universitäten und Hochschulen im Inhalt und den Methoden der Forschung, Ausbildung und Erziehung einen Umschwung herbeizuführen, um eine völlige Übereinstimmung des Hochschulwesens mit den Erfordernissen des sozialistischen Aufbaus zu erreichen. Die Notwendigkeit dieser Umgestaltung ergab sich aus dem Widerspruch zwischen der raschen Entwicklung in Industrie, Landwirtschaft, Staat, Recht und Kultur einerseits und den von der Praxis losgelösten, vielfach veralteten Lehrmeinungen und Methoden an Fakultäten und Fachrichtungen andererseits. Die Hochschulkonferenz schlug die Verbreitung des dialektischen Materialismus, die Bildung von Forschungsgemeinschaften, die Änderung der Studienprogramme, die enge Verbindung von Wissenschaft und Produktion, Änderungen bei der Auswahl und Zulassung zum Studium sowie die Verbesserung der staatlichen Leitung vor.

Rolle der Wissenschaft In den 50er Jahren wurde Klarheit über die Rolle der Wissenschaft beim Aufbau der neuen Gesellschaft immer wichtiger. In einer Diskussion, die Mitte 1951 stattfand, legte ich besonderes Gewicht darauf, daß die Wissenschaft aufs engste mit der Praxis, d. h. in erster Linie mit der Produktionstätigkeit der Menschen verbunden ist. Eine Loslösung kann es auf die Dauer nicht geben, wenn sich die Wissenschaft nicht in eine sinnlose Spielerei verwandeln soll. Leider fügte ich hinzu: »Ich denke hier etwa an jene Genetiker, die sich Jahre hindurch mit der Verschiedenfarbigkeit der Flügel der Drosophila beschäftigen, ohne jeden Nutzen für die Gesellschaft«. Diese laienhafte, dumme Äußerung hat bei den Genetikern, die sich, wie Prof. Paula Hertwig an der Universität Halle, mit derartigen Forschungen befaßten, mit Recht kein Verständnis gefunden, was mir bei einem Besuch im Gaterslebener Akademieinstitut Prof. Mothes und Prof. Stubbe auch deutlich sagten. Ich hatte gedankenlos die in der Sowjetunion besonders von Lyssenko vertretene Ablehnung der Genetik übernommen. Mothes, Stubbe und andere hielten jedoch als entschiedene Gegner Lyssenkos, wie Dubinin in der Sowjetunion, an ihren genetischen Forschungen fest.

In dieser Zeit mußte auch ernste Kritik am Verhalten mancher Partei- und Staatsorgane gegenüber der wissenschaftlichen und künstlerischen Intelligenz geübt werden. Man konnte von einer Politik der Nadelstiche sprechen, die sich in der Verweigerung des Besuchs wissenschaftlicher Tagungen im Westen, in der mangelhaften Belieferung mit Literatur, Geräten, Chemikalien usw., in der Streichung bzw. Nichtbestätigung von Stellenplänen, in der mangelnden Rechtssicherheit und anderen Maßnahmen äußerte. Ich hatte mich schon auf der 15. Tagung des ZK gegen die kleinliche Bevormundung und Beschränkung der Tätigkeit unserer Wissenschaftler gewandt und gefordert, daß sich die Wissenschaft frei und ungehindert entwickeln kann. Doch viel erreicht hatte ich nicht.

Bei der Beantwortung der Frage, welche Rolle der Wissenschaft im Sozialismus zukommt, spielte der Hinweis auf die Erfolge der Sowjetwissenschaft eine besondere Rolle. Im Oktober 1957 schoß die Sowjetunion den ersten künstlichen Erdsatelliten ins All. Mit dem Sputnik und dem Weltraumflug Gagarins stellte sie ihre Leistungsfähigkeit unter Beweis. In der Euphorie über diesen Fortschritt in Wissenschaft und Technik vertrat ich die Auffassung, daß es in der sozialistischen Gesellschaft keinerlei Schranken für Wissenschaft und Technik gibt, im Gegensatz zu den kapitalistischen Ländern, wo die Entwicklung der Technik stets durch Monopolinteressen beeinträchtigt werde und sich zuungunsten der Arbeiter auswirke, deren Ausbeutung durch die kapitalistische Rationalisierung verstärkt wird. Wichtiger wäre es gewesen, die in den kapitalistischen Ländern vor sich gehenden strukturellen Veränderungen genau zu studieren und die Fortschritte auf dem Gebiet der Elektronik, der Mechanisierung und Automatisierung gründlich zu analysieren. Es war klar, daß die DDR dieser Herausforderung nicht ausweichen konnte, wenn sie ein entwickelter Industriestaat bleiben wollte.

In dieser Richtung konnten wir erste Erfolge verzeichnen. Im Oktober 1957 wurde der erste Kernreaktor im Zentralinstitut für Kernphysik in Rossendorf bei Dresden eingeweiht. Als offizielle

Vertreter nahmen Otto Grotewohl, Fritz Selbmann und ich an der Einweihung teil. Leider enttäuschte der Direktor des Instituts bald das in ihn gesetzte Vertrauen durch die Abwanderung in den Westen.

Höhepunkte im wissenschaftlichen Leben waren in dieser Zeit die 400-Jahr-Feier der Friedrich-Schiller-Universität Jena und die Würdigung Max Plancks durch einen Festakt und eine Tagung, an der Wissenschaftler aus aller Welt teilnahmen. Bei der Einweihung der Sternwarte in Tautenburg am 19. Oktober 1960 traf ich mit Prof. Thiessen und Prof. Frühauf zusammen. Sie gehörten zu den zahlreichen Wissenschaftlern der DDR, mit denen ich in den folgenden Jahren in Verbindung stand.

In Halle hat die Leopoldina ihren Sitz. Sie ist die älteste deutsche Akademie der Naturforscher, zu deren Mitgliedern Gelehrte aus aller Welt gehören. Die Leopoldina nahm unter den Akademien der DDR eine Sonderstellung ein, da sie sich als ein Bindeglied zwischen Ost und West verstand. Ihr Leiter, Prof. Mothes, wie auch sein Nachfolger, Prof. Bethge, verhielten sich loyal zur DDR – bei aller Kritik im einzelnen – wenn sie auch, gemäß der Tradition, die Leopoldina als eine gesamtdeutsche Institution verstanden. Daher gab es immer wieder Stimmen, die sich gegen die Weiterführung dieser Akademie wandten und ihre Verlegung nach Schweinfurt befürworteten. Ein solcher Schritt hätte der DDR Schaden gebracht und wurde von uns (d. h. der Abteilung Wissenschaft) entschieden abgelehnt.

In einem Festvortrag anläßlich der 150-Jahr-Feier der Humboldt-Universität und der 250-Jahr-Feier der Charité sprach ich Anfang November 1960 über »Humanismus und Wissenschaft«. Der Vortrag beginnt mit den Worten: »Noch nie war die Einheit von Humanismus und Wissenschaft so notwendig wie heute, denn die Wissenschaft nimmt eine mehr und mehr exponierte Stellung in der Gesellschaft ein, und es ist zu einer Lebensfrage für die Menschheit geworden, den erneuten Mißbrauch wissenschaftlicher Erkenntnisse durch kriegslüsterne, antihumane Kräfte unter allen

Umständen zu verhindern. Noch nie wurde aber auch für die Verwirklichung der Ideale des Humanismus und die Förderung der Wissenschaft so viel getan wie in unserer Zeit. Durch den Aufbau des Sozialismus vollzieht sich in vielen Ländern eine vollständige Erneuerung der sozialen und kulturellen Existenzformen«.[18] Der Vortag fand starke Beachtung und wurde auch im Westen in der von Wolfgang Abendroth herausgegebenen »Korrespondenz für Wirtschafts- und Sozialwissenschaften« (H. 3 v. 1. Februar 1961) nachgedruckt.

In Vietnam Ende August 1960 nahm ich gemeinsam mit Willi Rumpf, dem damaligen Minister für Finanzen am III. Parteitag der KP Vietnams teil. Es war mein erster Besuch in Vietnam.

Der Flug über Moskau, Tomsk und Irkutsk hatte einen Eindruck von der Größe und Weite der Sowjetunion vermittelt. In Irkutsk wurden wir mit echt russischer Gastfreundschaft empfangen und mit sibirischen Pelmeni bewirtet. Auf dem Flughafen in Peking begrüßte uns zu unserer Überraschung Tschou En Lai, der Ministerpräsident Chinas, und gab zu unsern Ehren im Flugplatzhotel ein Essen. Wir waren miteinander schon bekannt. Ich hatte ihn, den Ehrendoktor der Humboldt-Universität, bei einem Aufenthalt in der DDR betreut und unter anderem in eine der neugegründeten Landwirtschaftlichen Produktionsgenossenschaften begleitet. Die anderen chinesischen Teilnehmer am Essen kannte ich nicht, doch die Herzlichkeit, mit der sie uns aufnahmen, war beeindruckend. Bei diesem Essen lernte ich die chinesische Küche und die merkwürdigen Tischsitten kennen. Da Stäbchen benutzt wurden und jeder sich aus den kleinen Schüsseln selbst bediente, sah das Tischtuch bald aus wie ein buntes Mosaik. Unser Botschafter erklärte, dies gelte als Beweis für die Zufriedenheit der Gäste mit der Mahlzeit.

Von Peking sahen wir wenig. Wir lernten das Leben und Treiben auf den Straßen kennen, hatten aber keine Zeit für die Besichtigung von Sehenswürdigkeiten.

Die nächste Station der Reise war Wuhan, wo wir wiederum bewirtet wurden, diesmal mit Speisen einer ganz anderen chinesischen Küche. Auf der Fahrt durch die Stadt fiel auf, daß es keinen Fleck Erde zu geben schien, der nicht mit Gemüse oder Getreide bebaut war. Vor ihren Häusern hatten die Bewohner kleine Gärten angelegt. Wir übernachteten in Wuhan. In der Frühe wurden wir durch rhythmisches Rufen und Klatschen geweckt. Die Studenten der nahegelegenen Universität – es mögen Tausende gewesen sein – machten gemeinsam ihre Morgengymnastik.

Die Eindrücke dieser ersten Reise durch China, besonders die Tatsache, daß auch in der Stadt jede Möglichkeit genutzt wurde, um durch die Eigeninitiative der Bürger die Versorgung zu verbessern und Sauberkeit zu wahren, sind unvergeßlich.

Von Naning ging der Flug bei stürmischem Wetter über die Berge nach Hanoi. Als Leiter der Delegation schritt ich die Ehrenformation der Volksarmee ab, die zu unserer Begrüßung angetreten war. Den stärksten Eindruck von dieser Vietnamreise hinterließen bei mir die Begegnungen mit Ho Chi Minh – von seinem Volk liebevoll Onkel Ho genannt. Er empfing uns bald nach der Ankunft zu einem langen Gespräch. Er war ein weiser Mann, der sich lebhaft für die Entwicklung in der DDR und im übrigen Europa sowie für theoretische Fragen interessierte. Zugleich hatte er keinerlei Allüren als Präsident. Er lebte sehr bescheiden. Die Jugend Hanois hatte anläßlich des Parteitages ein Fest organisiert. Onkel Ho schlug uns vor, ihn zum Fest zu begleiten. Wir erlebten eine Welle der Zuneigung zu diesem großen Revolutionär, die uns tief berührte. Lange saßen wir mit Onkel Ho und seinen Mitkämpfern auf den Stufen einer kleinen Pagode inmitten einer Schar farbenprächtig gekleideter junger Vietnamesen und sangen Lieder (unsere Gruppe machte mit dem »Roten Wedding« und »Spaniens Himmel« Eindruck).

Wir besuchten die Hafenstadt Haiphong, zu der es von Hanoi aus nur eine Verbindungsstraße gab. Am Rande der Straße standen immer noch die von den Franzosen oder den Japanern errichteten kleinen Bunker mit Schießscharten. Die Bauern, vor allem Frauen und Mädchen, arbeiteten in den Reisfeldern bis zum Knie im Wasser. Sie lebten in primitiven Hütten, in unbeschreiblicher Armut. In Haiphong besuchten wir eine Glasfabrik, an deren Aufbau die DDR mitgewirkt hatte.

Am 7. September 1960 starb Wilhelm Pieck. Ich wurde durch ein Telegramm aufgefordert, sofort nach Berlin zurückzukehren und konnte am Parteitag nicht weiter teilnehmen. Willi Rumpf blieb in Hanoi.

Der Tod Wilhelm Piecks wurde von vielen Bürgern als ein großer Verlust für die Deutsche Demokratische Republik empfunden. Wilhelm Pieck war wie ein Vater. Er war für mich das Vorbild eines Arbeiterfunktionärs, der in Jahrzehnten des Kampfes sich stets durch Bescheidenheit und vertrauensvolle Beziehungen zu den werktätigen Menschen auszeichnete. Dafür wurde er von den »einfachen Leuten« geachtet. Die Schriftsteller und Künstler schätzten ihn, weil er sich für ihr Schaffen interessierte, ihre Bücher las, die Premieren besuchte und jederzeit ein offenes Ohr für ihre Probleme hatte. Er war – wie Paul Dessau es ausdrückte – ein »Freund der Künste«.

Nach dem Tod Wilhelm Piecks im September 1960 wurde das Amt des Präsidenten nicht neu besetzt, sondern ein Staatsrat der DDR gebildet, dessen Mitglieder von der Volkskammer berufen und vereidigt wurden. Zum Vorsitzenden des Staatsrats wurde Walter Ulbricht ernannt, der in seiner Person außerdem die Funktionen des Ersten Sekretärs des ZK der SED und des Vorsitzenden des Nationalen Verteidigungsrates vereinte. Dies war eine Ämteranhäufung, die in der Folgezeit viel Unzufriedenheit hervorrief, besonders weil sie als Quelle des Personenkults und als Hemmschuh für die demokratische Kontrolle in der Führung des Staates empfunden wurde.

Vor dem Mauerbau Auf dem V. Parteitag (10. – 16. Juli 1958), der Kurs auf den Sieg des Sozialismus in der DDR nahm, hatte Walter

Ulbricht es als ökonomische Hauptaufgabe bezeichnet, bis 1961 den Pro-Kopf-Verbrauch Westdeutschlands bei Nahrungsmitteln und den wichtigsten industriellen Konsumgütern zu erreichen und zu übertreffen. Die Wirtschaftslage hatte sich verbessert, die Lebensmittelkarten wurden aufgehoben, und Lohnerhöhungen waren möglich geworden. Aber die Zielstellung, Westdeutschland einzuholen, war schon vom Ansatz her fragwürdig, wie sich bald zeigen sollte.

Die DDR folgte mit dieser Zielstellung im Prinzip der von Chrustschow verkündeten Losung, die Industrieproduktion der USA in 20 Jahren zu überholen. Nach der Annahme des Siebenjahrplans in der Sowjetunion 1959 wurde der Fünfjahrplan der DDR abgebrochen. An seine Stelle trat ebenfalls ein Siebenjahresplan (1959 – 1965). Damit sollte eine Übereinstimmung der gegenseitigen Verpflichtungen gesichert werden. Die Lieferungen der UdSSR an die DDR – Rohstoffe, Energie und defizitäre Produkte – wurden Bestandteil des sowjetischen Planungssystems.

Der Siebenjahrplan brachte zwar insgesamt eine Erhöhung des Wirtschaftspotentials der DDR, sein Ziel wurde jedoch nicht erreicht. Die Programme zur Entwicklung der Kohleproduktion, der Energie und Chemie erforderten hohe Investitionen zum Nachteil anderer Bereiche der Volkswirtschaft. Die Schwierigkeiten in der Produktion und in der Versorgung der Bevölkerung häuften sich gegen Ende der 50er Jahre. Zum Rückgang des Wachstums der Industrieproduktion kam der durch die forcierte Vergenossenschaftlichung in der Landwirtschaft bedingte Produktionsausfall. Die auf Druck Chrustschows (oder um ihm zu gefallen?) eingeführten Rinderoffenställe, die für das Klima in unserer Region nicht geeignet waren, führten zu einem Rückgang der Milchleistung der Kühe und zur Erhöhung der Rindersterblichkeit. Auch das Lieblingskind Chrustschows, der Maisanbau, gedieh nicht besonders. Ab Mitte 1960 wurde die Verschlechterung der Versorgung spürbar. Der gestiegenen Kaufkraft stand eine viel zu geringe Warenmenge gegenüber.

Seit 1949 war die Grenze zu Westberlin offen. Dies wurde von über 100 000 Grenzgängern aus Ostberlin und Umgebung genutzt, um im Westteil der Stadt zu arbeiten und im Ostteil mit billigen Mieten, Verkehrstarifen und niedrigen Preisen für Konsumgüter zu leben. Die Spekulationen mit der Mark der DDR (ein willkürlich festgesetzter Währungskurs von 1 DM zu 4 DDR-Mark) ermöglichten es vielen Westberlinern, im Osten Grundnahrungsmittel billig einzukaufen und preiswert Dienstleistungen in Anspruch zu nehmen.

Die ökonomischen Schwierigkeiten wurden durch die Bonner Regierung genutzt, um auf die DDR Druck auszuüben. Da den Teilnehmern eines in Westberlin stattfindenden revanchistischen »Tages der Heimat« das Betreten der Hauptstadt der DDR nicht gestattet wurde, kündigte die Regierung der BRD am 30. September 1960 das 1951 mit der DDR vereinbarte Handelsabkommen. Davon waren etwa 10 Prozent der Gesamtimporte der DDR betroffen. Die Kündigung wurde zum Jahresende zurückgenommen, da sie sich auch gegen die Interessen Westberlins richtete. Dies wurde jedoch mit einer Widerrufsklausel verbunden, einem Element der Unsicherheit für die Wirtschaft der DDR.

Auf der 11. Tagung des ZK (15. – 17. 12. 1960) begründete Bruno Leuschner, daß die Zielstellung, die BRD einzuholen und zu überholen, nicht aufrechterhalten werden kann und der Siebenjahrplan korrigiert, d. h. de facto eingestellt werden muß. Im März 1961 wurde beschlossen, den Aufbau der Flugzeugindustrie abzubrechen. Die Sowjetunion gewährte der DDR zwar am 30. Mai 1961 einen Kredit von 2 Milliarden Rubel, zum Teil in Devisen, der in erster Linie zur Verbesserung der Versorgung dienen sollte. Aber auch durch diesen Kredit konnte die Schere zwischen der gestiegenen Kaufkraft der Bevölkerung und dem Warenangebot nicht geschlossen werden.

Die Schwierigkeiten in der Versorgung und die rasche Umgestaltung der Landwirtschaft hatten das Vertrauen von Teilen der Bevölkerung erschüttert. Viele Handwerker fürchteten, ihre Selbständigkeit zu verlieren. Fachkräfte sahen keine Perspektive für eine rasche Verbesserung der Arbeits- und Lebensbedingungen. Die Bildung von landwirtschaftlichen Produktionsgenossenschaften verunsicherte viele Groß- und Mittelbauern. Es kam zu einer wachsenden Zahl von Menschen, die die DDR verließen. (1960 waren es 199 100 und von Januar bis August 1961 über 155 000 Bürger). Der Sog des höheren Lebensstandards in der BRD machte sich mehr und mehr bemerkbar. Wenn diese Entwicklung weiter ging, konnte es zum »Ausbluten« der DDR kommen.

Es war nicht zu übersehen, daß viele Fachkräfte von westdeutschen Institutionen abgeworben wurden. Überhaupt nutzten die der DDR feindlich gesonnenen Politiker und Medien der BRD alle Möglichkeiten, um die Stimmung anzuheizen. Sie waren bestrebt, die DDR zu destabilisieren. Ein gefährliches Spiel, da die DDR zum Einflußbereich der UdSSR und des Warschauer Pakts gehörte. Im Frühjahr 1961 waren wir überzeugt, daß wir es mit einem Großangriff im kalten Krieg zu tun hatten, der die Existenz der DDR in Frage stellte.

Die Regierung Adenauer versäumte keine Gelegenheit, um die Hallsteindoktrin, ihren Alleinvertretungsanspruch, die Ablehnung normaler Beziehungen mit der DDR und ihren Widerstand gegen jeden Kompromiß um Westberlin zum Ausdruck zu bringen. Der »Tag X«, die »Befreiung« der Sowjetzone wurde als nahe bevorstehend verkündet. Dies war zwar noch keine Kriegserklärung, aber auch kein Anzeichen von Vernunft und Friedensbereitschaft. Dieser Haltung stellte die Volkskammer den Deutschen Friedensplan entgegen. Er enthielt den Vorschlag, zwischen beiden deutschen Staaten ein Abkommen des guten Willens abzuschließen. Wie viele Initiativen zur deutschen Einheit blieb das ohne Echo.

Ernste Sorgen Zu meinem großen Arbeitsgebiet kam 1960 noch die Verantwortung für das Gesundheitswesen und die Anleitung der Abteilung Gesundheitspolitik des ZK hinzu. Wir konnten gute

Beziehungen zu international bekannten Ärzten herstellen, wie den Professoren Brugsch, Felix, Übermuth u. a., die sich zu Fragen des ärztlichen Ethos und der Stellung des Arztes im Sozialismus positiv äußerten. In einem Diskussionsbeitrag stellte ich fest, daß das humanistische Streben der medizinischen Intelligenz im Sozialismus Erfüllung findet. Der Kampf zur Tilgung der Volkskrankheiten wird erfolgreich geführt und die stationäre und ambulante Versorgung der Bevölkerung wird unter großem persönlichen Einsatz der Ärzte, Zahnärzte und der mittleren medizinischen Berufe weiter ausgebaut.

Doch mußte ich gleichzeitig darauf hinweisen, daß infolge der organisierten Arbeit westdeutscher antisozialistischer Kräfte sowie der enormen beruflichen Belastung eine größere Anzahl Ärzte, Zahnärzte und Apotheker die Republik verlassen hatten. Es war uns nicht gelungen, alle Einrichtungen des Gesundheitswesens mit moderner Medizintechnik auszustatten, eine reibungslose Versorgung mit den notwendigen Medikamenten und anderen Mitteln zu sichern und die Ärzte vor bürokratischen, administrativen Eingriffen zu schützen. Viele erhofften sich im Westen bessere Arbeitsbedingungen und ein sorgenfreies Leben.

Das Politbüro beschloß Maßnahmen, um die Arbeit der medizinischen Intelligenz zu erleichtern, das staatliche Gesundheitswesen weiter auszubauen, die Zahl der Ärzte mit eigener Praxis zu vergrößern und die Leistungen der Mediziner durch Verleihung von Titeln, wie Sanitätsrat, Medizinalrat usf. anzuerkennen. Dennoch konnte das Verlassen der Republik vor allem durch Fachärzte nicht gestoppt werden. In einigen Gebieten entstanden große Engpässe bei der medizinischen Versorgung der Bevölkerung. So zeigte sich am Beispiel des Gesundheitswesens, daß die Lage kritisch war und nicht länger unwidersprochen hingenommen werden konnte.

Spiel mit dem Feuer Unter Chrustschow wies die Deutschlandpolitik der Sowjetunion starke Schwankungen auf. Ein am

10. Januar 1959 von der Sowjetunion nach Konsultation mit der DDR vorgelegter Entwurf eines Friedensvertrages mit beiden deutschen Staaten sah die Bildung einer deutschen Konföderation und für Westberlin den besonderen Status einer entmilitarisierten freien Stadt vor. Als die Westmächte und die Adenauerregierung diesen Vorschlag ablehnten, erklärte Chrustschow am 9. März 1959 auf einer Kundgebung in Berlin, wenn es nicht zum Friedensvertrag mit beiden deutschen Staaten komme, werde die UdSSR mit der DDR allein einen Friedensvertrag abschließen. Westberlin gehöre als Teil von Großberlin zum Territorium der DDR.

Beim Besuch Chrustschows in den USA im September 1959 war kein Ergebnis erzielt, aber doch deutlich gemacht worden, daß die Westmächte keinen Friedensvertrag, wohl aber eine separate Berlin-Lösung für möglich hielten. Eisenhower sprach auf einer Pressekonferenz von der »anomalen Situation in Berlin«. Ein Gipfeltreffen, das im Mai 1960 in Paris stattfinden sollte, kam nicht zustande, da ein U2-Spionageflugzeug der USA über sowjetischem Territorium abgeschossen worden war. Diese Provokation bot Chrustschow den gewünschten Anlaß, weiteren Verhandlungen über die deutsche Frage bis zum Ende der Präsidentschaft Eisenhowers auszuweichen.

Auf der 15. Tagung der UNO (23. September 1960) erklärte Chrustschow, die Sowjetunion sei bereit, mit dem Friedensvertrag mit Deutschland zu warten; sie werde versuchen, auf einer Gipfelkonferenz ein Übereinkommen über den Vertrag zu erreichen.

Dieses Hin und Her, insbesondere die mehrmalige Ankündigung eines besonderen Friedensvertrages mit der DDR, wirkte wie eine Drohung. Sie führte zum engeren Zusammenschluß der NATO-Staaten und verstärkte die Furcht vor einem Konflikt zwischen der SU und den Westmächten.

Im Januar 1961 trat John F. Kennedy als Präsident der USA an die Stelle J. W. Eisenhowers. Die USA hielten an ihrem Führungsanspruch für die westliche Welt fest und beanspruchten insbesondere Einfluß und Mitbestimmungsrecht in Westberlin.

Das Gerangel um Westberlin wurde seit 1960 von der ersten Kubakrise begleitet. Im Juli dieses Jahres hatte Chrustschow die USA davor gewarnt, Kuba anzugreifen und selbst die militärische Unterstützung der SU für Kuba angekündigt. Dennoch folgte 1961 der Versuch einer Invasion von Exilkubanern mit amerikanischer Unterstützung an der »Schweinebucht«, der zurückgeschlagen wurde. Die Gefahr eines Krieges zwischen den USA und der UdSSR rückte immer näher. In dieser Situation kamen die Repräsentanten beider Staaten zu der Erkenntnis, daß dieser Krieg ein Kernwaffenkrieg werden und zu ungeheuren Opfern und Zerstörungen führen würde. Obwohl die USA mehr Kernwaffen besaßen, konnte Kennedy es nicht wagen, wegen Kuba Krieg zu führen. Chrustschow konnte das nicht wegen Westberlin. Beide Seiten orientierten auf die Erhaltung des Status quo. Anfang Juni 1961 kam es zu einer Begegnung zwischen Kennedy und Chrustschow in Wien. Dabei ging es um Rüstungskontrolle, die Lage in Südostasien und um Westberlin. Es war ein Disput. Vereinbarungen wurden nicht abgeschlossen. Keine Seite wollte eine Preisgabe der in Jalta festgelegten Ordnung für Europa.

Es schien, daß es bald zu Verhandlungen kommen würde. Deshalb konnte Walter Ulbricht auf einer Pressekonferenz am 15. Juni 1961, da er mit einer Verhandlungslösung rechnete, auch erklären, es bestehe nicht die Absicht, eine Mauer um Westberlin zu errichten. Noch Ende Juli 1961 gab Ulbricht auf die Frage des Korrespondenten der US-Zeitung »Evening Star«: »Ist es richtig zu sagen, Sie hätten heute nicht die Absicht, die Grenze zu schließen?« die Antwort: »Das ist richtig. Voraussetzung ist, daß die andere Seite friedliche Absichten bezeugt, indem sie zu normalen Beziehungen übergeht«. Dies war keine bewußte Irreführung der Öffentlichkeit, keine Lüge. Am 18. Juli 1961 erfolgte jedoch die endgültige Ablehnung der sowjetischen Vorschläge zur Friedensregelung durch die USA, Großbritannien und Frankreich. Auch die Antwortnote der Sowjetunion mit der neuerlichen Aufforderung zum Abschluß eines Friedensvertrages, die Gromyko am 4. August 1961 den Botschaftern der drei Westmächte überreichte, wurde zurückgewiesen.

Inzwischen hatte Kennedy am 25. Juli 1961 die Bedingungen der USA für die Regelung des Konflikts um Westberlin – die sogenannten »three essentials« – verkündet. Die USA forderten erstens die Freiheit der Bevölkerung von Westberlin, ihr eigenes politisches Regime zu wählen; zweitens die Anwesenheit westlicher Truppen, solange diese von der Bevölkerung gewünscht werden; drittens den ungehinderten Zugang zur Stadt vom Westen auf der Autobahn sowie auf den Luft- und Wasserwegen.

Nach der Ablehnung der sowjetischen Vorschläge für einen Friedensvertrag mußte eine Normalisierung der Lage Westberlins erfolgen, um die weitere Ausplünderung der DDR und die Destabilisierung, die den Frieden gefährdete, zu beenden. Zu dieser Schlußfolgerung gelangte der Politisch-beratende Ausschuß der Staaten des Warschauer Vertrages auf seiner Tagung vom 3. bis 5. August 1961 in Moskau. Am 12. August wandten sich die Regierungen der Warschauer-Pakt-Staaten an die Volkskammer der DDR mit der Forderung, »an der Westberliner Grenze eine solche Ordnung einzuführen, durch die der Wühltätigkeit gegen die Länder des sozialistischen Lagers zuverlässig der Weg verlegt und rings um das Gebiet Westberlins einschließlich seiner Grenze mit dem demokratischen Berlin eine verläßliche Bewachung und eine wirksame Kontrolle gewährleistet wird. Diese Maßnahmen werden die geltenden Bestimmungen für den Verkehr und die Kontrolle an den Verbindungswegen zwischen Westberlin und Westdeutschland nicht berühren«.[19]

Nach zwölf Jahren offener Grenze mit allen negativen Folgen für die DDR war die Sicherung der Grenze zu Westberlin zu einer Notwendigkeit geworden. Zugleich hatten die drei Westmächte sowie die Sowjetunion ihre Interessen gewahrt und einen potentiellen Gefahrenherd ausgeschaltet. Die Abriegelung der Grenze war das Ergebnis realistischen Denkens auf beiden Seiten. Eine Lösung im Sinne des Status quo war erzielt worden, mit welcher die USA und die anderen Westmächte ebenso leben konnten wie die UdSSR und ihre Verbündeten.

Die Sicherung der Grenze verlief ohne ernste Zwischenfälle.

Kenneth O'Donnel, Chef des Terminkalenders des Präsidenten, notierte die Worte Kennedys: »Soweit ich in Frage komme, ist die Krise ausgestanden. Wenn die Russen die Absicht gehabt hätten, uns anzugreifen und uns die Verbindungswege zu sperren, würden sie keine Stacheldrahtbarrikaden errichten. Ich will also darüber nicht in Schweiß geraten«. Adenauer, der mit Kennedy nicht zurecht kam und sich wünschte, daß das Verhältnis zu Amerika wieder so würde wie zu Zeiten von Foster Dulles und Eisenhower, hatte sich lange gegen einen Kompromiß um Westberlin gesträubt. Er mußte schließlich nachgeben, und da er wußte, daß die Sicherung der Grenze erfolgen würde, ließ er sich nach dem 13. August länger Zeit, Berlin zu besuchen.

Welchen anderen Weg hätte es gegeben, um den Status quo zwischen den USA und der Sowjetunion zu erhalten und die Lage in und um Berlin zu entspannen? Durch die offene Grenze war der DDR seit 1945 riesiger Schaden zugefügt worden. Die Hallsteindoktrin hatte die Begründung geliefert für eine politisch-diplomatische Blockade der DDR durch die NATO. Die weitere Destabilisierung der DDR hätte die Interessen der Sowjetunion berührt und die Sicherheit des Warschauer Pakts bedroht. Wenn der Frieden nicht gefährdet werden sollte, mußte eine, wenn auch drastische, Lösung gefunden werden. Die Alternative wäre die Anerkennung der DDR und ihrer Staatsbürgschaft durch die BRD, die Herstellung normaler Beziehungen zwischen beiden deutschen Staaten, die Preisgabe der Hallsteindoktrin und die internationale diplomatische Anerkennung der DDR gewesen. Dazu waren weder Bundesregierung noch NATO bereit.

13. August 1961 Der 12. August war ein Sonnabend. Am Vormittag wurde mir eine Mitteilung Walter Ulbrichts überbracht, worin er bat, gegen 20 Uhr in Dölln zu sein. Das Objekt am

Döllnsee in der Schorfheide diente ihm zur Erholung. Was er von mir wollte, konnte ich der Mitteilung nicht entnehmen.

Auf der Fahrt stellte ich fest, daß sich im Wald verdeckt Panzer und marschmäßig ausgerüstete Soldaten befanden. Wahrscheinlich eine Übung. Walter Ulbricht sagte mir bei der Begrüßung: »Nachher kommen die Blockfreunde, Du sollst mich bei dem Gespräch unterstützen.« Warum und wozu – darüber sagte er nichts.

Allmählich trafen die anderen Gäste ein. Ich kann mich nicht an alle erinnern, die anwesend waren, auf jeden Fall Friedrich Ebert, Gerald Götting von der CDU, der Volkskammerpräsident Friedrich Dieckmann (LDPD), Heinrich Hohmann (NDPD) und Erich Correns, Präsident des ›Nationalrates der Nationalen Front‹. Es dürften 10 bis 12 Personen gewesen sein. Ulbricht lud uns zum Abendessen ein, das bis gegen 10 Uhr dauerte. Dann, als sich alle in einem Nebenraum versammelt hatten und gespannt waren, wie es weitergehen sollte, gab er bekannt, daß in dieser Nacht Punkt 12 Uhr die Grenze zu Westberlin geschlossen und gesichert werde. Dies erfolge in Übereinstimmung mit den anderen Staaten des Warschauer Vertrages. Die Maßnahme werde durchgeführt, um den Frieden gegen Provokationen der BRD und der NATO zu sichern und das weitere Ausbluten der DDR zu unterbinden. Er hoffe, daß alle Anwesenden ihr Einverständnis erklären.

Ich kann nicht sagen, daß die Mitteilung wie ein Schock wirkte. Denn alle waren sich seit einiger Zeit darüber im klaren, daß etwas geschehen müsse, um die Lage zu stabilisieren. Niemand widersprach Ulbricht. Im Gegenteil. Mehrere Teilnehmer des Gesprächs äußerten Anerkennung dafür, daß es gelungen war, die Aktion unter größter Geheimhaltung vorzubereiten. Ich beteiligte mich am Gespräch, aber eigentlich wäre meine Anwesenheit nicht erforderlich gewesen.

Wenn ich mich recht erinnere, wurde der Vorschlag des Warschauer Pakts, Ordnung an der Grenze zu schaffen, der Volkskammer mitgeteilt. In seiner Bedeutung wurde er nicht erfaßt. Die Vorbereitung der Aktion kann außer durch Walter Ulbricht und Otto Grotewohl nur durch die unmittelbar Beauftragten, wie Erich Honecker als Leiter der Abteilung Sicherheit des ZK, Heinz Hoffmann als Minister für Nationale Verteidigung, Erich Mielke als Minister für Staatssicherheit, Karl Maron als Minister des Inneren und Paul Verner als Erster Sekretär der Bezirksleitung der SED Berlin erfolgt sein.

In den folgenden Tagen erwies es sich, daß die USA und die anderen Westmächte die Sicherung der Grenze mit Westberlin nicht mit militärischen Mitteln verhindern würden. Andererseits konnten die sowjetischen Streitkräfte in der DDR unter dem Befehl von Marschall Konew, die Nationale Volksarmee und die Kampfgruppen, die am 13. August zum Einsatz kamen, gewährleisten, daß die Aktion friedlich verlief. Trotz des Verlangens Willy Brandts, des Regierenden Bürgermeisters von (West-)Berlin, nach »äußersten Maßnahmen« und des Protestes von Lemmer und anderen Politikern der BRD unternahmen die Westmächte nichts gegen die Schließung der Grenze. Adenauer hielt sich zurück, wohl weil er wußte, daß er die Haltung Kennedys nicht ändern konnte. Auch jene Politiker, die gern eine scharfe Reaktion Washingtons gesehen hätten, mußten sich mit der neuen Lage abfinden. Dies bedeutete aber nicht den Verzicht auf die Unterwanderung der DDR mit dem Ziel, sie sobald wie möglich zu beseitigen.

Für die DDR schuf die Schließung der Grenze die Möglichkeit zur ökonomischen Stabilisierung. Es verstärkte sich die Erwartung, daß es nun aufwärts gehen werde. Aber der psychische Schock des 13. August hatte Langzeitwirkung. Bei den Bürgern, die Verwandte im Westen hatten oder sich nach westlichen Werten richteten, herrschte das Gefühl vor, eingesperrt zu sein. Die Aussicht auf ein einheitliches Deutschland war nun, trotz weiterer Angebote in den folgenden Jahren, de facto auf dem Nullpunkt angelangt. Das Nationalgefühl war tief getroffen, wie die weitere Entwicklung zeigte.

Als ich in der Nacht nach Hause fuhr, war der 13. August schon angebrochen.

Anmerkungen

1 Andrej A. Shdanow, Über Kunst und Wissenschaft. Berlin 1951, S. 61f.
2 Werner Mittenzwei, Das Leben des Bertolt Brecht oder der Umgang mit den Welträtseln. Berlin 1986, Bd. II, S. 329
3 Paul Dessau, Notizen zu Noten. Leipzig 1974, S. 69
4 Bertolt Brecht, Gesammelte Werke, Frankfurt/Main 1967, Bd. 10, S. 1007
5 Hans Mayer, Der Turm von Babel. Erinnerung an eine Deutsche Demokratische Republik. Frankfurt/Main 1991
6 Frankfurter Allgemeine Zeitung v. 31. 10. 1992
7 Berliner Zeitung v. 8. 9. 1990
8 ZPA IV 2/1/246
9 ZPA IV 2/1/247
10 Das Herrnstadt-Dokument. Hamburg 1990, S. 161
11 Chrustschow erinnert sich. Hamburg 1992
12 C. F. von Weizsäcker. Die Verantwortung der Wissenschaft im Atomzeitalter. In: Stuttgarter Zeitung v. 30. 4. 1957
13 Ernest Mandel, Marxistische Wirtschaftstheorie. Frankfurt/Main 1968
14 Die deutsche Universität und der Aufbau des Sozialismus. Beilage der Zs. Forum, Oktoberausgabe 1956
15 Wolfgang Harich, Keine Schwierigkeiten mit der Wahrheit. Berlin 1993, S. 50
16 Anders werden. Gespräch mit Wolfgang Harich. Berlin 1995, S. 91
17 N. S. Chrustschow, Rede vor dem Obersten Sowjet der UdSSR v. 21. 12. 1957. In: Einheit H. 12/1957
18 Kurt Hager, Humanismus und Wissenschaft. Berlin 1961
19 Dokumente zur Außenpolitik der Regierung der DDR. Berlin 1961, Bd. IX, S. 296f.

4. Kapitel 1962 bis 1971

Sonderbotschafter ■ Auf dem XXII. Parteitag der KPdSU ■ Klimaänderungen ■ Das Parteiprogramm von 1963 ■ Das Politbüro ■ Märzberatung ■ Der Bruch mit China ■ »Wandel durch Annäherung« ■ NÖS ■ Die wissenschaftlich-technische Revolution ■ Überholen ohne einzuholen ■ Robert Havemann ■ Das 11. Plenum ■ Begegnungen mit Malern und Bildhauern ■ Reise in die Sowjetunion ■ Die Stalin-Datscha ■ Philosophie und Politik ■ Prager Frühling ■ In Vietnam und Nordkorea ■ Der Einmarsch ■ Das Ende des NÖS ■ Kein Schlagabtausch ■ Eine Ära geht zu Ende

Sonderbotschafter Am Tag nach der Sicherung der Grenze wurde ich vom Staatsrat zum Sonderbotschafter ernannt. Ich wurde beauftragt, die Regierungen Indiens, Burmas und Indonesiens über die Gründe für die Schließung der Grenze zu informieren. Mit mir fuhr Paul Wandel, der zu dieser Zeit Stellvertreter des Außenministers war.

Nach einem Zwischenaufenthalt in Moskau und Taschkent kamen wir am 16. August in Neu Delhi an. Wir waren Gäste der Regierung und wohnten in dem noblen Ashoka Hotel, vor welchem sich ein Slum, ein aus Pappe und Wellblech zusammengebautes Lager armer Inder befand. Dies war unser erster Eindruck von Indien.

Zuerst trafen wir mit dem sowjetischen Botschafter Benediktow zusammen, der uns über die schwierige ökonomische und politische Lage Indiens unterrichtete. Nehrus diplomatische Methode, mit der wir rechnen müßten, sei hören und nichts sagen. Nehru müsse auf die USA-freundlichen Kräfte und auf die Presse Rücksicht nehmen (die englischsprachige werde sowieso gegen uns sein). In der deutschen Frage werde sich die Regierung weiter zurückhalten und sich allmählich einen Standpunkt bilden.

Hören und nichts sagen – dies war die Haltung, die Nehru bei unserem Gespräch einnahm. Er war sehr freundlich und hörte sich meine Ausführungen – nachdem ich ihm die Botschaft des Vorsitzenden des Staatsrats übergeben hatte – aufmerksam an. Er stellte Fragen, um die Maßnahmen vom 13. August noch besser zu verstehen (der sowjetische Botschafter hatte ihn bereits über die Beziehungen zwischen der UdSSR und den USA sowie die sowjetische Deutschlandpolitik informiert) und nahm selbst nicht Stellung, um die Position der indischen Regierung zu verdeutlichen.

Das Gespräch beeindruckte durch die Herzlichkeit, mit der Nehru uns aufnahm. Dies war wohl auch der Teilnahme Herbert Fischers zu verdanken, der seit langem in Indien lebte und ein aktiver Mitkämpfer Mahatma Gandhis bei dessen gewaltlosem Widerstand gegen die englische Kolonialherrschaft gewesen war.

Wir hatten noch Gespräche mit Außenminister Dessai, dem Verteidigungsminister Krishna Menon und Persönlichkeiten, die sich für die Entwicklung der DDR interessierten. Botschafter Benediktow gab uns vor der Abreise nach Burma und Indonesien einen Rat, der sich als äußerst nützlich erwies: Zur Vorbeugung gegen Magen- und Darmverstimmungen unbedingt eine Kiste Wodka auf die Weiterreise mitzunehmen.

In Burma wäre eine offizielle Begegnung mit dem Ministerpräsidenten erst am 23. oder 26. August möglich gewesen. So vermittelte unsere Handelsvertretung ein Gespräch mit dem Außenminister. Unvergeßlich ist mir der Besuch einer Pagode und der Anblick alter Frauen, die auf dem Boden kauerten und dicke Zigarren rauchten. Ich bewahrte jahrelang eine Kiste dieser Zigarren auf, die ich auf dem Flugplatz von Rangun gekauft hatte. Sie waren so stark, daß sie Übelkeit verursachten.

Auch in Indonesien waren wir Ehrengäste der Regierung. Der sowjetische Botschafter Michailow (ein alter Bekannter – er war Sekretär des Komsomol gewesen) informierte uns über die Außenpolitik Indonesiens, die für eine friedliche Lösung der »Berlinfrage« und für Verhandlungen beider deutscher Regierungen über die Wiedervereinigung eintrat.

Ein Treffen mit Präsident Sukarno kam aus unbekannten Gründen nicht zustande. So übergaben wir Außenminister Subandro die Botschaft des Staatsrats und erläuterten ihm ausführlich die Gründe für die Sicherung der Grenze. Von den zahlreichen Gesprächen mit Abgeordneten und Vorsitzenden der verschiedenen Parteien ist besonders das mit dem Politbüro der KP Indonesiens erwähnenswert. Zu diesem Zeitpunkt war die KP Indonesiens unter Führung Aidits eine starke Partei. Als ich 1963 auf dem VI. Parteitag der SED Aidit wiedersah und betreute, stand die Partei bereits stark unter chinesischem Druck. Sie sollte maoistische Ideen und Praktiken übernehmen und war infolgedessen Repressalien ausgesetzt. Beim Abschied sagte mir Aidit, er befürchte Schlimmes. Und er hatte recht, er und mit ihm über hunderttausend indonesische Kommunisten wurden 1965 grausam ermordet.

Die Reise war zufriedenstellend verlaufen. Sie hatte neue Eindrücke vermittelt, und der von Benediktow empfohlene Wodka hatte sich aufs beste bewährt. Wir konnten die Argumente für die Notwendigkeit der Grenzsicherung darlegen, aber alle Gesprächspartner äußerten sich dazu weder zustimmend noch ablehnend. Sie verhielten sich blockfrei und neutral.

Auf der Rückreise hatten wir ein unerwartetes Erlebnis. Unser Flugzeug mußte auf einem Flugplatz in Bahrein (oder Saudi Arabien?) mitten in der Wüste notlanden. Die Hitze war unerträglich. Man erlaubte uns schließlich, das Flugzeug zu verlassen und die Kantine aufzusuchen. Und hier trafen wir zu unserem Erstaunen auf amerikanische Soldaten. Wir befanden uns auf einem militärischen Stützpunkt der USA, einem der vielen, die wie ein Gürtel vom Pazifik bis zum Norden Europas, d.h. konkret die Sowjetunion, China und die übrigen sozialistischen und nichtpaktgebundenen Staaten umspannten. Dies war ein Anschauungsunterricht über die Weltlage.

Auf dem XXII. Parteitag der KPdSU Als Mitglied der Delegation der SED nahm ich am XXII. Parteitag der KPdSU teil (17. 10. – 31. 10. 1961). Auf diesem Parteitag wurde der Übergang vom Sozialismus zum Aufbau des Kommunismus beschlossen. Chrustschow erklärte, die Sowjetunion habe in der Förderung von Eisenerz und Kohle, in der Produktion von Stahlfertigteilen, Zucker, Butter, Fisch u. a. die USA bereits hinter sich gelassen. Der Siebenjahrplan werde die Garantie bieten, die USA sowohl in der Industrieproduktion absolut als auch pro Kopf der Bevölkerung zu überholen. Das vom Parteitag einstimmig beschlossene neue Parteiprogramm verkündete: »Als Ergebnis des zweiten Jahrzehnts 1971 – 1980 wird die materiell-technische Basis des Kommunismus errichtet, die einen Überfluß an materiellen und kulturellen Gütern für die gesamte Bevölkerung sichert; die Sowjetgesellschaft wird soweit sein, das Prinzip der Verteilung nach den Bedürfnissen zu verwirklichen. Somit wird in der UdSSR die kommunistische Gesellschaft im wesentlichen aufgebaut sein«.

Dies war eine Prognose, für die im Jahre 1961 alle Voraussetzungen fehlten. In der Rede Chrustschows und den Diskussionsreden wurde über gravierende Mängel in der Versorgung mit Konsumgütern und im Wohnungsbau berichtet. Angesichts der nach wie vor angespannten internationalen Situation wurde eine Erhöhung der Verteidigungsbereitschaft, also der Ausgaben für die Rüstung verlangt.

Der Vergleich Chrustschows zwischen der UdSSR und den USA beruhte ausschließlich auf quantitativen Angaben über die Produktion. Doch schon zu diesem Zeitpunkt hätte die qualitative Seite des Wachstums der Wirtschaft an die erste Stelle gehört. Die USA waren entschlossen auf den Zug der wissenschaftlich-technischen Revolution aufgesprungen, um den durch den »Sputnik« und den Raumflug Gagarins erlittenen Schock zu überwinden. In den folgenden Jahren wurde das von Kennedy eingeleitete, umfangreiche Raumfahrtprogramm verwirklicht, das zur ersten Landung eines Menschen auf dem Mond führte (1969).

Die Sowjetunion hatte durch die Erfolge in der Raumfahrt bewiesen, daß sie die Fähigkeit zu wissenschaftlich-technischen Höchstleistungen besaß. Aber das Verharren Chrustschows auf der »Tonnenideologie«, der vorwiegend quantitativen Seite des wirtschaftlichen Wachstums, konnte nur zu einem Tempoverlust führen. In der Führung der KPdSU hatte es über die Richtigkeit und Zweckmäßigkeit der Orientierung auf den Aufbau des Kommunismus keine Übereinstimmung gegeben. Davon zeugten auf dem Parteitag die Anklagen gegen die »parteifeindliche« Gruppe Molotow, Kaganowitsch und andere. Mehrere Diskussionsredner, vor allem Mikojan, warfen dieser Gruppe konservatives Verhalten vor. Sie behaupte, daß in der Sowjetunion noch kein umfassender Aufbau des Sozialismus erfolgt sei und man nur in einigen volksdemokratischen Ländern Ansätze des Sozialismus feststellen könne. Offenbar war die Gruppe auch nicht bereit, die Kritik des XX. Parteitags am Personenenkult um Stalin sowie Chrustschows Großprojekte, wie die Erschließung des Neulands, zu billigen.

Auf dem Parteitag waren die führenden Vertreter der kommunistischen und Arbeiterparteien Tschou En Lai, Gomulka, Thorez, Togliatti, Dolores Ibarruri, Kadar, Ho Chi Minh anwesend. Walter Ulbricht sprach für die SED. Tschou En Lai betonte die Notwendigkeit, die Geschlossenheit des sozialistischen Lagers auf der Grundlage der Gleichberechtigung zu wahren. Streitigkeiten sollten im Geiste der Toleranz, ohne einseitige Verurteilung anderer Parteien gelöst werden. Er nahm damit gegen die Angriffe auf die KP Albaniens Stellung, die auf dem Parteitag beschuldigt wurde, die Kritik am Personenkult um Stalin abzulehnen. Tatsächlich hatte die albanische Führung nicht nur an Stalin festgehalten, sondern auch sowjetische Forderungen zurückgewiesen, die eine Preisgabe der Souveränität Albaniens zur Folge gehabt hätten.

Bei einer Zusammenkunft mit den ausländischen Delegierten berichtete Chrustschow fast zwei Stunden lang Einzelheiten über Stalins Gesetzesverletzungen. Dabei beschrieb er in der Art eines Schmierenkomödianten, wie Stalin ihn gezwungen habe, vor seinen Gästen einen ukrainischen Gopak zu tanzen. Der Auftritt Chrustschows war nicht dem Ernst der Sache angemessen, ich empfand ihn als unwürdig. Aber die Enthüllungen über Stalins Gesetzesverletzungen zwangen dazu, bisherige Anschauungen zu überdenken. Für mich war diese Zusammenkunft, nach den Enthüllungen des XX. Parteitags, ein weiteres bitteres Erlebnis. Wohin waren wir geraten? Wie konnte es zu dieser Entartung, dem unwürdigen Kult um eine Person, der Duldung von Gesetzesverletzungen und Repressalien kommen? Von nun an sollten diese Fragen mich immer wieder bedrängen. Es war unmöglich, sie loszuwerden. Dies hielt mich merkwürdigerweise nicht davon ab, auf der 14. Tagung des ZK ein Loblied auf Chrustschow zu singen. Ich pries auch Walter Ulbricht und dessen erprobte und zielklare Führung. Ich war beeindruckt von der Anerkennung, die er auf dem Parteitag der

KPdSU und bei den Werktätigen in den sowjetischen Betrieben, die wir besuchten, gefunden hatte. Und schließlich machte es Mut, daß insbesondere in der Rede Mikojans die Existenz der DDR als ein Glück für Europa bezeichnet worden war. Heute ist bekannt, daß es im Umkreis Chrustschows Leute gab, die ihn zur Preisgabe der DDR drängten. Insbesondere sein Schwiegersohn Adschubai wirkte nach einem Besuch in der Bundesrepublik in dieser Richtung.

Klimaänderungen Die 60er Jahre begannen mit dramatischen Ereignissen – dem Bau der Mauer in Berlin und der ersten Kubakrise, die mit der Niederlage der von den USA unterstützten Exilkubanern in der Bahia Cochinos (Schweinebucht) endete.

Im Oktober 1962 kam es zur zweiten Kubakrise. Die USA und die NATO hatten nach dem »Sputnik-Schock« in Italien, Großbritannien und der Türkei Mittelstreckenraketen stationiert. Für die Sowjetunion stellte dies eine Bedrohung dar. Chrustschow reagierte mit der Entsendung sowjetischer Raketeneinheiten nach Kuba, der Installierung von Abschußrampen und der Stationierung von Bombern (IL 28), die mit Kernwaffen bestückt werden konnten. Die Armeen der USA und der UdSSR waren im Alarmzustand. Buchstäblich jeden Augenblick konnte ein Krieg ausbrechen. Das Exekutivkomitee des Nationalen Sicherheitsrates der USA plädierte für einen Luftangriff auf Kuba. Dies hätte einen sowjetischen Raketenangriff auf amerikanische Städte zur Folge haben können. Denn die Stationierung sowjetischer Raketen auf Kuba war nach dem »Sputnik« ein weiterer Beweis für die Veränderung der strategischen Lage. Amerika war verwundbar geworden. Kennedy wies den Vorschlag, Kuba zu bombardieren, zurück. Er versicherte, daß kein amerikanischer Angriff auf Kuba erfolgt und die USA-Raketen aus der Türkei zurückgezogen werden. Daraufhin traf Chrustschow die Entscheidung zur Rückführung der sowjetischen Raketen. Eine Radarstation und ein sowjetischer Truppenteil blieben auf Kuba, bis 1991 Gorbatschow den Abzug der Truppen anordnete.

Chrustschow hatte ein gefährliches Spiel gespielt. Wie schon die Krise von 1961 hätte die zweite Kubakrise zum Ausbruch eines Krieges zwischen den USA und der Sowjetunion, unter Einschluß der Verbündeten beider Großmächte, führen können. Es wäre ein Krieg mit Kernwaffen geworden, der ungeahnte Folgen für die Menschheit gehabt hätte. Zum Glück siegte auf beiden Seiten die Vernunft über politische und militärische Ambitionen. Die Großmächte wurden sich mehr und mehr des Risikos eines Atomkrieges bewußt, der keiner Seite den Sieg bringen würde.

Die USA vollzogen unter Kennedy die Wende von der ergebnislosen und festgefahrenen Politik des »roll back« und der »massiven Vergeltung« gegenüber der Sowjetunion zu einer Konzeption der abgestuften, flexiblen Reaktion, von offener Konfrontation zur »Entspannung« und »Kooperation«. Dies war die Schlußfolgerung aus dem atomaren Patt, das zwischen den USA und der Sowjetunion entstand (obgleich die Sowjetunion über weniger Atomwaffen verfügte). Kennedy konnte seine neue Strategie nicht ausbauen. Er wurde am 22. November 1963 in Dallas ermordet. Um seine Person rankte sich bald ein Mythos, besaß er doch jugendlichen Charme, Energie und eine große Ausstrahlungskraft.

Zu den hoffnungsvollen Zeichen gehört in dieser Zeit der Abschluß des Moskauer Vertrages über das Verbot der Kernwaffenversuche in der Atmosphäre, im Weltraum und unter Wasser (1961). Diesem Vertrag schloß sich die überwiegende Mehrheit aller Länder, darunter auch die DDR, an. Wir sahen darin einen Beweis, daß es möglich ist, internationale Fragen friedlich zu lösen und die friedliche Koexistenz zu erreichen. Die Bonner Regierung hatte sich zunächst hartnäckig geweigert, das Moskauer Abkommen zu unterzeichnen. Konservative Kräfte traten für die Fortsetzung der bankrotten Politik des »roll back« ein und sprachen von der »gefährlichen Wirkung des Wortes Entspannung«. Sie wiesen zugleich die Vorschläge zur schrittweisen Annäherung und zur Zusammenarbeit beider deutscher Staaten in einer Konföderation zurück und weigerten sich, die Existenz der DDR anzuerkennen. Auch der von

Willy Brandt geleitete Senat von Westberlin verharrte im Klima des kalten Krieges. Ich sagte auf der Kundgebung für die Opfer des Faschismus, Willy Brandt und die anderen Verantwortlichen in Westberlin müßten endlich zur Kenntnis nehmen, daß ihre Politik zur Schürung der Spannung keine Zukunft hat. »Nur die Normalisierung der Beziehungen und sachliche Verhandlungen ermöglichen es, solche Regelungen zu treffen, die im Interesse der Westberliner Bevölkerung und der Bürger der Hauptstadt der DDR liegen«.[1]

Am Rande sei hier der sogenannte »Gänsefüßchenerlaß« des Bundesministers für gesamtdeutsche Fragen aus dem Jahre 1961 erwähnt, der festlegte, daß im Behördenverkehr folgende Ausdrücke verwendet werden mußten: »Sowjetzone«, »sog. DDR«, »SBZ«, »Demarkationslinie«. Zu vermeiden waren »Deutsche Demokratische Republik«, »Ostdeutschland«, »Staatsgrenze«. Mit solchen Kunststückchen versuchte man in Bonn, sich an der Realität vorbeizumogeln. Die Nichtanerkennung der DDR als Staat und Subjekt des Völkerrechts war das Credo von konservativen Politikern und Medien der Bundesrepublik. Dazu gehörten Erklärungen, daß die »Befreiung der Deutschen in der SBZ« das oberste Anliegen sei. Dieser sture Kurs der Nichtbeachtung der DDR konnte auf Dauer nicht beibehalten werden. Der 13. August war eine Zäsur. Allmählich kamen Gespräche über den Handel zwischen beiden Staaten in Gang. Von einer Normalisierung der Beziehungen konnte jedoch nach wie vor keine Rede sein.

Das Parteiprogramm von 1963 Den Sommerurlaub 1962 verbrachten wir auf der Krim. Für mich war es eigentlich ein Arbeitsurlaub, denn Walter Ulbricht, der sich ebenfalls in Nishni Oreanda aufhielt, meinte, wir sollten die Zeit zur weiteren Ausarbeitung des Parteiprogramms nutzen, das dem VI. Parteitag zur Beschlußfassung vorgelegt werde. So gingen die Tage hin. Morgens spielte ich Tennis mit Kirilin, dem Vorsitzenden des Staatlichen Komitees der UdSSR für Wissenschaft und Technik, oder mit Jeljutin, dem Minister für Hochschulwesen. Danach ging ich schwimmen. Am späten Nachmittag fand die Diskussion zum Parteiprogramm statt. Daran war gelegentlich auch der Vizepräsident der Akademie der Wissenschaften der UdSSR und Verantwortliche für die Gesellschaftswissenschaften, Professor Fedossejew, beteiligt.

Dem Entwurf lag die Feststellung zugrunde, daß im Ergebnis der gesellschaftlichen Veränderungen seit 1952, besonders seit der Entstehung landwirtschaftlicher Produktionsgenossenschaften die sozialistischen Produktionsverhältnisse gesiegt haben und der Sozialismus umfassend aufgebaut werden muß. Das hieß, die ökonomischen Folgen der Spaltung Deutschlands zu überwinden und die Wirtschaft, in Zusammenarbeit mit der Sowjetunion und dem RGW, entsprechend ihren spezifischen Bedingungen zu gestalten. Dies erfordere, die fortgeschrittenen Ergebnisse von Wissenschaft und Technik anzuwenden, die Energiewirtschaft, Chemie, Metallurgie, Elektronik/Elektrotechnik und den Maschinenbau zu entwickeln sowie die Planung und Leitung der Volkswirtschaft zu verbessern. In der Landwirtschaft würde allmählich der Übergang zu industriellen Produktionsmethoden erfolgen. Bildung und Kultur sollten allseitig entwickelt werden, um die Kenntnisse und Fähigkeiten des Einzelnen voll zur Geltung zu bringen. Das Ziel war die gebildete Nation.

Zur nationalen Frage hieß es, mit dem umfassenden Aufbau des Sozialismus werde das Fundament für ein künftiges einheitliches, friedliebendes und sozialistisches Deutschland geschaffen. »Das Programm«, sagte Walter Ulbricht auf dem VI. Parteitag, »entwirft zugleich ein Bild auch der Zukunft Westdeutschlands«.[2] Damit war das Gewicht von der Schaffung eines einheitlichen, demokratischen und antifaschistischen Deutschlands auf den Sozialismus in ganz Deutschland verschoben. Dies setzte nicht nur die Festigung und Stärkung des Sozialismus in der DDR voraus, sondern machte die Lösung der nationalen Frage von einer grundlegenden Veränderung der gesellschaftlichen Verhältnisse in der Bundesrepublik abhängig.

Der Entwurf wurde nach unserer Rückkehr aus dem Urlaub in der von Walter Ulbricht geleiteten Programmkommission diskutiert und danach dem ZK der KPdSU zur Begutachtung übermittelt. Anfang November 1961 hatte ich in Moskau ein Gespräch mit dem Mitglied des Politbüros und Sekretär des ZK der KPdSU, Michael Suslow, der einige Ergänzungen bzw. Änderungen des Programms vorschlug. So sollte dargelegt werden, daß die SED die Produktionsgenossenschaften des Handwerks und die Entwicklung halbstaatlicher Betriebe fördern werde. Die Blockpolitik solle stärker hervorgehoben werden, da dies für Westeuropa von Bedeutung sei. Suslow meinte, die SED dürfe sich das Banner der nationalen Einheit nicht aus der Hand nehmen lassen. Gerade weil die herrschenden Kreise Westdeutschlands die Einheit bzw. die Konföderation nicht wollten, müßten wir den Weg zur Einheit zeigen. Er äußerte Bedenken, ob die These, daß der Sozialismus die Zukunft Deutschlands sei, vertreten werden müsse. Sie werde zu der Schlußfolgerung führen, daß die Einheit Deutschlands nur unter den Bedingungen des Sozialismus erfolgen könne. Dieser wichtige und richtige Einwand wurde bei der Endfassung des Programms nicht berücksichtigt.

Suslow wandte sich auch gegen den Begriff »Klasse der Genossenschaftsbauern«, da der Eindruck entstehen könne, daß der Sozialismus zur Entstehung neuer Klassen führe, während er doch die Liquidierung der Klassen einleite. Auch in dieser Frage erzielten wir keine Übereinstimmung. Durch den Begriff »Klasse der Genossenschaftsbauern« wurde nicht die Entstehung einer neuen Klasse, sondern die veränderte Stellung der Bauern in unserer Gesellschaft bezeichnet.

Mit Suslow fand ich auch bei dieser Begegnung keinen näheren Kontakt. Er wirkte steif und unnahbar. Zudem begünstigten die unterschiedlichen Auffassungen nicht gerade eine gute Atmosphäre.

Der VI. Parteitag (18. – 21. Januar 1963) nahm einstimmig das Parteiprogramm an. Als Sekretär der Programmkomission begründete ich vor den Delegierten die Notwendigkeit und Bedeutung des

Programms. Es sei nicht denkbar gewesen ohne das Programm der KPdSU, das vom XXII. Parteitag beschlossen worden war. Führenden Anteil an der Ausarbeitung unseres Programms habe Walter Ulbricht gehabt. Die Freundschaft und enge Gemeinschaft mit der Sowjetunion sei eine Garantie für die Verwirklichung des Sozialismus in der DDR und den Sieg der friedliebenden und fortschrittlichen Kräfte in ganz Deutschland. Es sei ein leninistisches Programm.

Tatsächlich spielte es in den darauffolgenden Jahren nur eine geringe Rolle. Es war zu umfangreich und nicht einprägsam. Der Begriff »umfassender Aufbau des Sozialismus« war richtig, er kennzeichnete die in einem längeren Zeitraum zu lösende Aufgabe. Wir dachten keinen Augenblick daran, Chrustschows irreale, utopische Konzeption vom Aufbau des Kommunismus zu übernehmen.

Das Zentralkomitee wählte mich am 21. Januar zum Mitglied des Politbüros. Außerdem gehörten dem Politbüro an: Walter Ulbricht als Erster Sekretär, Otto Grotewohl, Erich Honecker, Bruno Leuschner, Hermann Matern, Erich Mückenberger, Alfred Neumann, Albert Norden, Willi Stoph, Paul Verner und Herbert Warnke. Als Kandidaten des Politbüros wurden gewählt: Erich Apel, Hermann Axen, Karl-Heinz Bartsch, Georg Ewald, Gerhard Grüneberg, Werner Jarowinsky, Günter Mittag, Margarete Müller und Horst Sindermann. Bartsch schied bald wieder aus, er hatte einen Fragebogen gefälscht.

Gleichzeitig mit der Wahl zum Mitglied des Politbüros wurde mir als Sekretär des ZK die Verantwortung für die Kulturpolitik übertragen. Ich löste in dieser Funktion Alfred Kurella ab, was mir nicht recht war. Im Gegensatz zu Kurella hatte ich wenig Erfahrung im Umgang mit Künstlern und Schriftstellern. Er war im Dezember 1918 Mitglied der KPD geworden und hatte eine Begegnung mit Lenin, die er in seinem Buch »Unterwegs zu Lenin« schilderte. Als Mitbegründer und Sekretär der Kommunistischen Jugendinternationale erwarb er sich die Freundschaft von Romain Rolland und Henri Barbusse. 1934 wurde er Mitarbeiter Georgi Dimitroffs. In seinen Romanen und theoretischen Werken wie »Der Mensch als Schöpfer seiner selbst« und »Das Eigene und das Fremde«, seinem 1931 erschienenen Reportageband »Mussolini ohne Maske« erwies er sich als leidenschaftlicher Antifaschist und Humanist. Er war ein Mensch, den ich sehr schätzte.

Das Politbüro Außer auf Kurella hatte sich Walter Ulbricht, wenn es um Fragen der Kulturpolitik ging, auf Alexander Abuch, Hans Rodenberg, Otto Gotsche und vor allem wohl auf Johannes R. Becher gestützt. Warum hatte er mich als Sekretär für Kultur vorgeschlagen? Sollte ich ausgleichend wirken? Ich gab das Hin- und Herrätseln auf und begann, meine Pflichten als Mitglied des Politbüros wahrzunehmen.

Als erstes teilte mir Erich Mielke mit, daß wir in die Waldsiedlung bei Wandlitz umziehen müssen. Es war ein Beschluß, der alle in Berlin wohnenden Mitglieder und Kandidaten des Politbüros betraf. Ausgenommen waren nur der Minister für nationale Verteidigung und jene Mitglieder des Politbüros, die Bezirkssekretäre der SED waren.

Die Waldsiedlung war, wie schon der Name sagt, zwischen den Orten Wandlitz und Bernau in der Nähe der Autobahn mitten im Wald errichtet worden. Sie bestand aus drei Reihen Einfamilienhäusern und aus Versorgungseinrichtungen. Im Lauf der Zeit wurden diese ausgebaut; es entstanden ein Clubhaus mit Kinosaal, Restaurant, medizinischem Dienst, Sauna, Turnhalle, ein Laden und verschiedene Einrichtungen im Außenring. Die Siedlung war mit einer Mauer umgeben und wurde Tag und Nacht durch Angehörige des Wachregiments bewacht. Zutritt war Fremden nicht möglich; jeder Besucher brauchte einen Passierschein. Die Notwendigkeit der Übersiedlung war mit Sicherheitsinteressen begründet worden. (In der Bundesrepublik gab es Anfang der 60er Jahre terroristische Aktivitäten.) Worin die Sicherheit bestehen sollte, wenn die Mehrheit der Mitglieder des Politbüros in einer Wohnsiedlung konzentriert wurde, war nicht zu verstehen.

In dieser Siedlung lebten wir bis Januar 1990. Wir gewöhnten uns an die Abgeschlossenheit und die Fahrt nach Berlin und zurück. Die Waldluft, der Garten, der Tennisplatz, die Schwimmhalle und die rasche medizinische Betreuung wogen die Entfernung von Berlin scheinbar auf. In der Tat lebten wir isoliert, ohne täglichen Kontakt mit anderen Hausbewohnern und Nachbarn, ohne Berührung mit der Bevölkerung. Diese Abgeschiedenheit erwies sich als ein schlimmer politischer Fehler, da sie einen Nährboden für Gerüchte (»Luxus«, »Privilegien« des Politbüros) gab, die Neugier weckte und die gegnerische Hetze begünstigte. Sie konnte auch nicht mit ähnlichen Einrichtungen in der Sowjetunion oder anderen sozialistischen Ländern begründet werden. Dieser Lebensstil der Abschottung entsprach nicht der Lebensweise von Kommunisten, die Vertreter eines Arbeiter- und Bauern-Staates waren.

Allerdings habe ich mich nicht dagegen gewehrt, sondern mitgemacht.

Nach der Wahl als Mitglied des Politbüros wurde ich unter Personenschutz durch Mitarbeiter des Ministeriums für Staatssicherheit gestellt. Außer dem Fahrer (ich hatte nie Autofahren gelernt und nie ein Auto als Privateigentum besessen) war ständig ein Begleiter an meiner Seite. Er holte mich morgens von der Wohnung ab, war den ganzen Tag über in meiner Nähe und brachte mich nach Arbeitsschluß nach Hause. Er begleitete mich auf Reisen, in den Urlaub, ins Theater usf. Während meiner Mitgliedschaft im Politbüro lebte ich mit diesem Kommando, mit Männern aus der Arbeiterklasse zusammen, die sich als Mitarbeiter des Ministeriums für Staatssicherheit für die DDR einsetzten und die schwierige Aufgabe des Personenschutzes wahrnahmen. Wir waren Genossen und Freunde. Ihre spätere Dämonisierung kann ich nicht verstehen.

Die Tätigkeit im Politbüro begann – wie sollte es anders sein – mit langatmigen Sitzungen, erregten Debatten und notwendigen Entscheidungen. Die Sitzungen dauerten zu Ulbrichts Zeiten oft von 10 Uhr früh bis in die Abendstunden. Als Erich Honecker Erster Sekretär wurde, dauerten sie meist nur von 10 bis 14 Uhr, weil die Beschlußvorlagen besser vorbereitet wurden und weil manches Problem außerhalb des Politbüros – zwischen ihm und Mielke oder Mittag – entschieden wurde.

Das Zentralkomitee bestätigte den Arbeitsplan des Politbüros und die Arbeitsbereiche der Mitglieder und Kandidaten. Mir wurde die Verantwortung für Volksbildung, Wissenschaft und Hochschulen, Kultur und Gesundheitswesen, für den Dietz-Verlag, das Institut für Marxismus-Leninismus, die Parteihochschule »Karl Marx« und die Akademie für Gesellschaftswissenschaften übertragen. Außerdem wurde ich mit der Leitung der Kulturkommission des Politbüros sowie der Kommission der Leiter der gesellschaftswissenschaftlichen Institute beauftragt. Dies war ein umfangreiches Arbeitsgebiet, dessen Probleme nur durch die Zusammenarbeit mit den Abteilungen Volksbildung, Wissenschaften und Hochschulwesen, Kultur und Gesundheitspolitik sowie den Ministern für Volksbildung, Hochschulwesen, Kultur und Gesundheitswesen bewältigt werden konnten. Ich habe mich bemüht, durch regelmäßige Beratungen mit den Abteilungsleitern und Ministern ein gutes Klima zu schaffen. Bis Herbst 1989 war ich der Meinung, daß dies im großen und ganzen gelungen war. Nach der »Wende« 1989 mußte ich allerdings erfahren, daß sich einige Mitarbeiter eingeengt fühlten und mehr eigene Verantwortung gewünscht hätten. Sie haben jedoch nie mit mir darüber gesprochen.

Meine Verantwortung für Ideologie veranlaßte viele, mich als den »Chefideologen der SED« zu bezeichnen. Eine derartige Funktion hat es in der SED nicht gegeben. Ich habe mich auch nie als »Chefideologe« bezeichnet oder betrachtet. Meine Beiträge zur Theorie und Politik des Sozialismus, zu Wissenschaft und Kultur entstanden meist in Zusammenarbeit mit Gesellschaftswissenschaftlern oder Kulturschaffenden. Wenn es sich um wichtige politische Artikel oder Reden handelte, wurden sie mit dem Politbüro abgestimmt.

Mit dem Ministerium für Staatssicherheit hatte ich selten zu tun. Was zu besprechen war, konnte ich mit Erich Mielke persönlich erledigen. Wir trafen uns täglich um 6 Uhr früh im Schwimmbad. Angelegenheiten des MfS wurden nicht in Sitzungen des Politbüros oder Sekretariats behandelt, sondern zwischen Erich Honecker und Erich Mielke nach Schluß der Sitzungen unter vier Augen. Eine Rechenschaftslegung des Ministeriums fand weder im ZK noch im Ministerrat statt. Dies war ein Fehler, weil so Tendenzen der Ausweitung des Apparats und die Arbeitsmethoden der Staatssicherheit nicht ausreichend erkannt und korrigiert wurden. An der Notwendigkeit des Schutzes und der Sicherheit des Staates habe ich nie gezweifelt. Wir achteten die Leistungen der Mitarbeiter, besonders in der Aufklärung. Die heutige Dämonisierung des MfS wird m. E. in sich zusammenfallen, wenn man mehr über Struktur, Arbeitsweise und die Informanten des Verfassungsschutzes und der Bundesnachrichtendienste erfährt.

Märzberatung Nach dem XX. Parteitag war in der Sowjetunion im geistigen Leben und besonders in Literatur und Kunst ein »Tauwetter« eingetreten. Es erschienen die ersten Bücher über die Straflager (Solshenizyns »Ein Tag im Leben des Iwan Denissowitsch« und »Archipel Gulag«). Unter der Intelligenz der DDR häuften sich die Fragen, die sich aus den Ereignissen in der Sowjetunion, in Ungarn und Polen ergaben. Wie konnte es zum Personenkult kommen, wie zur Beugung des Rechts und zur Gesetzlosigkeit, die in der Sowjetunion zu Massenrepressalien geführt hatten? Weshalb hatte die Partei dies alles nicht verhindert? Müßten die Fehler der Vergangenheit nicht doch bis zu Ende aufgedeckt werden?

Da besonders Schriftsteller und Künstler sich zu diesen Fragen äußerten, entwickelte sich nach dem VI. Parteitag der SED eine Auseinandersetzung über die Politik der Partei und zugleich über die Prinzipien des literarischen und künstlerischen Schaffens, über die Aufgaben von Literatur und Kunst beim Aufbau des Sozialismus. Im Grunde genommen war das ein Abklatsch der Auseinandersetzung in der Sowjetunion. Auf einem Treffen führender Funktionäre der KPdSU und der Regierung der Sowjetunion mit Literatur- und Kunstschaffenden am 8. März 1963 hatten N. S. Chrustschow und der Abteilungsleiter für Agitation und Propaganda im ZK, Iljitschow, sich gegen die »Dekadenz« und gegen die Anhänger des »Tauwetters« (wie Ilja Ehrenburg) gewandt. Sie hatten Parteilichkeit und Volksverbundenheit als wichtigste Prinzipien der sozialistischen Kunst bezeichnet.

In der DDR fand die Moskauer Konferenz ihre Entsprechung in der Beratung des Politbüros und des Präsidiums des Ministerrats mit Schriftstellern und Künstlern am 25. und 26. März 1963, auf der ich das Referat und Walter Ulbricht das Schlußwort hielt. Wir erklärten, daß wir mit den Reden Chrustschows und Iljitschows übereinstimmen. Es komme darauf an, die Kultur in den Dienst des umfassenden Aufbaus des Sozialismus, vor allem der Lösung der ökonomischen Aufgaben zu stellen. Es könne nicht gleichgültig sein, wozu unsere Literatur und Kunst die Menschen erziehen, wie und in welcher Richtung sie unsere Jugend beeinflussen. Ich sagte: »Unsere Literatur und Kunst müssen die Menschen begeistern, für den umfassenden Aufbau des Sozialismus mit Verstand und Herz zu leben, ehrlich zu arbeiten, allen Mängeln und Schwächen unduldsam zu begegnen und entschieden gegen feindliche Einflüsse zu kämpfen. Sie sind geradezu das wichtigste Mittel der sozialistischen Erziehung, wenn sie zu den entscheidenden Fragen unseres Lebens in Werken von hoher künstlerischer Qualität Stellung nehmen.«[3]

Bereits in meiner Diskussionsrede auf dem VI. Parteitag hatte ich an Willi Bredel, dem Präsidenten der Akademie der Künste, Kritik geübt, weil es in der Akademie zugehe »wie im englischen Oberhaus, wo ein Lord dem anderen nicht weh tut und der Präsident keine Macht hat«. Ich sagte: »Die erhabene, geradezu majestätische Isoliertheit im Elfenbeinturm hinderte aber weder Peter Huchel noch andere Mitglieder der Akademie, den Angriff gegen die Politik der Partei und gegen den sozialistischen Realismus zu führen. Der Lyrikabend der Akademie, der auf Initiative und unter

Leitung des Genossen Hermlin stattfand, wurde zu Ausfällen gegen das Zentralorgan der Partei mißbraucht und zur Verbreitung von Gedichten, die vom Geist des Pessimismus, der unwissenden Krittelei und der Feindschaft gegenüber der Partei durchdrungen waren«. Willi Bredel habe nichts darüber gesagt, wie die Parteiorganisation der Akademie den Kampf gegen diese Erscheinungen führt.

Die Beratung im März wurde zu einer heftigen Kritik an diesen Erscheinungen. Die von Peter Huchel herausgegebene, literarisch hochstehende Zeitschrift »Sinn und Form« wurde attackiert, weil sie sich als Brücke zwischen Ost und West verstand, weil sie eine nebelhafte, durch die Aufrechterhaltung von kulturellen Verbindungen zustande kommende Wiedervereinigung, eine Art Verschmelzung – Konvergenz – zwischen Sozialismus und Kapitalismus, befürwortete und jahrelang einer Parteinahme für die sozialistische Entwicklung in der DDR ausgewichen war. Die Kritik war nicht gehässig. Sie war darauf bedacht, Huchel von einer falschen Position abzubringen und zu einer sozialistischen Position hinzuführen. Er akzeptierte die Kritik nicht.

Ich habe Peter Huchel, der ein bedeutender Lyriker war und »Sinn und Form« zu einer angesehenen Zeitschrift gemacht hatte, in einem Gespräch davon zu überzeugen versucht, daß wir seine Leistungen anerkennen und er die Kritik als Hilfe für die politische Orientierung seiner Zeitschrift auffassen soll, konnte jedoch kein Einverständnis erzielen.

Als er nach seiner Ablösung als Chefredakteur entgegen dem Rat anderer Akademiemitglieder einen Preis des Westberliner Senats annahm, kam es zum Bruch. Das Präsidium der Akademie der Künste wollte ihn ausschließen. Willi Bredel bat um meine Zustimmung, die ich verweigerte, weil ich dafür war, eine Verständigung mit Huchel zu erreichen. Er lebte bis 1971 in der DDR. Mehr Sensibilität und weniger Grobheit, mehr Verständigungsbereitschaft auf beiden Seiten wären in dieser Auseinandersetzung notwendig gewesen.

Weitere Gegenstände der Kritik waren das Stück von Peter Hacks »Die Sorgen und die Macht« sowie die Inszenierung dieses Stücks durch Wolfgang Langhoff am Deutschen Theater, die Fernsehoper »Fetzers Flucht« und der Fernsehfilm »Monolog für einen Taxifahrer«, beides Werke von Günter Kunert. An dem Stück von Hacks wurde die Distanz zur Gegenwart kritisiert, dem »grauen Heute«, dem Hacks die lichte kommunistische Zukunft entgegengestellt hatte; an Kunerts Werken der Skeptizismus gegenüber dem Menschen und seiner Fähigkeit, die Welt und sich selbst zu verändern, die existentialistische Philosophie der Hoffnungslosigkeit, die dem optimistischen Lebensgefühl des sozialistischen Menschen entgegenstehe.

Stimmungen des Pessimismus und der Skepsis sowie eine künstliche Aufbauschung des Generationenproblems wurden dem von Stephan Hermlin veranstalteten Lyrikabend vorgeworfen. Bei bildenden Künstlern und Komponisten wurden – in Übereinstimmung mit der Moskauer Konferenz – Formalismus und Abstraktionismus festgestellt und als Angriff auf die realistische künstlerische Gestaltung der Gegenwart bezeichnet.

Walter Ulbricht betonte in seinem Schlußwort, daß die Künstler und Schriftsteller ihre Werke in den Dienst der sozialistischen Entwicklung der Menschen stellen müßten. Dabei bestehe das Wesentliche darin, »die Qualität im künstlerischen Schaffen zu erhöhen«. Er wandte sich entschieden gegen den »überheblichen Gutachterstandpunkt zu den Parteibeschlüssen auf kulturellem Gebiet«. Diese Beschlüsse seien Ausdruck einer kollektiven Weisheit. Zugleich anerkannte er, daß in der Zeit des Stalinschen Personenkults »auf dem Gebiet der Kultur eine enge Politik betrieben wurde«. Dies sei unbestreitbar. »In der Zeit des Personenkults wurde die schöpferische Kraft des sozialistischen Realismus eingeschränkt, seine Entwicklung aufgehalten, und nicht wenige Schriftsteller und Künstler wurden unschuldig verurteilt«. Doch dies rechtfertige nicht, daß der Kampf um die Überwindung des Personenkults von manchen ausgenutzt werde, um den Stoß gegen den Marxismus-Leninismus, gegen die Lehre von der führenden Rolle der Partei zu führen und der ideologischen Koexistenz das Wort zu reden.

In meiner Diskussionsrede auf der Delegiertenkonferenz des Deutschen Schriftstellerverbandes am 23. bis 25. Mai 1963 begründete ich die kritische Stellungnahme der Märzberatung zu einigen Werken der Literatur und Kunst damit, daß die Schaffung einer modernen Gesellschaft, wie sie durch den Aufbau des Sozialismus anvisiert werde, gebildete Menschen mit einer optimistischen Lebensauffassung erfordere und daß bei der Bildung dieser Menschen Literatur und Kunst eine bedeutende Rolle zu spielen hätten. Erstens solle die Kunst die Perspektive der sozialistischen Gesellschaft und des Menschen dieser Gesellschaft zeigen; zweitens werde das Verständnis des Zieles größer sein, wenn der Weg, den wir gegangen sind, auch in der literarischen und künstlerischen Gestaltung verständlich gemacht wird; drittens sollten Literatur und Kunst besonders den jungen Menschen sozialistisches Lebensgefühl vermitteln. Dieses bestehe in erster Linie in der Entschlossenheit, sich dem Kampf um das Glück des Menschen zu widmen, seine Kräfte für den Sieg des Sozialismus einzusetzen. Weil man ohne ideologische Klarheit, ohne konsequente sozialistische Parteilichkeit keine feste Position beziehen und kein wirkliches Kunstwerk schaffen könne, sei es notwendig gewesen, die neutrale Distanziertheit von »Sinn und Form« und die Verzerrung des Menschenbildes in einigen Werken zu kritisieren. Es handele sich um prinzipielle Meinungsverschiedenheiten über Grundfragen der Politik und der Entwicklung unserer Gesellschaft. Die Diskussion werde im Interesse der Einbeziehung aller in das große sozialistische Werk geführt, nicht um jeden einzelnen für den Marxismus oder als Mitglied der Partei zu gewinnen.

Ich mußte jedoch auf dem Schriftstellerkongreß auch dagegen Stellung nehmen, daß Institutionen und Verlage begannen, sich von den Kritisierten zurückzuziehen. »Sie haben Angst, etwas von ihnen zu veröffentlichen. Jetzt graben einige die Gedichte von Günter Kunert von vor 10 Jahren aus, obwohl an diesen Gedichten gar nichts auszusetzen ist... Können wir schweigen zu einem solchen falschen Verfahren? Natürlich nicht! Das muß ja den Eindruck erwecken, als ob die Kritik der Partei nicht eine helfende, vorwärtsweisende, für jeden Einzelnen lehrreiche Kritik sein soll und ist, sondern ein Trennungsstrich.«

Die westliche Propaganda war natürlich bestrebt, den Kritisierten zu schmeicheln – siehe die Preisverleihung an Huchel – und einen Gegensatz von Partei und Künstlern zu konstruieren. Ich hatte die Verteidigung des sozialistischen Realismus, der Parteilichkeit und Volksverbundenheit von Literatur und Kunst in der Überzeugung verfochten, daß die Schriftsteller und Künstler eine politische Rolle und Erziehungsfunktion hätten. Ich bedachte nicht, daß die Philippika, so ehrlich sie gemeint war, als ein Eingriff in das literarische und künstlerische Schaffen, als Bevormundung und Rechthaberei wirken mußte. Vor allem erkannte ich nicht, daß in den kritisierten Werken echte Gesellschaftsprobleme aufgeworfen waren, um deren adäquate künstlerische Wiedergabe und Gestaltung die Schriftsteller und Künstler bemüht waren.

In der kulturpolitischen Auseinandersetzung spielte 1963 die von dem tschechoslowakischen Germanisten Eduard Goldstücker organisierte Kafka-Konferenz in Liblice eine große Rolle. Auf dieser Konferenz war das Werk des Dichters als Fürsprache für den Einzelnen, gegen die Starrheit des Bürokratismus und Dogmatismus interpretiert worden. Vor allem wurde die These vertreten, daß die Entfremdung des Einzelnen von der Gesellschaft, vom Staat, nicht auf den Kapitalismus beschränkt ist, sondern auch im Sozialismus vorhanden sei.

Die westlichen Medien nutzten die Debatten der Kafka-Konferenz über Entfremdung im Sozialismus und den apostrophierten »Realismus ohne Ufer« (Garaudy) sofort, um auf die Intelligenz der sozialistischen Länder einzuwirken. In der DDR wies Alfred Kurella die Feststellungen der Konferenz zurück. Ich nahm auf dem 4. Plenum des ZK (1. 11. 1963) Stellung. Unsere Argumentation lautete: Nach der Übernahme der Macht durch die Arbeiterklasse und der Entstehung sozialistischer Produktionsverhältnisse könne die Entfremdung Schritt für Schritt überwunden werden und der Einzelne sich mit den Interessen der Gesellschaft identifizieren.

Zum sozialistischen Realismus wurde auf der Kafka-Konferenz erklärt, daß er keine verbindliche, ein für allemal festgelegte Gestaltungsweise sein könne. Der französische Philosoph Roger Garaudy, der Mitglied der KPF war, forderte einen »Realismus ohne Ufer«. Wir hielten am Realismus »mit Ufer« fest, d. h. lehnten es ab, die abstrakte Kunst einzubeziehen. Ich sagte auf dem Plenum, daß diese im Grunde eine vom Volk losgelöste Kunst ist. Wir wollten jene Kunst achten und fördern, die sich durch Volksverbundenheit und Parteinahme auszeichnet. Ich wandte mich gegen die Meinung mancher Schriftsteller und Künstler, daß dies ein Ruf nach Schönfärberei und Einseitigkeit, nach einer »Werbekunst« sei. Diese Forderung ist nie erhoben worden. Die Praxis beweist, daß sozialistische Kunst sich nicht durch Schönfärberei, sondern durch die unverzerrte Darstellung der konfliktreichen Wirklichkeit und der Perspektive der sozialistischen Entwicklung auszeichnet. Dabei dachte ich an Werke wie Christa Wolfs »Der geteilte Himmel« und Strittmatters »Ole Bienkopp«, um die in dieser Zeit eine heiße Diskussion entbrannte.

Wie die »Formalismusdebatte« war auch die »Märzberatung« eine Anmaßung. Ich kritisierte Werke von Schriftstellern und bildenden Künstlern, die nicht nach unserem Geschmack waren. Wir forderten optimistische Beiträge zur Kultur, während die Autoren auf die Gesellschaft, auf die Beziehungen der Bürger einen kritischen Blick warfen. Tatsächlich wäre es nötig gewesen, diesen kritischen Blick zu übernehmen und nach den Ursachen zu fragen. Dies habe ich erst viel später begriffen.

Der Bruch mit China Nach dem Vorbild der KPdSU war vom Politbüro eine Ideologische Kommission unter meiner Leitung gebildet worden. Ihr gehörten Gesellschaftswissenschaftler und Kulturschaffende an. Die Kommission führte Diskussionen zu theoretischen Problemen durch und nahm Berichte über die ideologische Arbeit entgegen. Sie bestand zwei Jahre. Ihre Auflösung erfolgte, weil befürchtet wurde, daß sie die Funktionen des Sekretariats des ZK übernehmen würde. An Stelle dieser Kommission entstanden später die von mir geleitete Kommission der Leiter der gesellschaftswissenschaftlichen Institute und die Kulturkommission des Politbüros.

Als Vorsitzender der Ideologischen Kommission hatte ich im August 1963 die Aufgabe, dem Zentralkomitee den Standpunkt des Politbüros zu den Auseinandersetzungen mit der KP Chinas vorzutragen. In den Moskauer Beratungen von 1957 und 1960 hatten die kommunistischen und Arbeiterparteien mit Zustimmung der chinesischen Vertreter eine gemeinsame politische Linie (Generallinie) vereinbart. Am 14. Juni 1963 stellte die Führung der KP Chinas unter Mao Tse Tung dieser Linie ihre eigene Generallinie gegenüber. Sie wandte sich vor allem gegen die Beschlüsse des XX., XXI. und XXII. Parteitages der KPdSU. Es kam zu Verhandlungen zwischen Vertretern des ZK der KPdSU und des ZK der KP Chinas, die jedoch nicht zu einer Verständigung, sondern zur Vertiefung der Meinungsverschiedenheiten und zum Bruch führten. Die Mehrheit der kommunistischen und Arbeiterparteien, darunter auch die SED, lehnte den chinesischen Standpunkt ab und hielt an der in den Beratungen von 1957 und 1960 vereinbarten Politik fest.

Bei den Auseinandersetzungen handelte es sich nicht um nebensächliche, sondern um prinzipielle Fragen der Strategie und Taktik der kommunistischen Weltbewegung. Im Gegensatz zu den Moskauer Erklärungen, die festgestellt hatten, daß der Widerspruch zwischen dem sozialistischen und dem kapitalistischen Weltsystem der Hauptwiderspruch unserer Epoche ist, erklärte die Führung der KP Chinas, daß die Richtung der gesellschaftlichen Entwicklung durch den Widerspruch zwischen dem Imperialismus und der nationalen Befreiungsbewegung bestimmt werde, also diese der Hauptfaktor der revolutionären Bewegung in der Welt sei. Demgegenüber betonten die KPdSU, die SED und die anderen marxistisch-leninistischen Parteien, daß die Lösung der wichtigsten Weltprobleme in entscheidendem Maße von den Erfolgen des Sozialismus, vor allem im ökonomischen Wettbewerb, abhängt.

Während die Moskauer Erklärungen das Problem des Friedens und des Krieges als das brennende Problem unserer Zeit bezeichnet und sich für eine Politik des Friedens und der friedlichen Koexistenz von Staaten mit unterschiedlicher Gesellschaftsordnung ausgesprochen hatten, erklärten die chinesischen Führer, daß Kriege faktisch unvermeidbar seien. Obwohl sie in Worten für das Prinzip der friedlichen Koexistenz eintraten, betrachteten sie diese lediglich als ein taktisches Angebot. Ich sagte dazu: »In Wirklichkeit verfolgen sie aber eine Linie, die man nicht anders verstehen kann, als daß sie die Hoffnung auf eine Verstärkung der internationalen Spannung und des kalten Krieges setzen. Besteht nicht darin auch der Sinn ihrer Losung: ›Spitze gegen Spitze, Lanze gegen Lanze‹? Diese Bezeichnung entstammt einem Vers aus dem alten deutschen Hildebrandlied. Meines Wissens geht im Hildebrandlied der Kampf zwischen Hildebrand und Hadubrand so aus, daß sich beide totschlagen, daß zum Schluß keiner übrig bleibt?«[4] Die theoretischen und politischen Meinungsverschiedenheiten waren ernster Natur. Ihnen lag der Streit um die Führung der kommunistischen Bewegung zugrunde. Sollte die Sowjetunion (d. h. Chrustschow) oder China (d. h. Mao Tse Tung) an der Spitze des sozialistischen Weltsystems stehen? Mao war ehrgeizig; er betrachtete seine Ideen als die authentische Fortsetzung der Lehren von Marx, Engels und Lenin. Er lehnte die Verurteilung des Personenkults um Stalin durch den XX. Parteitag ab, vielleicht weil er selbst den Kult um seine Person duldete. Chrustschow traf Maßnahmen: Er verordnete den Abzug sowjetischer Fachleute aus chinesischen Betrieben. Dies goß Öl ins Feuer und führte zum verhängnisvollen Bruch der Sowjetunion mit China sowie der Mehrheit der kommunistischen Parteien mit der KP Chinas. Die USA begann, den Gegensatz zwischen der Sowjetunion und China zu schüren, um China auf ihre Seite zu ziehen.

Die SED lehnte die theoretische Position der KP Chinas ab, weil ein Gegensatz zur Sowjetunion und zur KPdSU nicht denkbar war. Wir hielten die chinesische Linie für abenteuerlich, nationalistisch und sektiererisch. Andererseits waren wir in den folgenden Jahren bestrebt, die Verbindungen mit China nicht zu lockern, auch wenn die Parteibeziehungen eingefroren waren. Wir vertraten den Standpunkt, man dürfe China nicht den Imperialisten überlassen.

»Wandel durch Annäherung« Das Scheitern der Strategie des »roll back« zeigte sich in der Bundesrepublik im Rücktritt Adenauers als Regierungschef (1963). Der Bundestag wählte Ludwig Erhard zum Bundeskanzler. Im Oktober 1966 beendete die FDP die Koalition mit CDU und CSU. Es entstand die Große Koalition mit Kiesinger (CDU) als Bundeskanzler und Willy Brandt als Außenminister.

Wir fragten uns, welche Politik die SPD verfolgen würde. Auf dem Parteitag in Godesberg (1959) hatte sich die SPD von der marxistischen Tradition losgesagt und den Weg zur Volks- und Staatspartei eingeschlagen. Herbert Wehner begründete in einer – als historisch bezeichneten – Rede im Bundestag diesen Kurswechsel und machte deutlich, daß sich die SPD von dem Odium des »Neinsagers« befreien und als regierungsfähig erweisen wolle. Von nun an betonte sie bei jeder Gelegenheit die Gemeinsamkeiten mit CDU / CSU und FDP.

Unser Verhältnis zur Sozialdemokratie war immer ambivalent.

Einerseits setzte die SPD den schon in der Weimarer Republik eingeschlagenen antikommunistischen Kurs fort und beteiligte sich mit ihrem Ostbüro daran, die DDR zu destabilisieren. Andererseits war sie eine Partei, deren Mitgliedschaft vorwiegend aus Arbeitern und anderen Werktätigen bestand, in der es einen linken Flügel gab, und deren Gewicht für die politische Entwicklung im anderen deutschen Staat nicht unterschätzt werden durfte. Davon ging das ZK der SED aus, als es am 16. Juli 1960 einen Brief an die Mitglieder, Funktionäre und Freunde der SPD richtete. Die Arbeiterklasse, so wurde betont, sei die entscheidende und einzig reale Kraft in Deutschland, die den Militarismus in Westdeutschland zu bändigen und die Gefahr eines Atomkriegs zu bannen vermag. Daraus ergebe sich die Notwendigkeit der Aktionseinheit der Arbeiterklasse und des Zusammenschlusses aller friedliebenden Kräfte ganz Deutschlands. Dies sei das Unterpfand für jeglichen Erfolg im Kampf um die Erhaltung des Friedens. Der Brief wurde nicht beantwortet.

Mitte Juli 1963 hielt Egon Bahr, damals Leiter des Presse- und Informationsamtes des Westberliner Senats, in Abstimmung mit Willy Brandt, dem regierenden Bürgermeister, an der Evangelischen Akademie Tutzing eine Rede, die durch die Formel »Wandel durch Annäherung« bekannt wurde. Sie stellte de facto eine Angleichung der ostpolitischen Strategie der SPD an die neue außenpolitische Konzeption der USA dar. Durch die (verbale) Anerkennung des Status quo sollte die Ost-West-Konfrontation aufgehoben werden, um schrittweise und gewaltfrei mit Zustimmung der Sowjetunion die Einheit Deutschlands zu erreichen. Doch so deutlich wurde dies zunächst nicht ausgesprochen.

Egon Bahr hat nach 1990 in zahlreichen Interviews zu seiner Tutzinger Rede Stellung genommen. So sagte er der Zeitung »Die Zeit«: »Wandel durch Annäherung war ganz, ganz bescheiden gemeint. Was können die ohnmächtigen, besiegten Deutschen in der Mitte Berlin machen, um vielleicht zu einer Veränderung im Größeren beizutragen?«[5] Auf Vorwürfe, seine Politik habe das DDR-Regime legitimiert, antwortete Bahr: »Wandel durch Annäherung war bis zu einem gewissen Grade tatsächlich eine Doppelstrategie und ging aus von der Erkenntnis nach dem Bau der Mauer, daß wir nur die Alternative hatten zwischen Resignation und dem Versuch, die Mauer durchlässig zu machen. Das ging nur mit denen, die die Macht dazu hatten, denn wir bekamen die Passierscheine nicht in Bonn. Auch nicht von den Amerikanern, nicht einmal von den Russen. Diese Politik der Annäherung war insgesamt erfolgreich, da sie ja auch von Helmut Kohl fortgesetzt wurde«.[6]

Bahrs heutige Einschätzung zeigt, daß die in Tutzing verkündete Politik keine Politik der Herstellung normaler, gut nachbarlicher Beziehungen war. Sie war, wie der damalige Außenminister der DDR, Otto Winzer, weitsichtig bemerkte »eine Aggression auf Filzlatschen«. Damit brachte Winzer treffend unsere ursprüngliche Reaktion auf Bahrs Idee zum Ausdruck. Doch das Mißtrauen gegenüber den Absichten, die Brandt und sein Gehilfe verfolgten, wurde bald durch die praktische Politik zurückgedrängt. Am 17. Dezember 1963 wurde das erste Passierscheinabkommen abgeschlossen. Es gab den Westberlinern die Möglichkeit zum Besuch der Hauptstadt der DDR. Von 720 000 Antragstellern wurden ca. 1,2 Millionen Besuche in Ostberlin durchgeführt. Insofern war das Abkommen der von Bahr gewünschte Schritt zur »Durchlässigkeit der Mauer«. Uns galt es als ein Beitrag zur friedlichen Koexistenz und als Signal an die Sozialdemokratie, was durch die Preisgabe der Frontstadtpolitik und des kalten Krieges erreicht werden konnte.

NÖS 1963 wurde in der DDR gegenüber 1962 ein Produktionszuwachs von 3,5 Milliarden Mark erzielt. Das Volumen der industriellen Warenproduktion überschritt erstmalig die 100-Milliarden-Grenze. Es war gelungen, eine merkliche Stabilisierung der Versorgung mit Nahrungs- und Genußmitteln sowie ein reichhaltigeres und qualitativ besseres Angebot an Industriewaren zu gewährleisten.

Auf Beschluß des Politbüros wurden 1962 »Grundsätze eines ökonomischen Systems der Planung und Leitung der Industrie« ausgearbeitet. Es wurden Arbeitsgruppen gebildet, denen namhafte Wissenschaftler und Praktiker angehörten. Eine entscheidende Rolle spielte Erich Apel, der im Krieg an der Raketenversuchsanstalt Peenemünde und von 1946 bis 1952 als Oberingenieur in der UdSSR gearbeitet hatte. Er wurde 1955 Minister für Schwermaschinenbau. Im Januar 1963 übernahm er die Leitung der Staatlichen Plankommission.

Gemeinsam mit Günter Mittag ging Apel energisch an die Ausarbeitung und Verwirklichung des ›Neuen Ökonomischen Systems‹ (NÖS). Apel und Mittag waren ein Herz und eine Seele.

Nach der Bestätigung der »Grundsätze« durch das Politbüro im Dezember 1962 legte Walter Ulbricht dieses umfangreiche Konzept zur Reform des Wirtschaftssystems im Januar 1963 dem VI. Parteitag der SED vor. Im Juli 1963 bestätigte der Staatsrat die Richtlinie für die Einführung des ›Neuen ökonomischem Systems‹ der Planung und Leitung.

Hauptzweck des NÖS war es, die Selbständigkeit und Eigenverantwortung der Betriebe zu erhöhen und ihre Tätigkeit auf den Markt auszurichten. Sie sollten nach dem Prinzip arbeiten: So viel Plan wie notwendig, so viel Markt (Wettbewerbsfähigkeit, Gewinn) wie möglich. Die zentrale staatliche Planung sollte von Einzelheiten der bedarfsgerechten Produktion entlastet und auf Grundfragen der gesamtwirtschaftlichen Strukturpolitik und Perspektive orientiert werden. Das Interesse der Werktätigen an der Produktion und am Gewinn sollte durch entsprechende ökonomische »Hebel« gefördert werden.

Die Praxis zeigte, daß das NÖS richtig war. Während das Nationaleinkommen der DDR von 1961 bis 1964 lediglich um 8,3 Milliarden Mark wuchs, erhöhte es sich von 1965 bis 1970 um 13,7 Milliarden Mark. Die Arbeitsproduktivität betrug Ende der sechziger Jahre etwa 60 Prozent der Arbeitsproduktivität der BRD. Es konnten beachtliche soziale Leistungen beschlossen werden wie die Fünftagewoche, die Verkürzung der Arbeitszeit, die Erhöhung des Grundurlaubs und der Mindestrenten.

In einem Vortrag an der Parteihochschule sagte ich zum NÖS, wir müßten dieses System weiter vervollkommnen, ausbauen und immer wieder erproben, weil es noch viele ungelöste Fragen gibt. Ich war überzeugt, daß mit diesem System die richtige Verbindung von Plan und ökonomischen Hebeln sowie die richtige Form der wissenschaftlichen Leitungstätigkeit gefunden würde. Als Beispiel für die Fragen, die noch einer Klärung bedürfen, nannte ich die

Rolle des Gewinns. Das NÖS war ein Versuch, die zentralistische Plan- und Verteilungswirtschaft der DDR zu reformieren, sie auf die Ansprüche der modernen Produktivkräfte umzustellen, Plan und Markt in Einklang zu bringen. Mit seiner Anwendung mußte die Erhöhung des kulturellen und des Bildungsniveaus sowie die Entwicklung der Demokratie Hand in Hand gehen.

Für die Verwirklichung des NÖS existierte keine glatte Straße. Seien es Bürokratismus oder Selbstzufriedenheit, mangelndes Verantwortungsbewußtsein oder intellektuelle Überheblichkeit, Unverständnis oder Subjektivismus – viele Hemmnisse mußten in diesem Prozeß überwunden werden.

Die wissenschaftlich-technische Revolution Das ›Neue Ökonomische System‹ war, weil es auf die Wettbewerbsfähigkeit der Betriebe und den Gewinn orientierte (wenn auch stets im Rahmen der langfristigen gesellschaftlichen Planung), nicht von der Anwendung der Ergebnisse von Wissenschaft und Technik zu trennen.

Bereits in der zweiten Hälfte der 50er Jahre waren wir zu der Erkenntnis gelangt, daß sich eine wissenschaftlich-technische Revolution anbahnte, die in allen Bereichen der Gesellschaft grundlegende Umgestaltungen erfordern würde.

Die technische Revolution war ein objektiver, in der kapitalistischen wie in der sozialistischen Welt beheimateter Vorgang, der allerdings verschiedenen sozialen Inhalten diente. Die technische Revolution erforderte umfangreiche Mittel, eine richtige Lenkung der Investitionen und große Fähigkeiten der Leiter. Es kam darauf an, daß die Betriebe die Marktfähigkeit ihrer Produkte kannten und alles daran setzten, daß diese dem Weltstand entsprachen. »Wir müssen uns auf die Durchführung der technischen Revolution konzentrieren, damit die Deutsche Demokratische Republik ein moderner Industriestaat bleibt«.[7]

In der zweiten Hälfte der 60er Jahre rückten die mit der wissenschaftlich-technischen Revolution verbundenen Probleme immer mehr in den Vordergrund. Damit befaßte sich der Forschungsrat der

DDR, dem ich angehörte und ein auf Initiative Walter Ulbrichts gebildeter »Strategischer Arbeitskreis«. An dessen Beratungen nahmen zahlreiche Wissenschaftler, Ökonomen, Partei- und Staatsfunktionäre, unter ihnen die Professoren Thiessen, Steenbeck, Rompe und Rappaport teil. Der Arbeitskreis stellte sich vor allem prognostische Aufgaben. Seine Ausarbeitungen entsprachen dem internationalen Trend von Wirtschaft, Wissenschaft und Technik. Ihre Realisierung hätte für die DDR, wenn deren »intellektuelles Potential« in der Produktion den Vorrang gehabt hätte und die aus der alten bzw. durch die Spaltung Deutschlands entstandenen Wirtschaftsstruktur vorhandenen Zwänge (z. B. »Energie durch Braunkohle«) nicht wirksam gewesen wären, eine Modernisierung der Industrie, Landwirtschaft und Infrastruktur ermöglichen können. Vieles wurde auch erreicht, bspw. auf dem Gebiet der Elektronik und des wissenschaftlichen Gerätebaus.

Eine enge Zusammenarbeit entwickelte sich in diesen Jahren mit sowjetischen Wissenschaftlern. Der Präsident der Akademie der Wissenschaften der UdSSR, M. W. Keldysch, besuchte die DDR. Ich begleitete ihn beim Besuch von wissenschaftlichen Instituten. Auch mit Wladimir Kirillin, dem Stellvertreter Kossygins, traf ich zusammen. Er lud mich zu einem Gespräch in seine Moskauer Wohnung ein.

Mitte der 60er Jahre wurde an einem Perspektivplan bis 1970 gearbeitet. Dies gab Walter Ulbricht den Anlaß, an der Arbeitsweise der Staatlichen Plankommission Kritik zu üben und eine Änderung zu verlangen. Unter den Bedingungen des NÖS mußte mehr Gewicht auf die Verflechtung im Wirtschaftsgefüge gelegt und die Bilanzierung der Programme für die Entwicklung einzelner Zweige der Volkswirtschaft gesichert werden. Walter Ulbricht forderte, daß die Planung nach weltmarktfähigen Haupterzeugnissen vorgenommen wird.

Am 1. Dezember 1965 verübte Erich Apel Selbstmord. Über die Gründe gab es viele Spekulationen. Die Version, er habe Selbstmord begangen, weil er Schwierigkeiten bei der Abstimmung des

Volkswirtschaftsplanes mit der sowjetischen Seite hatte oder weil die NÖS auf Widerstand stieß, halte ich nicht für stichhaltig. Handelte er in depressiver Stimmung? Die Tat war bedauerlich. Erich Apel war ein fähiger Leiter, der sich für den Erfolg der Wirtschaftsreform einsetzte.

Das NÖS wurde fortgesetzt. Neben den praktischen Schritten fand auch die Vertiefung der theoretischen Konzeption statt. Dazu trug das 1969 erschienene Lehrbuch »Politische Ökonomie des Sozialismus und ihre Anwendung in der DDR« bei, zu dem Walter Ulbricht ein Vorwort schrieb. An der Ausarbeitung des Lehrbuchs hatten sich zahlreiche Ökonomen beteiligt. Ich wurde im Vorwort als eines der Mitglieder des Politbüros genannt, »die sich in mehreren Sitzungen ausführlich mit dem Material beschäftigten und durch ihre Hinweise und Kritiken die theoretische Substanz des Buches wesentlich beeinflußten«.

Nachfolger Erich Apels als Leiter der Staatlichen Plankommission wurde Gerhard Schürer. Günter Mittag blieb weiterhin der für Wirtschaftsfragen verantwortliche Sekretär des ZK.

Überholen ohne einzuholen Der VII. Parteitag der SED (1967) stellte die strategische Aufgabe, das »entwickelte gesellschaftliche System des Sozialismus« zu gestalten. In erster Linie kam es darauf an, die wissenschaftlich-technische Revolution durchzuführen.

Dies erforderte wachsende Investitionen für die neue Technik; immer kürzer werdende Überführungszeiten der Forschungsergebnisse in die Produktion; steigende Konzentration der Produktion bei ständig wachsender Anzahl der Erzeugnisse; eine progressiv steigende Tendenz zur Großserie; die Systemautomatisierung; die Entwicklung und Anwendung neuer Technologien.

Um dieses Ziel zu erreichen, sollte die Wissenschaftsorganisation umgestaltet und ausgebaut werden. Walter Ulbricht setzte sich besonders für die Großforschung ein, die auf strukturbestimmenden Gebieten konzentriert und zur Existenzbedingung der sozialistischen Großproduktion, zum festen Bestandteil des gesellschaftlichen Reproduktionsprozesses werden sollte. Die Wissenschaftsorganisation war darauf gerichtet, ein enges Verhältnis von Wissenschaft und Produktion zu gewährleisten und die Voraussetzungen zu schaffen für Pionier- und Spitzenleistungen und für den weiteren Aufschwung der Natur- und Gesellschaftswissenschaften.

In dieser Zeit fand auch die wahrscheinlich von Prof. Thiessen geprägte Losung: »Überholen ohne einzuholen« starke Beachtung. Sie sollte zum Ausdruck bringen, daß es nicht darum geht, hochindustrialisierte kapitalistische Länder lediglich einzuholen, sondern qualitativ neue, dem Kapitalismus überlegene gesellschaftliche Lösungen zu finden. Das geistige Potential der DDR sollte auf bisher nicht vorhandene Lösungen orientiert werden, die natürlich mit den tatsächlichen ökonomischen Möglichkeiten und Kräften erreichbar sein müßten.

Überholen ohne einzuholen – dies war eine verblüffende Losung. Sie schien widersinnig, denn wie sollte dies gelingen? Sie erinnerte an das Paradoxon Zenons von Achilles und der Schildkröte, wonach Achilles die ihm vorauseilende Schildkröte nie einholen konnte. So wurden auch bald über diese Losung Witze gemacht, statt sich gründlich in ihren Sinn zu vertiefen. Ich glaube, daß sie richtig war, aber im Bewußtsein der Wissenschaftler und Ingenieure, von denen das Ungewohnte verlangt wurde, fand sie nicht die notwendige Resonanz, um schöpferische Kräfte in Bewegung zu setzen. So blieb sie ein Ausdruck für die Euphorie, für kühne Ideen und große Träume, die in der Zeit des ›Neuen Ökonomischen Systems‹ aufkamen. Zugleich zeigt die Ablehnung dieser Losung, wie sehr die Träume von der Wirklichkeit abwichen.

Auch der Begriff des ›Neuen Ökonomischen Systems‹ geriet in Mißkredit. Da seine Verfechter jetzt jeden Bereich der Wirtschaft und Gesellschaft in ein Teilsystem verwandelten und es davon bald nur so wimmelte, wurde die Gesamtkonzeption lächerlich und nicht mehr akzeptiert.

Ich will sagen, daß das ›Neue Ökonomische System‹ nicht nur an Fehlentscheidungen, bürokratischen Hemmnissen usw. scheiterte, sondern auch an geistiger Trägheit. Die Notwendigkeit, den Strukturwandel der Wirtschaft auf neue Weise, mit neuen, ungewohnten Methoden zu vollziehen, fand nicht das erforderliche Verständnis.

Robert Havemann Der umfassende Aufbau des Sozialismus verlangte besonders von jenen Mitgliedern der Partei, die sich mit der Erziehung der Jugend befaßten, einen parteilichen Standpunkt. Unter diesem Gesichtspunkt nahm ich auf dem 5. Plenum zum Auftreten Robert Havemanns Stellung. Havemann, mit dem ich in diesen Jahren oft zusammentraf, hatte sich aktiv am antifaschistischen Widerstand beteiligt und Jahre im Zuchthaus Brandenburg verbracht. Er gehörte einer Gruppe an, die sich »Europäische Union« nannte, war verhaftet und zum Tode verurteilt worden. Die Todesstrafe wurde in lebenslänglich umgewandelt. Im Zuchthaus Brandenburg erhielt er die Möglichkeit, in einem besonderen Labor seine Forschungsarbeit fortzusetzen. Er war Chemiker, Professor an der Humboldt-Universität Berlin und Mitglied der Akademie der Wissenschaften.

Seit den 50er Jahren hatte es mit ihm Meinungsverschiedenheiten in philosophischen Fragen gegeben (siehe die Diskussion im Jahre 1956 über den Gegenstand der Philosophie). Diese Meinungsverschiedenheiten spitzten sich seit 1962 zu, weil er in einer Vorlesung an der Humboldt-Universität und in verschiedenen Erklärungen in Widerspruch zur Politik und Ideologie der Partei geriet.

In der Zeit nach dem XX. und XXII. Parteitag der KPdSU bemühten sich die kommunistischen und Arbeiterparteien der sozialistischen Länder, mit den Folgen des Personenkults und des Machtmißbrauchs fertig zu werden. Wenn dies, wie manche meinten, nur halbherzig geschah, so war dafür vor allem die erneute Verschärfung der internationalen Lage (Ungarn, der Bau der Mauer in Berlin, die beiden Kubakrisen) verantwortlich. Mit einer Zuspitzung der Spannungen, die auch die Existenz der DDR gefährdete, mußte gerechnet werden. In dieser Situation stellte Havemann die These auf, daß Personenkult und Machtmißbrauch eine »in der historischen Entwicklung enthaltene gesetzmäßige Möglichkeit« seien. Die »Macht der Revolutionäre« führe eben zum Bonapartismus, der Machtmißbrauch einschließe. Diese These von der »gesetzmäßigen« Möglichkeit des Personenkults wurde von uns abgelehnt, war es doch gerade die KPdSU gewesen, die selbst mit der Kritik und Überwindung des Personenkults begonnen hatte. Die politischen Äußerungen Havemanns ließen die konkreten Bedingungen außer acht, unter denen sich der Aufbau des Sozialismus vollzog – die internationale Situation, die gegen den Sozialismus gerichteten Aktivitäten der USA und der NATO ebenso wie die innere Lage der DDR, die schwierige Umstellung auf das NÖS, die nach wie vor unbefriedigenden Lebensbedingungen der Bevölkerung, den Entwicklungsstand des gesellschaftlichen Bewußtseins.

Die Vorlesungen Havemanns über »Naturwissenschaftliche Aspekte philosophischer Probleme« enthielten viele wertvolle Ideen. Er war ein erfahrener Naturwissenschaftler und ein geistreicher Mann. Da er erklärte, er sehe nach wie vor den dialektischen Materialismus als die höchstentwickelte Form der Philosophie an, die bei der Bewältigung theoretischer Probleme der Einzelwissenschaften eine entscheidende Funktion habe, konnte über seine philosophischen Anschauungen diskutiert werden. Allerdings war es zweifelhaft, was er unter dialektischem Materialismus verstand, wenn er im Dogmatismus die Hauptgefahr sah. Ich zitiere aus meinem Referat auf der Parteiaktivtagung an der Humboldt-Universität: »In der marxistischen Philosophie sieht Havemann, wie es scheint, den Dogmatismus darin, daß nach wie vor die allgemeinen Grundsätze der materialistischen Weltbetrachtung von der Ewigkeit und Unendlichkeit, von der Unzerstörbarkeit und Unerschaffbarkeit der Materie verfochten werden, d. h. daß die marxistischen Philosophen konsequent den philosophischen Materialismus verteidigen. Er sieht den Dogmatismus weiter darin, daß angeblich die« offiziellen« Vertreter des dialektischen Materialismus in der Sowjetunion und bei uns an den neuen Erkenntnissen vorbeigehen oder zu ihnen eine ablehnende Haltung einnehmen. Er sieht ihn weiter darin, daß die Anhänger des dialektischen Materialismus auf der Notwendigkeit der Philosophie und eines selbständigen Gegenstandes der Philosophie beharren«. Während Havemann das Hauptfeuer auf den angeblich dogmatisch erstarrten Materialismus und seine »offiziellen« Vertreter richtete, fand sich in seiner Vorlesung keine gründliche Auseinandersetzung mit den Vertretern reaktionärer und obskurantistischer Ideen, wie dem Neothomismus, ja nicht einmal eine kritische Einschätzung der zahlreichen philosophischen Äußerungen von Physikern wie Heisenberg, Schrödinger, Pauli und anderen. Die Kenntnis der Ansichten Havemanns veranlaßte den Physiker Max Born, in einem Brief zu erklären: »Für einen Außenstehenden ist es natürlich schwer verständlich, daß Sie alle wesentlichen Züge des dialektischen Materialismus ablehnen und sich doch zu ihm bekennen«. Havemann antwortete, Born habe eben nicht verstanden, daß der offizielle dialektische Materialismus ein verfälschter Materialismus sei. Born schrieb weiter: »Ich halte keineswegs alle Gesichtspunkte dieser Philosophie für unrichtig. Meine Ablehnung ist darauf begründet, daß ich den Anspruch, die allein befriedigende Philosophie zu sein, nicht anerkennen kann«.

In der Zeitung »Humboldt-Universität« hatte Havemann geschrieben: »Ich werde mich am Ziel meiner Hoffnungen befinden, wenn nicht nur der Terminus, sondern auch die ›offiziellen‹ Vertreter über Bord gegangen sein werden.« Solche Äußerungen verschlechterten das Klima der Diskussionen, bei denen sich Havemann, soweit ich sie miterlebte, reichlich überheblich verhielt. Einwände ließ er grundsätzlich nicht gelten. Es ist mehr als einmal vorgekommen, daß er bei Diskussionen, wenn sich sein Standpunkt nicht durchsetzen ließ, den Saal verließ und er damit der weiteren Klärung der Fragen auswich.

In persönlichen Gesprächen suchte ich ihn zu überreden, die Dinge nicht zu weit zu treiben. Eine Aussprache in seiner Parteigrundorganisation am Institut für Chemie führte zu einem Eklat, da Havemann und andere Mitglieder nur noch von den Fehlern der

Parteiführung sprachen, so daß ich die Geduld verlor, die Schlüssel zu meinem Büro im ZK auf den Tisch legte und vorschlug, sie, die Kritiker, sollten meine Arbeit übernehmen. Das war eine lächerliche Geste. Natürlich nahmen sie die Schlüssel nicht. Am 14. Februar1964 fand die Tagung des Parteiaktivs der Humboldt-Universität statt, bei der Havemann anwesend war. Ich erläuterte die Beschlüsse der 5. Tagung des ZK und setzte mich mit den politischen und philosophischen Ansichten Havemanns auseinander. Eine Beendigung der Diskussion war zu diesem Zeitpunkt nicht vorgesehen. Die Meinungsverschiedenheiten hätten nicht zum Bruch führen müssen, wenn Havemann nicht dazu übergegangen wäre, seine Ansichten über westliche Medien zu verbreiten. Nach einem Interview mit dem sozialdemokratischen »Hamburger Echo«, in welchem er von den Fehlern beim Aufbau des Sozialismus sprach, die restlose Überwindung von Stalinismus und Dogmatismus forderte und als sein Ziel den »freiheitlichen Sozialismus« angab, gingen die Wogen hoch. Auch ein Interview Havemanns mit dem »Spiegel« trug zur Verschärfung bei. Walter Ulbricht sagte, Havemann sei nicht weiter tragbar, er habe seine Professur nach dem Westen verlegt. Mit Zustimmung des Sekretariats des ZK, dem ich angehörte, erklärte das Staatssekretariat für Hochschulwesen, Havemann habe es für zweckmäßig gehalten, innere Fragen der DDR in westlichen Medien zur Diskussion zu stellen und damit seine Pflichten als Hochschullehrer verletzt. Deshalb könne er nicht weiter an der Universität lehren. Von einer Streichung als Mitglied der Akademie der Wissenschaften war nicht die Rede. Dieser Schritt erfolgte 1966 mit dem Hinweis, daß Havemann seine Forschungsarbeit in der Filmfabrik Wolfen fortsetzen könne.

Bei diesen Entscheidungen spielten Emotionen eine große Rolle. Havemanns Auftritte in westlichen Medien machten weitere Diskussionen mit ihm über Politik und Weltanschauung unmöglich. Er hatte einen Moralkodex gebrochen. Es verbot sich für Kommunisten, in westlichen Medien Differenzen mit der eigenen Partei auszutragen.

Soweit ich mich erinnere, hatte ich nach 1964 keine Verbindung mehr zu Havemann. Die in den 70er Jahren gegen ihn ergriffenen Maßnahmen gehörten in das Ressort der Justiz und des Ministeriums für Staatssicherheit. Sie beruhten nicht auf Beschlüssen des Politbüros oder Sekretariats des ZK. Havemanns Isolierung in Grünheide war sadistisch. Ich habe nichts unternommen, um sie zu beenden, und ich hätte auch nichts erreicht.

Unnötig war meine Antwort auf einen »Offenen Brief« von zwei mir persönlich nicht bekannten westdeutschen Schriftstellern. Dieser erschien in der »Frankfurter Rundschau« vom 3. Mai 1979 und enthielt die Aufforderung, ich solle dafür eintreten, daß Havemann human behandelt wird. In meiner Antwort (siehe »Weltbühne« vom 15. Mai 1979) gab ich Havemann die Schuld für die entstandene Lage und distanzierte mich von seinem Verhalten.

Ich habe mich oft gefragt, ob die Auseinandersetzung mit Havemann so verlaufen mußte oder ob es andere Möglichkeiten gegeben hätte. In persönlichen Gesprächen hatte ich ihn gewarnt, zu weit zu gehen. Über seine politischen Ansichten und philosophischen Auffassungen wurde seit Jahren diskutiert. Dieser Meinungsstreit hätte fortgesetzt werden können. Er mußte wissen, daß vom Moment seines Auftretens in westlichen Medien an ein Bruch unausbleiblich war. Diesen Bruch hat er von einem bestimmten Zeitpunkt an provoziert, entweder weil er hoffte, ein breites Echo zu finden oder weil er sich in ein besonderes Rampenlicht stellen wollte.

Das 11. Plenum In den 60er Jahren herrschte unter der Intelligenz der DDR große Unruhe. Die auf der Beratung mit Kulturschaffenden im März 1963 kritisierten Erscheinungen des Pessimismus und der Verdrossenheit an Partei und Staat wirkten weiter und fanden ihren Niederschlag in literarischen Werken und Filmen. So gerieten Schriftsteller und Künstler erneut – aber dieses Mal wesentlich heftiger – in das Kreuzfeuer der Parteikritik. Auf dem 11. Plenum des ZK am 20. Dezember 1965 waren Ideologie und Kultur die Zielscheibe. Eigentlich hätte sich das Zentralkomitee mit dem Stand und der weiteren Anwendung des ›Neuen Ökonomischen Systems‹ befassen müssen. Ich vermute, daß dessen Gegner noch nicht bereit waren, ihre Kritik offen zu äußern und eine eigene Wirtschaftskonzeption vorzulegen. So wichen sie auf das Gebiet der Kultur aus, was den Vorteil bot, daß jeder mitreden kann, auch wenn er wenig davon versteht.

In dem von Erich Honecker erstatteten Bericht des Politbüros, dem Referat Walter Ulbrichts über den Perspektivplan bis 1970 und in der Diskussion wurden DEFA-Filme wie »Spur der Steine«, »Das Kaninchen bin ich«, Gedichte Biermanns und andere Werke äußerst heftig abgelehnt. Die Stimmung wurde im Verlauf des Plenums immer bedrückender und immer kunstfeindlicher. Sie wurde mir so unerträglich, daß ich den Saal verließ und in mein Büro rannte, wo ich völlig fassungslos am Schreibtisch Platz nahm. Ich war, glaube ich, einem Nervenzusammenbruch nahe, gab ich doch mir als dem verantwortlichen Sekretär für Kultur die Schuld an der entstandenen Lage. Plötzlich stürzte Erich Honecker ins Zimmer. Er war mir nachgerannt, weil er befürchtete, daß ich, wie ehemals Erich Apel, Selbstmord begehen würde. Ich versicherte ihm, daß eine derartige »Lösung« für mich niemals in Frage käme und kehrte, nachdem ich mich beruhigt hatte, ins Plenum zurück. Dieser Zwischenfall soll nur auf die Atmosphäre hinweisen, die auf diesem Plenum herrschte. Er ist kein Ausdruck von Opposition gegen den Inhalt der Kritik, sondern nur des Unbehagens über den dabei angeschlagenen Ton. An der Auseinandersetzung nahm ich mit einem Diskussionsbeitrag teil, in dem ich mich bemühte, die Ursachen für die in den kritisierten Werken zutage tretenden Stimmungen und Tendenzen des Skeptizismus, der Entfremdung und des Nonkonformismus zu ergründen.

Diese Ursachen waren, wie mir schien, sowohl äußerer wie innerer Natur. Erstens hingen sie mit der Aggression der USA in Vietnam zusammen, der wegen des Bruchs zwischen der Sowjetunion und China kein einheitlicher Widerstand entgegengesetzt werden konnte. Zweitens waren durch die Bestrebungen zur atomaren Aufrüstung in der BRD und revanchistische Äußerungen manche Illusionen über die friedliche Koexistenz und eine baldige Wiedervereinigung geschwunden. Drittens hatte die Kritik am Personenkult um Stalin dazu geführt, daß bei manchen der Blick für die Erfolge der Sowjetunion verloren ging.

Zu diesen äußeren Ursachen kam das Unverständnis für die Dialektik des Übergangs vom Kapitalismus zum Sozialismus, der sich »in einem immerwährenden Ringen des Neuen gegen das Alte, des Fortschrittlichen gegen das Rückständige« vollzieht. »Daß dabei auch Fehler und Mängel auftreten können, ist nur für diejenigen unverständlich, die nicht von den Entwicklungsgesetzen und von dem erreichten Niveau des gesellschaftlichen und individuellen Bewußtseins ausgehen, sondern von einem Idealbild, das sie der Wirklichkeit gegenüberstellen«.

In einigen der kritisierten Filme war das Verhältnis von Individuum und Gesellschaft als Entfremdung geschildert worden, herrschte in den Beziehungen zwischen dem Einzelnen und dem sozialistischen Staat eine ausgesprochene Kälte, ein feindseliger Kontrast vor. Manche Schriftsteller und Künstler vertraten die Ansicht, daß sich Literatur und Kunst durch bloßes Beobachten der Wirklichkeit auszeichnen müßten, daß das Wesen der Kunst im Nur-Kritischen, in der Aufdeckung von Fehlern und Mängeln bestehe. Andere wiederum glaubten der westlichen Propaganda, daß die Partei von den Schriftstellern und Künstlern fordere, nur noch Lautsprecher der Partei zu sein und sie die Parteibeschlüsse aufzubereiten haben.

In der Auseinandersetzung wurde auf die geistige Wandlung und kulturelle Erneuerung seit der Niederschlagung des Hitlerfaschismus hingewiesen. Es wurde unterstrichen, daß die Entwicklung der sozialistischen Nationalkultur ebenso zum Aufbau des Sozialismus gehört wie die Umgestaltung von Wirtschaft, Staat, Recht und Bildungswesen.

Ich stellte fest, daß die Fortschritte in Literatur und Kunst nicht im Selbstlauf und künstlerischer Abkapselung, gewissermaßen unter Ausschluß der Partei und des Staates, erzielt wurden. Die materiellen Grundlagen für die Entwicklung der Kultur seien durch die Arbeiterklasse unter Führung der Partei geschaffen worden. Die Partei habe den Kulturschaffenden den Weg zur Mitwirkung am Aufbau der neuen Gesellschaftsordnung und zum realistischen Kunstschaffen gewiesen.

Diese Argumente konnten nicht überzeugen, weil die Kritik des 11. Plenums das Verbot der kritisierten Werke zur Folge hatte. Davon war ein großer Teil der Produktion der DEFA betroffen. Dieses Verbot, das ich billigte, mußte auf die Dauer als engstirnig und kunstfeindlich wirken und weckte natürlich, wie stets bei Verbotenem, die Neugier an diesen Werken. Hinzu kamen das Banausentum und die kleinbürgerliche Borniertheit im öffentlichen Leben. Schon vor dem 11. Plenum hatte der Leipziger Bezirkssekretär, das Mitglied des Politbüros Paul Fröhlich, ein amusischer und humorloser Mensch, offenbar in Übereinstimmung mit Walter Ulbricht eine Kampagne gegen die »amerikanische Unkultur« gestartet und eine Ansammlung von jugendlichen Anhängern der Beatles auflösen lassen. Miniröcke der Mädchen und eine bestimmte Haarfrisur (verächtlich als »Pferdeschwänze« bezeichnet) waren verpönt. Diese kleinbürgerliche Borniertheit war natürlich dem kulturellen Klima nicht förderlich.

Nach der »Wende« wurde in einer Veranstaltung der Akademie der Künste und in Fernsehsendungen das 11. Plenum als ein »Kahlschlag der Kultur« bezeichnet, nach welchem das künstlerische Schaffen erlahmt und das politische Leben erstarrt sei. Dieses Urteil ist, wenn es von den durch die Verbote betroffenen Schriftstellern und Künstlern geäußert wird, verständlich und dennoch nicht gerechtfertigt, wie sich an den kulturellen Leistungen in den 70er und 80er Jahren nachweisen läßt. Aber es ist gerechtfertigt, an diesem Plenum und der dort herrschenden Kunstfeindlichkeit harte Kritik zu üben. Es führte zu Spannungen zwischen »Geist und Macht« und zu der Angewohnheit, der Diskussion wesentlich ernsterer gesellschaftlicher Probleme, seien sie wirtschaftlicher oder sozialer Art, durch Verweis auf kulturelle oder ideologische Mängel aus dem Weg zu gehen.

Begegnungen mit Malern und Bildhauern Beim Besuch einer Leipziger Ausstellung beeindruckte mich ein Bild des Malers Wolfgang Mattheuer: Eine ältere, von schwerer Arbeit gezeichnete Frau sitzt an einem Tisch, auf dem eine Blume liegt. Die Frau ist ausgezeichnet worden, von wem ist nicht erkennbar. Sie denkt über die Ehrung nach, die sie nicht erwartet hat. Ihre Freude ist mit Bitterkeit darüber vermischt, daß sie solange warten mußte, bis man ihre Leistung anerkannte.

Ich sah meine Mutter an diesem Tisch sitzen, die ihr Leben lang hart gearbeitet hat und der ich keine Blume auf das Grab legen konnte. Mattheuers Bilder und Plastiken – seine Landschaften, die Sisyphosreihe, die bemalte Bronzeplastik »Jahrhundertschritt« und andere waren immer Aufforderungen zur Stellungnahme und Auseinandersetzung. Sie behandeln die Situation des Menschen in unserer Zeit, mit allen Hoffnungen und allen Ängsten. Es ist gut, daß es sie gibt.

Oft bin ich mit Bernhard Heisig und Willi Sitte zusammengetroffen, einige Male, auf Einladung Sittes, im Blütengrund, dem Ferienheim des Verbandes bildender Künstler. Heisig beeindruckte mich mit seinen Bildern, die ganze Geschichtsperioden umfassen. Wie der Kunstkritiker Peter Feist feststellt, packt sich Heisig »ständig die ganze Last der Welt und der Geschichte auf, um sich an ihr abzuarbeiten.«

Sittes Werk ist unverwechselbar. Seine Darstellung des arbeitenden, kämpfenden und liebenden Menschen gibt Kraft und Optimismus. Kein Wunder, daß nach der Wende sein Werk Angriffen ausgesetzt war und wichtige Arbeiten in die Depots verbannt wurden. Als Präsident des Verbandes bildender Künstler hat er sich dafür eingesetzt, daß die Künstler der DDR immer selbst auswählen konnten, welche Werke in die Bezirks- und die Zentralen Kunstausstellungen aufgenommen werden, denn »die gewählten Vertreter sollten das Sagen haben und nicht der Apparat, die Exekutive. Das haben wir Hager klargemacht«, schrieb er in »Neues Deutschland« vom 27. Februar 1991. So war es tatsächlich.

In den ersten Jahrzehnten gab es manche Eingriffe in das Schaffen von Malern und Bildhauern der DDR. So erhielt die Bildhauerin Ruthild Hahne Anfang der 50er Jahre den Auftrag, ein Thälmann-Denkmal zu entwerfen. Als der Entwurf mißfiel, wurde der Auftrag an den sowjetischen Bildhauer Lew Kerbel vergeben. Kerbel ist der Schöpfer des Ehrenmals für die Sowjetarmee im Tiergarten und des Karl-Marx-Denkmals in Chemnitz. Ich mußte Ruthild Hahne und ihren Mitarbeitern mitteilen, daß sie vergeblich gearbeitet hatten. Eine Aufgabe, die ich nur ungern erfüllte.

Als im Zentrum Berlins ein Marx-Engels-Forum gestaltet werden sollte, schlug Fritz Cremer vor, damit die Bildhauer Ludwig Engelhard, Werner Stötzer und Middell zu beauftragen. Ich war mehrere Male in Gumlin, wo Ludwig Engelhard in einer Scheune sein Atelier eingerichtet hatte und an dem Entwurf des Marx-Engels-Denkmals arbeitete. Er fand eine Lösung, die mir gefiel: Marx als Wissenschaftler (und nicht als flammender Held) und Engels als »zweite Geige«, etwas zurückversetzt, und unverkennbar der Stratege und Organisator. In jahrelanger Arbeit haben Engelhard, Stötzer und Margret Middell ein Ensemble geschaffen, das den Begründern des wissenschaftlichen Sozialismus gerecht wird.

Wieviel Schönes haben überhaupt die Maler und Bildhauer in der DDR geschaffen. Mir fallen Beispiele ein: Werner Tübkes Bild »Frühbürgerliche Revolution in Deutschland« im Panorama auf dem Schlachtberg, Fritz Cremers Denkmal für die Spanienkämpfer und das Brecht-Denkmal vor dem Berliner Ensemble, die restaurierten Gemälde in der Semperoper und im Schauspielhaus am Gendarmenmarkt. Aus der großen Schar kreativer Künstler, die mich besonders beeindruckt haben, nenne ich Gabriele Mucchi, Theo Balden, Sighard Gille, Walter Womaka und alle, die sich der baugebundenen Kunst widmeten oder Aufträge der Gewerkschaft erfüllten. Es wird einer instrumentalisierten Kunstkritik nach der

Wende nicht gelingen, diese Werke, – man denke nur an die Bilder im Palast der Republik, die im Depot verschwinden sollen – aus dem Gedächtnis des Volkes zu streichen.

Reise in die Sowjetunion Im September 1965 nahm ich an einer von Walter Ulbricht geleiteten Partei- und Regierungsdelegation in die Sowjetunion teil. Seit der Unterzeichnung des Staatsvertrages zwischen der DDR und der UdSSR 1955 war dies die größte Delegation, die mit der KPdSU und der Regierung der UdSSR über die Zusammenarbeit beider Staaten und Parteien verhandelte. Der Termin der Reise hing mit der Ausarbeitung des Perspektivplans bis 1970 zusammen. Während des Aufenthalts wurde ein Regierungsabkommen über wissenschaftlich-technische Zusammenarbeit, ein Abkommen über gegenseitigen Handel und ein Abkommen über die Zusammenarbeit auf politisch-ideologischem Gebiet unterzeichnet.

Das Abkommen über ökonomische und wissenschaftlich-technische Zusammenarbeit sah u. a. die gemeinsame Orientierung auf den wissenschaftlich-technischen Vorlauf und die Bearbeitung konkreter Themen in der Forschung vor. Daraus hätte sich ein Impuls für die Beschleunigung der wissenschaftlich-technischen Revolution ergeben können. Es lag wohl an der komplizierten Lage der sowjetischen Wirtschaft, den Mängeln in der Leitungstätigkeit, den Schwierigkeiten bei der Anwendung des Prinzips der materiellen Interessiertheit und den enormen Problemen in der Landwirtschaft (die unter großer Dürre zu leiden hatte, was zur Einfuhr von Getreide zwang), wenn die hochgespannten Erwartungen, die an das Abkommen geknüpft waren, nur in unzureichender Weise verwirklicht wurden.

Bei den Beratungen wurde auf die Verschärfung der internationalen Situation durch die Politik der USA hingewiesen. Neben Vietnam war auch Deutschland ein Zentrum des Kräftemessens. Der Präsident der USA, Johnson, hatte am 7. Mai 1965 erklärt: »Die DDR ist eine Schande, die man liquidieren muß«. Im

Kommuniqué wurde erklärt, wenn Westdeutschland in irgendeiner Weise Kernwaffen erhalte, würden die Staaten des Warschauer Paktes entsprechende Schutzmaßnahmen ergreifen. Die Hallsteindoktrin der Alleinvertretung wurde zurückgewiesen. Erneut wurde der Status von Westberlin als selbständige politische Einheit bekräftigt.

Die Delegation besuchte Baku, Erewan und Kiew. Die Besichtigung der Erdölförderung im Kaspischen Meer sowie eines Instituts für Mikroelektronik in Erewan waren beeindruckend. In Erewan vermittelte die Sammlung uralter mathematischer Handschriften im Matenataran ein Bild von dem hohen Stand von Wissenschaft und Kultur im alten Armenien. Wir verbrachten eine feuchtfröhliche Nacht mit armenischen Freunden, darunter dem Vorsitzenden des Exekutivkomitees. Eine Fahrt zum Sewansee, der, wie man sagte, allmählich austrocknet, beschloß den Aufenthalt in Armenien. In Kiew besichtigten wir ein Baukombinat. Bei einem Treffen mit Woroschilow wurde dem mit Peperoni vermischten Wodka reichlich zugesprochen.

Die Stalin-Datscha Den Sommerurlaub verbrachten wir 1965 gemeinsam mit Herbert Warnke, dem Vorsitzenden des FDGB, in der Datscha Stalins am »Kalten Flüßchen« bei Gagra. Die Datscha lag an einem Berghang und bestand aus einem dunkelgrün gestrichenen einfachen Holzhaus mit einigen Nebengebäuden. Zur Zeit Stalins war sie sicher gut bewacht, Spuren der Absperrungen waren noch überall zu sehen. Wir waren überrascht über die Einfachheit des Hauses und die nüchterne Ausstattung. Es gab keinerlei Komfort (oder gar Luxus). Im Erdgeschoß nahm ein großes Speisezimmer fast den ganzen Raum ein, im oberen Stockwerk lagen die Schlafzimmer und eine Terrasse. Mascha, die Haushälterin, zeigte uns voll Stolz einen Nagel neben der Eingangstür, den Stalin selbst eingeschlagen habe, um seine Joppe aufzuhängen.

Wir fühlten uns wohl. Das »Kalte Flüßchen« – cholodnaja retschka – schuf eine angenehme Wassertemperatur, und aus den

Bergen kam manchmal ein kühler Wind, der die sommerliche Hitze erträglich machte. Alfred Kurella hatte uns Vorschläge für Wanderungen gemacht und seinem Brief eine selbst gezeichnete Karte des Hinterlandes von Adler, Gagra und Suchumi beigelegt. Wir mußten allerdings große Überredungskünste aufwenden, um die sowjetischen Betreuer davon zu überzeugen, daß wir nicht nur im Schwarzen Meer schwimmen, sondern auch Wanderungen in den Bergen unternehmen wollten. Dabei stellte es sich heraus, daß die Einheimischen nie über Gagra hinausgekommen waren und die Gegend, die Kurella für Wanderungen vorgeschlagen hatte, überhaupt nicht kannten.

Wir fuhren zum Rizzasee, der von vielen Touristen aufgesucht wird. Von dort führt eine Bergstraße tiefer in den Kaukasus nach dem »Volkskurort« Awanchara. Hier, an der Waldgrenze bei etwa 1800 Meter befand sich eine Heilquelle. Auf dem Plateau sah man viele Hütten aus Zweigen und Zelte. Es gab nur ein Steinhaus, ein Erholungsheim. In diesem improvisierten Lager lebten Bauern, Hirten und Jäger, die sich auf ihre Weise kurierten. Von Awanchara aus wanderten wir, nach der Karte Kurellas, zum Msi-See, einem Gebirgssee in 2000 Meter Höhe, an der Schneegrenze. Der Aufstieg war nicht beschwerlich, und je weiter wir kamen, um so mehr erschloß sich uns die herrliche Landschaft des Kaukasus. Am See trafen wir Hirten, die mit ihrem Vieh den Sommer im Gebirge verbrachten. Wir wurden eingeladen, Schafskäse zu essen und Wodka zu trinken, als ob wir alte Bekannte wären.

Dieser Sommerurlaub in der Stalin-Datscha, die Wanderung zum Msi-See, die Schönheit des Kaukasus hatten uns so beeindruckt, daß wir auch 1967 wieder dorthin reisten. Leider konnten wir Alfred Kurellas vorgeschlagene Wanderungen im Kaukasus und Besuche bei seinen abchasischen Freunden nicht verwirklichen. Er hatte ja einige Jahre in Pskhu gelebt und kannte den Kaukasus wie seine Westentasche. Seine Frau, eine Ärztin, war in den Bergen verunglückt.

Philosophie und Politik Auf dem Philosophiekongreß der DDR (25. – 26. 3. 1968) hielt ich das Hauptreferat und das Schlußwort. Das Thema lautete: »Die philosophische Lehre von Karl Marx und ihre aktuelle Bedeutung«. Es lag mir besonders daran – was eigentlich immer geschah, wenn ich zu Fragen der Philosophie Stellung nahm – die Notwendigkeit einer engen Beziehung von Philosophie und Politik zu betonen. Dabei konnte ich mich auf Karl Marx berufen. Für Marx war schon zu der Zeit, als er noch radikaler Demokrat und linker Hegelianer war, die bewegende Kraft seines Philosophierens niemals das Interesse an der »blos denkenden Betrachtung der Dinge« (Hegel), sondern in erster Linie das Bestreben, auf die Lösung der sozialen Widersprüche und Probleme, auf die politisch-praktische Entwicklung aktiv Einfluß zu nehmen. Im März 1843 schrieb Marx an Arnold Ruge, er habe Feuerbach zu kritisieren »daß er zu sehr auf die Natur und zu wenig auf die Politik hinweist. Das ist aber das einzige Bündnis, wodurch die jetzige Philosophie eine Wahrheit werden kann.[8]

Diese Bemerkung, wie überhaupt die Auseinandersetzung von Marx mit den Junghegelianern und Feuerbach, erlangte eine besondere Aktualität. Der Vietnamkrieg der USA und zahlreiche andere Gebrechen der kapitalistischen Gesellschaft veranlaßten viele in Westeuropa und den USA, nach einer neuen geistigen und politischen Orientierung zu suchen. Es blieb besonders der studentischen Jugend nicht verborgen, daß philosophische Richtungen, die vom Pessimismus und Skeptizismus beherrscht waren oder sich auf bloße Kritik und die »Große Weigerung« (Herbert Marcuse) beschränkten, keinen Ausweg aus der philosophischen und kulturellen Krise wiesen. Sie suchten nach einer Weltanschauung und Philosophie, die auf der Höhe der Wissenschaft steht und konsequent die Ideen der Humanität, der Demokratie und des gesellschaftlichen Fortschritts vertritt. Unser Philosophie-Kongreß sollte deutlich machen, daß die marxistische Philosophie solchem Denken und Handeln sinnvolle Ziele zeigt, da sie sich nicht an einem wirklichkeitsfremden Ideal von menschlicher Vollkommenheit und

Größe orientiert, sondern an den realen gesellschaftlichen Entwicklungsbedingungen, den konkreten Interessen, Bedürfnissen und Bestrebungen der in einer Gesellschaft lebenden und tätigen Menschen. Angesichts der wachsenden Anziehungskraft der marxistischen Philosophie konnte keine der einflußreichen bürgerlichen philosophischen Richtungen an dieser Philosophie vorübergehen. Ob Neothomismus, Neopositivismus oder Existentialismus – alle mußten sich mit Marx auseinandersetzen. Nell Bräuning, Professor für Sozialwissenchaften an der Universität Frankfurt/Main, sagte: »Wir alle stehen auf den Schultern von Marx«.

Die philosophischen Anschauungen von Marx gipfelten in dem Nachweis, daß gesellschaftlicher Fortschritt, Freiheit und Humanismus nur durch die revolutionäre Arbeiterklasse verwirklicht werden können. Kein Wunder, daß die bürgerlichen Ideologen wie die rechten Sozialdemokraten gegen die marxistische Philosophie zu Felde zogen. Sozialdemokratische Politiker, wie Schmidt, Schiller u. a., hatten zu Marx und Engels keine Beziehung mehr. Sie erklärten, die Sozialdemokratie müsse eine weltanschauungsfreie Politik betreiben. Aber ihr Antikommunismus und Antimarxismus waren eine Weltanschauung, wenn auch eine negative.

In meinem Referat wies ich darauf hin, daß die Einheit von Philosophie und revolutionärer Bewegung der Arbeiterklasse, von revolutionärer Theorie und Praxis die Quintessenz der philosophischen Lehre von Karl Marx ist. Von diesem Standpunkt aus polemisierte ich gegen die von dem österreichischen Kommunisten Ernst Fischer und anderen vertretene Auffassung vom »modernen Marxismus«, der der Intelligenz, besonders den Schriftstellern, die eigentlich fortschrittliche Rolle beimaß. Die Intelligenz, sagte ich, kann ihre gesellschaftliche Verantwortung bei der Durchführung der wissenschaftlich-technischen Revolution, im Bildungswesen oder auf kulturellem Gebiet nicht selbständig, sondern nur in Gemeinschaft mit der Arbeiterklasse und den anderen Werktätigen erfüllen.

Fischers »moderner Marxismus« beinhaltete auch einen Angriff auf die Partei als einem »konservativ-bürokratischen Apparat«. Er sprach von der »Diktatur der Partei und ihres Apparates« und »vergaß« die 2 Millionen Arbeiter, Genossenschaftsbauern und Angehörigen der Intelligenz, die sich als Mitglieder der Partei freiwillig und meist ehrenamtlich für die sozialistische Gesellschaftsordnung einsetzten.

In dem Referat wurde die Notwendigkeit von Systemtheorie, Kybernetik, Operationsforschung und anderen Disziplinen der modernen Wissenschaft betont und zu den Widersprüchen im Sozialismus Stellung genommen. Ich vertrat die in der Folgezeit revidierte These, daß der Sozialismus »kein kurzfristiges Übergangsstadium in der gesellschaftlichen Entwicklung, sondern eine relativ selbständige Gesellschaftsformation mit eigener Struktur und eigenen Gesetzen ist«. Zum Personenkult um Walter Ulbricht trug ich bei, indem ich ihm große Verdienste um die Entwicklung der marxistischen Philosophie zusprach.

Die eigentliche Wirkung des Kongresses und auch meiner Ausführungen lag nicht auf dem Gebiet der Philosophie.

Prager Frühling In der CSSR war es im Januar 1968 zur Ablösung Novotnys als Generalsekretär der KPC gekommen. Die Führung wurde von Dubcek und seinen Anhängern übernommen, die eine »Erneuerung des Sozialismus«, einen »menschlichen Sozialismus« als ihr Ziel verkündeten.

Der »Prager Frühling« löste in den anderen sozialistischen Ländern Besorgnis aus. Um die Absichten Dubčeks und die politisch-ideologische Situation in der CSSR zu erkunden (es wurden bereits Stimmen gegen die führende Rolle der KP, gegen das politische System und gegen die Planwirtschaft laut), trafen sich die führenden Vertreter der kommunistischen und Arbeiterparteien und der Regierungen der sozialistischen Länder Europas (außer Albanien) in Dresden. In der Dresdener Erklärung wurde die Entschlossenheit betont, die erforderlichen Schritte zum weiteren Zusammenschluß der sozialistischen Länder auf der Grundlage des Marxismus-Leninismus und des proletarischen Internationalismus zu unternehmen und die Wachsamkeit gegenüber den Bestrebungen der imperialistischen Kräfte zur Schwächung des Sozialismus zu erhöhen. Es wurde die Überzeugung zum Ausdruck gebracht, daß die Arbeiterklasse und alle Werktätigen der CSSR unter der Führung der KPC die weitere Entwicklung des sozialistischen Aufbaus im Lande sichern werden.

Die Lage wurde jedoch immer verworrener. In die Reformbestrebungen mischten sich antisozialistische Kräfte ein. Während unseres Philosophiekongresses trat der tschechoslowakische Forstminister Smrkovsky, ein Mitglied des Politbüros der KPC, im RIAS (Westberlin) mit einer Rede auf, in der er die SED und die DDR aufrief, dem Beispiel der Prager Reformer zu folgen. Seine Äußerungen wurden in Presse, Rundfunk und Fernsehen der BRD in aller Ausführlichkeit wiedergegeben. Ich entschloß mich – nach Abstimmung mit Erich Honecker – im Schlußwort des Kongresses dazu Stellung zu nehmen und zitierte den Leitartikel der »Welt« vom 26. März 1968. Ich sagte: Sie erklärt, daß Bundesminister und Abgeordnete gebannt und mit größter Aufmerksamkeit die Entwicklung in der CSSR verfolgen, daß »das Herz sie drängt« zu sprechen, um den Tschechen und Slowaken zu versichern, »daß wir Deutschen angetan sind von dem Wandel, den sie erstreben«. Denn, so schreibt »Die Welt«: »Das mitteleuropäische Herz schlägt wieder in der Brust verantwortlicher Tschechen« und »jenseits der Ideologien, der Systeme und der staatlichen Krusten tauchen die Völker wieder auf«. Die Herren Bundesminister und Abgeordneten bedauern sehr, daß sie ihre Sympathie nicht noch deutlicher bekunden können, aber »Die Welt« teilt immerhin mit, daß sie ihre Hoffnung auf dic »Evolution«, auf die »Liberalisierung«, auf die »Sturm und Drangtage« in Prag setzen. Ich sagte weiter, die Regierung in Bonn habe nie einen Zweifel daran gelassen, daß sie das Ziel verfolgt, die sozialistischen Länder von innen aufzuweichen, voneinander zu trennen und im besonderen die DDR zu isolieren. Sie habe, wie »Die Welt« eingesteht, daran »geräuschlos« gearbeitet und wolle diese »geräuschlose« Politik ohne Paukenschläge fortsetzen. Das Auftreten von Smrkovsky und anderen im westdeutschen Fernsehen und Rundfunk erfüllt sie mit der Hoffnung, daß die CSSR in den »Strudel der Evolution« (im Sinne der Springerpresse) hineingezogen wird.[9]

Meine Ausführungen hatten eine erstaunliche Wirkung. Dubček rief Breshnew an und beschwerte sich über den »Angriff« aus Berlin. Breshnew wiederum wollte von Walter Ulbricht wissen, was und von wem gegen Smrkovsky gesagt worden sei. Ulbricht wußte von nichts und erklärte, ich hätte eigenmächtig gehandelt. In Betrieben und Institutionen der CSSR wurden im April Entschließungen gegen meine »Einmischung« in die Angelegenheiten der CSSR angenommen (dabei hatte ich gegen Smrkovskys Einmischung in die Angelegenheiten der DDR Stellung genommen). Doch von diesem Sturm im Wasserglas erfuhr ich erst nach der Rückkehr von einer langen Reise nach Vietnam und Nordkorea.

In Vietnam und Nordkorea Im April 1968 besuchte eine Partei- und Regierungsdelegation unter meiner Leitung die Demokratische Republik Vietnam und die Koreanische Volksrepublik. Dies war auf dem Höhepunkt des Krieges in Vietnam und der Kulturrevolution in China. Im Gegensatz zu meiner ersten Reise nach Vietnam im Jahre 1960 war diesmal der Empfang in Peking äußerst kühl. Auf dem Flugplatz war nur ein Vertreter des Protokolls des Außenministeriums anwesend. Beim Weiterflug nach Hanoi wurde unser Flugzeug plötzlich ohne Angabe von Gründen nach Kanton umdirigiert. Das sah wie eine Provokation aus und beunruhigte uns natürlich. Nach der Landung in Kanton mußten wir in der Halle des Flugplatzes zunächst ein zweistündiges »Kulturprogramm« ansehen, das vor einem riesigen Mao-Bild von einer Gruppe hübscher junger Mädchen und Burschen, die alle das »rote Büchlein« schwenkten, gestaltet wurde. Im Hotel, in das man uns brachte, fiel in der Eingangshalle eine große schwarze Tafel auf. Mit Kreide geschrieben stand darauf die Losung »Down with the revisionists«. Sie konnte nur auf uns gemünzt sein, denn wir waren die einzigen

»Gäste«. Während unseres Aufenthaltes wurden wir von einem Trupp Rotgardisten bewacht. Wenn sie sich langweilten, veranstalteten sie gelegentlich im Innenhof des Hotels einen Höllenlärm mit Knallfröschen, der wie Maschinengewehrfeuer klang.

Zu unserer Delegation gehörte außer Gerhard Weiss vom Ministerrat auch ein General der NVA, der trotz meiner Warnung in voller Uniform und mit allen Orden und Ehrenzeichen einen Spaziergang in der Stadt unternehmen wollte. Er kam jedoch nicht weit, denn rasch sammelte sich eine Menge, die ihn beschimpfte und bespuckte, so daß er den Rückzug antreten mußte. In diesem Hotel verbrachten wir vier Tage, bis es schließlich dem vietnamesischen Konsul gelang, die Genehmigung für unsere Weiterreise zu erlangen. Nach der Landung in Naning, der letzten Station vor der Grenze, mußten wir wieder ein Kulturprogramm zu Ehren Maos mitmachen. Schließlich konnte der Flug doch fortgesetzt werden.

Nach diesem verwirrenden und unerfreulichen Zwischenspiel war die Begegnung mit den vietnamesischen Freunden um so herzlicher. Wir führten Gespräche mit Pham van Dong, dem Ministerpräsidenten, und anderen führenden Persönlichkeiten. Ho Chi Minh befand sich nicht in Hanoi, er ließ mir seine Photographie mit einer Widmung übermitteln.

Wir besuchten eine Einheit der Luftabwehr im Raum Hanoi, das Elektromotorenwerk, eine landwirtschaftliche Genossenschaft, eine Schule sowie das Museum der vietnamesischen Revolution. Während der Woche unseres Aufenthaltes, in der die amerikanische Luftwaffe ihre Bombardierung Nordvietnams unterbrochen hatte, konnten wir uns von den schwierigen, opferreichen Bedingungen, unter denen das vietnamesische Volk lebte und gegen die US-Agression kämpfte, ein Bild machen. Wir waren nach Hanoi gekommen, um die Solidarität der DDR mit diesem Kampf auszudrücken, aber was konnten wir schon an Hilfe anbieten?

Ein unvergeßliches Erlebnis war der Besuch einer allgemeinbildenden Schule in der Umgebung von Hanoi. Der Unterrichtsraum befand sich etwa einen Meter unter der Erdoberfläche. Von diesem

Raum aus führte ein weitverzweigtes Grabensystem zu Unterständen. Die Kinder waren gegen Bombensplitter mit Strohhelmen ausgerüstet. Sie zeigten uns, wie sie sich bei Alarm verhielten. Als der Direktor berichtete, daß vor kurzem bei einem amerikanischen Luftangriff der Großvater und der Vater eines Schülers durch eine Rakete getötet wurden, begannen die Kinder zu weinen, und wir weinten mit.

Von Hanoi flogen wir direkt nach Pjöngjang. Diesmal verzichteten die Maoisten auf eine Entführung. Die Hauptstadt der Volksrepublik Korea war im Krieg völlig zerstört worden. Doch davon war nichts mehr zu bemerken. Pjöngjang ist eine schöne Stadt mit modernen Bauten und breiten Straßen. Wir waren beeindruckt von der Sauberkeit. Die Menschen waren, wie es schien, ausreichend versorgt, die Kinder wurden besonders gut betreut und bevorzugt.

Ich wurde von Kim Ir Seng, dem Generalsekretär der Partei der Arbeit und Vorsitzenden des Ministerkabinetts, empfangen. Er äußerte seine Anerkennung für die Aufbauerfolge in der DDR und für die seinem Land erwiesene Solidarität (in Hamhung waren unter Leitung des Sohnes von Otto Grotewohl, eines Architekten, nach dem Krieg Wohnhäuser gebaut worden). Das Gespräch verlief zu meiner Überraschung völlig normal, hatte ich doch befürchtet, daß es schwer sein würde, sich mit einem Staatsmann, der wie ein Gott verehrt wurde, zu verständigen. Denn Kim Ir Seng wurde als der »große Führer und Steuermann des 40-Millionen-Volkes« Koreas bezeichnet. Wo immer man hinkam, überall wurde Kim Ir Seng gepriesen: Hier wurde der »Führer des...« geboren, auf dieser Wiese trug er seinen ersten Boxkampf aus, auf diesem Stein saß er und las ein Buch, hier war er, um den Bauern zu sagen, wie man die beste Ernte erhält usw. Als wir in Hamhung eine Maschinenfabrik besuchten, wurde uns eine große Schmiedepresse gezeigt, die angeblich auf Weisung des großen Führers gebaut worden war – in Wirklichkeit stammte sie, wie ein Metallschild auswies, aus dem Umformwerk in Erfurt. Die Flunkerei wäre gar nicht nötig gewesen, denn man konnte sehen, daß ein fleißiges Volk am Werk war, das große Leistungen vollbrachte.

Warum dann der Personenkult um Kim Ir Seng? Es wäre einfach gewesen, auf die Sowjetunion (Stalin) und China (Mao Tse Tung) zu verweisen und zu erklären, es handele sich um bloße Nachahmung. Doch Kim Ir Seng wurde, wie mir scheint, vor allem geehrt, weil er im Kampf gegen die japanische Kolonialherrschaft für ein unabhängiges Korea in vorderster Front gestanden hatte. Der Stolz auf die errungene (und im Koreakrieg verteidigte) nationale Unabhängigkeit sowie auf die beim Wiederaufbau erzielten Erfolge war unverkennbar. Die VR Korea hatte mit China und mit der Sowjetunion Beziehungen, wollte sich aber keiner Seite unterordnen und mußte zwischen beiden lavieren, um die Unabhängigkeit zu bewahren. Dem diente auch die von Kim Ir Seng entwickelte Dschudeh-Ideologie, eine koreanische »Weiterentwicklung« des Marxismus-Leninismus.

So waren wir beeindruckt von dem, was wir während des Aufenthalts in der VR Korea gesehen hatten, und zugleich blieb uns vieles fremd und unverständlich. Auf der Rückreise schlug mir der Erste Sekretär des Gebietsparteikomitees Irkutsk vor, unsere Delegation solle zum Baikalsee fahren, um sich von der dreiwöchigen Reise zu erholen. Wie oft habe ich später bedauert, daß ich dieses Angebot und damit die einmalige Gelegenheit ausschlug, den »herrlichen Baikal« zu sehen, um rasch nach Hause zu kommen.

Der Einmarsch Bei der Rückkehr von der langen Reise erfuhr ich, daß mein Schlußwort auf dem Philosophiekongreß Aufsehen erregt hatte. In der CSSR war ich zum Buhmann geworden.

Seit dem Frühjahr hatte sich die politische Lage im Nachbarland ständig verschlechtert. Die Anfang August in Bratislava getroffenen Vereinbarungen mit der KPC hatten sich als unwirksam erwiesen. In der Erklärung von Bratislava hieß es: »Fest und entschlossen treten die Bruderparteien in unerschütterlicher Solidarität und mit hoher Wachsamkeit jeglichen Versuchen des Imperialismus und aller anderen antikommunistischen Kräfte entgegen, die führende Rolle der Arbeiterklasse und der kommunistischen Parteien zu schwächen. Sie werden niemals und niemandem erlauben, einen Keil zwischen die sozialistischen Länder zu treiben, die Grundlagen der sozialistischen Ordnung zu untergraben«.

Am 21. August marschierte die Sowjetarmee in die CSSR ein. Immer wieder wird behauptet, daß auch die ›Nationale Volksarmee‹ der DDR (NVA) an dem Einmarsch beteiligt war. Tatsächlich kam es nicht zum Einmarsch der in erhöhte Gefechtsbereitschaft versetzten Divisionen der NVA (Truppen und Stäbe der 11. motorisierten Schützendivision und der 7. Panzerdivision). Sie blieben auf dem Territorium der DDR zur Sicherung des Grenzraums, als Reserve und für logistische Aufgaben.

Doch ändert die Tatsache, daß die NVA nicht am Einmarsch der Armeen des Warschauer Pakts teilnahm, nichts daran, daß die DDR die Aktion billigte. Wir waren überzeugt, daß – wie es in der Mitteilung der TASS vom 21. August heißt – in der CSSR »die in der Verfassung festgelegte sozialistische Staatsordnung durch konterrevolutionäre Kräfte gefährdet wurde, die mit den dem Sozialismus feindlichen äußeren Kräften in eine Verschwörung getreten sind«. Für die Errungenschaften des Sozialismus in der CSSR, für die Sicherheit der sozialistischen Länder und für den Frieden in Europa bestand nach unserer Meinung eine ernste Gefahr, die es rechtfertigte, entsprechend den Bündnisverträgen zu handeln. Zudem hatte sich im Sommer 1968 der Krieg in Vietnam verschärft.

Der Einmarsch in die CSSR führte zu heftigen Reaktionen in der Weltöffentlichkeit.

Die antisowjetische Propaganda nahm massiv zu, aber auch in den kommunistischen und Arbeiterparteien brachen die Meinungsverschiedenheiten über den richtigen Weg zum Sozialismus offen aus. Wie immer man den »Prager Frühling« beurteilt, denn hier gab es neben progressiven Ideen zur Gestaltung der sozialistischen Gesellschaft auch gegen die neue Gesellschaftsordnung gerichtete Bestrebungen, ist es gerechtfertigt zu sagen, daß er eine Zäsur in der Geschichte des Sozialismus und der kommunistischen Bewegung war. Man kann darüber spekulieren, was geschehen wäre, wenn Dubcek und seine Genossen den »Versuch zur Überwindung stalinistischer Machtstrukturen« erfolgreich durchgeführt hätten und selbst mit den antisozialistischen Kräften fertig geworden wären. Die Intervention beschädigte vor allem das Ansehen der Sowjetunion. Die Propaganda gegen den Sozialismus erhielt Auftrieb und ließ das Geschehen in Vietnam in den Hintergrund rücken. Wie schon nach früheren Krisen unterblieb auch dieses Mal die selbstkritische Auseinandersetzung: Was machen wir falsch? Was muß getan werden, um den Sozialismus attraktiver zu machen? Auch meine Rede auf der 10. Tagung des ZK war in dieser Hinsicht nicht hilfreich, sie blieb defensiv.

Das Ende des NÖS Die 14. Tagung des ZK im Dezember 1970 nahm eine Einschätzung der wirtschaftlichen Lage vor und kritisierte die von Walter Ulbricht und seinem Berater und engen Mitarbeiter Günter Mittag vertretene Wirtschaftspolitik, da sie zu Widersprüchen und Disproportionen geführt hatte, welche die DDR an den Rand einer Krise brachten.

Die weitere Durchführung des NÖS wurde eingestellt. Als Grund wird von einigen Autoren, die zu den Befürwortern und Aktivisten des NÖS gehörten (wie H. Wolf, Jörg Roessler, W. Berger) meist der Widerstand der »Reformgegner« sowie »jener der Reform überdrüssigen Politbüro- und ZK-Mitglieder« genannt (Roessler). Wolf erklärt, entscheidende Machtpositionen und der größte Teil des Apparates seien in den Händen von Leuten geblieben, »die offen bzw. verdeckt gegen die Reform angingen«.[10]

Ich will nicht bestreiten, daß es hie und da Unverständnis für die Reform gegeben hat, daß manche sich ihr aus Trägheit widersetzten oder weil sie fürchteten, ihre Position zu verlieren. Aber spürbar war dieser Widerstand im Politbüro in den Jahren von 1963 bis 1969 nicht. Meines Erachtens gibt es zwei Ursachen für das Scheitern des NÖS, und zwar die Weigerung der Sowjetunion unter

Breshnew, diese Veränderung der Wirtschaftspolitik mitzumachen und das Entstehen ernster Disproportionen in der Wirtschaft, die Ende der 60er Jahre ihre Auswirkungen zeigten.

Was die erste Ursache anbelangt, so stellt Wolf fest: »Es war von vornherein klar, daß die DDR nur im Verbund und in enger unvoreingenommener Kooperation mit rohstoffreicheren und umfangreichere Absatzmöglichkeiten bietenden Märkten ihre ehrgeizigen Projekte verwirklichen konnte«. Diese Möglichkeiten bot nur die Sowjetunion und der RGW. Von Anfang an – so Wolf – waren die Reformbestrebungen in der DDR der Breshnewschen Linie der Bewahrung des Status quo suspekt. »Und das erst recht, als die selbstbewußter gewordene DDR begann, ihre spezifischen außenpolitischen Probleme, zusammen mit deren ökonomischen Aspekten, auf eigene Faust in Angriff zu nehmen, was ja seit Beginn der Brandt–Scheel Regierung offenkundig war«.

Wolfgang Berger weist darauf hin, daß die Führung der UdSSR Tempo, Qualität und Tragweite der wissenschaftlich-technischen Revolution, außer im militärtechnischen Bereich, noch immer nicht erkannt, »jedenfalls keine echte Neuorientierung vorgenommen« hatte, wie dies in der DDR geschehen war. Und: »Arbeitsteilung und Kooperation mit den RGW-Ländern brachten der DDR nicht den erwarteten und notwendigen Effektivitätszuwachs«. Von größerer Bedeutung ist jedoch die zweite Ursache. Berger schreibt, er sei beunruhigt gewesen, »als es Mittag gelang, Ulbricht zu veranlassen, die vollständige Automatisierung sämtlicher Produktionsprozesse in den riesigen Leuna-Werken als aktuelle Aufgabe auf die Tagesordnung zu setzen. Dieses und einige andere derartige Vorhaben mußten zur Quelle von Anspannungen und Disproportionen in der Volkswirtschaft werden«.

Herbert Wolf stellt fest, daß seit Sommer 1967 – nach dem VII. Parteitag der SED – ein Kurs der »Überakkumulation für sogenannte Durchbruchstellen zur Front der wissenschaftlich-technischen Revolution« eingeschlagen wurde, »unter deutlicher Vernachlässigung der einfachen Reproduktion der übrigen Bereiche, der Akkumulationskraft der Volkswirtschaft überhaupt und der Versorgung der Bevölkerung«. Diese Prozesse, »die außerhalb des Planes und an der Staatlichen Plankommission vorbeiliefen«, hatten »auf die Proportionalität der Volkswirtschaft verheerende Auswirkungen«. Wolf gibt an, daß über 240 strukturentscheidende Investitions- oder komplexe Automatisierungsvorhaben in Szene gesetzt wurden. Hinzu kamen in den Jahren 1969 und 1970 die Bildung von Großforschungszentren und die Rekonstruktion von Stadtzentren, die weit über die ökonomischen Möglichkeiten der DDR hinausgingen.

Ende der 60er Jahre war es offenkundig, daß durch Beschlüsse und zusätzliche Aufgabenstellungen oder subjektive Entscheidungen eine Überforderung der Wirtschaftskraft der DDR eingetreten war. Ich konnte mich davon 1970 bei einem Besuch in Göschwitz bei Jena überzeugen. Hier war ein zweites Zeiss-Werk entstanden. Aber die riesigen neuen Werkhallen waren leer. Nirgendwo stand eine Maschine, an keiner Stelle wurde gearbeitet. Der Ausbau des Zeiss-Werks als Zentrum der Optik und des wissenschaftlichen Gerätebaus sollte zur Modernisierung der DDR-Industrie und zur Förderung des Exports beitragen. Dies war eine richtige Überlegung. Nur: Im Volkswirtschaftsplan war dies nicht vorgesehen, und die für den Bau verwendeten Mittel fehlten an anderer Stelle. Nach zwei Jahren begann auch in diesem Werk die Produktion.

Kein Wunder, daß das Politbüro und das ZK bei der Analyse der wirtschaftlichen Lage die Notwendigkeit betonten, zu einer planmäßigen proportionalen Entwicklung der Volkswirtschaft, zur Durchführung eines bilanzierten Planes überzugehen. Walter Ulbricht weigerte sich jedoch beharrlich zuzugeben, daß vielfach seine subjektiven Entscheidungen zu der ernsten Lage geführt hatten. Er forderte noch im Dezember 1970 die Veröffentlichung einer Rede, in welcher er die Schuld der Plankommission zuwies, die nicht rechtzeitig signalisiert habe, wo »Überspitzungen« vorkamen. Wie andere Mitglieder des Politbüros erhob ich Einspruch gegen die Veröffentlichung dieser Rede in der Tagespresse, weil die

Autorität der Plankommission nicht untergraben werden durfte. »Es geht nicht darum, daß die Plankommission nicht rechtzeitig signalisiert hat, wo ›Überspitzungen‹ vorkamen, sondern daß der Plan 1970 von vornherein nicht real war (nicht bilanziert war) und sich durch zusätzliche Beschlüsse und Initiativen die Disproportionen verstärkten. Zudem kann die Autorität der Planung nur weiter erhöht werden (und dies ist in der gegenwärtigen Situation notwendig), wenn ihr geholfen wird, stets von realen Voraussetzungen auszugehen und von Aufgaben, die für die DDR im Rahmen der sozialistischen Staatengemeinschaft lösbar sind«.[11]

Kein Schlagabtausch Zu der Kritik an Ulbrichts Wirtschaftspolitik kam die Ablehnung seiner Haltung zur sozial-liberalen Koalition unter Willy Brandt durch die Führung der Sowjetunion.

Walter Ulbricht hatte 1964 der Bundesregierung einen Zeitungsaustausch vorgeschlagen. Für den Vertrieb von »Neues Deutschland« in der Bundesrepublik wäre die DDR bereit, einige westdeutsche Zeitungen, wie »Die Zeit« oder die »Süddeutsche Zeitung«, zuzulassen. Diese Initiative verpuffte, weil die Staatsschutzgesetze der Bundesrepublik die Verbreitung kommunistischer Zeitungen verboten.

In einem offenen Brief an die Delegierten des Dortmunder Parteitags der SPD hatte das ZK der SED 1966 den Vorschlag gemacht, gemeinsam über die Sicherung des Friedens und den Weg zu einem friedliebenden, einheitlichen Deutschland zu beraten. Zum ersten Mal antwortete der SPD-Vorstand auf ein solches Angebot. Es sollte ein »Redneraustausch« stattfinden. Herbert Wehner oder ein anderer führender Sozialdemokrat sollte auf einem Meeting in der DDR sprechen, ein Mitglied des Politbüros irgendwo in der BRD. Ich wurde von Walter Ulbricht beauftragt, in Karl-Marx-Stadt festzustellen, ob es einen geeigneten Saal für die Veranstaltung gibt. Die Eissporthalle hätte sich geeignet. Der Redneraustausch fand jedoch nicht statt. Er wurde ebenso plötzlich abgeblasen wie er angestrebt worden war. Offenbar war bei Breshnew Mißtrauen über eine selbständige Politik Ulbrichts gegenüber der BRD, über eine hinter dem Rücken der Sowjetunion sich anbahnende Verständigung beider deutscher Staaten (auf dem Umweg von Beziehungen zwischen SED und SPD, entstanden.

Bei dem Vorschlag an die SPD spielten zweifellos Illusionen über die Sozialdemokratie eine Rolle. Während wir im Interesse der Sicherung des Friedens an einer Verständigung interessiert waren, hatte die Führung der SPD einen Schlagabtausch im Sinn. Seit ihrem Godesberger Parteitag war die SPD auf die Linie der NATO eingeschwenkt, d. h. ein wiedervereinigtes Deutschland kam für sie nur im Rahmen der NATO in Frage. Die Hallsteindoktrin sollte, wenn auch differenziert, weiterhin angewandt werden. Von einer Annäherung oder gar Versöhnung zwischen SED und SPD, wie sie vielleicht Walter Ulbricht und anderen vorschwebte, konnte unter diesen Umständen keine Rede sein.

In der großen Koalition, die sich 1966 bildete, wurde Brandt Vizekanzler und Außenminister. Im Sinne der Strategie des »Wandels durch Annäherung« leitete er eine neue Ostpolitik ein. Durch den Abschluß von Verträgen mit der Sowjetunion, Polen, der CSSR und der DDR sollte ein normales Verhältnis zwischen der Bundesrepublik und diesen Staaten hergestellt werden. Als er 1969 Bundeskanzler der sozial-liberalen Koalition wurde, konnte er die »neue Ostpolitik« trotz des Widerstandes der CDU / CSU fortsetzen. In seiner Regierungserklärung sprach er von zwei Staaten in Deutschland. Er gab damit die Hallsteindoktrin auf.

Unsere Haltung zu dieser Politik sollte am 2. Dezember 1969 in Moskau mit der KPdSU abgestimmt werden. Dabei zeigte es sich, daß Breshnew starke Vorbehalte gegen die Politik Brandts hatte. Er bezeichnete sie als demagogisches und nationalistisches Spiel, um die Grundlagen der DDR aufzuweichen, und forderte die SED auf, die Illusionen der Bevölkerung über Brandt zu zerstören. Zum Entwurf eines Vertrages über die Aufnahme gleichberechtigter Beziehungen zwischen der Deutschen Demokratischen Republik und der Bundesrepublik Deutschland forderte Breshnew, die DDR müsse schon vor Beginn der Verhandlungen Bonn auf die völkerrechtliche Anerkennung der DDR festlegen und nicht den wechselseitigen Austausch von Missionen, sondern von Botschaftern verlangen.

Ulbricht meinte, wir sollten Brandt helfen und die Existenz einer unter sozialdemokratischer Führung stehenden Regierung ausnutzen, um die friedliche Koexistenz zu erreichen. Das Zentralkomitee schloß sich auf seiner 12. Tagung (12./13. 12. 1969) folgender Einschätzung an: Bei der neuen Ostpolitik des »Brükkenschlags« handele es sich um ein Täuschungsmanöver, welches das Eindringen in die sozialistischen Länder und deren politisch-ideologische Aufweichung zum Ziel habe.

Am 19. März 1970 kam es zwischen Willy Brandt und Willi Stoph zu einem Treffen in Erfurt, bei dem der Vorsitzende des Ministerrats der DDR die Aufnahme völkerrechtlicher Beziehungen zwischen beiden Staaten forderte, der Bundeskanzler jedoch darauf beharrte, daß es nur »besondere Beziehungen« geben könne. Das Treffen wurde skandiert durch »Willy, Willy« – Rufe aus einer Ansammlung vor dem Hotel, in welchem Brandt untergebracht war. Egon Bahr meint, durch die Sympathiebekundungen für Brandt habe die sowjetische Führung einen »tiefen Schock« erlitten. »Die merkte plötzlich, es gibt ein emotionales Element, das schwer zu beherrschen ist«.

Die Fortsetzung des Treffens in Kassel (am 21. Mai 1970) führte ebenfalls zu keinem Ergebnis, so daß Willi Stoph den Vorschlag machte, eine »Denkpause« einzulegen.

Durch die Treffen in Erfurt und Kassel war das Mißtrauen der sowjetischen Führung über die langfristigen Absichten Brandts nicht geringer geworden. In einem Gespräch mit Erich Honecker sagte Breshnew: »Wir haben in bezug auf Brandt, die westdeutsche Sozialdemokratie keine falschen Vorstellungen. Illusionen sind nicht am Platz. Weder Brandt noch Strauß werden den Sozialismus in Westdeutschland einführen«. Breshnew verstand nicht, was Walter Ulbricht mit seiner Forderung, Brandt zu helfen, bezweckte. Er fürchtete die Destabilisierung der DDR und eine Annäherung zwischen der DDR und der BRD. Auf dem Treffen der führenden Persönlichkeiten der Warschauer Paktstaaten am 19./20. August 1970 erklärte er kategorisch: »Die DDR ist nicht nur eure, sie ist unsere gemeinsame Sache. Die DDR ist für uns etwas, das man nicht erschüttern kann und darf.«

Die Sowjetunion wollte keine« deutsch-deutsche« Vereinbarung vor dem Abschluß eines Vertrages mit der BRD über Gewaltverzicht und Zusammenarbeit sowie weiterer bindender Abkommen.

Am 12. August 1970 wurde der Moskauer Vertrag zwischen der UdSSR und der Bundesrepublik abgeschlossen: Beide verpflichteten sich, die territoriale Integrität aller Staaten Europas in ihren heutigen Grenzen uneingeschränkt zu achten.

Auch nach Abschluß des Moskauer Vertrags wies Breshnew in einem Schreiben vom 21. Oktober 1970 Walter Ulbricht darauf hin, daß Brandts Politik darauf gerichtet sei, die DDR zu destabilisieren. Daher müsse eine konsequente Abgrenzung der DDR von der Bundesrepublik erfolgen. Bonn müsse wissen, daß die gesamte Macht der Sowjetunion und der anderen Länder des Sozialismus hinter der DDR steht. Breshnew verfolgte den außenpolitischen Kurs Willy Brandts mit berechtigtem Mißtrauen. Erst nach Abschluß des Vertragswerks, einschließlich des Viermächteabkommens über Westberlin, kam es zu einer Lockerung, so als der Bundeskanzler 1970 mit Breshnew auf der Krim zusammentraf.

Im Dezember 1970 unterzeichneten Brandt und Scheel den Warschauer Vertrag, durch den die Unverletzlichkeit der bestehenden Grenze an Oder und Neisse und der Verzicht auf Gebietsansprüche vereinbart wurde. Schließlich wurde am 3. September 1971 nach langen Verhandlungen das Vier-Mächte Abkommen abgeschlossen, das die Verbindungen (in westlicher Deutung: Bindungen) und den Transitverkehr zwischen Westberlin und der Bundesrepublik regelte.

Walter Ulbricht war einverstanden, daß nach Erfurt und Kassel die Treffen zunächst nicht vorangetrieben werden, sondern von der Entwicklung des politischen Klimas abhängen sollten. Aber er hoffte darauf, die Mehrheit der SPD-Mitglieder wie überhaupt die linken Kräfte in der Bundesrepublik für eine gemeinsame Politik der friedlichen Koexistenz zu gewinnen. Damit stellte er sich in Gegensatz zu dem zwischen KPdSU und SED vereinbarten Vorgehen gegenüber der Bundesrepublik. Er hatte das Vertrauen Moskaus verloren und war mit dem Politbüro in Konflikt geraten. 13 von 21 Mitgliedern des Politbüros, darunter ich, richteten am 21. Januar 1971 an Breshnew einen Brief mit der Bitte, dieser möge auf Ulbricht einwirken, damit er seinen Rücktritt erklärt.

Eine Ära geht zu Ende Mit dem VIII. Parteitag (Juni 1971) ging die »Ära Ulbricht« zu Ende. Walter Ulbricht teilte dem Parteitag, an dem er nicht teilnahm, mit, daß er von seiner Funktion als Erster Sekretär aus gesundheitlichen Gründen zurücktrete und daß die Zeit gekommen sei, diese Funktion in jüngere Hände zu legen. Der Parteitag stimmte diesem Antrag zu. Er wählte Ulbricht zum Ehrenvorsitzenden der SED (eine Funktion, die es bisher nicht gegeben hatte) und trat dafür ein, daß er Vorsitzender des Staatsrats blieb. Als neuer Erster Sekretär wurde Erich Honecker gewählt.

Der Wechsel von Ulbricht zu Honecker wurde als ein normaler Vorgang betrachtet. Die internationalen Gäste waren beeindruckt, wie reibungslos sich der Übergang vollzogen hatte und beglückwünschten uns, daß die SED solche Spannungen vermieden hatte, wie sie in anderen sozialistischen Ländern bei einem Führungswechsel zu verzeichnen waren. Was aber die Wenigsten wußten, der Rücktritt Ulbrichts war nicht freiwillig erfolgt. Ihm waren heftige Auseinandersetzungen vorausgegangen. Sie betrafen vor allem den Voluntarismus Ulbrichts in der Wirtschaftspolitik und seine illusionäre Haltung zur Regierung Brandt.

Zu diesen Auseinandersetzungen kam die Tatsache, daß Walter Ulbricht krank war. Seine Ärzte, Prof. Baumann und Prof. Wittbrodt, wiesen ihn immer wieder darauf hin, daß er sich schonen müsse und nur zwei bis drei Stunden am Tag arbeiten dürfe. Da ich für Gesundheitsfragen verantwortlich war, mußte ich mich mit den

Ärzten beraten und Walter Ulbricht überzeugen, sich deren Hinweisen zu fügen. Doch er blieb starrsinnig. So kam es zu der erregten und wenig würdigen Auseinandersetzung in einer Sitzung des Politbüros am 26. Oktober 1971, auf der ein Beschluß über das von ihm einzuhaltende Regime gefaßt wurde. Er akzeptierte diesen Beschluß.

In den letzten Lebensjahren Walter Ulbrichts traten einige seiner negativen Eigenschaften wie Eigenmächtigkeit, Rechthaberei und Starrsinn immer stärker hervor, wodurch das gegenseitige Verhältnis getrübt wurde.

Walter Ulbricht starb am 1. August 1973. Seit Mitte der 50er Jahre hatte ich mit ihm engen Kontakt. Er besaß große politische und organisatorische Erfahrungen und Fähigkeiten, die er zielstrebig einsetzte. Man konnte mit ihm reden, er nahm Vorschläge an, aber letzten Endes machte er doch, was er wollte. Wir hatten viele Gespräche in seinem Arbeitszimmer, seiner Wohnung, bei Spaziergängen, während des gemeinsamen Urlaubs in Oberhof oder auf der Krim. Er suchte den Gedankenaustausch. Für Witze hatte er keinerlei Verständnis, was mich störte, da ich gerne Witze erzählte. Wahrscheinlich war sein Ernst das Ergebnis eines harten Lebens, in dem es viele gefährliche Momente und heftige Auseinandersetzungen gegeben hatte. Seine besondere Liebe gehörte dem Sport, besonders Tennis und Skilaufen. Seine kulturellen Interessen galten vor allem dem klassischen Erbe, aber auch der Volkskunst, wie sie etwa von Herbert Roth, dem Schöpfer des »Rennsteigliedes«, dargeboten wurde.

Er war ein Arbeiterfunktionär alter Schule, der in der kommunistischen Bewegung großes Ansehen genoß. Die Gegner der DDR taten alles, um ihn herabzusetzen. Sie mußten ihm aber außerordentliche Eigenschaften wie Realitätssinn und Einfallsreichtum zubilligen. Manche wollten ihn nur als Satrapen Moskaus sehen. Er war jedoch ein eigenständiger Politiker, der sich gegenüber den Nachfolgern Stalins nicht scheute, seine eigene Meinung zu äußern. In Fragen der Wirtschafts- und Wissenschaftspolitik versuchte er, Chrustschow und Breshnew von seinen Standpunkten zu überzeugen, was diesen keineswegs gefiel. So beklagte sich Breshnew, daß Ulbricht ihn bei einem Besuch bedrängt habe, endlich mit der wissenschaftlich-technischen Revolution ernst zu machen und die Erfahrungen der DDR zu beachten.

Ich meine, daß nach 1945 zwei deutsche Politiker einander ebenbürtig waren in der Konsequenz, mit der sie ihre Ziele verfolgten – Adenauer mit seiner Westorientierung und Ulbricht mit seinem Streben nach einer starken, modernen sozialistischen DDR.

Anmerkungen

1 In: Neues Deutschland v. 9. 9. 1961
2 In: Neues Deutschland v. 22. 1. 1963
3 In: Parteilichkeit und Volksverbundenheit unserer Literatur und Kunst. Berlin 1972, S. 10
4 In: Frankfurter Allgemeine Zeitung v. 28. 8. 1963
5 In: Die Zeit v. 12. / 13. 3. 1992
6 In: Neues Deutschland v. 18. / 19. 1. 1992
7 Aktuelle Fragen der Theorie des Marxismus – Leninismus. Vortrag an der Parteihochschule »Karl Marx« am 12. 7. 1965
8 Karl Marx / Friedrich Engels, Werke. Berlin 1963, Bd. 27, S. 417
9 In: Deutsche Zeitschrift für Philosophie, Sonderausgabe 1968, S. 28 f.
10 In: Neues Deutschland v. 23. / 24. 3. 1991
11 Briefe an Walter Ulbricht v. 17. 12. 1970

5. Kapitel 1972 bis 1980

Nach dem VIII. Parteitag ▪ Halbheiten ▪ In Frankreich ▪ Das 6. Plenum ▪ Kultur: Angebot und Nachfrage ▪ Ernst Busch ▪ Die Ostverträge ▪ Helsinki 1975 ▪ Das neue Parteiprogramm ▪ Der Fall Biermann ▪ Vom Umgang miteinander ▪ Un Sueňo (ein Traum)

Nach dem VIII. Parteitag Der VIII. Parteitag im Juni 1971 wurde als Korrektur des unter Walter Ulbricht verfolgten Kurses der Wirtschaftspolitik konzipiert. An die Stelle der Produktion um der Produktion willen, wie dieser Kurs vereinfachend interpretiert wurde, sollte die auf das Wohl des Volkes gerichtete Einheit von Wirtschafts- und Sozialpolitik treten. Der wissenschaftlich-technische Fortschritt sollte durch die Anwendung der Schlüsseltechnologien und umfassende Maßnahmen zur Intensivierung und Rationalisierung die Grundlage für soziale Leistungen schaffen. Vorausgesetzt wurde, daß es zu einem Leistungs- und Effektivitätszuwachs kommen wird, der für alle Bürger spürbare Verbesserungen der Arbeits- und Lebensbedingungen bringen würde.

Die vom Parteitag bestätigte Direktive zum Fünfjahrplan 1971 bis 1975 sah vor, die Ziele ohne zusätzliche Arbeitskräfte durch die Steigerung der Arbeitsproduktivität zu erreichen. Die Grundfonds sollten voll genutzt, Energie, Rohstoffe und Material sollten rationell und sparsam eingesetzt werden. Als Devise galt: »Wir können nur das ausgeben, was wir durch höhere Produktivität und Effektivität erwirtschaften.«

Die Beschlüsse des VIII. Parteitags fanden durchaus Zustimmung, die sich in einem beachtlichen Leistungsanstieg äußerte. 1973 wurde ein Nationaleinkommen von 126 Milliarden Mark produziert, gegenüber 22,32 im Jahre 1949. Das Volumen der industriellen Warenproduktion betrug 207 Milliarden Mark. Dank der günstigen Ergebnisse in Industrie und Landwirtschaft konnten zahlreiche sozialpolitische Maßnahmen verwirklicht werden, die für viele Bürger eine Verbesserung der Lebensbedingungen brachten (Wohnungsbau, Einführung der 40 Stundenwoche für Schichtarbeiter und voll berufstätige Mütter, Urlaubsverlängerung usw.). Die sozialdemokratische Zeitung »Vorwärts« (nicht zu verwechseln mit dem »Vorwärts« der unmittelbaren Nachkriegsjahre) schrieb am 10. Januar 1974, das vergangene Jahr sei für die DDR das bisher erfolgreichste Jahr gewesen. »Und, vor allem: noch niemals ist das, was hier ›realer Sozialismus‹ genannt wird, für die

Bevölkerung tatsächlich so real und konkret, so sinnlich wahrnehmbar geworden. Höhere Produktion lohnt sich heute auch für die Produzenten, endlich kann man sich was dafür kaufen«.[1] Es gab jedoch auch ernste Hemmnisse für ein ungehindertes Wachstum, die sich in den 70er Jahren immer stärker bemerkbar machen sollten. Ende 1973 kam es auf dem Weltmarkt im Zusammenhang mit dem Jom-Kippur-Krieg zum Ölboykott. Die Ölpreise stiegen ständig. Eine Tonne Rohöl, die 1973 noch für 1,90 Dollar zu haben war, kostete 1980 zwischen 35 und 38 Dollar. Mit den steigenden Ölpreisen ging ein Verfall des Dollarkurses einher. Dies schuf schwierige Bedingungen für den Export der DDR und nötigte zu einschneidenden Maßnahmen in bezug auf den rationellen Einsatz und die Einsparung von Energie.

In der Organisation der Wirtschaft vollzog sich durch die Bildung der zentral- und bezirksgeleiteten Kombinate ein grundlegender Wandel. 1972 wurde die Umwandlung von mehr als 10 900 Betrieben mit staatlicher Beteiligung, privaten Industrie- und Baubetrieben sowie industriell produzierenden Produktionsgenossenschaften des Handwerks in volkseigene Betriebe vorgenommen. Diese kleinen und mittleren Betriebe, die nunmehr in Kombinate eingeordnet wurden, stellten zu 30 Prozent Konsumgüter her; 35 Prozent erzeugten industrielle Finalprodukte und weitere 3 Prozent produzierten Zulieferungen, vor allem für den Wohnungsbau, die Landwirtschaft und den Automobilbau. Die Aufhebung der Selbständigkeit dieser privaten und halbstaatlichen Betriebe war, wie sich in der Folgezeit zeigte, ein schwerwiegender Fehler. Die Eingliederung dieser flexiblen Klein- und Mittelbetriebe in die Kombinate führte vielfach zur Änderung ihres Produktionsprofils. Dies erschwerte die Versorgung der Bevölkerung mit den »tausend kleinen Dingen« des täglichen Lebens und eine rasche Reaktion auf die wachsenden und sich ändernden Bedürfnisse der Bürger. Von den Problemen, mit denen sich die Werktätigen herumzuschlagen hatten, erfuhr ich u. a. bei Besuchen im VEB Jenapharm, im Chemiefaserkombinat »Wilhelm Pieck« in Schwarza und anderen

Betrieben. Oft wurde an Maßnahmen der Werkleitung oder übergeordneter Organe Kritik geübt. Unsere Presse berichtete über den Rundgang im Betrieb und die Gespräche, über Initiativen und Ergebnisse im sozialistischen Wettbewerb, vermied es jedoch, auf die kritischen Hinweise der Arbeiterinnen und Arbeiter einzugehen. Auf zentrale Weisung wurde der Kritik am Geschehen in der Wirtschaft, an Planung und Leitung oder sonstigen Mängeln immer weniger Raum gegeben. Viele in den Aussprachen erwähnte Probleme konnten im Betrieb oder im Territorium nicht gelöst werden und erforderten zentrale Entscheidungen. Da ich auf wirtschaftlichem Gebiet kein Weisungsrecht hatte, mußte ich mich nach der Berichterstattung darauf verlassen, daß ein anderer Sekretär oder eine Abteilung des ZK die Dinge in die Hand nahm.

Halbheiten Die Kritik des 14. Plenums und des VIII. Parteitags an den wirtschaftlichen Fehlentwicklungen hatte auch Auswirkungen auf Wissenschaft und Forschung. Mehrere Kombinate kündigten kurzfristig Forschungsaufträge, die sie Universitäten erteilt hatten. So annullierte das Erdölverarbeitungswerk Schwedt einen Forschungsauftrag an die Universität Halle und forderte wissenschaftliche Geräte im Wert von 700 000 Valutamark zurück. Dies bedeutete die Beendigung von Forschungen, an denen über zwei Jahre gearbeitet worden war und hatte negative Auswirkungen auf die Stimmung der Wissenschaftler und Studenten.

Zudem stießen die Bemühungen der Universitäten und Hochschulen um langfristige Forschungsaufträge bei den Partnern aus der Industrie oftmals auf Widerstand. Die Tendenz, die Grundlagenforschung zugunsten anwendbarer Forschung einzuschränken, war nicht zu übersehen. In Beschlüssen und Reden wurde oft auf die Bedeutung der Grundlagenforschung, besonders in Naturwissenschaft und Medizin, hingewiesen, aber die Mittel und die Planstellen wurden nie in dem Maße erhöht, wie dies notwendig gewesen wäre.

Dieser Rückschlag konnte nur allmählich überwunden werden. Die Akademie der Wissenschaften und das Hochschulministerium arbeiteten 1974 eine Konzeption für die langfristige Entwicklung der naturwissenschaftlichen und mathematischen Grundlagenforschung sowie der technischen Wissenschaften bis 1990 aus. Gleichzeitig wurden Konzeptionen für Forschung und Entwicklung in wichtigen Bereichen der Volkswirtschaft, für die medizinische Forschung und die Grundrichtungen der gesellschaftswissenschaftlichen Forschung bis 1990 erarbeitet. Die Beziehungen zwischen Wissenschaft und Industrie sowie anderen Bereichen sollten partnerschaftlich durch Verträge geregelt werden. Dieses System war in Ordnung, nur traten bei dessen Anwendung solche Mängel auf, daß die erhofften Ergebnisse zur Förderung des wissenschaftlich-technischen Fortschritts nicht erzielt wurden.

Erstens blieben die Kombinate mit wenigen Ausnahmen an Forschungsergebnissen interessiert, die vor allem für Rationalisierungsmaßnahmen angewandt werden konnten. In diesem Sinne nutzten sie die Verträge mit den wissenschaftlichen Einrichtungen. Gleichzeitig wurden die Forschungs- und Entwicklungsabteilungen der Kombinate vorrangig mit Mitteln versehen und ausgebaut. Dies war nicht falsch, schwächte aber die Grundlagenforschung.

Zweitens erhielten die Akademie der Wissenschaften und die Hochschulen, deren Aufgabe die Grundlagenforschung war, zwar jährlich mehr Mittel, aber nie soviel wie notwendig gewesen wären, um auf den Hauptgebieten der modernen Wissenschaft durchschlagende Erfolge zu erzielen.

Drittens gelang es nicht, die materiell-technische Basis der Forschung an der Akademie und den Hochschulen auszubauen und zu modernisieren. Der wissenschaftliche Gerätebau der DDR hatte sich in solchem Maße auf die Fertigung hoher Stückzahlen konzentriert, daß Geräte, die für die Grundlagenforschung Bedeutung hatten und von denen oft nur wenige Exemplare benötigt wurden, gar nicht oder nur unzureichend geliefert werden konnten. Ähnlich verhielt es sich mit der Versorgung der wissenschaftlichen Einrichtungen mit Präzisionswerkzeugmaschinen, Bauelementen für Elektronikteile, Feinchemikalien usw.

Viertens wurden zwar die Beziehungen zur Wissenschaft der Sowjetunion und der anderen sozialistischen Länder gefördert, aber die Beziehungen zu wissenschaftlichen Einrichtungen des Westens waren völlig unzureichend. Das lag nicht nur an den Einschränkungen, die der kalte Krieg mit sich brachte, der Wissenschaftler der DDR von vielen Kongressen im Westen ausschloß. Es lag auch an den bürokratischen Schranken, die wir selbst errichtet hatten, und dem übertriebenen Trachten nach Sicherheit, das nur sog. Reisekadern nach endlosen Überprüfungen die Teilnahme an wissenschaftlichen Veranstaltungen im Westen ermöglichte. Das rief große Unzufriedenheit hervor.

Wenn ich die Ergebnisse meiner Tätigkeit als Sekretär für Wissenschaft überprüfe, muß ich zugeben, daß ich wenig erreicht habe. Ich setzte mich für die Grundlagenforschung ein, befürwortete eine echte Partnerschaft zwischen Wissenschaft und Industrie, forderte den Ausbau der materiell-technischen Basis der Forschung, sprach mich für wissenschaftlichen Meinungsstreit aus usw., trat jedoch zu all diesen Fragen nicht entschieden genug auf. Dabei hätte ich mit der Unterstützung vieler Wissenschaftler rechnen können. Insgesamt konnte nicht verhindert werden, daß das wissenschaftliche Niveau der DDR hinter dem westlicher Industriestaaten zurückblieb, obgleich die Chance der DDR gerade in der optimalen Nutzung ihres geistigen, vor allem ihres wissenschaftlich-technischen Potentials bestanden hätte. Ursachen des Zurückbleibens waren mangelndes Verständnis für die Rolle der Wissenschaft bei wirtschaftsleitenden Organen, Kompetenzstreitigkeiten und – last not least – eine Bürokratie, die zentral wie in den Bezirken selbstherrlich schaltete und waltete.

Obgleich der VIII. Parteitag die Bedeutung der Ausbildung und des Einsatzes von Hoch- und Fachschulkadern betont hatte, traten zunehmend Schwierigkeiten bei der Unterbringung der Absolventen in der Industrie auf. So weigerte sich der VEB Robotron, 150 Absolventen der Fachrichtung Informationsverarbeitung einzustellen, weil keine Mittel und Planstellen vorhanden seien. Dabei handelte es sich um Studenten, die 1968 auf Verlangen der Ministerien und Betriebe zugelassen worden waren.

Die Anforderungen an Absolventen änderten sich in den 70er Jahren ständig. So forderte das Ministerium für chemische Industrie jeweils für den Zeitraum von 1976 bis 1980 im ersten Halbjahr 1971 12 300, im Juli 1971 7 300 und Ende 1971 nur noch 5 900 Absolventen. Das Ministerium für Schwermaschinen- und Anlagenbau forderte zu Beginn des Jahres 1971 10 200, am Ende nur noch 3 200 Absolventen. Es war schwer, die Erkenntnis durchzusetzen, daß es sich bei der Ausbildung von Fachkräften um eine langfristige Planung und eine Investition in die Zukunft handelt, daß folglich auf diesem Gebiet Kontinuität und Stabilität unerläßlich sind.

In Frankreich In Paris war ich zur Zeit der Volksfront und noch einmal kurz im Frühjahr 1939. Im Oktober 1970 lud die PCF (›Parti Communiste Français‹) eine Delegation der SED zu einem Freundschaftsbesuch ein. Als Leiter dieser Delegation, der außerdem Hermann Axen, Werner Lamberz, Werner Jarowinsky und Lene Berg angehörten, kam ich nach 31 Jahren erneut nach Paris.

Wir trafen mit allen führenden Genossen der Kommunistischen Partei Frankreichs zusammen: mit Georges Marchais, Gaston Plissonier, Roland Leroy, Benoit Frachon, Paul Laurent, Madelaine Vincent und anderen. George Gosnat, dessen Vater während der Okkupation die deutschen Kommunisten unterstützt hatte, war unser unermüdlicher Betreuer. Ihm verdanke ich es, daß ich mehr von Paris sah als 1936, so ein kleines Restaurant, wo die bekanntesten Künstler – Picasso, Braque, Léger u. a. – verkehrten und die Zeche mit Bildern bezahlten.

Einen tiefen Eindruck machte auf mich die Begegnung mit Jaques Duclos. Wir besuchten das von ihm geschaffene und geleitete Museum der Arbeiterbewegung in Montreuil. Der kleine, rundliche Duclos sprühte vor Leben. Er war ein begeisterter Historiker. Bei unserem Besuch und einem gemeinsamen Essen erzählte er aus der Geschichte der PCF, besonders über die Resistance.

Ein Höhepunkt dieses Frankreichbesuches war eine Jugendkundgebung im großen Saal der Pariser Mutualite, an der mehr als 5 000 Jugendliche teilnahmen. Ich überbrachte in französischer Sprache die Grüße der SED und der FDJ, sprach über die Rechte der Jugend in der DDR, über den gemeinsamen Kampf gegen den Krieg der USA in Vietnam und darüber, daß die Interessen unserer beiden Länder die Entwicklung normaler Beziehungen erfordern. Georges Marchais erklärte in seiner Rede, daß auch in Frankreich nur eine sozialistische Gesellschaft die Probleme der Jugend lösen könne. Diese Kundgebung voll Begeisterung, jugendlichem Ungestüm und überwältigender Solidarität hinterließ bei mir einen bleibenden Eindruck.

Unsere Reise nach Lille, die Begegnung mit Hafenarbeitern in Saint-Pol-sur-Mer (Dünkirchen), die Treffen in Reims, mit den Kommunisten und den Mitgliedern des Gemeinderats von Champigny, eine Versammlung mit Pariser Intellektuellen – alle Ereignisse standen im Zeichen der Freundschaft zwischen Frankreich und der DDR. Sie hatte schon in vielen Städten und Gemeinden zu Partnerschaften geführt. Wie erstaunt waren wir, als wir auf der Fahrt nach dem Norden am Ortseingang einer kleinen Gemeinde lesen konnten: »Seclin, Jumeleé avec la ville d' Apolda (Thuringe), Republique Democratique Allemande«.

Zwei Jahre später, im Oktober 1972, leitete ich erneut eine Delegation, die auf Einladung der PCF Frankreich besuchte. Sie stand diesesmal ganz im Zeichen des Ringens um die diplomatische Anerkennung der DDR durch Frankreich. Die Voraussetzungen dafür waren nicht ungünstig. Die BRD konnte die Hallsteindoktrin nicht länger aufrechterhalten, wenn sie mit ihrer Politik nicht in einer Sackgasse landen wollte. Die sozial-liberale Koalition hatte die Verhandlungen über die Ostverträge aufgenommen. Bahr und der Vertreter der DDR, Botschafter Kohl, bereiteten den Grundlagenvertrag vor, der Ende 1972 abgeschlossen wurde. Im Vorfeld dieses Vertragsabschlusses fand unser Besuch in Frankreich statt. Obwohl Staatspräsident Pompidou auf die Interessen der BRD

Rücksicht nahm, gab es im Regierungslager Persönlichkeiten, die für eine rasche Anerkennung eintraten. Dies äußerte sich auch in den Kontakten, die wir knüpfen konnten und in der Beachtung, die unsere Delegation durch die Medien fand. Der Tenor der Berichterstattung war, wie Graf Kageneck, der Korrespondent von »Die Welt« aus Paris berichtete, »daß Frankreich nicht länger einen Staat ignorieren sollte, der durch eine bewundernswerte wirtschaftliche und gesellschaftliche Leistung einen Platz unter den großen Industrienationen Europas eingenommen habe«.[2] Der Delegation gehörten diesmal Hermann Axen, Günter Mittag und Konrad Naumann sowie die Romanistin Rita Schober an. Dies ermöglichte eine Arbeitsteilung, die sich fruchtbar auswirkte. Von der Ankunft an wurden wir durch den sowjetischen Botschafter Abrassimow unterstützt. Wir wurden vom Präsidenten der Nationalversammlung Achille Peretti und Mitgliedern des außenpolitischen Ausschusses empfangen, hatten Begegnungen mit Vertretern des Bildungswesens und der Organisationen der Kriegsteilnehmer und Widerstandskämpfer, führten Gespräche mit Vertretern führender Konzerne sowie des wissenschaftlichen und kulturellen Lebens. Besondere Erwähnung verdient die Zusammenkunft der Delegation mit dem Sozialminister Edgar Faure. Er hatte die Zustimmung Pompidous und des Regierungschefs Messmer, sollte (oder wollte) aber die Regierung gegenüber der BRD nicht bloßstellen. So verfiel er auf die Idee, den sowjetischen Botschafter zu einem Empfang einzuladen. Dieser nahm unsere Delegation – sicher im Einverständnis mit Faure – mit. Wir wurden Faure vorgestellt und konnten mit den zahlreichen hochrangigen Gästen Gespräche führen. Aber nach dem Empfang ließ Faure erklären, er habe Abrassimow eingeladen, ihm jedoch nicht vorschreiben können, wen er mitbringen werde.

Edgar Faure und seine Frau (eine bekannte Schriftstellerin) luden Hermann Axen und mich zu einem Abendessen in ihre Privatwohnung ein. Hier waren wir unter uns. Diese Einladung war von Faure als Würdigung für zwei deutsche Antifaschisten gedacht, von denen der eine Ausschwitz überlebt und davon noch das Brandmal trug und der andere für die spanische Republik gekämpft hatte.

In Begleitung von Jaques Duclos legten wir Kränze an der Gedenkstätte für die Opfer des Krieges und die Widerstandskämpfer nieder. Wir ehrten die Pariser Kommunarden an der Gedenkmauer im Friedhof Pere Lachaise, wo sich auch das Grab Heinrich Heines befindet. Ein bewegendes Ereignis war die Teilnahme an der Gedenkkundgebung in Chateaubrian für die von den deutschen Okkupanten erschossenen Kommunisten und anderen Patrioten Frankreichs – unter ihnen der Gewerkschafter Thibaud, der mit dem Ruf starb »Es lebe die Kommunistische Partei Deutschlands«.

Wir nutzten ein »Frühstück für die Presse«, um auf die absurde Situation aufmerksam zu machen, daß wir bei namhaften Vertretern von Politik und Wirtschaft die Bereitschaft zur Aufnahme diplomatischer Beziehungen zwischen unseren Staaten gefunden hatten, aber in Frankreich nicht mit einem Diplomatenpaß, sondern nur mit einem »Geleitbrief« einreisen konnten.

In einer Privatwohnung fand ein Treffen mit Industriellen statt, die sich für die Erweiterung des Handels zwischen Frankreich und der DDR einsetzten. Ich fand es bemerkenswert, daß sich die Vertreter führender Unternehmen, darunter der Chef von Renault, an diesem Abend lebhaft für Organisation und Methodik unserer Planwirtschaft interessierten, wohl weil zu diesem Zeitpunkt in Frankreich viel von »Planification« die Rede war.

Ein hervorragender Betreuer und Vermittler zahlreicher Gespräche war der Germanist Pierre Juquin. Er vermittelte ein Treffen mit dem Nobelpreisträger für Medizin von 1965, François Jacob, im Institut Pasteur. Jacob zeigte großes Interesse für die Entwicklung in der DDR. Zum Abschied übergab er mir die deutsche Ausgabe seines Buches »Die Logik des Lebenden« mit einer Widmung. Erst später, beim Lesen dieses Buches und der Autobiographie Jacobs »Die Innere Statur« habe ich die Bedeutung dieses hervorragenden Forschers erkannt, der aus Sympathie für die DDR seine knappe Zeit für ein Gespräch mit mir, einem Unbekannten, opferte.

Das 6. Plenum Ein Jahr nach dem VIII. Parteitag hielt ich auf der 6. Tagung des ZK das Referat »Zu Fragen der Kulturpolitik der SED«. Bei dessen Ausarbeitung stützte ich mich auf Hinweise von Hans Koch und anderen Mitarbeitern des Instituts für Kulturwissenschaften der Akademie für Gesellschaftswissenschaften sowie von Konrad Wolf und anderen Künstlern und Schriftstellern.

Zum ersten Mal befaßte sich das Zentralkomitee ausschließlich mit der Kulturpolitik. Dadurch erlangte das 6. Plenum für diesen Bereich eine besondere Bedeutung.

Das Referat ging davon aus, daß das Ziel unserer Kulturpolitik ein kulturvolles und geistig reiches Leben aller Bürger der Republik, die Entwicklung aller schöpferischen Kräfte des Volkes ist. »Das Ziel sind Werke sozialistisch-realistischer Kunst, die durch ihre Volksverbundenheit und Parteilichkeit, durch Lebensnähe und sozialistischen Ideengehalt die geistige Welt der Werktätigen bereichern«.[3]

In diesem Sinne lag den Ausführungen ein weiter Kulturbegriff zugrunde. »Die sozialistische Kultur schließt das gesamte intellektuelle, sittliche, ästhetische und emotionale Entwicklungsniveau des Menschen ein, die Gesamtheit seines Wissens, seiner Fähigkeiten, Talente, Verhaltensweisen, Einstellungen und Überzeugungen, seiner sozialen Gewohnheiten und Genüsse. Alle diese Momente werden in kulturellen Bedürfnissen zum Ausdruck gebracht«. Ich sprach über die Kultur der Arbeit, die kulturelle Umwälzung auf dem Lande, die Gestaltung der Umwelt, ein kulturvolles Freizeitverhalten, die kulturell-ästhetische Bildung und Erziehung sowie die Kultur der menschlichen Beziehungen. Literatur und Kunst sind im Leben der Gesellschaft unentbehrlich und unersetzbar. Ich sagte: »Wir können weder auf die Entdeckungen der Wissenschaften noch auf die Entdeckungen der Künste verzichten. In der Kulturpolitik solle es um die Förderung einer lebendigen, reichen und vielgestaltigen sozialistisch-realistischen Kunst gehen. »Nicht einen Klang, nicht eine Farbe, nicht einen Lebensbereich wollen wir dabei außer acht lassen.« Zugleich gehe es um eine Abgrenzung gegenüber modernistischen Kunstrichtungen mit ihrer Verneinung der »alten Kunst«, dem bloßen Suchen nach neuen Strukturen und Formen. Wir wollen und suchen die Mitarbeit aller Künstler, auch jener »die – ohne weltanschaulich auf marxistisch-leninistischem Boden zu stehen – den Sozialismus in der DDR aus der Haltung aufrechter Humanisten, Demokraten und Antifaschisten oder aus Motiven christlicher Ethik bejahen«.

Das Referat fand Anerkennung. Die Malerin Lea Grundig schrieb mir: »Das sechste Plenum war großartig. Es gibt schon jetzt Auswirkungen. Ich bin sehr begeistert.« Erwin Strittmatter telegrafierte »Dank für Deine Ausführungen auf dem Plenum«. Der Komponist Joachim Werzlau schrieb: »Das Referat zum 6. Plenum hat mich froh gemacht, da es in seiner tiefen und umfassenden Darstellung der Kulturpolitik Rüstzeug für einen Künstler bei der Verwirklichung seiner Pläne ist. Es stärkt ihn und macht ihn sicher«. Aus der Sowjetunion schrieb der bekannte Literaturwissenschaftler Prof. Alexander Dymschitz, daß ihn das Referat befriedigt und erfreut habe. Von Prof. Janzen, der als Lehrer in den Antifaschulen der Kriegsgefangenen aufgetreten war, kam folgende Beurteilung: »Ich glaube sagen zu können, daß auf einer derartigen Tagung, auf einer solchen Parteiebene über Fragen der Kultur, der Kunst, der Kulturpolitik erstmalig ein so gründliches und qualifiziertes Referat gehalten worden ist. Eine hohe Einschätzung verdient m. E. nicht nur das, was Sie in Ihrem Referat gesagt haben, also der Inhalt, sondern auch das, wie Sie über die Kunst und die Künstler gesprochen haben, der Ton.«

In der Tat unterschied sich das Referat auf dem 6. Plenum im Inhalt und im Ton von meinen Äußerungen zu Kultur und Kunst auf der Beratung im März 1963 und auf dem 6. Plenum 1965. Ich hatte aus den verheerenden Auswirkungen des 6. Plenums Lehren gezogen und war bemüht, Verständnis für die Bedeutung der Kultur zu wecken und ein Vertrauensverhältnis zu den Kulturschaffenden zu erreichen. An der auf dem 6. Plenum dargelegten Konzeption zur Kulturpolitik hielt ich in der Folgezeit fest (eine Erweiterung stellt das Referat über »Tradition und Fortschritt«, 1975, vor dem Plenum der Akademie der Künste dar). Aber neben Zustimmung gab es auch Ablehnung. Sie kam von links, aus den Reihen der ehemals proletarisch-revolutionären Schriftsteller um Otto Gotsche, die in den Ausführungen eine zu weitgehende Öffnung gegenüber nichtmarxistischen Künstlern und Schriftstellern sahen. Zum anderen wurden die positiven Wirkungen des 6. Plenums schon bald durch die Auseinandersetzungen um die Ausbürgerung Wolf Biermanns und andere Ereignisse eingeschränkt.

Zu meinem 60. Geburtstag wurde mir der Karl-Marx-Orden verliehen. Zu den Gratulanten gehörte Günter Kunert mit dem Vers:

»Auf seine Art zu gratulieren
erscheint ein ungebetener Gast
und wünscht das Alte: Glück und Segen
auch wenn's nicht in die Ära paßt.«

Ich erhielt u. a. Glückwünsche von dem französischen Marx-Forscher Auguste Cornu, von György Aczel aus Ungarn, von dem Philosophen Georg Klaus, der mir Condillacs »Die Sprache der Kalküle« schenkte, dem sowjetischen Botschafter E. M. Jefremow, dem Chemiker Prof. Dr. Peter A. Thiessen, dem Bildhauer Rene Graetz, von Ernst Busch, der an Spanien erinnerte. Wie viel Zustimmung die Rede auf dem 6. Plenum gefunden hatte, konnte ich auch den Glückwünschen entnehmen, die zahlreiche Künstler, von Anna Seghers, Peter Schreier, Kurt Masur bis zum Oktoberclub, sowie Manfred Krug und andere Unterhaltungskünstler auf eine Schallplatte gesprochen hatten.

Kultur: Angebot und Nachfrage Unsere Kulturpolitik setzte sich das Ziel, neben den materiellen die kulturellen Lebensbedingungen zu verbessern, die Künste zu fördern und das nationale Kulturerbe zu bewahren. Für ihre Verwirklichung bestanden gute Voraussetzungen. Wir hatten 1989 ein Netz von Bibliotheken (staatliche, Gewerkschafts- und Wissenschaftsbibliotheken), 61 Theater mit über 200 Studiobühnen und anderen Spielstätten, 861 hauptamtlich geleitete Kulturhäuser und Klubs sowie 751 Museen. Für ein Land von der Größe der DDR war dies eine einzigartige kulturelle Infrastruktur.

Meine Verantwortung für die Kulturpolitik brachte viel Freude, aber auch viele Sorgen mit sich. Zu den Sorgen gehörte der materielle Zustand vieler kultureller Einrichtungen. Ich machte auf der 4. Tagung des ZK 1974 darauf aufmerksam, daß seit Jahren im kulturellen Bereich die einfache Reproduktion nur zu etwa 30 Prozent gesichert war. Nur 17 Prozent der Kinos waren in einem vertretbaren baulichen Zustand.

»Von 1971–1988 wurden z. B. 113 Filmtheater geschlossen, aber nur 3 neu gebaut; die materiell-technischen Bedingungen sind fast überall unzureichend; 45 Prozent der Gebäudesubstanz der Museen ist wegen baulicher und funktioneller Mängel museal eingeschränkt oder überhaupt nicht nutzbar.«[4]

Dieser Zustand war kaum zu ändern, da ein großer Teil der Mittel für den Aufbau des Neuen Gewandhauses in Leipzig, den Friedrichstadtpalast in Berlin, die Semperoper in Dresden, das Schauspielhaus in Berlin und weiterer Objekte verwendet werden mußte oder durch die Räte der Kreise und Bezirke auf andere Bereiche umverteilt wurde. Es gab immer wieder Diskussionen, ob es angesichts dieser Ungleichheiten nicht das Beste wäre, einige Einrichtungen zu schließen. Aber wir dachten nicht an ein »Gesundschrumpfen«, sondern hofften auf bessere Zeiten. Insgesamt sind in der DDR in der Zeit von 1975 bis 1988 die Zuwendungen aus dem Staatshaushalt für Freizeitzwecke (Erholung, Kultur, Sport) ständig gestiegen; allerdings nicht so stark wie die Aufwendungen zur Stützung der Tarife und Preise, schrieb die Zeitschrift »Sozialreport«. Neben den Mitteln aus dem Staatshaushalt kamen Aufwendungen für die Kultur aus dem Kultur- und Sozialfonds der Betriebe, aus den niedrigen staatlich gestützten Preisen für kulturelle Veranstaltungen etc.

In den Diskussionen mit Schriftstellern, Verlegern und Buchhändlern spielte die materielle Situation im Verlagswesen und

Buchhandel immer wieder eine Rolle. Ich will noch einmal den »Sozialreport« zitieren: »Die Verlage der DDR stellten 1989 mindestens 6 500 Titel in Erst- und Nachauflagen in insgesamt 145 Millionen Exemplaren zur Verfügung. In den 80er Jahren ist es trotz gestiegener Zahl von Buchtiteln und gedruckten Exemplaren nicht gelungen, die kauffähige Nachfrage im Inland zu befriedigen. So konnte 1988 die Hälfte aller Titel nur in gekürzter Auflagenhöhe an den Buchhandel ausgeliefert werden.« Ursachen waren die zu geringe Druckkapazität, lange Druckzeiten, Papiermangel, schlechte Lagerbedingungen usf.

Über den Umgang mit Büchern sagte eine Buchhändlerin: »Das interessante Buch war immer Mangelware«. Highlights wurden unter der Hand verteilt, waren im Buchhandel kaum oder gar nicht zu haben. In den Bibliotheken gehörten sie zwar zum Bestand, waren aber meist ausgeliehen.

Nach dem VIII. Parteitag und dem 6. Plenum gab es im kulturellen Leben einen Aufschwung. Viele Partei- und Gewerkschaftsleitungen kümmerten sich entschiedener um die Befriedigung der differenzierten kulturellen Bedürfnisse, ob es darum ging, die Arbeitskultur zu verbessern oder die Freizeit sinnvoller zu gestalten. Das Anwachsen des künstlerischen Volksschaffens, der Singebewegung der FDJ, der Ausstellungs- und Konzertbesucher zeugte davon, daß die Wünsche und Interessen der Bürger vielseitig und anspruchsvoll waren. Dazu hatten die Bitterfelder Konferenzen (1959, 1964) beigetragen mit ihrem Apell: »Greif zur Feder Kumpel, die sozialistische deutsche Nationalkultur braucht Dich!« mit ihrer Aufforderung zur Zusammenarbeit von Berufskünstlern und Volkskunstschaffenden. Das Streben, sich mit Kunstwerken zu befassen, deren Sinn und Bedeutung zu verstehen, war unverkennbar. Davon konnte sich jeder überzeugen, der die X. Kunstausstellung der DDR in Dresden besuchte und die lange Warteschlange sah. Wer waren die Wartenden? Die meisten waren Arbeiter oder Genossenschaftsbauern, die als Kollektiv, als Brigade der sozialistischen Arbeit die Ausstellung besuchten und nun mit der so andersartigen, rätselhaften und phantastischer Welt der Kunst in Berührung kamen – viele zum ersten Mal.

Die Kunst- und Kulturschaffenden konnten stolz sein auf die Resonanz, die ihre Werke, ihre Leistungen im Volk fanden.

Ernst Busch Der Sänger Ernst Busch erhielt 1972 den Lenin-Friedenspreis. Ich hielt auf einem Empfang in der sowjetischen Botschaft die Laudatio, in der ich Leben und Wirken dieses hervorragenden Künstlers würdigte. »Aus einer Arbeiterfamilie stammend, hast Du schon in jungen Jahren den Weg zur Arbeiterbewegung gefunden. Gemeinsam mit so bedeutenden Künstlern wie Bertolt Brecht, Hanns Eisler, Erich Weinert, Friedrich Wolf und Slatan Dudow hast Du als Schauspieler am Theater Erwin Piscators und als Sänger der Arbeiterklasse ihren Kampf unterstützt. Der Faschismus vertrieb Dich, wie viele andere revolutionär und humanistisch gesinnte Künstler, aus Deiner Heimat. Deine Lieder kündeten jedoch weiterhin vom ungebrochenen Mut der antifaschistischen Kräfte unseres Volkes. Deine Stimme wurde zu einer starken Waffe im Kampf des spanischen Volkes und der an seiner Seite kämpfenden Internationalen Brigaden gegen den Faschismus. Die Zerschlagung des Faschismus durch die Sowjetarmee wurde auch für Dich zur Befreiung aus dem Zuchthaus Brandenburg. In unermüdlicher Arbeit wirkst Du an der demokratischen Erneuerung des geistigen Lebens und der Entwicklung des sozialistischen Bewußtseins der Werktätigen in unserer DDR mit.«

Ich lernte Ernst Busch 1937 in Valencia kennen, aber seine Lieder und seine unverwechselbare Stimme hatten mich längst begeistert. Nun erlebte ich ihn als Schauspieler in Aufführungen des Brecht Ensembles, so in der Rolle des Galilei und als Mazdak im »Kaukasischen Kreidekreis«. Zwischen ihm und Walter Ulbricht oder Hermann Matern war es in den 50er Jahren zu heftigen Auseinandersetzungen gekommen, weil er eine eigene Firma für die Verbreitung seiner Lieder gründen wollte. Da dies abgelehnt wurde, warf er im Zorn sein Parteibuch auf den Tisch. Gemeinsam mit Erich Honecker überredete ich ihn, das Kriegsbeil zu begraben und das Parteibuch wieder einzustecken. Er konnte sich, wie es seine Art war, einen bissigen Kommentar nicht versagen, nahm aber den Vorschlag an. Von nun an entwickelte sich zwischen uns ein freundschaftliches Verhältnis. Ich besuchte ihn oft in seiner Wohnung. Dabei ging es nie um materielle Dinge, er gehörte zu den Künstlern, die an mich in dieser Hinsicht keine Forderungen stellten. Die Besuche zeichneten sich dadurch aus, daß er mich – wie wohl auch andere Besucher- sofort in seine Arbeit einbezog. Er sammelte Lieder der Arbeiterbewegung. Jedesmal, wenn er ein neues Lied entdeckt oder eine Neubearbeitung vorgenommen hatte, wollte er mein Urteil wissen. So verging die Zeit mit dem Vortrag des Liedes, dem Anhören der Aufnahme und der Diskussion über das Gehörte. Wir verstanden uns gut. Hinter einer rauhen Schale verbarg sich bei Ernst Busch das Herz eines sensiblen Künstlers, der trotz aller Anerkennung stets im Zweifel war, ob er den Anforderungen seiner Hörer oder Besucher im Theater gerecht würde.

Die Ostverträge Nach den Bundestagswahlen im Herbst 1969 und der Bildung der sozial-liberalen Koalition in Bonn erklärte Willy Brandt seine Bereitschaft, im Rahmen der neuen Ostpolitik auch Gespräche mit der Führung der DDR aufzunehmen. Nachdem Erich Honecker am 18. April 1972 in einer Rede in Sofia zum Ausdruck gebracht hatte, daß wir bereit seien, nach der Ratifizierung der Verträge zwischen der UdSSR und der VR Polen mit der BRD in einen Meinungsaustausch über die Herstellung normaler Beziehungen einzutreten, kamen zunächst Verhandlungen über einen Verkehrsvertrag zwischen beiden deutschen Staaten voran. Dessen Ratifizierung war jedoch nicht gewiß, da zu gleicher Zeit die neue Ostpolitik Brandts im Bundestag auf heftigen Widerstand stieß.

Im April 1972 unternahm der Fraktionsvorsitzende der CDU, Rainer Barzel, den Versuch, die Regierung der sozial-liberalen Koalition durch ein konstruktives Mißtrauensvotum zu stürzen. Bei der Abstimmung fehlten ihm zwei Stimmen.

Barzel warf Brandt vor, er habe aufgehört, von Wiedervereinigung zu sprechen, er suche die Entspannung auf der Basis dauernder Zweistaatlichkeit. Als die Änderung des Moskauer Vertrages über das konstruktive Mißtrauensvotum nicht gelang, wurde durch einen »Brief zur deutschen Einheit« als Anhang zum Vertrag und eine Entschließung des Bundestages festgestellt, daß in der Frage der Einheit Deutschlands keine Einigung erzielt wurde, daß »die deutsche Frage« offen sei. Schließlich enthielten sich die meisten Abgeordneten der CDU/CSU bei der Abstimmung über die Ratifizierung der Verträge der Stimme. Unter dem Druck von Carstens und Strauss lehnten sie später auch den KSZE-Prozeß ab, der zur Konferenz von Helsinki führte.

Das Scheitern des konstruktiven Mißtrauensvotums und der Ausgang der Wahlen ermöglichten die Ratifizierung der Verträge mit der Sowjetunion und mit Polen, die zusammen mit dem Viermächteabkommen am 3. Juni 1972 in Kraft traten. Auch der Verkehrsvertrag konnte jetzt unterzeichnet werden. Die Vertreter der DDR und der BRD, Michael Kohl und Egon Bahr, begannen nun mit Verhandlungen über einen Grundlagenvertrag (Vertrag über die Grundlagen der Beziehungen zwischen der Bundesrepublik Deutschland und der Deutschen Demokratischen Republik vom 21. Dezember 1972), der nach Ratifizierung am 21. Juni 1973 in Kraft trat. Mit diesem Vertrag erkannten beide Staaten gegenseitig uneingeschränkt ihre Souveränität und Unabhängigkeit sowie die Unverletzlichkeit der zwischen ihnen bestehenden Grenze an. Er bildete, wie Michael Kohl bei der Unterzeichnung bemerkte, »eine allgemeine, dem Völkerrecht entsprechende Grundlage für normale, gutnachbarliche Beziehungen zwischen den beiden Staaten«.

Wir werteten die Ostverträge als positive Schritte zur Festigung des Friedens und der Sicherheit in Europa und brachten unsere Bereitschaft zum Ausdruck, zwischen der DDR und der BRD Beziehungen der friedlichen Koexistenz auf der Grundlage des Völkerrechts herzustellen. Es kam uns darauf an, eine Entwicklung zu fördern, die über ein friedliches Nebeneinander zu gutnachbarlichen Beziehungen führen sollte.

Die Bundesrepublik hätte durch den Grundlagenvertrag auf den Alleinvertretungsanspruch und die Hallsteindoktrin verzichten müssen. Die DDR ging mit dem Verkehrsvertrag und dem Grundlagenvertrag Kompromisse ein. Sie verpflichtete sich zu Reiseerleichterungen, Gewährleistung von Arbeitsmöglichkeiten für westliche Journalisten, Öffnung neuer Grenzübergänge usw. Die Staatsbürgerschaft der DDR wurde jedoch nicht anerkannt, die Ständigen Vertreter erhielten nicht den Rang von Botschaftern und – last not least – konnte die Bundesrepublik dem Grundlagenvertrag einen »Brief zur deutschen Einheit« beifügen, der von der DDR formell nicht zur Kenntnis genommen wurde. Alle diese Kompromisse wurden im Interesse der »Entspannung« und zur Unterstützung der Ostpolitik Willy Brandts eingegangen. Durch die Verträge wurde jedoch – und dies war das Entscheidende – die völkerrechtliche Anerkennung der DDR durch die BRD nicht erreicht.

Der Abschluß der Ostverträge war Brandts größter Erfolg. Am 6. Mai 1974 trat er zurück, nachdem bekannt geworden war, daß in seiner nächsten Nähe ein Mitarbeiter der Aufklärung der DDR tätig gewesen war. Als Brandt 1992 starb, wurde ihm bescheinigt, daß er sein politisches Leben lang an den Grundsätzen des »demokratischen Sozialismus« – Freiheit, soziale Gerechtigkeit, Demokratie und Solidarität – festhielt. Weniger betont oder völlig unerwähnt blieb seine Frontstadtpolitik als regierender Bürgermeister von Westberlin und der von ihm veranlaßte »Radikalenerlaß« mit den Berufsverboten im Gefolge. Seine Ostpolitik hat die drohende außenpolitische Isolierung der BRD verhindert und zur Entspannung zwischen Ost und West beigetragen. Sie war eine Doppelstrategie, da ihr stets das Streben nach Überwindung der europäischen und deutschen Teilung zugrunde lag, was auf die Beseitigung der DDR und des Sozialismus in Europa abzielte.

Auf den Abschluß der Verträge folgte die Welle weltweiter diplomatischer Anerkennung der DDR. Die Isolierung der DDR in Richtung Westen war durchbrochen. Am 9. Februar 1973 nahmen England und Frankreich diplomatische Beziehungen mit der DDR auf; am 9. Dezember 1974 wurde die Botschaft der USA eröffnet, am 2. Mai 1974 die ständige Vertretung der Bundesrepublik, die bis 1981 von Günter Gaus geleitet wurde. Seit Herbst 1973 waren beide deutsche Staaten gleichberechtigte Mitglieder der UNO. Die diplomatische Anerkennung brachte für mich mancherlei Kontakte zu den Botschaften der USA, Großbritanniens, Frankreichs und anderer westlicher Länder mit sich. Wenn sie sich nach ihrer Akkreditierung im ZK vorstellten, kam es oft über die üblichen Formalitäten hinaus zu längeren sachlichen Gesprächen. Eine schlechte Erinnerung habe ich nur an den Nachfolger von Gaus in der Vertretung der BRD, Boenisch, der sich überheblich und arrogant aufführte. Bei den von Erich Honecker als Vorsitzendem des Staatsrats eingeführten Hasenjagden für die Diplomaten hatte ich als Nichtjäger einige Male die Aufgabe, diejenigen kulturell zu betreuen, die ebenfalls nicht an der Jagd teilnahmen.

Die diplomatische Anerkennung hatte durch das starre Protokoll, das bei Besuchen oder Empfängen galt, auch Auswirkungen auf das Gehabe der Partei- und Staatsführung. Sie bestärkte das Bewußtsein, »etwas zu gelten«. Die Akkreditierung der Botschafter war stets mit einer feierlichen Zeremonie vor dem Gebäude des Staatsrats verbunden – Nationalhymnen, Abschreiten der Ehrenkompanie, Überreichung des Beglaubigungsschreibens an den Vorsitzenden des Staatsrats und anschließendes Gespräch. Die Übertragung durch das Fernsehen machte dies zu einem besonderen Ereignis, aber im Verlauf der Zeit wurde daraus Routine und ein langweiliges Ritual. Zu geradezu peinlichen Szenen kam es oft, wenn Besucher aus der Sowjetunion oder einem anderen befreundeten Land empfangen wurden und dabei nach slawischer Sitte (die jedoch bei uns fremd wirkte) geküßt wurde, und zwar die Reihe der angetretenen Männer entlang. Unsere Euphorie über den Durchbruch auf der internationalen Arena führte zu allerlei Übertreibungen und seltsamen Gewohnheiten.

Helsinki 1975 In der internationalen Lage zeichneten sich seit Ende der sechziger Jahre wichtige Veränderungen ab. Die Grundtendenz der internationalen Beziehungen wurde durch eine immer deutlichere Wende von der Konfrontation zur Entspannung und zur Durchsetzung der Prinzipien der friedlichen Koexistenz von Staaten unterschiedlicher Gesellschaftsordnung bestimmt.

Der Abschluß des Vertragswerkes mit der BRD, die umfassende völkerrechtliche Anerkennung und Gleichberechtigung der DDR, die Erklärung der Nichtigkeit des Münchener Abkommens durch die BRD waren wichtige Schritte auf dem Weg der Beseitigung der Spannungen in Europa. Beide deutsche Staaten wurden in die UNO und deren Nebenorganisationen aufgenommen. Anfang der 70er Jahre hatte die DDR bereits mit über 100 Staaten diplomatische Beziehungen.

Die Wende in den internationalen Beziehungen befand sich jedoch erst im Anfangsstadium. Der Prozeß der Entspannung und Durchsetzung der friedlichen Koexistenz verlief kompliziert und widerspruchsvoll. Davon zeugten die Fortdauer des Krieges in Vietnam, die Vorstöße der Reaktion in Chile sowie der Widerstand entspannungsfeindlicher Kräfte im NATO-Lager. Maßgebende Kreise hatten ihre gegen den Sozialismus gerichteten Pläne nicht aufgegeben.

In einem Referat zu ideologischen Problemen unserer Zeit, das ich Anfang Januar 1974 an der Parteihochschule hielt, stellte ich fest, daß in der Auseinandersetzung zwischen beiden Gesellschaftssystemen immer mehr die Fragen der Wirtschaft, Politik, Diplomatie und Ideologie in den Vordergrund treten.

In diesem Klima von politischer Entspannung und ideologischer Zuspitzung wurde die Konferenz von Helsinki vorbereitet, zu der wir durch den Abschluß des Grundlagenvertrages und andere Vereinbarungen mit der Bundesrepublik unseren Beitrag leisteten.

Der Vorschlag zur Einberufung der Konferenz von Helsinki war 1966 auf einer Beratung der Teilnehmerstaaten des Warschauer Vertrags gemacht worden. Ihr Zustandekommen und Erfolg hingen von einer Verbesserung der Beziehungen zwischen Ost und West und dabei nicht zuletzt von den Beziehungen ab, die zwischen den beiden deutschen Staaten bestanden. Die Einleitung der »neuen Ostpolitik« durch die Regierung Brandt-Scheel schuf günstige Voraussetzungen für die Konferenz. Wirklich gesichert war ihr Stattfinden aber erst nach der Ratifizierung der Ostverträge sowie des Viermächte-Abkommens über Westberlin.

Am 1. August 1975 wurde in Helsinki die Schlußakte der ›Konferenz für Sicherheit und Zusammenarbeit in Europa‹ (KSZE) unterzeichnet. Die DDR nahm gleichberechtigt an der Unterzeichnung teil. Erich Honecker saß neben dem amerikanischen Präsidenten Ford und dem Bundeskanzler Schmidt. Er war immer stolz auf seine Teilnahme an diesem historischen Ereignis und auf die internationale Anerkennung der DDR.

Für die Sowjetunion, die seit Jahren auf diese Konferenz gedrungen hatte, schien der Kampf um die Anerkennung und Festigung der Ergebnisse des zweiten Weltkriegs und der Nachkriegsordnung erfolgreich abgeschlossen. Auch für die DDR schien das Ziel ihrer Außen- und Sicherheitspolitik erreicht, für den sozialistischen Aufbau die günstigsten, d. h. friedliche äußere Bedingungen zu schaffen.

Die Schlußakte von Helsinki war kein völkerrechtlicher Vertrag. Die Unterzeichnerstaaten (außer Albanien) verpflichteten sich zum Gewaltverzicht, zur Nichteinmischung in die inneren Angelegenheiten, zur Achtung der Menschenrechte und zur wirtschaftlichen und kulturellen Zusammenarbeit. In der Folgezeit wurde der »Korb 3« (Menschenrechte) zum Hauptthema der westlichen Propaganda gegen die sozialistischen Staaten.

Wir akzeptierten die Schlußakte als Ganzes, legten aber besonderes Gewicht auf die Abmachungen zur Friedenssicherung, zum Gewaltverzicht. Da es sich nicht um ein völkerrechtlich verpflichtendes Dokument handelte und es jedem Staat überlassen blieb, wie er mit den Vereinbarungen umging, sahen wir auch keinen Grund, uns unter Druck setzen zu lassen. So sehr wir die Schlußakte als Beitrag zur Friedenssicherung in Europa begrüßten, so zurückhaltend verhielten wir uns zum »Korb 3«.

Statt gründlich darüber nachzudenken, wie mehr Demokratie und Freizügigkeit für die Bürger geschaffen, wie die politischen, sozialen und kulturellen Menschenrechte ausgestaltet werden könnten, überwog wieder einmal der Gesichtspunkt der Wachsamkeit, der Abwehr gegnerischer Versuche zur ideologischen und politischen Unterwanderung. Dabei hätten wir durch die großzügige Auslegung des »Korb 3« keine Einbuße erlitten, sondern das Vertrauen in den Sozialismus gestärkt. Wir haben diese Chance nicht genutzt (damit meine ich nicht nur die DDR, sondern alle Teilnehmerstaaten des Warschauer Vertrags, die die Initiatoren der Konferenz von Helsinki gewesen waren).

Man kann allerdings auch die Frage stellen, ob die Staaten des Warschauer Vertrags nicht zu weit gegangen sind in den Kompromissen, die sie im Interesse der Entspannung eingingen. Die Bedingung war, daß der Status quo in Europa erhalten bleiben sollte. Aber es zeigte sich bald, daß jene Kreise, die an der Änderung des Status quo interessiert waren, sich nicht an die Vereinbarungen von Helsinki hielten, sondern den Prozeß der Entspannung zu beenden und zum kalten Krieg zurückzukehren bestrebt waren. Im Juni 1979 unterzeichneten Carter und Breshnew in Wien zwar den SALT-II-Vertrag, aber dieses Abkommen zur Rüstungskontrolle wurde in den USA nicht ratifiziert. Ende 1979 faßte die NATO den Nachrüstungsbeschluß. Die Sowjetarmee marschierte in Afghanistan ein.

Das neue Parteiprogramm Die 6. Tagung des ZK faßte den Beschluß, bis zum nächsten Parteitag das Parteiprogramm von 1963 zu überarbeiten. Eine Arbeitsgruppe unter meiner Leitung kam zu dem Schluß, daß eine bloße Überarbeitung nicht zweckmäßig wäre und legte nach Beratung mit Gesellschaftswissenschaftlern den Entwurf eines neuen Programms vor (2. 6. 1975). Die breite Darstellung der geschichtlichen Entwicklung seit dem

Beginn des 20. Jahrhunderts war nicht aufrechtzuerhalten. Gegen eine bloße Überarbeitung sprach vor allem, daß das gesamte Programm von 1963 auf eine gesamtdeutsche Mission der DDR orientierte und den Kampf für ein einheitliches, demokratisches, friedliebendes Deutschland in den Mittelpunkt rückte. So wurde eine Konföderation der beiden deutschen Staaten und die Umwandlung Westberlins in eine Freie Stadt vorgeschlagen. Seit der Errichtung der Mauer, dem Viermächte-Abkommen über Westberlin und vor allem seit der völkerrechtlichen Anerkennung der DDR und der Aufnahme beider deutscher Staaten in die UNO stand die Einheit Deutschlands vorerst nicht mehr auf der Tagesordnung, war »die deutsche Frage« nicht mehr offen, – so unsere Meinung. Sollte es jemals zur Einheit kommen, so nur unter dem Zeichen des Sozialismus. Jetzt ging es um die Aufrechterhaltung des Status quo, was im übrigen auch im Interesse aller europäischen Staaten lag.

Das Parteiprogramm mußte diesen Veränderungen Rechnung tragen. Daher wurde festgelegt, ein neues Programm auszuarbeiten, das kürzer und präziser sein sollte als das Programm von 1963.

Wir gingen davon aus, daß die Verwirklichung des Sozialismus einen langen Zeitraum erfordern würde und sprachen von der »Gestaltung« der entwickelten sozialistischen Gesellschaft als einem historischen Prozeß tiefgreifender politischer, ökonomischer, sozialer und geistig-kultureller Wandlungen. Diese Betonung des historischen Prozesses war richtig, aber alles hing davon ab, ob sich im täglichen Leben der Bürger eine Verbesserung der materiellen und kulturellen Lebensbedingungen vollziehen, ob sich die Entwicklungsmöglichkeiten des Einzelnen vergrößern und sein Leben inhaltsvoller werden würde. Es war doch nicht zu erwarten, daß alle bereit sein würden, auf bessere Zeiten zu warten.

Was die Staatsfrage anbelangt, so betonten wir, daß unser sozialistischer Staat eine Form der Herrschaft der Arbeiterklasse im Bunde mit den anderen Werktätigen (Diktatur des Proletariats) ist. Wir hielten es nicht für möglich, auf diese klassenmäßige Kennzeichnung des Staates zu verzichten und allgemein von einem

»Staat des Volkes« zu sprechen. Hier verkannten wir, daß der Begriff »Diktatur« die Assoziation von Gewalt hervorruft. Der Marxismus verbindet jedoch in seiner Staatstheorie den Begriff »Diktatur des Proletariats« nicht vorrangig mit Gewalt, sondern mit sozialistischer Demokratie, mit Mitwirkung der Werktätigen an der Bewältigung der wirtschaftlichen, wissenschaftlichen, sozialen und kulturellen Aufgaben sowie an der Landesverteidigung.

Das neue Parteiprogramm wurde auf dem IX. Parteitag der SED (1976) angenommen. Es war präziser als das Programm von 1963 und zeigte, welche Aufgaben und Ziele sich die SED für die letzten Jahrzehnte des 20. Jahrhunderts stellte. Die Orientierung auf einen langen Zeitraum für die Lösung der Aufgaben konnte natürlich die Mängel, die im täglichen Leben auftraten, nicht beseitigen. Trotz aller Fortschritte (z. B. im Wohnungsbau) wuchsen die Schwierigkeiten in der Wirtschaft (z. B. in der Ersatzteilversorgung für die Landwirtschaft), entstanden Lücken in der Versorgung, gab es zunehmenden Unmut über Bürokratismus und herzloses Verhalten von Partei- und Staatsorganen. Zwischen Theorie und Wirklichkeit begann sich eine Kluft zu entwickeln, die im Laufe der Jahre nicht überwunden werden konnte.

Der Fall Biermann Der Liedermacher und Sänger Wolf Biermann stellte 1976 den Antrag für eine Reise in die Bundesrepublik, um in Köln ein Konzert zu geben. Als er im Ministerium für Kultur seinen Paß abholte, ist er sicher, wie dies üblich war, ermahnt worden, die Pflichten als Staatsbürger einzuhalten und nichts gegen die DDR zu unternehmen. Er benutzte das Konzert, um äußerst kritische Lieder über die DDR und ihre Führung vorzutragen.

Das Konzert wurde durch das Westfernsehen übertragen. Das Ministerium für Staatssicherheit hatte einen Mitschnitt veranlaßt und übermittelte diesen dem Politbüro. Es kam zu erregten Äußerungen über die Haltung Biermanns und über das Ministerium für Kultur, das ihm die Erlaubnis zur Reise nach Köln gegeben hatte. In dieser emotionsgeladenen Atmosphäre tauchte der Gedanke auf,

Biermann auszubürgern. Ohne vorherige kollektive Beratung erhielt das Ministerium für Staatssicherheit von Erich Honecker den Auftrag, gemeinsam mit dem Ministerium des Inneren diese Ausbürgerung vorzunehmen. Wie sich der Minister für Kultur Hans-Joachim Hoffmann erinnert, erfuhren er und ich vom Vollzug dieser Maßnahme durch die »Aktuelle Kamera« auf der Rückfahrt von Gumlin, wo wir uns über den Stand der Arbeiten am Marx-Engels-Denkmal informiert hatten. Hoffmann erinnert sich: »Ich fuhr mit Kurt Hager wieder nach Berlin zurück, er war in einer verbitterten Stimmung und wollte keine politischen Aktivitäten einleiten.«[5]

Biermann war der Sohn eines Kommunisten, der in Auschwitz umkam. Margot Honecker hatte während der Nazizeit als Kurier einer illegalen Organisation Kontakt zu dem Vater Biermanns und dessen Familie. Sie nutzte diese Beziehungen, um mit Wolf Biermann zu diskutieren. Sie wollte ihn von einer oppositionellen Haltung zur DDR abhalten. Zu mir war er Mitte der 60er Jahre gekommen, um mir sein Gedicht »An die alten Genossen« vorzulesen. Wir hatten diskutiert, und ich versuchte ihn zu überzeugen, daß er eine Tätigkeit in einem Kulturhaus eines Betriebes aufnehmen sollte. Er blieb in Berlin und stand in enger Verbindung mit Robert Havemann. Seine Lieder wurden immer aggressiver; er haßte die DDR, wie sie war, und deren Führung. In Westdeutschland hatte er viele Freunde, die sich für ihn einsetzten. Das Konzert in Köln war von der Gewerkschaftsjugend der IG Metall und einer Gruppe von Gewerkschaftern und Sozialisten an der Ruhr-Universität Bochum organisiert worden. Vieles deutet darauf hin, daß die Organisatoren mit einem Eklat rechneten und erwarteten, daß sich Biermanns Programm in die antikommunistische Kampagne einordnen ließe.

Gegen die Ausbürgerung Biermanns protestierten sofort Stephan Hermlin, Christa Wolf und andere Schriftsteller. Sie erinnerten daran, daß unter dem Hitlerregime Antifaschisten ausgebürgert worden waren (dies trifft auch auf mich zu).

Offenbar fürchteten sie, daß Ausbürgerung nun üblich werden würde. Die Ausbürgerung wurde von Ernst Busch, Peter Hacks und anderen Schriftstellern und Künstlern bejaht.

Trotz jahrelanger Meinungsverschiedenheiten mit Biermann war vor dem Kölner Auftritt die Ausbürgerung nicht besprochen worden. Ich kann mir allerdings vorstellen, daß diese Idee im Ministerium für Staatssicherheit bestand. Der Protest Hermlins u. a. bestätigte, was wir selbst wußten, daß nämlich die Ausbürgerung voreilig und falsch war. Es war andererseits klar, daß der Beschluß nicht rückgängig gemacht werden konnte. Biermanns hemmungsloses Auftreten und seine oppositionelle Tätigkeit mußten über kurz oder lang zu politischen Auseinandersetzungen führen.

In der BRD wurden dem Liedermacher mehrere Literaturpreise verliehen. Er wurde des »Spiegels« liebstes Kind. So konnte er z. B. im »Spiegel« Nr. 39/1992 unter der Überschrift »a la lanterne! a la lanterne« Mordhetze betreiben. (»Ja, meine dunkle Dame. Sie haben richtig gelesen und gut verstanden. Nicht Lili Marleen: An der Laterne ... sondern Egon Krenz an die Laterne. Dies ist ein bescheidener Vorschlag zum Selbstmord und ein behutsam ausgewogenes Lob der Lynchjustiz.«) Ich habe mich nicht gewundert, daß die bundesdeutsche Staatsanwaltschaft gegen diese Mordhetze nicht vorging. Gewundert habe ich mich aber darüber, daß keiner von den Schriftstellern, die 1976 protestierten, sich mit dem Inhalt der Biermannschen »Dichtung« kritisch befaßt hat und gegen dessen Aufforderung zur Lynchjustiz Stellung nahm.

Vom Umgang miteinander In diesen »Erinnerungen« war die Rede vom »Formalismusstreit 1951«, der »Märzberatung 1963« und vom »11. Plenum des ZK 1965«, Ereignissen, die Gegensätze zwischen »Geist und Macht« offenbarten. Diese waren den Beziehungen zwischen SED und Kunstschaffenden nicht förderlich. Sie kennzeichnen jedoch keineswegs die kulturelle Entwicklung der DDR in ihrer Gesamtheit. Immer, in allen Jahrzehnten seit dem Ende des Krieges, waren Kunst und Dichtung präsent, fanden Premieren statt, Konzerte, Ausstellungen, erschienen Bücher, betätigten sich die Zirkel der Volkskunstschaffenden, die Puppenspieler und Liedermacher, kurz: gab es den kulturellen Alltag. Und weiter: Jeder objektive Beobachter wird feststellen, daß manche Premiere einzigartig war, manche Ausstellung einmalig, mancher Film oskarverdächtig, manche Diskussion wichtig. Ich schreibe keine Geschichte der DDR-Kultur, meine nur, daß bei aller Kritik am einzelnen die Proportionen eingehalten und die Gesamtheit der kulturellen Entwicklung in Betracht gezogen werden müssen.

Als Beispiel: 1976 erschienen u. a. Jurij Brezans »Krabat oder die Verwandlung der Welt«; Christa Wolfs »Kindheitsmuster«; 1977 Hermann Kants »Der Aufenthalt«; Erwin Strittmatters »Meine Freundin Tina Babe«; Maxie Wanders »Guten Morgen, du Schöne«; 1978 Günter de Bruyns »Märkische Forschungen«; Günter Görlichs »Eine Anzeige in der Zeitung«; 1979 Volker Brauns »Training des aufrechten Gangs«; Stephan Hermlins »Abendlicht«; Ulrich Plenzdorfs »Legende vom Glück ohne Ende« und eine Vielzahl weiterer Werke.

So selbstverständlich wie der »kulturelle Alltag« waren auch die Diskussionen über literarische und künstlerische Probleme, bei denen es nicht selten zu keiner Einigung kam. Manche Schriftsteller und Künstler betrachteten es als Aufgabe der Kunst, besonders des Theaters, alles in Frage zu stellen, kritische Positionen einzunehmen, Unzulänglichkeiten und Widersprüche des Sozialismus aufzudecken und darzustellen, vor allem den Blick auf das Kritikwürdige zu richten. Einige meinten, alles besser machen zu können. Entweder war ihnen das Tempo der Entwicklung des Sozialismus zu langsam, weil sie möglichst sofort einen vollkommenen, harmonischen Sozialismus wollten, oder sie dachten, der richtige Weg wäre es, vom Sozialismus das Soziale zu nehmen und es mit dem Konsum und der »Demokratie« des Kapitalismus zu verbinden. Nicht selten waren es vage utopische Vorstellungen von einem Sozialismus, der sich ohne die störenden Einwirkungen des kalten Krieges entwickeln sollte.

So forderte Stefan Heym bei Auftritten im Westfernsehen die Beseitigung der Mauer und einen »menschlichen« Sozialismus in der DDR. Während die erste Forderung angesichts des anhaltenden kalten Krieges irreal war, verstärkte die zweite die Abneigung gegen Heym in Kreisen der Parteiführung. Offenkundig wollte Heym nicht anerkennen, daß unsere Friedenspolitik und die sozialistischen Maßnahmen – wie das Wohnungsbauprogramm – menschlich waren. Sie dienten dem Wohl des Volkes. Wir fragten uns, was der politisch erfahrene Heym mit seinen Forderungen bezwecken wollte.

Obwohl ich politische Auseinandersetzungen für normal halte, bin ich heute der Meinung, daß Eingriffe in das künstlerische und literarische Schaffen nur zulässig sind, wenn es sich um Werke handelt, die gegen den Frieden, gegen Völkerverständigung und gegen elementare Menschenrechte gerichtet sind. In unserer kulturpolitischen Praxis hat es Eingriffe gegeben, die von Schriftstellern und Künstlern als Einengung und Bevormundung ihres Schaffens, als Gängelei und Besserwisserei empfunden werden mußten. In dieser Hinsicht habe ich Fehler gemacht, die ich bedauere.

Um ein Beispiel zu nennen: In den heftigen Diskussionen um den »Hinze-Kunze-Roman« von Volker Braun habe ich mich auf die Seite der Kritiker gestellt, die vor allem in der Figur des Kunze eine Herabwürdigung der Leiter sahen. Ich sprach mit dem Stellvertretenden Minister für Kultur und Leiter des Verlagswesens, Klaus Höpcke, der die Druckgenehmigung für dieses Buch erteilt und in der »Weltbühne« zwei lobende Artikel veröffentlicht hatte darüber, daß die weitere Auslieferung des Bandes an den Buchhandel eingestellt wird. Mir lag ein Schreiben des Rektors der Parteihochschule an Erich Honecker vor. Darin wurden entschiedene Maßnahmen gegen diese Veröffentlichung gefordert. Da das Buch bereits im Buchhandel war, beschränkten sich »die Maßnahmen« auf die Forderung, es in »Sinn und Form« und in »Weimarer Beiträge« einer gründlichen Kritik zu unterziehen.

Bei der Auflösung des Amtes für Literatur und Verlagswesen in den 50er Jahren sind in das Ministerium für Kultur die Zensurbestimmungen der Sowjetischen Militäradministration Deutschlands übernommen worden. Nur: Man sprach nicht von Zensur, sondern von der Druckgenehmigung, ohne die kein Buch erscheinen konnte. In 99 von 100 Fällen konnte diese Druckgenehmigung durch die Hauptverwaltung erteilt werden. Es blieben aber immer wieder Manuskripte zurück, die politisch fragwürdige Aussagen enthielten. Wenn die Hauptverwaltung noch Bedenken hatte, kam deren Leiter zu mir und erwartete meine Entscheidung. So kam es z.B. zur Streichung von Textpassagen in Christa Wolfs »Kassandra«, weil diese die Forderung nach einseitiger Abrüstung der DDR enthielten, was unserer Politik widersprach. Die wenigen Fälle, über die im Ministerium oder letztlich im ZK der SED (d.h. durch mich) entschieden wurde, haben immer Staub aufgewirbelt, weil sie das Vorhandensein einer Zensur offenbarten. Nachdem die Schriftsteller Christoph Hein und Günter de Bruyn auf dem Schriftstellerkongreß 1987 die Abschaffung dieser Druckgenehmigungspraxis gefordert hatten, machte Klaus Höpcke den Vorschlag, die zentrale Druckgenehmigung aufzuheben und den Verlegern die volle Verantwortung für die Herausgabe der Bücher zu übertragen. So wurde auch 1987/1988 verfahren – allerdings ohne einen Beschluß des Politbüros und Ministerrats. Wir meinten, daß es richtig wäre, das neue Verfahren ohne großes Aufsehen zu erproben und festzustellen, ob Autoren und Verleger diese Abkehr von zentralen Entscheidungen richtig handhaben würden.

Eingriffe in das Schaffen von Schriftstellern gab es auch von außen. So hatte ich die unangenehme Aufgabe, Erwin Strittmatter zu überzeugen, daß die in Band 3 des »Wundertäter« enthaltene Schilderung einer Vergewaltigung durch Soldaten der Sowjetarmee nicht zweckmäßig wäre. Wir hatten entsprechende Hinweise aus der sowjetischen Botschaft erhalten, die wir nicht unbeachtet lassen konnten. Strittmatter hat über unsere Diskussion in seinen Aufzeichnungen »Die Lage in den Lüften« berichtet und dabei berechtigte Kritik an meiner hinhaltenden Praxis geübt. Ein Einspruch des Botschafters der UdSSR, Abrassimow, der sich manchmal wie ein Gouverneur verhielt, betraf auch den Roman »Tod am Meer« von Werner Heiduczek und den Film »Ursula« von Egon Günther. Letzterer verfiel wegen der allzu lockeren Szenen der Kritik.

Ich mußte auch Volker Braun mitteilen, daß eine Aufführung seiner Werke »Lenins Tod« und »Guevara oder der Sonnenstaat« nicht möglich ist, da im ersten Stück Lenin, Stalin und Trotzki gemeinsam auftreten, was gegen die politischen Sitten war, und gegen das zweite die kubanischen Freunde Bedenken äußerten. Diese Interventionen erfolgten in den 70er Jahren. Sie waren natürlich für die betroffenen Autoren unerträglich. Diese hatten oft jahrelang an einem Buch oder Theaterstück gearbeitet und waren begierig, es gedruckt oder aufgeführt zu sehen. Statt dessen gab es Bedenken, und die Kritiker erhofften alle eine Entscheidung von mir. Aber ich hatte viele Verpflichtungen, und so verlängerte sich die Wartezeit, wie es Strittmatter beschreibt. Das ganze Verfahren war verkehrt; ich hätte mich nie darauf einlassen sollen, ein Teil der »Zensur« zu sein.

Meine Funktion brachte es mit sich, daß ich mit vielen Künstlern und Wissenschaftlern zusammentraf. Es gab viele vertrauensvolle persönliche Gespräche, aber natürlich auch viele »dienstliche« Debatten über die Arbeit der Verbände, über wissenschaftliche Vorhaben oder Personalfragen.

Es gab Begegnungen, die wenig erfreulich waren. So führte ich im November 1979 im Beisein von Erika Hinkel ein langes Gespräch mit Günter Kunert und seiner Frau. Er hatte ein langfristiges Visum für die Bundesrepublik beantragt, wollte aber Bürger der DDR bleiben. Als Begründung für seinen Entschluß nannte er eine Kontroverse mit dem Literaturwissenschaftler Hans Koch, der in einem Artikel ein Gedicht Kunerts falsch interpretiert habe. Als Kunert darauf antworten wollte, verweigerte die Wochenzeitung »Sonntag« den Abdruck. Der Entschluß Kunerts hing wohl auch mit den Auseinandersetzungen im Berliner Schriftstellerverband um das Statut zusammen, in deren Verlauf neun Mitglieder ausgeschlossen wurden. Es gelang mir nicht, Kunert von seinem Entschluß abzubringen, die DDR zu verlassen.

Auf ihren Wunsch hatte ich Ende Januar 1980 ein Gespräch mit den Schauspielern Hilmar Thate und Angelika Domröse. Ich hatte kurz zuvor Thate am Deutschen Theater als Richard in Shakespeares »Richard III.« erlebt. Er hatte mich durch die leidenschaftliche Gestaltung dieser Rolle beeindruckt. Nun kam er, um mir zu sagen, daß Angelika Domröse und er in die BRD ausreisen möchten. Er könne nicht länger in diesem Land leben, er ersticke hier. Angelika Domröse schien hin und her gerissen zu sein, wohl wegen ihrer familiären Bindungen und auch, weil sie sich über mangelnde Angebote in Theater, Film und Fernsehen nicht beklagen konnte.

Ich redete beiden zu, in der DDR zu bleiben. Aber als sie darauf beharrten auszureisen, versprach ich, mich für die Erteilung eines 3-Jahresvisums einzusetzen. Der Weggang dieser beliebten Schauspieler war ein Verlust für unser Theater. Ich war betroffen von der unversöhnlichen Haltung Thates, er wollte unbedingt weg. Was diesem Entschluß zugrunde lag, welche Einschränkungen oder Demütigungen er erfahren hatte, konnte ich nicht erkennen. War das Klima am Deutschen Theater oder im Lande tatsächlich so unerträglich? Und warum?

In den 70er und 80er Jahren nahm der »Kulturexport« der DDR besonders in die Bundesrepublik stark zu. Dies beruhte zum einen auf dem mit der Bundesrepublik abgeschlossenen Kulturabkommen, das die gegenseitigen Aktivitäten genau festlegte, zum anderen auf kommerziellen Vereinbarungen unserer Künstleragentur mit westlichen Agenturen. Die Künstleragentur legte dem Ministerium für Kultur Listen vor, auf denen Ort und Termin der von den Künstlern vorgesehenen Konzerte, Vorträge, Inszenierungen usw. verzeichnet waren. Das Ministerium wiederum legte mir wöchentlich diese Liste vor, da ich als Sekretär des ZK das Recht hatte, die Genehmigung für die Auftritte der Künstler in der Bundesrepublik oder in Westberlin zu erteilen. Auf diese Weise konnten im Lauf der Zeit Tausende Künstler einzeln oder als Mitglieder von Ensembles am Kulturexport nach dem Westen teilnehmen. In dieser Hinsicht erfüllten wir das KSZE-Abkommen von Helsinki.

Zahlreiche Künstler und Schriftsteller stellten den Antrag, für drei Jahre die Genehmigung zu einem Aufenthalt in der BRD oder einem anderen Land in Westeuropa zu erhalten. Obwohl mancher Antrag egoistischen Motiven entsprang, habe ich die Anträge gegenüber dem Ministerium des Innern immer befürwortet. Ich vertrat die Meinung, ein Künstler oder Schriftsteller müsse die Möglichkeit haben, wenn er nicht im Provinzialismus ersticken wolle, seinen Gesichtskreis zu erweitern und die Welt kennen zu lernen. Diese Praxis der Reisegenehmigungen stieß bei einigen Kollegen aus dem Politbüro auf Widerspruch, weil damit den Künstlern, wie es hieß, ungerechtfertigte Privilegien gewährt würden. Trotz mancher Enttäuschung über den Mißbrauch hielt ich in Übereinstimmung mit dem Ministerium für Kultur die Erteilung der 3jährigen Auslandsvisa aufrecht. Die anderen mir zugeordneten Ministerien für Volksbildung, Wissenschaft und Hochschulwesen, Gesundheitswesen waren, schon aus Mangel an Devisen, weniger bereit, Reisen in die Bundesrepublik zu genehmigen.

Als Sekretär des ZK, der auch für den kulturellen Bereich zuständig war, muß ich die Verantwortung für alles übernehmen, was die Kulturpolitik der SED betrifft, für Gelungenes wie Verwerfliches. Dies kann allerdings nicht heißen, daß ich an allen negativen Vorgängen beteiligt war, wie Ende 1989 »Neues Deutschland« behauptete, wo es wider besseres Wissen hieß, ich hätte »reihenweise Bücher, Theaterstücke, Filme« verboten. Ich war seit 1963 verantwortlich für die Anleitung der Abteilung Kultur des ZK und des Ministeriums für Kultur. Zu deren Arbeitsbereich gehörten weder das Fernsehen noch Rundfunk und Presse. Diese »unterstanden« dem Sekretär für Agitation und Propaganda und der entsprechenden Abteilung sowie den Staatlichen Komitees für Fernsehen und für Rundfunk.

Zwar war auf dem 6. Plenum des ZK das Referat über Kulturpolitik einstimmig und damit für alle verbindlich beschlossen worden, doch die Kulturpolitik wurde von vielen Instanzen und auf verschiedenen Ebenen ausgeführt. Dabei gab es oft unterschiedliche Entscheidungen. In den Bezirken bestimmten die Bezirkssekretäre, die nicht selten eigene Wege gingen. FDGB, FDJ und andere Massenorganisationen sowie die Blockparteien entwickelten eigene Initiativen. Die vom Politbüro berufene Kulturkommission vereinte unter meiner Leitung zwar Vertreter aller Organisationen und Institutionen, die mit Fragen der Kultur zu tun hatten. Sie tagte jedoch nur drei- bis viermal im Jahr, um Berichte entgegenzunehmen. Ein Weisungsrecht hatte sie nicht. Im Großen und Ganzen herrschte auf dem Gebiet der Kultur ein ziemliches Durcheinander. Erwin Strittmatter äußerte sich drastischer: »Tatsächlich haben wir keine Kulturpolitik, sondern eine Kulturpfuscherei. Alle beteiligen sich daran (aber jeder für sich: die Propaganda-Abteilung, die Bezirks-Sekretäre jeweils, die Staatssicherheit, die sowjetische Botschaft und zuletzt die Kulturabteilung des Zentralkomitees)«.[6]

Un Sueño (ein Traum) Als Mitglied des Politbüros war ich oft im Ausland – sei es, um Solidarität zu bekunden, um die diplomatische Anerkennung zu befördern oder aus anderen Gründen.

Zwei Reisen führten nach Kuba. 1978 nahm ich an den Feierlichkeiten zum Jahrestag der Erstürmung der Moncada teil. In Santiago de Cuba erlebten wir das riesige Meeting, auf dem Fidel Castro in glühender Hitze mehrere Stunden sprach. Wir besuchten die Stätten, von denen der Widerstand gegen die Batista-Herrschaft ausgegangen war. Auf der Finca, wo sich der Stab der Revolutionäre befand, begegnete ich Santiago Carillo, den ich viele Jahre nicht gesehen hatte. Seine ersten Worte waren: »Du bist aber dick geworden«. Ich traf mit Blas Roca und anderen ehemaligen kubanischen Kommunisten zusammen, die nun mit Fidel Castro zusammenarbeiteten. Unter den ausländischen Gästen waren Luis Corvalan und ein Genosse aus Paraquay, der später in seinem Land gefoltert und umgebracht wurde. Meinen Geburtstag feierte ich in Havanna. Die Mitarbeiter der Botschaft schenkten mir eine Machete, und wir feierten mit Deiquieris. Ich war so überwältigt von der Schönheit Kubas und der Gastfreundschaft, daß ich am liebsten einige Wochen dort geblieben wäre. Ich träumte davon, wie schön es wäre, auf einem Maultier durchs Land zu reiten und an nichts als die herrliche Natur zu denken. Natürlich wurde nichts aus dem Traum – außer einem kleinen Gemälde, das mir in Berlin eine spanische Malerin schenkte und das sie »Un Sueňo« nannte.

Die zweite Kubareise fand Weihnachten 1985 statt. Ich hatte mich bereit erklärt, zur Inbetriebnahme einer von der DDR errichteten Brauerei nach Kuba zu reisen. Die Teilnahme einer DDR-Delegation war der Wunsch Fidel Castros gewesen. Die Brauerei »Tinima« befindet sich in der Provinz Camagüey. Gemeinsam mit Fidel besichtigten wir die moderne Anlage. Auf dem anschließenden Meeting hielt ich eine Rede in spanischer Sprache. Zwischendurch fragte ich »Me Comprenden?« und war beruhigt, als mir ein lautes »Si Si« antwortete. Castro sprach wie immer frei und variierte das Thema »Bier«. Es ist gesund, aber man darf nicht zu viel auf einmal davon trinken. Nach dem Meeting hielt Fidel eine Beratung mit Ärzten ab, so daß unser Gespräch über die weitere Zusammenarbeit erst um Mitternacht stattfand. Die kubanischen Freunde wünschten, daß die DDR noch weitere Brauereien baue, um den Verbrauch an Rum zu begrenzen oder auch, um den Rum-Export steigern zu können. Castro liebte Gespräche zu später Stunde. Schon bei meinem ersten Besuch hatte er mich kurz vor 24 Uhr zu einem mehrstündigen Gespräch holen lassen. In Havanna besichtigten wir den historischen Stadtkern und aßen im Restaurant »La Bodeguita del Medio« zu Mittag, wo sich Ernest Hemingway und andere berühmte Leute durch ihren Namenszug verewigt haben.

Einen großen Eindruck machte auf mich Pater Ernesto Cardenal. Der bekannte Dichter war Minister für Kultur der Regierung der nationalen Erneuerung der Republik Nikaragua. Bei unserem Gespräch am 13. April 1982 fragte ich ihn, weshalb er sich als katholischer Priester der revolutionären Bewegung unter Führung der Sandinisten angeschlossen habe. Lange Zeit habe er geglaubt, mit seiner Tätigkeit als Priester und als Schriftsteller einen Beitrag im Kampf gegen die Samozadiktatur zu leisten. Aber er habe erkennen müssen, daß die Überwindung dieser barbarischen Diktatur den bewaffneten Kampf erfordere. Und heute, wo der Aufbau einer neuen Gesellschaft durch die Contras bedroht werde, sei er noch überzeugter, daß er mit Feder und Gewehr kämpfen müsse. Wieso er als Katholik mit linken Revolutionären, darunter mit Marxisten zusammenarbeite? Weil er in Lateinamerika zwischen den Lehren einer dem Volk verbundenen Kirche und dem Marxismus keine tiefgreifenden Unterschiede erkenne. Die Bauern wollten als gläubige Menschen Gerechtigkeit und ein besseres Leben. Die Marxisten wollten das Gleiche. Cardenal hat sich später von den Sandinisten getrennt.

Ich habe viele Persönlichkeiten der kommunistischen und Arbeiterbewegung sowie der nationalen Befreiungsbewegungen kennengelernt. Es waren Begegnungen, die im Zeichen der Freundschaft und der Solidarität standen, so wie ich mir die Verständigung von Völkern, von Menschen verschiedener Weltanschauung, Religion und Rasse stets vorgestellt hatte.

Anmerkungen

1 In: Vorwärts v. 10. 1. 1974
2 In: Die Welt v. 28. 10. 1972
3 In: Beiträge zur Kulturpolitik. Berlin 1981
4 In: Sozialreport 90, S. 255
5 Biermann und kein Ende. Berlin 1991, S. 130
6 Erwin Strittmatter, Die Lage in den Lüften. Berlin 1990

6. Kapitel 1981 bis 1988

Der NATO-Doppelbeschluß ■ Unruhe beim Nachbarn ■ Unheil in Afghanistan ■ Eine Ehrung ■ Beratungen ■ Konrad Wolf ■ Wechsel in Bonn ■ Schadensbegrenzung ■ Anna Seghers ■ Merkwürdige Begegnung ■ Zerstörung des Gleichgewichts ■ Michael Gorbatschow ■ Der XXVII. Parteitag der KPdSU ■ Gorbis Revolution von oben ■ Neues Denken ■ Das »Stern«-Interview ■ Das »Streitpapier« ■ Das »Sputnik«-Verbot ■ Signale

Der NATO-Doppelbeschluß Seit dem Treffen Kennedys und Chrustschows in Wien (1961) galt zwischen den USA und der Sowjetunion die Existenz zweier deutscher Staaten als eine Garantie für die Sicherheit Europas. Keine Seite war bereit, diesen Zustand zu ändern. Der Status quo lag im Interesse beider Großmächte. Ende der 70er Jahre verstärkten sich allerdings die Aktivitäten jener Kreise, die sich der Entspannung entgegenstellten. Zu ihnen gehörte in den USA Zbignew Brzezinski, der Sicherheitsberater des ehemaligen Präsidenten Carter. Diese Aktivitäten zielten insbesondere auf die Schürung nationalistischer und antisozialistischer Tendenzen in den sozialistischen Ländern. Forderungen nach Liberalisierung des öffentlichen Lebens sollten das Verhältnis zwischen Regierten und Regierenden erschweren.

Um diesen Tendenzen entgegenzuwirken und weil er einen Konflikt mit China fürchtete, entschloß sich Breshnew zu einer Maßnahme, die den Westen von unüberlegten Handlungen abhalten sollte. Auf dem Territorium der Sowjetunion wurden gegen Westeuropa, im besonderen gegen die Bundesrepublik gerichtete Mittelstreckenraketen vom Typ SS 20 stationiert. Die NATO fühlte sich bedroht. Auf Vorschlag von Bundeskanzler Helmut Schmidt antwortete sie im Herbst 1979 mit dem Brüsseler Doppelbeschluß. Dieser sah vor, bis 1983 durch Verhandlungen zu erreichen, daß die Sowjetunion ihre Raketen wieder abbaut. Wenn dies nicht geschah, sollten in einigen NATO-Staaten, darunter auch in der Bundesrepublik, gegen Osten gerichtete moderne amerikanische Mittelstreckenraketen (Pershing II und Cruise Missiles) stationiert werden. Die Frühjahrstagung der NATO-Außenminister 1980 erklärte jedoch im Unterschied zu diesem Beschluß, daß die Stationierung der amerikanischen Raketen in Westeuropa auf jeden Fall erfolgen werde. Wie der ehemalige Staatssekretär im Verteidigungsministerium der BRD, Rühl, und der frühere Leiter des dortigen Planungsstabes, Stützle, am 2. November 1993 vor der Enquetekommission des Bundestages erklärten, sei der Beschluß aus der Sicht der NATO notwendig gewesen, um deren Strategie der »flexiblen Antwort« zu retten.

Breshnew, der mit einer Partei- und Regierungsdelegation an der Festveranstaltung in Berlin zum 30. Jahrestag der DDR teilnahm, machte in seiner Rede den Vorschlag, die in den westlichen Gebieten der Sowjetunion stationierte Anzahl der Kernwaffenträger mittlerer Reichweite zu reduzieren, unter der Bedingung, daß die NATO-Staaten ihre Absicht aufgeben, in Westeuropa neue nukleare Mittelstreckenraketen zu stationieren. Außerdem teilte er den Beschluß der UdSSR mit, im Einvernehmen mit den anderen Staaten des Warschauer Pakts in den nächsten 12 Monaten die Truppen in Mitteleuropa einseitig zu reduzieren.

Zwischen DDR und BRD waren auf Grund des von Helmut Schmidt vorgeschlagenen Doppelbeschlusses die Beziehungen auf einem Tiefpunkt. Nach der Wiederwahl Schmidts (5. Oktober 1980) wurde am 9. Oktober der Zwangsumtausch erhöht. Am 13. Oktober hielt Erich Honecker in Gera eine Rede, in welcher er vier Forderungen an die BRD stellte: die Anerkennung der Staatsbürgerschaft der DDR, die Umwandlung der Ständigen Vertretung in eine Botschaft, die Auflösung der zentralen Erfassungsstelle in Salzgitter und die Festlegung der Grenzlinie zwischen Schnakenburg und Gesthacht in der Elbmitte. Keine dieser Forderungen wurde bis zum Ende der DDR verwirklicht.

Unruhe beim Nachbarn Mit großer Sorge erfüllten uns die Ereignisse in Polen. Im Sommer 1980 entwickelte sich in Danzig, Stettin und anderen Küstenstädten eine Streikbewegung mit Betriebsbesetzungen. Aus diesen Streiks ging unter Führung des Elektrikers an der Danziger Werft, Lech Walesa, die unabhängige Gewerkschaftsbewegung »Solidarnosc« hervor, die sich rasch ausbreitete und auch in anderen Teilen Polens Fuß faßte. »Da rollte eine unorganisierte, riesige Welle durch das Land, die Leute mit verschiedenen, manchmal sehr radikalen Ansichten blitzartig vereinigt hatte. Ihr Machtanspruch äußerte sich dermaßen aggressiv, daß er eine Gegenaktion des ganzen Staatsapparates auslöste« – so schreibt W. Jaruzelski in einem Rückblick.

Die Streikenden stellten nicht nur ökonomische, sondern auch politische Forderungen. Sie verlangten das Streikrecht, die Abschaffung der Zensur, die Freilassung von politischen Gefangenen. Die polnische Regierung war genötigt, mit ihnen ein Abkommen abzuschließen (Danziger Abkommen vom 30. 8. 1980). Ende November erfolgte die Anerkennung der Solidarnosc durch das Oberste Gericht der Volksrepublik Polen.

Nach der Ablösung Giereks (am 5. September) war Stanislaw Kania Erster Sekretär der PVAP geworden. Wir befürchteten eine Ausbreitung der Unruhen und den Ausbruch des Bürgerkriegs. Es war zweifelhaft, ob Kania in dieser Situation der geeignete Mann war. Zudem zeigten sich rasch Auswirkungen der Unruhen im Rückgang des Warenverkehrs zwischen Polen und der DDR. Obwohl wir Züge bereit stellten, konnten 1980 rund 1,1 Millionen Tonnen Steinkohle und 90 000 Tonnen Koks durch Polen nicht geliefert werden, was uns nötigte – natürlich außerplanmäßig – gegen harte Devisen Kohle aus dem Saargebiet zu importieren.

Zu den ökonomischen Folgen der Ereignisse kamen die ideologischen Auswirkungen. Das westdeutsche Fernsehen schickte sofort seine Reporter in die Zentren der Streikbewegung. Tagaus, tagein wurden die Forderungen und Konzepte von »Solidarnosc« aus allen Ecken und Enden Polens in deutscher Sprache durch Fernsehen und Rundfunk verbreitet. Gegenmaßnahmen waren unmöglich und wären auch wirkungslos geblieben.

Wenn auch die Forderungen der Streikenden nicht einfach übertragbar waren, so hat doch das Beispiel »Solidarnosc« bei den Unzufriedenen in der DDR Hoffnungen geweckt.

Die Sowjetunion und die anderen Teilnehmer des Warschauer Pakts beobachteten die Situation in Polen genau. In Moskau war – wie man heute weiß – ein Krisenstab gebildet worden (der sogenannte »Polnische Klub«), dem Andropow, Gorbatschow, Gromyko, Russakow, Suslow und Ustinow angehörten. Am 5. Dezember

1980 trafen sich die Ersten Sekretäre in Moskau. Sie lehnten eine Intervention in Polen ab, forderten aber von Kania ein entschiedenes Vorgehen gegen »Solidarnosc«. Für die Behauptung des Historikers Wilke, die DDR habe einen Einmarsch befürwortet, gibt es keinen Beweis. Weder im Politbüro der SED noch im Nationalen Verteidigungsrat wurde ein solcher Gedanke erwogen. Dies kann ich als Mitglied beider Gremien bezeugen.

Seit Februar 1981 war Jaruzelski Ministerpräsident, im Oktober wurde er als Nachfolger Kanias Erster Sekretär der PVAP. Etwa um diese Zeit fand in Hubertusstock, dem Jagdhaus des Staatsrats, ein Treffen des Politbüros mit Jaruzelski statt. Niemand sprach auf diesem Treffen von einer militärischen Intervention. Im Gegenteil. Jaruzelski versicherte, daß die PVAP zusammen mit ihren Verbündeten in der Lage sei, die herrschende Anarchie zu überwinden und die Ordnung wiederherzustellen. Wir versprachen, zur Lösung der ökonomischen Probleme beizutragen und die Zusammenarbeit auf den verschiedensten Gebieten zu entwickeln.

Am 13. Dezember 1981 verhängte Jaruzelski das Kriegsrecht, das bis zum Juli 1983 dauerte. Mit diesem Schritt nahm er eine schwere, aber notwendige Entscheidung auf sich. Er mußte dabei zwei Möglichkeiten berücksichtigen. Erstens, daß Breshnew und der »Polnische Klub« die Geduld verlieren und mit Unterstützung bestimmter »Betonköpfe« in der polnischen Armee eine Intervention beginnen. Zweitens konnte er die Aktionen der NATO nicht außer acht lassen. Sie hatte in ihrem Manöver »Autum Forge« den Einsatz taktischer Atomwaffen gegen die DDR und gegen Polen geübt. In einem anderen Manöver wurde die Verlegung amerikanischer Truppen in das baltische Operationsgebiet geprobt. Ein blutiger Konflikt in Polen hätte sich zu einem Zusammenstoß mit der NATO, zu einem europäischen Krieg ausweiten können. Unter diesen Umständen war das Kriegsrecht das kleinere Übel.

Unheil in Afghanistan Ein weiterer Krisenherd entstand durch den Einmarsch der Sowjetarmee in Afghanistan während der Weihnachtstage 1979. Er erfolgte nach Hilferufen des Regierungschefs Hafisula Amin, der gemeinsam mit Taraki nach der Revolution vom 27. April 1978 die Macht ausübte. Amin wurde am Beginn des Einmarsches unter mysteriösen Umständen getötet. Ihm folgte als Generalsekretär der Volksdemokratischen Partei der aus der Emigration in Moskau zurückgekehrte Babral Karmal.

Der Entschluß, in Afghanistan einzugreifen, soll nicht vom Politbüro des ZK der KPdSU, sondern nur von Breshnew, Andropow und Gromyko gefaßt worden sein. Als Grund wurden die Auseinandersetzungen zwischen verschiedenen Fraktionen der Volksdemokratischen Partei genannt. Eine entscheidende Rolle spielte wahrscheinlich die Befürchtung, daß sich die USA nach dem Verlust ihrer Position im Iran durch den Sturz des Schahs, in Afghanistan festsetzen würden. Damit könnte die Sowjetunion dieses Nachbarland als Einflußsphäre verlieren und an dieser Grenze einer ständigen Bedrohung ausgesetzt sein.

Nach dem Einmarsch wurden die sowjetischen Streitkräfte in den Stammeskrieg der Afghanen verwickelt. Der Krieg führte zu hohen Verlusten an Toten und Verwundeten, zu Erscheinungen des moralischen Verfalls, Disziplinlosigkeit, Alkoholismus, Anwendung von Rauschgift und Kriminalität. Er untergrub das internationale Ansehen der Sowjetunion und das Ansehen ihrer Armee. Die UNO-Vollversammlung verurteilte die sowjetische Intervention am 14. Januar 1980 mit überwältigender Mehrheit.

Als Gorbatschow 1985 Generalsekretär der KPdSU wurde, setzte er zunächst den Krieg fort. Er drohte damit, die sowjetischen Streitkräfte auf eine halbe Million zu erhöhen, um ein Ende des Krieges zu erzwingen. Schließlich mußte er den Rückzug der geschlagenen Truppen anordnen, da sich dieser Krieg immer mehr als eine militärische, politische und finanzielle Katastrophe erwies. Er kostete Milliarden Dollar. Schließlich wurde nach 9jähriger Dauer dieses Abenteuers am 14. April 1987 in Genf ein Abkommen über den Abzug der Truppen aus Afghanistan unterzeichnet, das Anfang 1989 verwirklicht wurde.

Ich bin überzeugt, daß der Afghanistan-Krieg einen entscheidenden Anteil an der Schwächung und dem Zerfall der Sowjetunion hatte.

Eine Ehrung Ende Januar 1980 erhielt ich aus Moskau einen Brief, der vom Präsidenten der Akademie der Wissenschaften der UdSSR, Prof. Alexandrow und vom Vizepräsidenten Prof. Fedossejew unterzeichnet war. Er enthielt die Mitteilung, daß mir die Karl-Marx-Medaille in Gold für 1979 verliehen wurde und die Überreichung auf der Vollversammlung der Akademie am 4. März erfolgen werde. Dies war eine Ehrung, die ich nicht erwartet hatte; umso größer waren Überraschung und Freude.

Vor mir hatten Suslow und Jaques Duclos diese Auszeichnung erhalten; mit mir gemeinsam bekam sie der Historiker Shukow. Als Begründung für die Verleihung der Medaille wurde mein Beitrag zur marxistisch-leninistischen Theorie und zu aktuellen Fragen der Gesellschaftswissenschaften angegeben. Neben meinen Publikationen wurde die Mitarbeit an der »Geschichte der deutschen Arbeiterbewegung« und an der »Geschichte der SED« gewürdigt. Am 4. März erfolgte die Übergabe der Auszeichnung. Prof. Fedossejew hielt die Laudatio. Mein Vortrag befaßte sich mit dem Thema »Die Philosophie im ideologischen Kampf der Gegenwart«. Er wurde mit Beifall aufgenommen. Alexandrow gab ein Essen, an dem Fedossejew, Martschuk und andere Akademiker teilnahmen.

Martschuk hatte ich beim Besuch von Akademgorodok, der sibirischen Zweigstelle der Akademie, kennengelernt. Dieses Wissenschaftszentrum, das sich als unabhängig von Moskau betrachtete, befaßte sich hauptsächlich mit der Erschließung der Rohstoffe und der Modernisierung der Industrie Sibiriens.

Jury Martschuk lud mich zum Mittagessen in seine Wohnung ein, wo ich seine Frau kennenlernte. Das Essen war hervorragend. Dazu gab es sibirischen Wodka, dessen Besonderheit – vielleicht war es auch nur ein eigenes Rezept des Gastgebers – aus der Beimischung eines gelben Saftes aus Kiefernnadeln bestand. Das kräftige Getränk trug zur guten Stimmung bei. Schade war nur, daß ich zwar einigermaßen russisch verstand, aber die Sprache nicht beherrschte. So verständigten wir uns auf englisch.

Martschuk und seine Kollegen wollten uns die schöne Umgebung von Akademgorodog zeigen und veranstalteten am nächsten Tag ein Picknick. Der Sommertag, das Lager am Ufer des Sees, die Ungezwungenheit der Diskussion, alles trug dazu bei, daß wir uns wohl fühlten. Als wir auf das Boot zurückgingen, sprang D., der als Mitarbeiter des MFS (Personenschutz) zu unserer Delegation gehörte, plötzlich ins Wasser, um etwas zu holen, das wir an Land vergessen hatten. Er sprang in flaches Wasser und brach sich die Wirbelsäule. Unser Arzt konnte nichts für ihn tun. Die sowjetischen Freunde brachten ihn sofort ins Krankenhaus nach Nowosibirsk, wo er dann wochenlang behandelt wurde. Aber D. blieb querschnittsgelähmt.

Beratungen Zwischen den kommunistischen und Arbeiterparteien der sozialistischen Länder bestanden vielfältige Beziehungen. So fanden Beratungen zwischen den jeweiligen Sekretären für Wirtschaft, für Organisationsfragen oder für Landwirtschaft statt. Die Sekretäre für internationale und ideologische Fragen tagten viele Jahre gemeinsam. Das brachte es mit sich, daß im Mittelpunkt dieser Zusammenkünfte die Fragen der Außenpolitik, vor allem des Ringens um Frieden, Abrüstung und Entspannung standen, während Probleme der Innenpolitik der einzelnen Länder, Erfahrungen des sozialistischen Aufbaus kaum eine Rolle spielten, obwohl die SED und die Rumänische KP immer wieder auf die Notwendigkeit hinwiesen, auch zu diesen Fragen einen Meinungs- und Erfahrungsaustausch zu führen. Erst ab 1987 kam es zu getrennten Sitzungen und zu einer Aussprache der Ideologiesekretäre über innenpolitische Probleme.

Eine turnusmäßige Beratung fand Anfang November 1981 in Moskau statt: Wie üblich gab jede Delegation einen Bericht über die Außenpolitik ihres Landes und die damit verbundene ideologische und propagandistische Tätigkeit. Es waren Monologe; eine Diskussion fand nicht statt. Anfragen wurden nicht gestellt. Nur um das Abschlußkommuniqué und die sog. Protokollniederschrift, die konkrete Vereinbarungen enthielten, gab es ein zähes Ringen – oder besser Feilschen – um jedes Wort, besonders mit der rumänischen Delegation.

Am letzten Tag der Beratung fand ein Empfang durch Leonid Breshnew im Kreml statt. Er ging in einer Ansprache auf die Notwendigkeit eines stabilen Friedens ein. Die Politik des Friedens und der internationalen Zusammenarbeit werde über die imperialistische Politik der rücksichtslosen Verstärkung der Spannungen die Oberhand gewinnen, meinte er. Kein Wort darüber, daß die Spannungen durch die Stationierung der sowjetischen SS-20-Raketen verschärft wurden. Zwar sprach Breshnew davon, daß der Entspannungsprozeß neue Kraft und Dynamik erlangen könne, wenn man die sachlichen Kontakte und den Dialog mit den realistisch denkenden Staatsmännern und verschiedenen politischen Strömungen ausbaue, aber auf der Beratung hatte die Frage, wie dies geschehen könne, welche konkreten Schritte unternommen werden müßten, nicht die vorherrschende Rolle gespielt. Die Betonung lag auf der Verstärkung der ideologischen Auseinandersetzung. Ich hatte die Aufgabe, im Namen der Teilnehmer Breshnew und dem ZK der KPdSU für die erwiesene Gastfreundschaft zu danken. Breshnew machte bei dieser Begegnung – wie bei vorhergehenden auch – auf mich nicht den Eindruck eines strengen Denkers, sondern eher den eines Politikers, der nicht sehr beweglich ist und nicht sehr wählerisch in bezug auf die Mittel, die er einsetzt, um seine Macht zu vergrößern. Sein Eingreifen in Afghanistan hat dies bestätigt. Breshnew starb wenige Tage nach unserer Begegnung.

Mit Konstantin Tschernenko traf ich während dieses Aufenthaltes in Moskau zusammen, um ihm den Karl-Marx-Orden zu überreichen. Die Begegnung dauerte höchstens zehn Minuten, da er sich nicht wohl fühlte und von seinen Begleitern gestützt werden mußte.

1983 fanden drei Beratungen in Moskau statt: im März zur Vorbereitung des 100. Todestages von Karl Marx, im September, als Andropow Generalsekretär des ZK der KPdSU geworden war, und im Dezember. Auf der Dezemberberatung machte Tschernenko einleitende Ausführungen, Boris Ponomarjow hielt das Hauptreferat. Die nächsten Beratungen fanden am 11. und 12. Juli 1984 in Prag, am 19. und 20. Dezember 1985 in Bukarest, am 22. Januar 1987 in Warschau (nun schon als Beratung der Ideologiesekretäre), am 16. und 17. März 1988 in Ulan Bator und im September 1989 in Berlin statt. Diese Zusammenkunft stand schon im Zeichen des Niedergangs und Zerfalls des sozialistischen Systems in Europa.

Konrad Wolf Am 12. März 1982 hielt ich in der Akademie der Künste die Gedenkrede für Konrad Wolf, den Präsidenten der Akademie der Künste und Filmregisseur, den Freund und Genossen. Drei Tage vor seinem Tod hatte ich noch mit ihm gesprochen. Ich wußte, daß er ins Krankenhaus eingeliefert worden war, mit Verdacht auf Krebs, aber nun stand er plötzlich in meinem Arbeitszimmer. Als wir uns begrüßten, spürte ich seine heiße Hand und sagte: Aber Koni, Du hast doch hohes Fieber und gehörst ins Bett. Egal, sagte er, ich muß mit Dir noch über die Akademie sprechen. Es ging um Zuwahlen zu den Sektionen, und er wollte sich bei mir vergewissern, daß seine Vorschlagsliste akzeptiert würde. Ich hatte keine Einwände, und wir verabschiedeten uns. Drei Tage später kam die Nachricht von seinem Tod.

Diese Episode ist kennzeichnend für den Charakter von Konrad Wolf. Sein Vater, der Schriftsteller Friedrich Wolf, hatte ihm zu seinem Geburtstag am 24. Oktober 1944 geschrieben: »Wenn es schwere Situationen im Leben gibt, wo einem keiner raten und helfen kann, da muß man selbst nach seinem Gewissen die Entscheidung mutig fällen und den Weg unbeirrt zu Ende gehen. Der größte Mut – das gilt auch für den Krieg – ist die ›Zivilcourage‹, das heißt in allen wichtigen Dingen seine Überzeugung zu vertreten und seine Meinung zu sagen.«

So hat es Konrad Wolf sein ganzes Leben lang gehalten, als Soldat der Sowjetarmee, als Künstler und Kulturpolitiker. In jedem seiner Filme – sagte ich in der Trauerrede – hat Konrad Wolf Lebensfragen der sozialistischen Gesellschaft zur Diskussion gestellt. Er war ein konsequenter Marxist; bei ihm durfte der Mensch nicht das Produkt der Lebensumstände bleiben. Die Umstände waren immer auch das Produkt des Menschen und seines Wirkens. Deshalb sind die Hauptgestalten seiner Filme, wie sein »Goya«, ständig auf dem »argen Weg der Erkenntnis«, die den ganzen Menschen packt und erschüttert. Es gab für Koni – wie wir ihn nannten – auch Demütigungen. So, als einer seiner ersten Filme, »Sonnensucher«, der sich mit Vorgängen im Uranbergbau befaßte, 1958 wahrscheinlich auf Verlangen der sowjetischen Wismutleitung nicht zugelassen wurde. Erst Mitte der 70er Jahre wurde dieser Film freigegeben; niemand konnte mehr verstehen, weshalb er nicht eher aufgeführt werden durfte.

Zwischen uns gab es die Vereinbarung, daß er mir seine Filme im Rohschnitt zeigte und wir dann ohne weitere Beteiligte darüber diskutierten. Dies war ein Beweis seiner Freundschaft und seines Wunsches nach offener Kritik. So trafen wir uns im Dokfilmstudio, er als Filmvorführer und ich. So sah ich »Mama ich lebe« und – als letzten Film – »Solo Sunny«, der sich mit dem Suchen der Jugend nach einem erfüllten Leben befaßte und zu dem Günter Fischer eine einprägsame Musik schrieb. Mir gefiel dieser Film sehr.

Als Präsident der Akademie der Künste hat Konrad Wolf viel dazu beigetragen, daß sich in den Beziehungen zwischen Partei, Staat und Kulturschaffenden Ende der 70er Jahre ein verständnisvolles Verhältnis entwickelte. Auf seine Einladung hin haben Mitglieder des Politbüros der SED in der Akademie über ihr Arbeitsgebiet berichtet. Ich habe an mehreren Tagungen des Plenums der Akademie teilgenommen und mich an der Diskussion beteiligt.

Wechsel in Bonn Die Regierung Schmidt wurde am 17. September 1982 durch ein konstruktives Mißtrauensvotum gestürzt. An ihre Stelle trat am 1. Oktober 1982 eine CDU/CSU/FDP-Regierung. Bundeskanzler wurde Helmut Kohl. Wie würden sich nun die Beziehungen zwischen beiden deutschen Staaten entwickeln? Mit dieser Frage wurde ich am gleichen Tag in einem Interview von dem Chefredakteur der »Bietigheimer Zeitung«, Burkhardt, konfrontiert. Er wollte wissen, ob ich Schwierigkeiten im deutsch-deutschen Verhältnis erwarte und stellte die Frage: »Die Verträge bestehen ja, und eine neue Bundesregierung wäre an die bestehenden Verträge gebunden. Glauben Sie, daß sich eine Klimaänderung ergibt oder aber, daß man auf dem hoffnungsvoll begonnenen Weg im deutsch-deutschen Verhältnis fortfahren kann?« Ich antwortete, daß sich in den Jahren der sozial-liberalen Koalition im Verhältnis der beiden Staaten viel bewegt hat und zu wünschen sei, daß diese positive Entwicklung nicht unterbrochen wird. Wir lassen uns nicht von konjunkturellen Erwägungen leiten. »Wir glauben, daß beide deutsche Staaten eine große Verantwortung für die Sicherung des Friedens in Europa haben. Daß dazu gute, normale Beziehungen notwendig sind, natürlich unter Berücksichtigung der gegenseitigen Interessen und auch unter Anerkennung der Souveränität und der Gleichberechtigung beider Staaten, versteht sich. Wenn dieser Kurs beibehalten würde von Seiten einer neuen Bundesregierung, wäre dies sicherlich im Interesse der Menschen in beiden Staaten, es wäre im Interesse des Friedens in Europa. Ob das der Fall sein wird, das wird die Zeit lehren, denn es gibt ja sehr verschiedene Äußerungen aus den Kreisen der CDU/CSU«.

Dabei bezog ich mich auf widerspruchsvolle Stellungnahmen. Während der Fraktionsvorsitzende der CDU, Rainer Barzel, erklärte, daß man sich selbstverständlich an die Verträge halten werde, meinten andere CDU-Politiker, daß der Grundlagenvertrag und die Vereinbarungen mit der DDR ein Fetzen Papier seien.

Das Interview fand starkes Interesse, weil es die erste spontane Äußerung unserer Seite zur Regierung Kohl war und die Bereitschaft zu normalen Beziehungen zum Ausdruck brachte. Für die »Bietigheimer Zeitung« war die Schilderung, wie der Schulbub zum Spitzenfunktionär in der DDR aufstieg, eine ganze Seite wert.

Kohl setzte sich über den Widerstand in den eigenen Reihen hinweg und erklärte, daß er die bisherige Deutschlandpolitik fortsetzen werde. Dabei war er bestrebt, den weltanschaulichen und politischen Abstand zur DDR zu betonen und den Handlungsspielraum für pragmatische Entscheidungen offen zu halten.

Zu diesen pragmatischen Entscheidungen gehörten Verhandlungen über Bankkredite für die DDR. Sie wurden naturgemäß unter Ausschluß der Öffentlichkeit geführt. Selbst das Politbüro wurde darüber nur spärlich informiert. Offensichtlich liefen diese Kreditverhandlungen auf zwei Linien. Für die erste setzte sich Philipp Jenninger, der im Kanzleramt für die Deutschlandpolitik zuständig war, ein. Er versuchte, mit dem Schweizer Bankier Bahl ein schon unter der Regierung Schmidt vorbereitetes »Züricher Modell« zu verwirklichen. Dieses sah vor, der DDR einen Fünf-Milliarden-DM-Kredit gegen eine Senkung des Reisealters für Bürger der DDR zu gewähren. Dieses Geschäft kam jedoch nicht zustande.

Erfolgreich war man dagegen auf dem zweiten Strang. Anfang Januar informierte der bayerische Ministerpräsident Franz Josef Strauß Bundeskanzler Kohl, daß er seit Oktober 1982 über den Fleischhändler März, der wiederum mit dem stellvertretenden Wirtschaftsminister der DDR Schalck-Golodkowski in Verbindung stehe, Verhandlungen über einen Kredit für die DDR anstrebe.

Nach Auseinandersetzungen in der Bonner Koalition über die Deutschlandpolitik und einem Zwischenfall an der Grenze (Herzinfarkt eines westdeutschen Bürgers, Strauß spricht wahrheitswidrig von Mord) wurde die Kreditoperation zwischen Strauß und Schalck-Golodkowski direkt fortgesetzt. Am 1. Juli 1983 wurde der Vertrag über einen Kredit von 1 Milliarde DM an die DDR unterzeichnet. Dem ersten Milliardenkredit folgte 1984 ein weiterer. Für beide Kredite erbrachte die DDR Gegenleistungen, wie den Abbau von Anlagen an der Grenze, erleichterte Familienzusammenführungen, Befreiung von Kindern vom Mindestumtausch, umfangreiche Erleichterungen im Reiseverkehr. Also ein Junktim.

Als Mitglied des Politbüros und Sekretär des ZK war ich, wie schon bemerkt, über den Verlauf, den Stand und die Ergebnisse der Verhandlungen und über unsere Gegenleistungen nur spärlich informiert. Alles spielte sich zwischen Erich Honecker und Günter Mittag und Schalck-Golodkowski ab. Weshalb hat Strauß, der als besonders harter kalter Krieger aufgetreten war, den Milliardenkredit für die DDR vermittelt? In einem Brief an die Frankfurter Allgemeine Zeitung zitiert sein Sohn, Max Josef Strauß, folgende Stelle aus den »Erinnerungen« seines Vaters zum Regierungswechsel 1982: »Helmut Kohl stellte fest, daß wir für eine harte Politik keine Bundesgenossen fänden – womit er weitgehend recht hatte. Die FDP würde nicht mitmachen, die Sozialdemokraten erst recht nicht, von den Grünen gar nicht zu reden, die Gewerkschaften seien dagegen, die Kirchen seien dagegen, die Medien seien dagegen, Teile der deutschen Industrie seien dagegen«. Strauß Junior fügt hinzu: »Es machte 1983 keinen Sinn mehr, als einsamer Rufer gegen die Chöre der de-facto-Anerkennung der DDR anzustimmen. In dieser Richtung war schon lange jede Politikfähigkeit verschwunden. So entschied sich Franz Josef Strauß, lieber aktive Deutschlandpolitik mit konkreten menschlichen Erleichterungen zu machen, denn als einsamer (Quer-) Rufer in der Politik-Wüste zu verdursten«.

Schadensbegrenzung Hauptthema der Beratungen der internationalen und ideologischen Sekretäre – wie der Außenpolitik der 80er Jahre überhaupt – war die Frage, wie ein nuklearer Weltkrieg vermieden und ein dauerhafter Frieden gesichert werden kann, welche politischen und gesellschaftlichen Kräfte sich für dieses Ziel einsetzen würden. Vor allem mußten die sich ständig verändernden Bedingungen im Verhältnis der USA und der UdSSR berücksichtigt werden. Seit dem Treffen Kennedys und Chrustschows in Wien im Juni 1961 war es trotz der Kubakrise zu einigen Vereinbarungen über Rüstungsbegrenzung gekommen (SALT I, ABM-Vertrag, unterirdische Atomtests) Diese Schritte zur Entspannung hatten im Juli/August 1975 zur KSZE-Konferenz in Helsinki geführt. Danach kam es jedoch erneut zu heftigen Spannungen, zu einer Verschärfung des kalten Krieges, als die Sowjetunion auf ihrem Territorium weitreichende SS-20-Raketen stationierte und die NATO mit dem Beschluß über die Stationierung amerikanischer Pershing II-Raketen und Cruise Missiles in Westeuropa antwortete. In diesem Kräftespiel ging es letztlich darum, wer die Überlegenheit erlangen würde. Die Sowjetunion legte unter Breshnew das Gewicht auf die Aufrechterhaltung des militär-strategischen Gleichgewichts und ließ sich immer mehr in eine forcierte Rüstung drängen – auf Kosten des wissenschaftlich-technischen Fortschritts im zivilen Bereich und der Lebensbedingungen des Volkes. Hinzu kam der sowjetische Einmarsch in Afghanistan. Dieser Kurs führte Mitte der 80er Jahre zur Existenzkrise der Sowjetunion.

Der Nachfolger Breshnews als Generalsekretär des ZK der KPdSU, Juri Andropow, stellte 1983 fest, das Barometer der Großwetterlage sei um weitere Grade gefallen. Der Abschuß eines südkoreanischen Passagierflugzeugs, das den Luftraum der Sowjetunion verletzt hatte, spitzte die Lage zu. (Später stellte sich heraus, daß es sich bei diesem Irrflug nicht um eine Provokation, sondern um einen Navigationsfehler gehandelt hatte). Mit der Stationierung neuer atomarer Erstschlagswaffen der USA in Westeuropa und der sowjetischen Kurzstreckenraketen in der DDR und der CSSR sowie dem amerikanischen SDI-Programm verschärfte sich die Konfrontation zwischen den beiden Lagern. Davon waren vor allem die beiden deutschen Staaten betroffen. Sie würden im Ernstfall die Hauptleidtragenden sein.

Immer offener wurden im Zusammenhang mit der Entwicklung auf militärischem Gebiet Angriffe auf die europäische Nachkriegsordnung vorgetragen. Wie US-Vizepräsident Bush im September 1983 in Wien, so erklärte Außenminister Shultz in Stockholm, daß sich die USA mit den politischen und territorialen Realitäten in

Europa, wie sie nach dem zweiten Weltkrieg entstanden sind, nicht abfinden wollen. Die konservativen Kreise der BRD befürworteten die Stationierung der US-Raketen und unterstützten die Außenpolitik der USA, weil sie sich davon Fortschritte bei der Lösung der – nach ihrer Auffassung – »offenen deutschen Frage« erhofften.

Die Friedenssicherung war seit den 50er Jahren die alles überragende Frage in den Beziehungen der beiden deutschen Staaten. Dies erforderte eine prinzipielle und zugleich elastische Politik, die vorhandene Gegensätze nicht verwischte, aber auch Raum für den Dialog bot. Es ging darum, mit allen zu sprechen, die in der BRD über Macht und Einfluß verfügten, ob sie uns gefielen oder nicht, ob sie an der Regierung waren oder nicht. Als Antwort auf die Raketenstationierung hatte Erich Honecker im Auftrag des Politbüros erklärt: Jetzt erst recht müsse verstärkt um den Frieden gerungen und der Dialog mit allen am Frieden interessierten Kräften geführt werden. So kam es zu zahlreichen Begegnungen mit Vertretern der Bonner Regierungsparteien und der SPD-Opposition sowie mit anderen Persönlichkeiten aus Politik, Wirtschaft und Kunst.

Anna Seghers Anfang Juni 1983 starb Anna Seghers. Ich hielt die Gedenkrede.

»Der Aufstand der Fischer von St. Barbara« war die erste Erzählung von Anna Seghers, die ich bald nach meinem Eintritt in die KPD las. Ich kann mich nicht mehr an den Eindruck erinnern, den diese mit dem Kleist-Preis ausgezeichnete Erzählung auf mich machte. Als Anna Seghers 1937 am II. Internationalen Schriftstellerkongreß in Madrid teilnahm, hat sie wahrscheinlich auch dem Sender »La Voz de Espana Republikana« ein Interview gegeben, aber ich bin ihr damals nicht begegnet. Einen bleibenden Eindruck hinterließ bei mir ihr während des Krieges in englischer Sprache erschienener Roman »Das siebte Kreuz«, eigentlich noch mehr der gleichnamige amerikanische Film, den ich 1943 oder 1944 in einem Londoner Kino sah. Der Schauspieler Spencer Tracy gestaltete die Rolle des KZ-Flüchtlings Heisler, der als einziger der Ausgebrochenen den SS-Schergen entkommt, so eindrucksvoll, daß ich das Gefühl hatte, das Schicksal Heislers mitzuerleben.

Als Anna Seghers Präsidentin des Schriftstellerverbandes wurde, traf ich oft mit ihr zusammen. So beim Besuch des sowjetischen Schriftstellers Scholochow, des Verfassers von »Der stille Don«. Aber nur selten kam es zu einem längeren Gespräch. Zahlreiche Begegnungen mit ihr fallen in die 70er Jahre, als sie zur Ehrenvorsitzenden des Schriftstellerverbandes gewählt worden war, jedoch aus Alters- und Gesundheitsgründen nicht mehr viel unternehmen konnte. Meine damalige Mitarbeiterin Erika Hinkel brachte ihr Blumen und kümmerte sich um sie. Jedesmal dankte sie mir in einem kurzen Brief für diese Aufmerksamkeit. Einmal lud sie mich in ihre Wohnung nach Adlershof ein. Sie war hungrig nach Informationen. Da saßen wir nun bei einem Kognak, und ich berichtete ihr über die politischen Ereignisse, über den Besuch bei ihrem Sohn, dem Mathematiker und Physiker Prof. Radvanyi im Institut Orsey in Paris, oder über Vorgänge in meinem Arbeitsbereich. Sie erzählte von ihren Vorhaben und Plänen, ihren Sorgen und Hoffnungen, insbesondere ihren Erwartungen an die jungen Autoren. Sie konnte nicht untätig sein, das Schreiben war für sie zum wichtigsten Lebensinhalt geworden. Ihre körperliche Verfassung erlaubte es nicht mehr, an Veranstaltungen teilzunehmen. Nach »Die Toten bleiben jung« und den zeitgeschichtlichen Romanen aus den 50er und 60er Jahren »Die Entscheidung« und »Das Vertrauen« sollte für sie das Schaffen nicht zu Ende sein. So gaben die Novellen »Die Kraft der Schwachen« (1965), »Das wirkliche Blau« (1967) und »Überfahrt« (1971) Zeugnis ihrer unverändert hohen Erzählkunst. Wenn ich sie besuchte, saß sie an der Schreibmaschine, mit einer neuen Erzählung oder einem Essay beschäftigt. Stets war von neuen Plänen die Rede. Sie las viel und sprach über ihre Eindrücke oder wollte von mir wissen, wie Neuerscheinungen beurteilt wurden. In dieser Hinsicht war ich für sie kein guter Gesprächspartner, da ich nicht auf dem Laufenden war.

Zu ihrem achtzigsten Geburtstag am 19. November 1980 überbrachte ich Anna Seghers, gemeinsam mit Hermann Axen, die offiziellen Glückwünsche und die Urkunde zum Ehrentitel »Held der Arbeit«, den sie wahrhaft verdient hatte.

Nach der »Wende« hat Walter Janka, der frühere Leiter des Aufbau-Verlags, der 1956 wegen oppositioneller Tätigkeit verurteilt worden war, Anna Seghers angegriffen, weil sie sich vor Gericht nicht für ihn eingesetzt habe. Diesen Angriff halte ich für unangemessen. Wie konnte Walter Janka annehmen, daß Anna Seghers nicht imstande gewesen wäre zu beurteilen, ob sein Verhalten gegen ihre Überzeugungen gerichtet war oder nicht? Was wußte er von ihren Gefühlen angesichts der Ereignisse im Herbst 1956? Was wußte er von ihren besorgten Anfragen beim Schriftstellerverband und ihrer Intervention bei Walter Ulbricht, daß ihm Gerechtigkeit widerfahren möge? Nach seinen Äußerungen gingen einige – wie man aus »Neues Deutschland« erfuhr – dazu über, die Bücher von Anna Seghers aus Bibliotheken zu entfernen oder sie auf andere Weise herabzusetzen. Doch Anna Seghers ist und bleibt die bedeutende Erzählerin, die auf der Seite des Fortschritts, des Friedens und des Sozialismus stand.

Merkwürdige Begegnung In der angespannten internationalen Situation, die am Beginn der 80er Jahre bestand, konnte es nicht ausbleiben, daß es zwischen den Bündnispartnern zu Meinungsverschiedenheiten kam. Die Stationierung der Pershing II und Cruise Missiles veranlaßte die Sowjetunion zu einer harten Haltung gegenüber der Bundesrepublik. Breshnew, Andropow und Tschernenko meinten, einen Keil zwischen die NATO-Partner treiben und die Bundesrepublik isolieren zu können. Der sowjetischen Seite war unsere Betonung der »Schadensbegrenzung« und des »Dialogs« verdächtig. Ein Grund für die Beunruhigung in Moskau waren auch die Kreditverhandlungen, die 1983 zum ersten Milliardenkredit an die DDR geführt hatten. Es konnte Moskau nicht verborgen bleiben, daß sich die DDR auf Gegenleistungen im humanitären, d. h. politischen Bereich eingelassen hatte (Reiseerleichterungen, Herabsetzung des Mindestumtauschs). Die Absicht der Bundesregierung wie auch von Strauß war klar: Sie wollten die DDR ökonomisch binden und zu immer weitergehenden Zugeständnissen zwingen. Von diesen wirtschaftlichen Zusammenhängen war allerdings bei der folgenden Begegnung nicht die Rede. Im Juli und August 1984 veröffentlichte die »Prawda« zwei scharfe Artikel, in denen zum Ausdruck gebracht wurde, die DDR kämpfe zu wenig gegen Revanchismus und Militarismus in der BRD, d. h. sie grenze sich nicht genügend von der BRD ab (»Im Schatten amerikanischer Raketen«, Prawda 28./29. 7. und »Auf falschem Weg«, Prawda 2. 8. 1984). Dies war eine öffentliche Zurechtweisung durch unseren Bündnispartner, die zugleich klarstellte, wer der Herr war. Dann kam die Einladung zu einem Treffen. Es fand am 17. 8. 1984 in Moskau statt. Von Seiten der SED nahmen daran Erich Honecker, Erich Mielke, Hermann Axen und ich teil sowie unser Botschafter Egon Winkelmann, von sowjetischer Seite Tschernenko, der Verteidigungsminister Ustinow und die ZK-Sekretäre Russakow und Gorbatschow. Letzterer beteiligte sich nicht an der Diskussion, die sehr heftig verlief. Russakow erneuerte die in den Artikeln der »Prawda« dargelegte Meinung, in der DDR werde auf den Kampf gegen den Revanchismus und Militarismus und auf die entschiedene Abgrenzung von der Bundesrepublik verzichtet. Er verband damit die Behauptung, offensichtlich sei die Partei- und Staatsführung der DDR bestrebt, eine Annäherung an die BRD zu erreichen. Wir hätten die Absicht, uns nicht an die gemeinsam vereinbarte Politik gegenüber Bonn zu halten. Als ich ihm antwortete, wir seien empört über die Vorwürfe, denn sie seien unbegründet, es könne keinen Zweifel geben, daß für uns das Bündnis mit der Sowjetunion unantastbar sei und wir die Rolle des deutschen Revanchismus und Militarismus nicht anders einschätzen als die KPdSU, unterbrach mich Ustinow in grober Weise. Meine Ausführungen seien nicht überzeugend, es sei eine Tatsache, daß wir eine Aussöhnung mit der BRD erstreben. Es kam zu einem scharfen Wortwechsel, bei dem Erich Honecker mich gegen die Ausfälle Ustinows in Schutz nahm und selbst, wie anschließend auch Mielke und Axen, unsere Politik erläuterte.

Die Sitzung dauerte über drei Stunden. Schließlich erklärte Tschernenko, wir seien uns einig, gegenüber der BRD den bisherigen Kurs der Abgrenzung weiter zu verfolgen. Tschernenko war sichtlich erschöpft und hielt sich mühsam auf den Beinen. Es war traurig, feststellen zu müssen, daß an der Spitze der Sowjetunion ein kranker alter Mann stand, der den Aufgaben nicht mehr gewachsen war.

Über dieses Treffen wurde, entgegen den Gepflogenheiten, keine Pressemitteilung veröffentlicht. Es war wohl auch zustande gekommen, weil Erich Honecker die Absicht geäußert hatte, zum 35. Jahrestag der DDR nach Bonn zu reisen. Darüber hatte es seit Monaten mit der sowjetischen Seite Gespräche gegeben. Für die Reise Erich Honeckers in die BRD gab es keine Zustimmung. Auch Gorbatschow wandte sich am Beginn seiner Tätigkeit als Generalsekretär des ZK der KPdSU gegen die direkte Kontaktnahme mit Bonn. Zur Begründung seiner Ablehnung erklärte er: »Was wird das Sowjetvolk sagen, wenn ich erst nach Honecker eine Reise nach Bonn unternehme. Das wird man nicht verstehen.« Der offizielle Besuch des Vorsitzenden des Staatsrates der DDR in Bonn erfolgte erst 1987.

Zerstörung des Gleichgewichts Unsere Orientierung auf Schadensbegrenzung schien der tatsächlichen Entwicklung der internationalen Lage zu widersprechen, die durch Ereignisse bestimmt wurde wie die Übernahme der USA-Präsidentschaft durch Ronald Reagan (Oktober 1981), die Streikbewegung in Polen seit August 1980 und die sowjetische Intervention in Afghanistan.

Mit Ronald Reagan kam ein Präsident an die Macht, dessen Grundhaltung antikommunistisch war, der die Sowjetunion als das »Reich des Bösen« betrachtete. Eine seiner ersten Amtshandlungen war der Befehl zum Abschuß lybischer Kampfflugzeuge über der

Großen Syrte. Dann folgte die Eroberung der kleinen Insel Grenada und die Beseitigung ihrer fortschrittlichen Regierung, ein Akt, der die Macht der USA demonstrieren sollte. Reagans Politik war darauf gerichtet, die militärische Überlegenheit über die Sowjetunion zu erlangen, ein Ziel, das er konsequent verfolgte. Die Rüstungsausgaben zum Bau der MX-Raketen und anderer strategischen Waffensysteme wurden erhöht; der Bau der Neutronenbombe wurde beschlossen. Die Abrüstungsverhandlungen gerieten ins Stocken. Das Salt-II-Abkommen wurde durch die USA nicht ratifiziert. Der Vorschlag Breshnews, ein Moratorium für die Mittelstreckenraketen festzulegen, wurde abgelehnt. Die Stationierung neuer amerikanischer Raketen verwandelte Westeuropa in ein Pulverfaß. Für die Rüstung wurden riesige Mittel eingesetzt, allein bis 1986 annähernd 1,5 Billionen Dollar (d. h. über 200 Milliarden DM). Das waren Ausgaben, die zu einem großen Defizit im Haushalt der USA führten.

Nach seiner Wiederwahl 1984 orientierte Reagan auf den Auf- und Ausbau des kosmischen Verteidigungssystems (SDI), das zur Abwehr sowjetischer Raketenwaffen im Weltraum eingesetzt werden sollte.

Die besonders durch das SDI-Programm verkündete Absicht der US-Administration, das militär-strategische Gleichgewicht zu beenden, sollte die Sowjetunion zwingen, sich ebenfalls auf die Hochrüstung zu konzentrieren und Mittel einzusetzen, die – auch angesichts der Kosten des Afghanistankrieges – bei weitem ihre Möglichkeiten überstiegen. Die sowjetische Führung ging in diese Falle, obwohl sie die Einschränkung des Wettrüstens und die Abrüstung anstrebte. In meiner Rede auf der Festveranstaltung zum 36. Jahrestag der Befreiung vom Faschismus sagte ich, daß führende Politiker der USA kraftstrotzende Parolen, eine antikommunistische und antisowjetische Rhetorik verwenden, die den schlimmsten Zeiten des kalten Krieges entstammt. In der amerikanischen Politik habe ein emotional bedingter Antikommunismus die Oberhand über die Vernunft gewonnen. Eine führende amerikanische Zeitung stellte fest: Da wird einer harten Linie in den Ost-Westbeziehungen das Wort geredet, eine Politik der Stärke, des Druckes und der Überlegenheit gegenüber der Sowjetunion propagiert. Da wird eine prononciert antisowjetische Außenpolitik der USA als das Nonplusultra der Staatspolitik gepriesen. Und diese Politik soll auch mit aller Gewalt den Verbündeten der USA im NATO-Block aufgezwungen werden. Man muß die Frage stellen: Sind sich die Anhänger der Hochrüstung und der Politik der Stärke eigentlich bewußt, daß sie mit dem Geschick der Menschheit spielen?

Am 4. November 1981 fand in Moskau eine Beratung der Sekretäre für internationale und für ideologische Arbeit statt. (siehe das Kapitel »Beratungen«). Am 10. November 1981, wenige Tage nach unserer Beratung und dem Empfang im Kreml, starb Leonid Breshnew. An seine Stelle trat Juri Andropow, der nur bis Februar 1984 die Funktion des Generalsekretärs der KPdSU ausüben konnte. Nach Andropows Tod übernahm Konstantin Tschernenko diese wichtige Funktion. So lag die Verantwortung für die Politik der Sowjetunion in dieser schwierigen Phase in den Händen kranker, schon vom Tod gezeichneter Männer. Wer kann ermessen, welchen Einfluß dies auf die Geschichte gehabt hat?

Michael Gorbatschow Anfang Oktober 1984 fanden in der Sowjetunion Tage der Kultur der DDR statt. An dem Konzert im Bolschoi-Theater zur Eröffnung dieses kulturellen Ereignisses nahm als Vertreter des ZK Michael Gorbatschow teil. Er bat mich zu einem Gespräch, das am 11. Oktober im Hause des Zentralkomitees stattfand. Daran nahmen der Leiter des Sektors DDR der Internationalen Abteilung, Alexander Martynow, der Botschafter der DDR Egon Winkelmann und zwei Mitarbeiter Gorbatschows teil. Ich hatte angenommen, daß er sich mit mir über Fragen der Kulturpolitik unterhalten wolle. Er begann jedoch damit, daß die vor kurzem erfolgte Unterzeichnung des langfristigen Programms zur Entwicklung der Zusammenarbeit zwischen der DDR und der UdSSR in Wissenschaft, Technik und Produktion bis zum Jahre

2000 die Freundschaft und Zusammenarbeit beider Länder weiter vertieft. Die DDR sei ein fortgeschrittener Staat mit einer hochentwickelten Wirtschaft, mit großen Errungenschaften auf ökonomischem, sozialem und kulturellem Gebiet. Sie habe eine hohe internationale Autorität und sei ein zuverlässiger Verbündeter der UdSSR. Beide Länder seien durch die gemeinsame Ideologie und gemeinsame Ziele verbunden. Dies sei die Einschätzung des Politbüros der KPdSU auf Grund des Berichtes, den Außenminister Gromyko über seinen Besuch in der DDR gegeben habe. Ausdrücklich seien die Aktivitäten Erich Honeckers gewürdigt worden.

Gorbatschow betonte dann, daß die Führung der KPdSU der weiteren Entwicklung der Beziehungen mit der DDR große Bedeutung beimesse. Dabei müsse die Wirtschaft an erster Stelle stehen. »Es gilt, alle ökonomischen und wissenschaftlich-technischen Reserven zu nutzen, um unabhängig vom Westen zu werden, damit wir dem Druck, den Differenzierungs- und Spaltungsversuchen des Imperialismus wirksamer begegnen können«. Er verwies darauf, daß Jugoslawien schon völlig vom Westen abhängig sei und sich die gleiche Tendenz auch bei Ungarn zeige. Die sozialistischen Länder müßten schneller gute Resultate erzielen. Die UdSSR habe großes Interesse an den Lösungswegen, wie sie in der DDR gesucht und gefunden werden, besonders an der sozialistischen Wirtschaftsführung und an der Nutzung der Ressourcen.

Das Gespräch drehte sich um Wirtschaftsfragen – die Kombinatsbildung in der DDR, die Stellung zum Internationalen Währungsfonds, die Beziehungen von Wissenschaft, Technik und Produktion. Gorbatschow teilte mit, daß Anfang 1985 ein Plenum des ZK der KPdSU zu Fragen des wissenschaftlich-technischen Fortschritts stattfinden werde. Dies sei schon vor Jahren geplant gewesen, aber fälschlicherweise immer wieder verschoben worden. Dadurch sei wertvolle Zeit verloren gegangen. Es war offensichtlich, daß er sich Gedanken machte über die weitere wirtschaftliche und soziale Entwicklung in der Sowjetunion. »Mitunter tauchen Fragen in den sozialistischen Ländern nach marktwirtschaftlichen

Verhältnissen auf«, sagte er. Dieser Bemerkung maß ich keine Bedeutung bei. Ich antwortete: »Das ist nicht unsre Linie und ist sie auch nie gewesen.« Wie sich zeigt, war dies sehr kurzsichtig. Ich vermutete, daß Gorbatschow mir besondere Aufmerksamkeit schenkte, um den schlechten Eindruck der geheimen Beratung im August zu verwischen.

Es war ein freundschaftliches Gespräch. Gorbatschow machte den Eindruck eines Mannes, der aufgeschlossen ist für alles Neue. Ich bin in den darauffolgenden Jahren einige Male mit ihm zusammengetroffen, aber dieses war unser längstes Gespräch.

Michael Gorbatschow gehörte seit 1980 unter Breshnew, Andropow und Tschernenko dem Politbüro der KPdSU als Sekretär für Landwirtschaft an. Beim Tod Tschernenkos hielt er die Trauerrede. Er lobte diesen für die Annahme und Verwirklichung wichtiger Beschlüsse zu »Grundproblemen der ökonomischen und sozialpolitischen Entwicklung des Landes sowie zur kommunistischen Erziehung der Massen«. Die Partei und ihr Zentralkomitee werde unerschütterlich der Sache des Sozialismus und Kommunismus, dem Frieden, dem sozialen Fortschritt und dem Glück der Werktätigen dienen.

Die Beerdigung Tschernenkos fand am 13. März 1985 statt. Zwei Tage vorher war Gorbatschow auf Vorschlag Gromykos zum Generalsekretär des ZK der KPdSU gewählt worden. In seiner Antrittsrede vor dem ZK hatte er betont, die auf dem XXVI. Parteitag und den folgenden Plenartagungen ausgearbeitete strategische Linie »bleibt unverändert«.

Nach der Beerdigung fand ein Treffen statt, an dem Ceaucescu, Husák, Jaruzelski, Kadar, Shiwkow und Erich Honecker teilnahmen. Gorbatschow schlug die Verlängerung des Warschauer Vertrages in unveränderter Form um weitere 20 Jahre und den Ausbau des RGW vor. Er sagte, die KPdSU sei fest überzeugt, daß Einheit und Geschlossenheit der sozialistischen Gemeinschaft nicht nur bei der Lösung internationaler Probleme, sondern auch bei der Erfüllung der Aufgaben im Inneren außerordentlich wichtig sind.

Zwar bestehe noch eine gewisse Meinungsverschiedenheit (eine »Nuance«) mit Ceaucescu, aber diese lasse sich überwinden (Ceaucescu hatte seine nationalistische Haltung verstärkt und vor allem ökonomische Hilfe gefordert). Anläßlich des Begräbnisses von Tschernenko trafen sich Erich Honecker und Helmut Kohl zu einem Meinungsaustausch. Sie vereinbarten, alles zu tun, um zu verhindern, daß sich die erneute Konfrontation zwischen den USA und der Sowjetunion auf die Beziehungen der beiden deutschen Staaten negativ auswirkt.

Der XXVII. Parteitag der KPdSU Gorbatschow bewegte sich zunächst ganz auf der bisherigen Linie, ehe er die Tagungen des ZK im März und April 1985 einberief. Wie er in seinem Buch »Umgestaltung und Neues Denken« berichtet, hatte eine Gruppe von Partei- und Staatsfunktionären schon vor dem Aprilplenum den Zustand der Wirtschaft untersucht. Die Ergebnisse waren erschreckend. Seit Mitte der 70er Jahre hatte die wirtschaftliche und gesellschaftliche Entwicklung an Tempo und Schwung verloren. Die Produktionskosten und der Verbrauch an Rohstoffen, Energie und anderen Ressourcen waren viel zu hoch. Bei der Anwendung der wissenschaftlichen Ergebnisse in der Volkswirtschaft war ein bedeutender Rückstand gegenüber den westlichen Industrieländern eingetreten. Die Widersprüche schufen eine absurde Situation. »Wir liegen in der Welt mit an vorderster Stelle in der Brotgetreideproduktion und müssen doch Jahr für Jahr Millionen Tonnen Futtergetreide einkaufen... Unsere Raketen finden mit erstaunlicher Präzision den Halleyschen Kometen und fliegen zur Venus, doch neben diesem Triumph des wissenschaftlichen und ingenieurtechnischen Denkens ist ein deutlicher Rückstand bei der Anwendung der wissenschaftlichen Ergebnisse in der Volkswirtschaft zu verzeichnen, reichen viele unserer Haushaltsgeräte nicht an das Weltniveau heran«.[1]

Dazu kam die Vernachlässigung des sozialen und kulturellen Bereichs, die vielfach anzutreffende Aushöhlung der ideologischen und sittlichen Werte. In den Medien wurden Erfolgsmeldungen verbreitet und die Wirklichkeit problemlos dargestellt. In den Parteiorganisationen wurden die Prinzipien der Gleichheit der Parteimitglieder immer häufiger verletzt, viele Kommunisten in leitenden Funktionen entzogen sich jeder Kontrolle und Kritik.

Auf dem März- und dem Aprilplenum 1985 kam das ZK der KPdSU zu dem Schluß, daß das Land vor einer Krise steht. Die Aufgabe, einen Ausweg zu finden, sollte der XXVII. Parteitag der KPdSU lösen, der vom 25. Februar bis 6. März 1986 stattfand.. Ich gehörte der Delegation der SED an, die von Erich Honecker geleitet wurde. Die anderen Mitglieder waren Willi Stoph, Günter Mittag, Werner Eberlein und Egon Winkelmann.

Der Parteitag beeindruckte durch die kritische Analyse der entstandenen Lage. Zwar hatte die Sowjetunion in den letzten 25 Jahren beachtliche Fortschritte erzielt, doch waren die Schwierigkeiten und negativen Erscheinungen in der sozialökonomischen Entwicklung nicht zu übersehen. In meinem, nach dem Parteitag veröffentlichten Artikel »Eine Wende von historischer Bedeutung« heißt es: »Fragt man nach den Ursachen für diese Rückstände und Schwierigkeiten, so liegen sie vor allem darin, daß nicht rechtzeitig die Umstellung von der extensiven Entwicklung auf die Intensivierung der Volkswirtschaft voll erkannt und die erforderlichen Maßnahmen zur Neugestaltung der Leitung und Planung der Wirtschaft unternommen wurden. In erster Linie handelt es sich dabei um subjektive Mängel, um das starre Festhalten an veralteten Leitungsmethoden, um Trägheit und Bürokratismus. Im gesellschaftlichen Leben machten sich Zeitverlust und Stagnationserscheinungen bemerkbar... Der Parteitag stellte die Aufgabe, kurzfristig die ungünstigen Tendenzen in der Entwicklung der Wirtschaft zu überwinden, wirklich revolutionierende Veränderungen vorzunehmen, um der wirtschaftlichen und gesellschaftlichen Entwicklung eine hohe Dynamik zu verleihen und die breiten Schichten der Bevölkerung des großen Sowjetlandes in die Bewältigung dieser Prozesse einzubeziehen«.

Wie ein roter Faden durchzog der Begriff »Beschleunigung« alle Debatten und Dokumente des Parteitags: Beschleunigung der sozialökonomischen Entwicklung zur Lösung der wirtschaftlichen, sozialen, politischen und ideologischen, der inneren und äußeren Probleme der UdSSR. »Mit beeindruckender Konsequenz orientierte der Parteitag die Partei und das Sowjetvolk auf eine Wende in der Ökonomie, den Übergang zu einer Wirtschaft höherer Organisation und Effektivität, auf den strategischen Kurs der umfassenden Intensivierung«.[2] Er ließ auch keinen Zweifel daran, daß die Sowjetunion erst am Anfang dieses schwierigen Weges steht, schrieb ich in dem Artikel.

Es war richtig, in diesem Parteitag eine Wende von großer Bedeutung zu sehen. Er entwarf und beschloß ein Aktionsprogramm zur Lösung der Probleme, zur kurzfristigen Überwindung der ungünstigen Tendenzen in der Wirtschaft und zur Beschleunigung der sozialökonomischen Entwicklung. Die SED sagte der KPdSU volle Unterstützung zu. Denn die Durchführung dieser Beschlüsse konnte nur zum Guten führen. In den Entschließungen des Parteitages finden sich die Begriffe »Perestroika« und »Glasnost« nicht. Wahrscheinlich hatte Gorbatschow für die mit diesen Begriffen verbundene Politik keine Unterstützung gefunden. Auf dem Parteitag war seine Position noch schwach. »Dieser Parteitag mußte ihm erst zu einer eigenständigen Machtposition verhelfen, die ihm erlauben würde, eine neue Führung zu bilden, die aus ›seinen‹ Leuten bestand. Damit waren die Plenen nach dem Parteitag sowie die 19. Parteikonferenz beschäftigt, und die nachfolgenden Änderungen in der Parteiführung machten seine Position so unangreifbar, daß er immer deutlicher aussprechen konnte, wohin sein Kurs zielte«, schreibt der Historiker Kurt Gossweiler.[3]

In einem Interview mit der Zeitschrift »Wirtschaftswoche« antwortete Gorbatschow auf die Frage: »Als Sie zum Generalsekretär der KPdSU gewählt wurden, war da den Leuten, die Sie wählten, bekannt, welche Reformen Sie vorhatten? G: Dem Zentralkomitee war klar, daß Veränderungen notwendig waren. Doch welche Veränderungen, darüber gab es unterschiedliche Meinungen. Die einen wollten die Disziplin erhöhen, die anderen wollten das Ganze bloß etwas schöner machen – andere Tapeten drauf kleben. Damals sofort die Frage nach radikalen Reformen zu stellen war nicht so einfach. Ich und alle, die mit mir gearbeitet haben, wir wußten, das muß man allmählich, stufenweise machen. Und im Verlauf des Reformprozesses, schon auf der ersten Etappe, wurde uns klar, daß Demokratie und Freiheit sich nur unter Bedingungen des politischen Pluralismus entwickeln können, das heißt, die Frage bestand schon damals darin, daß man das System auswechseln mußte«.[4]

Wohlgemerkt: Er sprach von der Auswechslung des Systems!

Das frühere Mitglied des Politbüros, Jegor Ligatschow, erklärt in seinen Memoiren, daß die vom XXVII. Parteitag beschlossene Politik immer stärker durch die von Gorbatschow in die Führung geholten Jakowlew und Schewardnadse von ihrem Kurs abgedrängt worden sei. »Als er, Ligatschow, bei einer Beratung davon gewarnt habe, nicht den Sirenengesängen der Marktwirtschaftsverfechter zu verfallen, sei ihm von Gorbatschow entgegnet worden: Jegor Kusmitsch, machen Sie sich keine Sorgen. Wir sprechen nur über Privateigentum in der Sphäre der Dienstleistungen. Es handelt sich lediglich um einige kleine Betriebe. Er habe gekontert: Aus dem Kleinen wächst das Große. Darin besteht die Natur des Kapitals«.[5]

Gorbis Revolution von oben Schon wenige Monate nach dem XXVII. Parteitag war nur noch von »Perestroika« und »Glasnost« die Rede. »Wir, eine kleine Gruppe von Reformern, übernahmen in der Sowjetunion und später in Rußland die schwere Aufgabe, das Land umzugestalten, und das nicht nur im Innern, sondern auch in der Außenpolitik«, schreibt Alexander Jakowlew, der engste Berater Gorbatschows. Wenn er hinzufügt: »Aber wir blieben allein« und damit die abwartende Haltung des Westens meint, hat er Unrecht, denn gerade im Westen fanden »Perestroika« und »Glasnost«, wie sich zeigen sollte, große Unterstützung.

In seinem 1987 erschienenen Buch »Umgestaltung und neues Denken« legte Gorbatschow dar, welche Ziele er verfolgt.

Erstens gehe es darum, in der Wirtschaft Ordnung zu schaffen, die Arbeitsdisziplin zu festigen, Organisiertheit und Verantwortlichkeit zu erhöhen. Durch den Übergang zur intensiv erweiterten Reproduktion, durch die Reorganisation der zentralen Wirtschaftsleitung, eine größere Eigenverantwortung der Betriebe und die Erhöhung der Rolle der Arbeitskollektive sollte die Stagnation überwunden und ein neuer Aufschwung der Wirtschaft erreicht werden. Der Schwerpunkt der Wirtschaftspolitik sollte auf die technische Neuausrüstung der Betriebe, den sparsamen Umgang mit den Ressourcen und die Verbesserung der Erzeugnisqualität gelegt werden. Zweitens sollte die Aktivierung der Menschen (des »Faktors Mensch«), die Änderung des Arbeitsstils, die Überwindung von Trägheit und Konservatismus zur Veränderung in der Moral, im Denken und Verhalten zur Gesellschaft führen. Vor allem sollte ein Kurs auf Informiertheit und Offenheit (Glasnost) eingeschlagen werden. »Der Mensch muß wissen und spüren, daß sein Wort etwas gilt, daß seine Würde nicht verletzt wird, daß man ihm mit Vertrauen und Achtung begegnet. Sobald ein Mensch solches erlebt, vermag er eine Menge zu leisten«. Drittens sollte die weitreichende Demokratisierung des gesamten gesellschaftlichen Lebens erfolgen. Durch den Ausbau der Selbstverwaltung sollte gewährleistet sein, die aus dem Volk kommenden Ideen, Meinungen und Ratschläge aufzugreifen.

Nun war nicht mehr von der Korrektur einiger Deformationen, sondern von der revolutionären Umgestaltung der Gesellschaft die Rede. Ein radikaler Umbau des gesamten Gesellschaftsgebäudes vom ökonomischen Fundament bis zum Überbau müsse erfolgen. Das Endziel sei: »Wir wollen in unserem Lande alle Lebensbereiche gründlich erneuern, den Sozialismus in den modernsten Formen der gesellschaftlichen Organisation gestalten und die humanistischen Züge unserer Gesellschaftsordnung in allen entscheidenden Aspekten wirtschaftlich, politisch und moralisch voll zur

Geltung bringen«. Gorbatschow bezeichnete die »Perestroika« als eine »Revolution von oben«, da sie auf Initiative der Partei und ihrer Führung begonnen wurde. Noch 1989 schrieb er: »Die Perestroika ist ein einheitlicher revolutionärer Prozeß, der mit demokratischen Methoden vom Volk und für das Volk verwirklicht wird, dessen politische Avantgarde die Partei ist. Die Aktivität und die historische Initiative der Partei sind Ausdruck ihrer Vorhutrolle. Die Partei monopolisiert nicht das Recht auf die Suche nach Lösungen«. Zu diesem Zeitpunkt war die KPdSU schon nicht mehr imstande, als politische Avantgarde zu wirken.

Oft wird die Frage gestellt, ob Gorbatschow eine klare Vorstellung davon hatte, wie die »Perestroika« verlaufen und wohin sie führen soll. Zwar sprach er noch 1989 von der »Erneuerung des Sozialismus«. Sein Wortreichtum war beeindruckend. Aber diese Äußerungen enthielten wenig Faßbares. Sie beeindruckten durch ihren lebendigen Stil, ihre sprachliche Vielfalt, blieben aber meist im Allgemeinen.

Die Umgestaltung begann mit einer Kampagne gegen Disziplinlosigkeit und Trunksucht. Diese wurde 1988 eingestellt, nachdem sie (besonders beim Fiskus) großen Schaden angerichtet hatte. Auch andere Maßnahmen, wie die neuen Betriebsgesetze von 1987 und 1988 erwiesen sich als Fehlschlag und wurden nur halbherzig befolgt. In seinem Jahresbericht 1990/91 kam das Londoner Institut für strategische Studien zu der Schlußfolgerung, der Weg der Sowjetunion habe »von der Perestroika in die Krise« und »von der Krise ins Chaos« geführt.

»Glasnost« artete bald zu einer Kritik an der Geschichte und allen Werten der Sowjetgesellschaft aus. In dem Gewirr widersprüchlicher Meinungen und Interessen suchte Gorbatschow immer wieder nach Kompromissen, nach halben Lösungen. Dies gilt besonders für seine Stellung zum Nationalitätenproblem. Auf die Bestrebungen der baltischen Staaten nach Unabhängigkeit antwortete er zunächst mit Härte, dann mit Zugeständnissen. Ein neues Nationalitätenstatut sollte die Lage entwirren, doch in Wirklichkeit verschärften sich die ethnischen Konflikte. Gorbatschow hat bald die Kontrolle über die von ihm ausgelösten Prozesse verloren. Auf die Stagnation folgte nicht die Stärkung des Sozialismus durch die beschleunigte sozial-ökonomische Entwicklung, sondern der Zerfall der KPdSU, das Ende der sozialistischen Planwirtschaft, das Vordringen kapitalistischer Kräfte, der Ausbruch ethnischer Konflikte und Kriege, die Auflösung der UdSSR. Dies war natürlich 1986 nicht vorauszusehen. Der Zerfallsprozeß umfaßte den Zeitraum von 1986 bis 1991.

Neues Denken Die innere Krise der Sowjetunion erzwang auch eine Änderung der sowjetischen Außenpolitik. Die übermäßige Rüstung, der ruinöse Afghanistankrieg, die kostspielige Unterstützung der »Dritten Welt« waren nicht zu verbergen. Sie führten zur Verschlechterung der Lebensbedingungen des Sowjetvolkes und zu wachsenden sozialen, politischen und ethnischen Konflikten. Während in der Breshnew-Ära die militär-strategische Parität mit den USA als Voraussetzung für die Verhinderung eines dritten – diesmal atomaren – Weltkrieges angesehen wurde, forderte Gorbatschow ein neues Herangehen an die internationalen Probleme. In einer Erklärung vom 15. Januar 1986 schlug er die etappenweise Vernichtung aller Kernwaffenvorräte bis zum Jahr 2000 vor. Die Sowjetunion stellte die Kernwaffenversuche ein. Ihre Bemühungen um greifbare Maßnahmen zur Verringerung der atomaren und konventionellen Waffen führten zur Verständigung mit den USA, daß die internationale Sicherheit nicht durch Konfrontation, sondern nur durch Zusammenarbeit gewährleistet werden kann. In Europa sollte es darum gehen, ein gemeinsames Haus, ein Sicherheitssystem für das friedliche Zusammenleben der Völker zu schaffen. Gorbatschows Wirken für den Frieden fand in aller Welt hohe Anerkennung und wurde durch die Verleihung des Friedensnobelpreises gewürdigt.

Mit Recht wies Gorbatschow darauf hin, daß die Welt unter der nuklearen Bedrohung lebt und die Anhäufung von Waffen, besonders Raketenwaffen, die Wahrscheinlichkeit eines Weltkriegs erhöht, sei es durch Zufall, infolge technischer Pannen, psychischem Versagen oder aus anderen Gründen. Bei seiner ersten Begegnung mit Ronald Reagan im November 1985 in Genf stimmten beide Seiten überein, daß ein Kernwaffenkrieg nicht entfesselt werden darf und keine der beiden Mächte nach militärischer Überlegenheit streben wird. In Reykjavik machte Gorbatschow im Oktober 1986 dem Präsidenten der USA weitreichende Vorschläge zur Rüstungsbegrenzung und Abrüstung. Sie betrafen die Reduzierung der strategischen Kernwaffen zunächst um 50 Prozent und dann vollständig, die Beseitigung der Mittelstreckenraketen in Europa und deren Begrenzung in Asien, das Verbot der Kernwaffentests, die Stärkung des ABM-Vertrags bei gleichzeitigem Verbot der Erprobung kosmischer Waffen im Weltraum. Diese Vorschläge wurden von Reagan nicht angenommen. Die US-Administration hielt am Aufbau des sog. kosmischen Verteidigungssystems (SDI) fest und weigerte sich, auf dessen Erprobung zu verzichten. Dies konnte, wie Gorbatschow erklärte, zu einer Destabilisierung der militärischen Lage führen und das Wettrüsten anheizen. Auf dem nächsten Gipfel in Washington im Dezember 1987 kam es zum Abschluß des Vertrags über die Beseitigung der Nuklearraketen mittlerer und kurzer Reichweite. Wir begrüßten diesen Vertrag als ersten Schritt zur Abrüstung und einer kernwaffenfreien Welt. Bei dem Treffen im Mai/Juni 1988 wurde der INF-Vertrag in Kraft gesetzt. Schließlich kam es im Dezember 1989 zwischen Gorbatschow und dem neuen USA-Präsidenten George Bush zu einem zweitägigen Treffen auf dem Passagierschiff »Maxim Gorki« in einem maltesischen Hafen. Gorbatschow gab bekannt, daß zu allen wichtigen Problemen die Positionen offen dargelegt worden seien. Dies betreffe die Einschätzung der Situation in Europa, Probleme der Abrüstung und der Verhandlungen über den Abbau konventioneller Streitkräfte usf. Er erklärte euphorisch: »Wir verlassen die Epoche des kalten Krieges und treten in eine neue Ära ein. Wir stehen am Anfang eines Weges zu einer Periode dauerhaften Friedens.«[6]

Für seine Außenpolitik und Gipfeldiplomatie erhob Gorbatschow die Forderung nach »Neuem Denken«. Da die Teilnehmerstaaten des Warschauer Pakts stets für den Abbau der Rüstung, die Ächtung der Atomwaffen und die kollektive Sicherheit eingetreten waren, sollte man annehmen, daß mit der Aufforderung zu« Neuem Denken« jene Kreise in der NATO gemeint waren, die Spannungen geschürt hatten. In Wirklichkeit richtete Gorbatschow diese Forderung jedoch an die eigenen Leute. Sie sollten das »alte Denken« über die Aggressivität des Imperialismus aufgeben.

Das »Neue Denken« fand seinen Niederschlag in der vom sowjetischen Außenminister Schewardnadse propagierten »Entideologisierung« der Außenpolitik. Die von Lenin begründete Politik der friedlichen Koexistenz der beiden Systeme als einer Form des Klassenkampfes zwischen Imperialismus und Sozialismus wurde durch die Berufung auf die Geltung der allgemein menschlichen Werte für beide Seiten ersetzt. Gorbatschow und Schewardnadse sprachen davon, daß die Weltpolitik von der Priorität der allgemeinmenschlichen Werte bestimmt werde. Ließen sie sich nicht von einer Illusion leiten, wenn sie recht optimistische Perspektiven für die nächste und die weitere Zukunft, besonders in den Beziehungen mit den USA, verkündeten? Aus allen Abrüstungsverhandlungen war bisher nur der Vertrag über die Beseitigung der Nuklearraketen mittlerer und kurzer Reichweite hervorgegangen, von dem man annehmen konnte, daß er realisiert würde.

In einem Interview mit der Zeitung »Komsomolska« vom 22. August 1993 machte Gorbatschow deutlich, daß er von Anfang an die Preisgabe des sozialistischen Internationalismus erstrebt habe. »Bei der Beerdigung von Tschernenko habe ich allen Führern der sozialistischen Staaten gesagt, daß jede Partei und jede Regierung der Länder des Warschauer Pakts selbst die volle Verantwortung dafür trägt, was im Lande passiert.«

Der Wechsel von der sog. Breshnew-Doktrin, die auf der Einhaltung der Verträge der Sowjetunion mit den anderen sozialistischen Staaten, also auch auf der Verpflichtung zum gegenseitigen Beistand beruhte, zur Preisgabe dieser Verpflichtung wurde in der zweiten Hälfte 1989 vollzogen. Im Oktober 1989, noch vor dem Treffen mit Bush in Malta, erklärte der Sprecher des sowjetischen Außenministeriums, Gennady Gerassimow, nunmehr gelte die Sinatra-Doktrin (nach dem Song von Frank Sinatra »They can do it their way«). Damit war klargestellt, daß die Sowjetunion einem anderen sozialistischen Land keinen Beistand mehr leisten wird, sollte dies Land in Schwierigkeiten geraten.

Das »Stern«-Interview »Der Tapezierer«, »Tapezier-Hager« – das waren die Markenzeichen, die mir seit einem Interview mit dem »Stern« nicht nur von westlichen Medien angehängt wurden. Das Interview fand Ende März 1987 statt und erschien am 9. April in der Hamburger Zeitschrift. Die Redaktion hatte Fragen eingereicht, zu deren Beantwortung die Pressestelle unseres Außenministeriums einen Entwurf lieferte. Es war ein Fehler, daß ich mich zu eng an diesen Entwurf hielt und nicht meinen eigenen Stil gebrauchte.

Einige Antworten sind schematisch und wirken schönfärberisch. Der Kernpunkt des Interviews sind Fragen nach unserer Stellung zu den Vorgängen in der Sowjetunion.

»Stern« stellte die Frage: Die SED-Führung unterstützt die von Generalsekretär Michael Gorbatschow eingeleiteten Reformen, soweit diese die Sowjetunion betreffen. Zugleich betont die DDR ihre Eigenständigkeit bei der Entwicklung des Sozialismus. Sind die Zeiten vorbei, in denen das Land Lenins für deutsche Kommunisten bestimmendes Vorbild war? Oder anders gefragt: Gilt noch die Parole »Von der Sowjetunion lernen, heißt siegen lernen«? Ich sagte dazu, die DDR und die Sowjetunion seien Verbündete, sie hätten einen Vertrag über Freundschaft, Zusammenarbeit und gegenseitigen Beistand abgeschlossen. SED und KPdSU seien Bruderparteien, die regelmäßig ihre Erfahrungen austauschen, um voneinander zu lernen. Es sei vergebliche Mühe, zwischen uns einen Keil treiben zu wollen. Wir seien überzeugt, daß das vom

XXVII. Parteitag der KPdSU beschlossene Aktionsprogramm für das Wohl des Sowjetvolkes von grundlegender Bedeutung und zugleich von entscheidendem internationalen Gewicht sei. Wir hätten in der Vergangenheit nicht alles, was in der Sowjetunion geschah, kopiert, und auch die Sowjetunion kopiere nicht die DDR. Es scheine, daß westliche Medien an dem Thema vom »Kopieren« interessiert seien, weil es in ihr Bild von der »Hand Moskaus« oder von der angeblichen Einförmigkeit und Eintönigkeit des Sozialismus passe. Und ich fügte hinzu: »Würden Sie – nebenbei gesagt – wenn Ihr Nachbar seine Wohnung neu tapeziert, sich verpflichtet fühlen, Ihre Wohnung ebenfalls neu zu tapezieren?«

Natürlich hatte ich recht, als ich sagte, daß kein Land ein anderes einfach kopiert. Aber in der allgemein herrschenden Euphorie über die »Perestroika« in der Sowjetunion wurde mein Tapeten-Vergleich entgegen meiner Absicht und im Widerspruch zu meiner Überzeugung als Ablehnung jeglicher Reform in der DDR interpretiert. Westliche Medien, die Gorbatschow priesen und der »Perestroika«-Erfolg wünschten, ließen sich die Chance nicht entgehen, meinen Ausspruch über das Tapezieren gegen die »Betonköpfe« und uneinsichtigen »alten Herren« der SED-Führung auszunutzen. Andere wiederum sahen in dieser Äußerung eine Abgrenzung von der Sowjetunion, eine »national-kommunistische« Äußerung.

Als Teilnehmer am XXVII. Parteitag der KPdSU hatte ich begriffen, daß der krisenhafte Zustand der Sowjetunion nur durch eine Wende vor allem auf ökonomischem Gebiet überwunden werden konnte. Doch gerade auf diesem Gebiet fehlte eine klare Konzeption. Eine der ersten Maßnahmen Gorbatschows war der »Alkoholbeschluß«, der später als ein ernster Fehler angesehen wurde. Wir konnten und wollten diesen Beschluß nicht kopieren. Ebensowenig konnten wir die Wahl von Betriebsleitern übernehmen, denn dies hätte bedeutet, die Leitung der Betriebe dem Zufall zu überlassen.

Auch dieser Schritt der »Perestroika« wurde später als falsch angesehen. Die von sowjetischer Seite vorgeschlagene Bildung gemeinsamer Betriebe kam nur zögernd in Gang, weil die Projekte oft nicht durchdacht waren. So hatte ich von Anfang an zwar Verständnis für die Perestroika, aber auch Zweifel an der Richtigkeit und Zweckmäßigkeit verschiedener Maßnahmen. Als »Glasnost« immer mehr ausuferte, hatte ich ernste Befürchtungen über die Zukunft der Sowjetunion und des Sozialismus.

Das »Streitpapier« Im August 1987 verbrachten wir den Urlaub in Dierhagen am Darß. Mein Büro schickte regelmäßig Zeitungen und Post, darunter auch die Beschlußvorlagen für das Politbüro und das Sekretariat des ZK. Eines Tages befand sich darunter ein Dokument »Der Streit der Ideologien und die gemeinsame Sicherheit«. Es war von der Grundwertekommission der SPD und Vertretern der Akademie für Gesellschaftswissenschaften beim ZK der SED ausgearbeitet worden. Das Politbüro hatte dazu seine Zustimmung gegeben. Nur Alfred Neumann hatte Einwände erhoben und von einem unzulässigen Kompromiß gesprochen. Mir gefielen in dem Dokument einige Formulierungen nicht, aber dem Ganzen konnte ich zustimmen. Dies teilte ich dem Büro des Politbüros mit.

Es handelte sich nicht um ein gemeinsames Dokument des Parteivorstandes der SPD und des Politbüros der SED, aber die »Theorietanks« beider Parteien hatten sich auf einen gemeinsamen Standpunkt geeinigt. Schon dies war politisch bedeutsam. Ausschlaggebend für meine Zustimmung – und wohl auch die der anderen Mitglieder des Politbüros – war die Verpflichtung, gemeinsam für die Sicherung des Friedens einzutreten und sich dabei nicht durch die unterschiedlichen Weltanschauungen und politischen Meinungen behindern zu lassen.

Das Dokument wurde am 28. August 1987 im Zentralorgan der SED, »Neues Deutschland« veröffentlicht. Die Veröffentlichung löste in der Partei und der Öffentlichkeit lebhafte Diskussionen aus. Einige Formulierungen erweckten den Eindruck, daß wir ideologische und politische Grundpositionen preisgegeben hätten. Dies betraf vor allem folgende Fragen: Gibt es überhaupt Feinde des

Friedens und haben wir noch ein Feindbild? Ist der Imperialismus friedfertig? Ist der Kapitalismus reformfähig?

Auf diese Fragen ging ich in mehreren Reden ein.[7] Zum Feindbild sagte ich, mit Hinweis auf die Rolle des militärisch-industriellen Komplexes: »Wir hören nicht auf, die aggressiven Kräfte des Imperialismus als Feinde, als Gegner des friedlichen Lebens der Menschheit zu bekämpfen. Unsere Feinde sind nicht andere Völker und Staaten.« Zur Friedensfähigkeit des Imperialismus sagte ich: »Es handelt sich also darum, daß der Imperialismus friedensfähig gemacht werden muß, nicht, daß er von Natur aus friedfertig ist. Alle Bemühungen der Friedenskräfte, der Kräfte der Vernunft und des Realismus in der Welt müssen darauf gerichtet sein, die aggressiven Kreise des Imperialismus daran zu hindern, mit dem Inferno eines nuklearen Krieges zu spielen«.

Was die Reformfähigkeit des Kapitalismus angeht, vertrat ich den Standpunkt, daß wirksame Schritte zur Abrüstung, zur Umwandlung der Rüstungsproduktion für friedliche Zwecke denkbar sind, die zur Lösung sozialer und ökologischer Probleme beitragen könnten. »Doch bis zur Reform des Kapitalismus ist noch ein langer Weg. Natürlich wird der Kapitalismus nicht aufhören, eine Gesellschaftsordnung zu sein, die auf dem Privateigentum an den Produktionsmitteln, auf der Ausbeutung beruht«.

Auf diese Ausführungen reagierte die SPD äußerst heftig, so der Leiter der Forschungsabteilung der Friedrich-Ebert-Stiftung, Dr. Wilhelm Bruns, im »Sozialdemokratischen Pressedienst« (3.11.1987) sowie das Mitglied des Parteivorstandes der SPD, Volker Hauff, mit dem ich am 19. November 1987 im ZK zusammentraf. Dabei wurde deutlich, daß es den Sozialdemokraten nicht – wie uns – in erster Linie um Friedenssicherung ging, sondern um die ideologische Auseinandersetzung. Der Leiter der Grundwerte-Kommission der SPD, Eppler, hat zugegeben, daß mit dem Dokument eine offene Diskussion in der DDR ausgelöst und die »Reformkräfte« in der SED gestärkt werden sollten. Der Vertreter Epplers, Thomas Meyer, wunderte sich, daß Reisig, der zur

Delegation der Akademie für Gesellschaftswissenschaften gehörte, bei der Ausarbeitung des Dokuments viele Vorschläge der sozialdemokratischen Seite akzeptierte und eigentlich nur die Lieferung von Fotokopierern und Schreibmaschinen ablehnte.

Des Rätsels Lösung: »Reisig gehörte zu den ›Glasnost‹-Begeisterten in der SED und lag mit seinen Oberen immer wieder quer.«

Eppler klagte im März 1989 die SED des Vertragsbruchs an. Dazu meinte Egon Bahr, Eppler und seine Leute hätten ihren Frust hinsichtlich enttäuschter Erwartungen über die innere Wirkung des Papiers in der DDR abgeladen. Er spiele den Beleidigten, da einige seiner Vorstellungen nicht aufgegangen seien. In der Folgezeit spielte das »Streitpapier« kaum eine Rolle. Die Zusammenarbeit mit der SPD wurde auf dem Gebiet der Friedenssicherung durch Begegnungen zwischen Egon Bahr und Hermann Axen fortgesetzt. Über jeden Schritt wurde der Leiter der internationalen Abteilung der KPdSU, Boris Ponomarjow, informiert.

Das »Sputnik«-Verbot Auf die Metapher vom »Tapetenwechsel« antwortete kurze Zeit nach dem »Stern«-Interview Michael Gorbatschow – ohne einen Namen zu nennen – in einer Rede in Prag. Er betonte, daß es sich bei der »Perestroika« nicht um eine kosmetische Operation, sondern um eine grundlegende, revolutionäre Umgestaltung der Gesellschaft handelt. Gleichzeitig sagte er, jede kommunistische Partei sei selbst verantwortlich für das Geschick ihres Landes und Volkes. Dies war eine Absage an den sozialistischen Internationalismus, der zu Breshnews Zeiten die Beziehungen zwischen den sozialistischen Staaten bestimmt hatte. Allerdings war uns zu diesem Zeitpunkt die Bedeutung dieser Absage nicht bewußt.

Die »Perestroika« wurde in aller Welt gepriesen. Die führenden Staatsmänner und die Medien des Westens äußerten sich begeistert und sagten Gorbatschow jegliche Unterstützung zu. Das Mißtrauen, das diese westliche Euphorie weckte – hatten doch die USA und die NATO nie erklärt, daß sie ihre antisozialistischen Ziele aufgeben würden – trug dazu bei, daß die Wirkung der »Perestroika« auf die Bevölkerung der DDR unterschätzt wurde. Tatsächlich verstärkte sich die Ablehnung unserer einseitigen und oft langweiligen Agitation und Propaganda. Die Forderung nach mehr Offenheit und Meinungsstreit wurde lauter. Dies kam drastisch zum Ausdruck, als man eines Tages in »Neues Deutschland« lesen konnte, daß der Postminister den Bezug der sowjetischen Zeitschrift »Sputnik« verboten habe. Wie sich herausstellte, war dies eine eigenmächtige Entscheidung Erich Honeckers gewesen. Ich und andere Mitglieder des Politbüros erfuhren von dem »Sputnik«-Verbot durch die Presse.

Auch die Herausnahme der sowjetischen Filme (aus dem Programm einer sowjetischen Filmwoche) war das Werk Erich Honeckers. Er hatte mich übergangen und seinen Entschluß durch Egon Krenz dem Minister für Kultur übermittelt. Ich protestierte und konnte nach längerer Diskussion erreichen, daß alle Filme, bis auf einen, der Schulprobleme behandelte, wieder in das Kinoprogramm aufgenommen wurden. Aber der Schaden war nicht zu reparieren. Die Leser der Zeitschrift und die Besucher der Filmtheater reagierten mit einer Flut empörter Briefe. Jedes Mitglied des Politbüros erhielt Dutzende, wenn nicht Hunderte solcher Protestschreiben. Es wäre notwendig gewesen, gegen die Eigenmächtigkeit des Generalsekretärs im Politbüro zu protestieren, aber dazu kam es nicht, weil alle sich an eine falsch verstandene Parteidisziplin hielten. Da das Verbot nicht aufgehoben wurde, schwelte der Konflikt weiter. Diejenigen, denen die Freundschaft zur Sowjetunion am Herzen lag, sahen in der »Sputnik«-Affäre einen Bruch dieses Prinzips, einen Affront gegenüber dem Freund und Verbündeten.

Das »Sputnik«-Verbot war damit begründet worden, daß die Zeitschrift einige Artikel zur Geschichte der KPD veröffentlicht hatte, die einseitig waren. Zudem waren Dokumente aus dem Archiv der Komintern benutzt worden – einem Archiv, das nicht

Eigentum der KPdSU, sondern aller in der Komintern vertretenen Parteien war. Ich beschwerte mich während einer Beratung der Ideologiesekretäre 1988 in Ulan-Bator wegen dieser Artikel bei dem Vertreter der KPdSU, Alexander Jakowlew. Die Sache war nichtig, machte jedoch die Spannung deutlich, die sich zwischen SED und KPdSU herausbildete.

Mit Argwohn und wachsender Besorgnis verfolgten wir die unter der Flagge »Glasnost« vor sich gehende Darstellung der sowjetischen Geschichte als einer einzigen Kette von Fehlern, Gesetzesverletzungen, Repressalien und Verbrechen. In einem langen nächtlichen Gespräch konnte ich mich in Ulan Bator mit Alexander Jakowlew nicht verständigen. Er begründete die uferlose (um nicht zu sagen: zügellose) Geschichtskampagne damit, daß man dem Sowjetvolk die ganze Wahrheit sagen müsse. Ich war der Meinung, daß die ständige Hervorhebung alles Negativen und das Verschweigen des Positiven zu einem Verlust aller Werte, besonders bei der Jugend führen müsse. Schließlich bestehe der Aufbau des Sozialismus nicht nur aus Fehlern. Der Sieg über den Faschismus könne nicht einfach abgetan oder nur unter dem Gesichtspunkt eventuell falscher strategischer und taktischer Entscheidungen Stalins und der Heerführer gesehen werden. Wir konnten uns nicht einigen. Ich hatte das dumpfe Gefühl, daß in »Perestroika« und »Glasnost« eine zerstörerische Kraft am Werke war, die noch große Probleme bringen würde.

Wir hatten die »Perestroika« begrüßt als eine historische Wende für das Sowjetvolk, für Frieden und Sozialismus. Und wir hatten erklärt, daß wir diesen Prozeß mit Kräften unterstützen würden. So kam es nach 1985 zum Ausbau der wirtschaftlichen, wissenschaftlich-technischen und kulturellen Beziehungen zwischen der DDR und der Sowjetunion, was für beide Seiten von Vorteil war. Zugleich signalisierte jedoch das »Sputnik«-Verbot eine Abgrenzung, die nicht verborgen bleiben konnte.

Der ursprüngliche Zweck der »Perestroika« bestand darin, »im Rahmen der sozialistischen Option die Gesellschaft zu humanisieren, zu demokratisieren und menschenwürdige Lebensbedingungen zu schaffen« (Gorbatschow). Der politische Pluralismus hatte zum Entstehen neuer Institutionen und zahlreicher politischer Bewegungen geführt. Die KPdSU konnte ihren Macht- und Führungsanspruch nicht aufrechterhalten. Der Meinungspluralismus hatte die offene Kritik an der in der Sowjetunion herrschenden Ordnung gefördert. Entscheidend aber war, daß der vorgesehene Übergang zu einer regulierten Marktwirtschaft nicht gelang. Auf dem XXVIII. Parteitag der KPdSU mußte sich Gorbatschow gegen den Vorwurf verteidigen, die Partei habe das Land in ein globales Experiment hineingezogen, ohne dies theoretisch durch eine Reformkonzeption zu untermauern. In der programmatischen Erklärung dieses Parteitages (der im Juli 1990 stattfand) wurde darauf hingewiesen, daß sich einige Beschlüsse und Vorgehensweisen der Partei- und Staatsführung in den letzten Jahren als inkonsequent und manchmal als falsch erwiesen hätten. Fehlkalkulationen bei Investitionen und in der Export-Import-Politik sowie im Kampf gegen die Spekulation, die Antialkoholismuskampagne und Übertreibungen in der Genossenschaftsbewegung hätten zu negativen Folgen geführt. Der alte Wirtschaftsmechanismus sei demontiert und der neue noch nicht geschaffen worden. Die Kontrolle über den Geldumlauf und über die Marktsituation sei teilweise verloren gegangen und die Schaffung einer Rechtsgrundlage für die wirtschaftlichen und politischen Umgestaltungen verzögert worden. Das Land sei von ethnischen Konflikten erschüttert. Die staatliche Autorität sei verfallen und es verwischten sich die geistigen und moralischen Werte, heißt es in der programmatischen Erklärung des XXVIII. Parteitages.[8]

Die Sowjetunion, der Hauptverbündete der DDR, befand sich Ende der achtziger Jahre in einer tiefen wirtschaftlichen und politischen Krise, die sich immer mehr zuspitzte, so daß der XXVIII. Parteitag im Juli 1990 von einer Periode der politischen Instabilität, des sozialen und wirtschaftlichen Chaos sprechen mußte. Diese Krise mußte sich auf die DDR und die anderen sozialistischen

Länder auswirken. Für das Geschehen in der DDR ist natürlich vor allem die innere Entwicklung von Partei, Staat, Wirtschaft usf. entscheidend. Aber die Wechselbeziehungen mit der Sowjetunion können wegen der engen Verflechtung aller Bereiche auf keinen Fall unberücksichtigt bleiben.

Signale Wenn mir im Frühjahr 1989 jemand gesagt hätte, am Ende des Jahres würden sich die DDR in Auflösung und die Sowjetunion im Bankrott befinden, hätte ich ihn sicher ausgelacht. In der Sowjetunion war die »Perestroika« auf dem Weg zum Kapitalismus. Die wirtschaftliche Lage der DDR, besonders im Außenhandel und in der Versorgung, war schlecht, aber nicht hoffnungslos. Die Unzufriedenheit der Bürger äußerte sich in der Zunahme der Ausreiseanträge. Aber diese Probleme ließen sich – wie wir annahmen – bewältigen.

Signale, daß sich eine Veränderung anbahnte, kamen seit 1987 aus der internationalen Arena. So berichtete »Die Welt« am 4. Juni 1987 über ein Interview des amerikanischen Präsidenten Ronald Reagan, in dem es hieß: »Wir begrüßen nicht nur enge Kontakte zwischen Ost- und Westberlin, sondern die Beseitigung aller Barrieren zwischen den beiden Teilen dieser einen Stadt. Kurz gesagt: Wir wollen, daß die Berliner Mauer fällt, so daß die Wiedervereinigung aller vier Sektoren der Stadt eine Realität wird.« Von dem Viermächte-Abkommen über Westberlin war nicht mehr die Rede. Am 12. Juni 1987 hielt Reagan eine Rede am Brandenburger Tor, die in der Forderung gipfelte: »Mr. Gorbatschow, reißen Sie diese Mauer ein.«

Der amerikanische Botschafter in der Bundesrepublik, Burt, sagte in einem Interview u. a.: »Wir brauchen parallel zu den Abrüstungsverhandlungen zwischen Ost und West eine gemeinsame Strategie, um die politische Teilung in Europa und Deutschland zu überwinden... Wir müssen auf mehr Reisemöglichkeiten zwischen Ost und West und auf den Abbau von Grenzhindernissen – vor allem der Mauer in Berlin – bestehen.« Burt erklärte, daß die

Chancen für die Wiedervereinigung der Deutschen steigen. Die deutsche Wiedervereinigung sei nicht allein das Ziel der Deutschen, sondern ein Ziel des Westens. Wenn wir dies noch durch die Äußerung des sowjetischen Außenministers Schewardnadse ergänzen, er habe schon im Jahre 1986 die deutsche Wiedervereinigung als großes Thema auf der internationalen Tagesordnung vorausgesehen, er habe die Teilung für »ungerecht und unzulässig« gehalten und ihre Überwindung nicht nur als »historische Unvermeidbarkeit« angesehen, sondern als im Interesse der Sowjetunion und der Weltgemeinschaft, dann ist es klar, daß die »Lösung der deutschen Frage« schon seit Mitte der 80er Jahre von beiden Weltmächten hinter den Kulissen vorbereitet wurde. Die DDR sollte unter allen Umständen beseitigt werden.

Reagan und Burt konnten so offen für die Beseitigung des Status quo eintreten, weil es den USA im Ringen um die militärische Überlegenheit gelungen war, die Sowjetunion in die Defensive zu drängen, d. h. »in das Wettrüsten hineinzuziehen«, wie sich Gorbatschow ausdrückte. Die Führung der Sowjetunion hatte sich in den Afghanistankrieg eingelassen, der zu einem militärischen Debakel und zugleich zu einer Belastung der ohnehin schon maroden Wirtschaft wurde.

In dieser Situation betonte Gorbatschow, daß die Sowjetunion keinem sozialistischen Land zu Hilfe kommen werde, d. h. die Verträge über Freundschaft, Zusammenarbeit und gegenseitige Hilfe nicht wirksam seien. Die sog. Breshnewdoktrin, die auf der Einhaltung dieser Verträge, also auch auf der Verpflichtung zum gegenseitigen Beistand beruhte, wurde preisgegeben.

Obwohl es Signale gab, daß die Existenz der DDR durch die Änderung des Kräfteverhältnisses zwischen den USA und der Sowjetunion sowie das Verhalten Gorbatschows bedroht war, haben wir im Frühjahr 1989 diese Gefahr nicht wirklich ernst genommen. Der offizielle Besuch Erich Honeckers in Bonn (vom 7. bis 11. September 1987) hatte zu einem gemeinsamen Kommuniqué und zum Abschluß mehrerer bilateraler Verträge geführt. Beide Seiten waren davon ausgegangen, daß der Status quo erhalten bleibt. Keine Seite sah das rasante Tempo der Geschichte voraus, das im Herbst 1989 zum Ende der DDR führte.

Anmerkungen

1 Michael Gorbatschow, Umgestaltung und Neues Denken. Berlin 1987, S. 28 f.

2 Eine Wende von historischer Bedeutung. Bericht über den XXVII. Parteitag der KPdSU. In: Einheit H. 4 / 1986

3 Kurt Gossweiler in einem mir zur Verfügung gestellten Manuskript »Von vielen Schalen der Zwiebel: Gorbatschow«. Februar 1993

4 In: Wirtschaftswoche Nr. 41 v. 2. 10. 1992

5 Klaus Steiniger, Georg Arbatows Häutung. In: UZ v. 24. 12. 1993

6 In: Neues Deutschland v. 4. 12. 1989

7 Kurt Hager, Kontinuität und Veränderung. Berlin 1988

8 In: Neues Deutschland v. 16. 7. 1990

7. Kapitel 1989

Die wirtschaftliche Lage ■ Produktivkräfte und Produktionsverhältnisse ■ Defizit: Demokratie ■ Die SED im Frühjahr 1989 ■ Ferien ■ Stimmen der Opposition ■ Intrigen ■ Sprachlosigkeit ■ Besorgnis ■ Oktobertage ■ 40. Jahrestag der DDR ■ Wer zu spät kommt ■ Die Erklärung vom 11. Oktober ■ Tage in Moskau ■ Die Entscheidung ■ Der Antrag ■ Die 10. Tagung des ZK ■ Die »Wende« ■ Auszug aus Wandlitz ■ Verleumdungen ■ Außerordentlicher Parteitag ■ Ausschluß ■ Ausblick

Die wirtschaftliche Lage Als einen ernsten Mangel betrachte ich heute meine unzureichenden ökonomischen Kenntnisse. Ich habe zwar das »Kapital« und andere Werke zur Politökonomie studiert, aber keine gründlichen Kenntnisse etwa der Betriebswirtschaft oder des Geld- und Kreditwesens, die es ermöglicht hätten, den Ablauf wirtschaftlicher Vorgänge besser zu verstehen. So war meine Teilnahme an der Beratung der Volkswirtschaftspläne meist nicht durch Beiträge zur Wirtschaftspolitik, sondern vor allem durch das Bestreben bestimmt, für meinen Verantwortungsbereich (Wissenschaft, Volksbildung, Kultur, Gesundheitswesen) »etwas herauszuholen«.

Aufschwung und Niedergang der DDR können »in letzter Instanz« – wie sich Friedrich Engels oft ausdrückte – nur begriffen werden, wenn die Analyse ihrer wirtschaftlichen Entwicklung als Ausgangspunkt dient. Dabei kann das gegenwärtig von den Medien verbreitete Klischee (»40 Jahre marode Wirtschaft der DDR« oder »40 Jahre Mißwirtschaft«) nicht benutzt werden. Es handelt sich um eine unzulässige, ahistorische Aussage, die nur der Diffamierung der DDR dient.

An internationalen Maßstäben gemessen wies die DDR bis Mitte der 80er Jahre ein beachtliches Wachstum des produzierten Nationaleinkommens, der gesellschaftlichen Arbeitsproduktivität sowie der Konsumtion auf und erreichte auch eine Senkung des Energie- und Rohstoffeinsatzes. Das produzierte Nationaleinkommen stieg von 121,6 Milliarden Mark im Jahre 1970 auf mehr als 261 Milliarden Mark im Jahre 1987; die industrielle Warenproduktion wuchs von 248 Milliarden Mark auf 546 Milliarden Mark. Betrugen 1970 die Nettogeldeinnahmen der Bevölkerung 79,4 Milliarden Mark, so waren es 1987 156,3 Milliarden Mark.[1]

Diese Ergebnisse veranlaßten die konservative »Frankfurter Allgemeine Zeitung« zu der Einschätzung: »Parallel zur internationalen Anerkennung als eigenständiger Staat und der deutsch-deutschen Annäherung erlebte die DDR einen Wirtschaftsaufschwung, der sie in die Riege der zwölf größten Industriestaaten katapultierte und den Menschen den höchsten Lebensstandard aller kommunistisch regierten Staaten bescherte«.[2]

Dies war das Ergebnis der Arbeit von Millionen Arbeitern, Genossenschaftsbauern, Handwerkern, Angehörigen der Intelligenz und anderen Werktätigen.

Die FAZ fügte allerdings ihrer Analyse hinzu: »Das Wohlstandsgefälle zur Bundesrepublik blieb dennoch hoch, die außenwirtschaftlichen Ungleichgewichte (Verschuldung, Defizite) wuchsen und die Politik der wirtschaftlichen ›Intensivierung‹ entpuppte sich zunehmend als innovationshemmend und substanzzehrend«. Im Frühjahr 1989 war klar, daß »etwas nicht in Ordnung« war, und die beschwörende Formel, die Erich Honecker ausgegeben hatte, »alles in Ordnung zu bringen«, fruchtete nicht mehr. Die ständigen Diskussionen im Politbüro zeigten den Ernst der Lage.

Die wirtschaftlichen Schwierigkeiten wuchsen für die DDR mit der Explosion der Rohstoffpreise, besonders der Ölpreise Ende der 70er Jahre. Die Sowjetunion reduzierte von einem Tag auf den anderen ihre Erdöllieferungen um 2 Millionen Tonnen auf 17 Millionen Tonnen und orientierte sich an den Weltmarktpreisen. Die DDR war genötigt, in kurzer Frist vom Erdöl auf die verstärkte Nutzung der Braunkohle umzustellen und eine Einsparung von Brennstoffen und Energie zu erreichen. Dies überforderte die Wirtschaft.

Die Steigerung des produzierten Nationaleinkommens lag 1970–1987 dreizehn Jahre lang zwischen 4 und 6 Prozent, 4 Jahre lang unter 4 Prozent. Seit 1987 ging es zurück: 1987 plus 3,6 Prozent, 1988 plus 2,8 Prozent, 1989 plus 2 Prozent. Zugleich entstand seit den 70er Jahren eine wachsende Differenz zwischen dem produzierten und dem im Inland verwendeten Nationaleinkommen. Seit 1971 wuchs letzteres in fünf Jahren nur um weniger als 2 Prozent, in den Jahren 1982 bis 1984 gab es überhaupt kein Wachstum des im Inland verwendeten Nationaleinkommens. Dies hing mit der komplizierten Entwicklung im Außenhandel zusammen.

Auf das sozialistische Wirtschaftsgebiet entfielen 70 Prozent des Außenhandels der DDR. Mehr als ein Drittel des Rohstoffbedarfs der DDR wurden durch Importe aus der Sowjetunion gedeckt. Die DDR war auch auf den »nichtsozialistischen« Weltmarkt angewiesen, auf dem in den 70er und 80er Jahren die Bedingungen härter und schlechter wurden. Der Anteil von Maschinen und Ausrüstungen ging von 1980 bis 1988 um 2,1 Prozent zurück, so daß andere Waren (Oberbekleidung, Polstermöbel, Musikinstrumente etc.) von geringerem Wert exportiert werden mußten, um Devisen zu beschaffen. Die Konkurrenzfähigkeit der DDR-Industrie sank. Damit wurde es schwieriger, die Außenverschuldung, für deren Zinsen jährlich mindestens 11 Milliarden Mark Export in das nichtsozialistische Wirtschaftsgebiet erforderlich gewesen wären, zu senken.

Die geringe Verwendung des produzierten Nationaleinkommens im Inland wirkte sich zu Lasten der Akkumulation und des Konsums aus. Der Anteil der Akkumulation betrug 1970 29 Prozent, 1982 21,2 Prozent, 1988 21,5 Prozent. Im produzierenden Bereich konnten die erforderlichen Investitionen nicht gesichert werden. Einkommen und Kaufkraft der Bevölkerung stiegen schneller als deren Deckung durch Warenfonds und Dienstleistungen möglich war. Es entstand ein Kaufkraftüberhang, insbesondere durch das unbefriedigende Angebot an Kraftfahrzeugen, moderner Unterhaltungselektronik und Auslandstourismus. Der Staatshaushalt wurde zunehmend belastet durch die Subvention für Grundnahrungsmittel, Tarife, Mieten und Verkehr usf. sowie die Ausgaben für die Sozialpolitik. Niemand wagte, die Beseitigung der z. T. widersinnigen Subventionierung vorzuschlagen. In der zweiten Hälfte der 80er Jahre kam es zu großen Engpässen in der Versorgung. Dies alles erhöhte die Unzufriedenheit der Bürger und die Attraktivität der bundesdeutschen Konsumgesellschaft. In dieser Situation, in der noch nicht von einer Krise, wohl aber von einer ernsten Lage gesprochen wurde, legten weder die Regierung noch die wirtschaftspolitischen Abteilungen des ZK ernsthafte Vorschläge für eine Lösung der Probleme vor. Alle erhofften das Heil vom XII. Parteitag. Bis dahin würden wir schon durchhalten.

Produktivkräfte und Produktionsverhältnisse Wenn nach den Ursachen der Niederlage des »real existierenden Sozialismus« in der DDR gesucht wird, müßte meines Erachtens vom Stand der Produktivkräfte und Produktionsverhältnisse ausgegangen werden. Zwar wurde seit Mitte der 60er Jahre auf die Meisterung der wissenschaftlich-technischen Revolution orientiert. Aber weder die Mittel noch das Tempo reichten aus, um diese Aufgabe im gesamtgesellschaftlichen Umfang zu bewältigen. So wurde viel zu spät mit der Entwicklung einer elektronischen Industrie begonnen. Hinzu kam in den 80er Jahren der Rückgang der Akkumulation und der Investitionen, so daß viele Betriebe über Rationalisierungsmaßnahmen kleineren Umfangs nicht hinauskamen. Neben modernen Betrieben mit automatischer Fertigung gab es viele Betriebe, die mit veralteten Produktionsmitteln arbeiteten, so daß die Produktion oft unterbrochen werden mußte.

Seit 1985 nahm die Polarisierung zwischen neuen und alten Produktionsausrüstungen zu. Im Bereich der Elektrotechnik/Elektronik, des allgemeinen Maschinen-, Landmaschinen- und Fahrzeugbaus waren viele Ausrüstungen nicht älter als 5 Jahre. Im Erzbergbau, der Metallurgie, der Kaliindustrie, der Textilindustrie waren viele Maschinen und Anlagen jedoch älter als 20 Jahre. Das technische Niveau vieler Erzeugnisse der metallverarbeitenden Industrie und der Elektrotechnik/Elektronik entsprach nicht dem Weltstand und war nicht konkurrenzfähig.

Hinzu kam die Notwendigkeit, im Interesse der Modernisierung der Volkswirtschaft das High-Tech-Embargo des Westens zu umgehen und eine eigene mikroelektronische Industrie sowie die Produktion von Computern aufzubauen. Obwohl für den Aufbau der Mikroelektronik 14 Milliarden Mark ausgegeben wurden, konnte der Rückstand gegenüber dem Westen nicht aufgeholt werden.

Über die Notwendigkeit einer eigenen mikroelektronischen Basis, die eng mit der sowjetischen Industrie und Forschung verbunden sein sollte, gab es keine Meinungsverschiedenheiten. Aber die gemeinsame Produktion mit der Sowjetunion oder einem anderen sozialistischen Land kam nie ernsthaft in Gang. Das zeigte sich insbesondere, als unsere Wissenschaftler und Ingenieure das Labormuster eines 1-MEGA-Bit Chips vorlegten. Es kam keine Vereinbarung mit der Sowjetunion über die Überführung in die Produktion zustande. Überhaupt hatte die wirtschaftliche und wissenschaftliche Zusammenarbeit mit der Sowjetunion und dem RGW wenig Effektivität. Ich hatte den Eindruck, daß mehr Zeit für Sitzungen und die Bildung immer neuer Komitees aufgewandt wurde als für die tatsächliche ökonomische Integration.

Produktivkräfte und Produktionsverhältnisse stimmten nicht überein. Die Bildung großer Kombinate war richtig, aber deren Reaktionsfähigkeit auf die sich rasch verändernden Marktbedingungen in der Welt war gering. Das Experiment zur Eigenerwirtschaftung der Mittel erfaßte nur 16 Kombinate (von 150) und kam nicht zur vollen Geltung. Die Eingliederung der privaten und halbstaatlichen Betriebe in die Kombinate hat sich als ein Fehlschlag erwiesen. Mehr Gewicht auf gemischte Wirtschaftsformen, volkseigene, genossenschaftliche, halbstaatliche und private wäre notwendig gewesen.

War die Planwirtschaft – wie manche meinen – ein Fehler? Jeder multinationale Konzern arbeitet heutzutage nach strenger Planung seiner Produktion. Der Fehler bestand m. E. nicht in dem Bestreben, nach volkswirtschaftlichen Plänen zu arbeiten, sondern in der unzureichenden Verbindung von Plan und Markt, in der ungenügenden Beachtung der Ware-Geld-Beziehungen.

Planwirtschaft ermöglicht eine rationale Verteilung und Nutzung der Ressourcen, darf aber nicht in ein rigides administratives System verwandelt werden, das jede Initiative hemmt.

Doch lassen sich durch subjektive Entscheidungen bzw. durch Fehlentscheidungen die objektiven ökonomischen Gesetze nicht aus der Welt schaffen. Diese haben auf die Entwicklung der DDR einen maßgebenden Einfluß ausgeübt. Die DDR hatte einfach nicht die Kraft (die materiellen und finanziellen Ressourcen), um auf sich allein gestellt die Aufgaben eines modernen Industriestaates zu bewältigen. An der vollständigen Eingliederung in die Weltwirtschaft und der dadurch möglichen Arbeitsteilung wurde sie durch den kalten Krieg, das High-Tech-Embargo und die Sperrung von Bankkrediten gehindert. Unter diesen Bedingungen blieb ihr nur die Zusammenarbeit mit der Sowjetunion und den anderen sozialistischen Staaten, die weder in Produktion noch Konsumtion einen Stand erreicht hatten, der mit dem der USA oder der BRD vergleichbar gewesen wäre. Die Arbeitsproduktivität blieb in der DDR wie in allen anderen sozialistischen Ländern weit unter derjenigen entwickelter kapitalistischer Länder.

Defizit: Demokratie Im Januar 1988 hatte ich in einer Rede erklärt, wir bräuchten uns mit unserer Demokratie nicht zu verstecken, wir hätten keinen Nachholebedarf, wie die westliche Propaganda behauptete. Nun, im Frühjahr 1989 traten einige Defizite an Demokratie klar zu Tage. Angesichts der sich verschlechternden wirtschaftlichen Lage wäre es erforderlich gewesen, dem Volk die Wahrheit zu sagen und Offenheit mit der Aufforderung zu verbinden, gemeinsam einen Ausweg zu suchen (durch sparsamen Umgang mit Energie, durch Verminderung von Importen usf.). Statt dessen setzten Presse, Fernsehen und Rundfunk im Einverständnis mit Erich Honecker, Günter Mittag und Joachim Herrmann die Berichterstattung über wirtschaftliche Erfolge fort und vermieden es, auf Schwierigkeiten in der Wirtschaft aufmerksam zu machen. Diese Erfolgspropaganda stieß auf heftige Proteste, da jedermann die Mängel in der Produktion und die Engpässe in der Versorgung kannte. Die Informationspolitik mit ihrer Schönfärberei hat viel dazu beigetragen, daß sich die Stimmung verschlechterte und sich die Bürger entmündigt fühlten.

An die Stelle öffentlicher Stellungnahmen zu Gesetzesentwürfen, wie sie z. B. 1965 zum Gesetz über das einheitliche sozialistische Bildungssystem erfolgten, traten in den 70er und 80er Jahren mehr und mehr zentrale Entscheidungen, die im Politbüro oder in der Regierung ohne vorherige öffentliche Beratung getroffen wurden. Die Bürger hatten das Gefühl, daß ihre Meinung nicht mehr gefragt war.

Am 7. Mai 1989 fanden in der DDR Kommunalwahlen statt, die letzten mit einer Einheitsliste. Im Politbüro herrschte Übereinstimmung, daß diese Wahlen die wirkliche Stimmung wiedergeben würden, d. h. daß mit einem höheren Anteil an Nein-Stimmen gerechnet werden muß. Bürgerrechtler und kirchliche Kreise hatten die Absicht geäußert, den Wahlvorgang zu überwachen. Dennoch kam es in einigen Wahlkreisen – so in Berlin – zu Manipulationen. Die Anzahl der Gegenstimmen wurde reduziert. Proteste wurden abgewiesen. Der sozialistischen Demokratie wurde arger Schaden zugefügt. In den Jahrzehnten, die seit dem Ende des Krieges vergangen waren, hatten grundlegende gesellschaftliche Umwandlungen stattgefunden. In der DDR ging es um die Vervollkommnung des Sozialismus, um eine Gesellschaft, die allen Bürgern soziale Sicherheit und Gerechtigkeit gewährleistet und allen die gleiche Chance gibt, sich zu bilden und zu entwickeln. Gerade diese Zielstellung erforderte eine Demokratie, in der jeder mitplant, mit entscheidet und mitregiert. Dazu waren Voraussetzungen vorhanden. Ich fand es bemerkenswert, daß es bspw. im VEB Carl Zeiss Jena 22 Abgeordnete gab, die als Arbeiter oder Ingenieure ihre Kollegen in der Stadtverordnetenversammlung, dem Kreistag, Bezirkstag oder der Volkskammer vertraten. Die örtlichen Volksvertretungen erhielten im Lauf der Zeit ein größeres Gewicht. Besonders das entsprechende Gesetz von 1985 bedeutete einen Fortschritt in Sachen Demokratie. Neben den Volksvertretungen gab es zahlreiche demokratische Gremien, die eine Mitwirkung der Bürger an der Lösung gesellschaftlicher Probleme ermöglichten – von den Vertrauensleuten der Gewerkschaft, den Konfliktkommissionen in den Betrieben, den gewählten Elternbeiräten an den Schulen bis zum Forschungsrat der DDR. Dem Ausbau und der Entwicklung der sozialistischen Demokratie wurde jedoch, wie ich meine, nicht die Bedeutung beigemessen, die notwendig gewesen wäre. Es fällt mit schwer zu verstehen, weshalb wir den Weg zum Ausbau einer breiten Demokratie, zur offenen Darlegung der Probleme, zur Einbeziehung aller Bürger , zur ungeschminkten Wahrheit so zögerlich eingeschlagen haben. Vielleicht, weil auch in unserem Bewußtsein von dem demokratischen Zentralismus nur noch der Zentralismus übrig geblieben war?

Ein Problem, das ebenfalls nicht die erforderliche Beachtung fand, ist das Verhältnis von Demokratie und Eigentum. In den volkseigenen Betrieben hatten die Arbeiter zwar den von der Gewerkschaft mit der Werksleitung vereinbarten Betriebskollektivvertrag und ihre gewerkschaftlichen Vertrauensleute. Sie waren in der Werksleitung vertreten und hatten z. T. weitgehende Möglichkeiten der Mitbestimmung. Es wurde jedoch keine Form gefunden – sei es durch Aktien oder auf andere Art –, um jedem Mitglied der Belegschaft das Bewußtsein zu vermitteln: Ich bin der Miteigentümer, denn der Besitzer ist das Volk und ich bin der Treuhänder, verantwortlich für die Maschinen, für die Qualität der Erzeugnisse, für den Gewinn. In den Landwirtschaftlichen Produktionsgenossenschaften war dieses Eigentümerbewußtsein besser ausgeprägt.

Die Frage des Eigentums ist nur ein Beispiel dafür, wo die »Reserven« für die Entwicklung der sozialistischen Demokratie lagen. Diese »Reserven« nicht erschlossen zu haben, ist eine weitere Ursache des Untergangs der DDR.

Die SED im Frühjahr 1989 In den Verfassungen der DDR von 1968 und 1974 war festgelegt, daß der Staat DDR »unter Führung der Arbeiterklasse und ihrer marxistisch-leninistischen Partei« steht. Dieser Führungsanspruch ergab sich daraus, daß die SED als stärkste Partei der DDR vor allem in der Arbeiterklasse, der Mehrheit der Bevölkerung, verankert war. Er ergab sich auch aus der Tradition, d. h. aus den Erfahrungen der deutschen Arbeiterbewegung vor 1933 und dem Kampf von Kommunisten und Sozialdemokraten gegen den Hitlerfaschismus 1933 bis 1945. Die SED war eine antifaschistische Partei.

Der Führungsanspruch mußte ständig neu errungen werden. Die Mitglieder und Kandidaten der SED haben sich, wo immer sie tätig waren, für die Stärkung und Festigung des sozialistischen Staats und die Interessen seiner Bürger eingesetzt. Ohne ihr Wirken konnte die DDR nicht gedeihen.

Wie weit sich die Partei von ihren eigenen Verhaltensmustern entfernte, zeigt u. a. die Tatsache, daß sich im Sprachgebrauch (nach sowjetischen Muster) die Aussage »die Partei und die Regierung haben beschlossen« einbürgerte. Der Block der demokratischen Parteien und Massenorganisationen bzw. die Nationale Front wurden nicht mehr erwähnt. Sie wurden gelegentlich vom Generalsekretär oder einem Sekretär des ZK über die politische Lage informiert. Eine echte Zusammenarbeit fand nicht statt (dies kann durch den Hinweis, die Blockparteien hätten ja ihre Fraktionen in der Volkskammer und ihre Vertreter im Staatsrat gehabt, nicht entkräftet werden).

Die SED hat sich formal zwar stets an ihr Statut gehalten. Sie hat ihre Wahlen in den Grundorganisationen, den Kreisen und Bezirken und zu den Parteitagen ordnungsgemäß durchgeführt. Das formal richtige Verfahren des Wählens verlor aber dadurch an Wert, daß sich im Lauf der Zeit die Gewohnheit einbürgerte, den unteren Parteiorganisationen durch die übergeordnete Leitung die Namen der zu Wählenden vorzugeben.

Das Politbüro nahm zwischen den Tagungen des Zentralkomitees Stellung zu allen wesentlichen Fragen der Innen- und Außenpolitik. Es legte vor dem ZK Rechenschaft über seine Tätigkeit ab. Jeder Tagung des ZK lag ein Bericht des Politbüros zur Diskussion und Beschlußfassung vor. Weder das Zentralkomitee noch das Politbüro waren gesetzgebende Organe. Sie konnten die Volkskammer und den Staatsrat der DDR nicht ersetzen. Ich erwähne das Statut der SED, weil seit 1990 besonders durch die bundesdeutsche Justiz allerlei Märchen über die Verfassung der SED und die Rolle des Politbüros verbreitet wurden.

Eine Besonderheit der politischen Struktur bestand darin, daß der Apparat des ZK ein Abbild des Staatsaufbaus war oder umgekehrt. Dem Ministerium für Kultur entsprach die Abteilung Kultur des ZK, deren Aufgabe in der Anleitung der Parteiorganisationen im Ministerium bestand, die jedoch oft selbst in die Belange des Ministeriums eingriff. Der Abteilung Volksbildung im ZK der SED entsprach das Ministerium für Volksbildung usf.. Diese Parallelität war sowjetischen Ursprungs und erwies sich als uneffektiv und kostspielig.

Der Organisationsaufbau der SED beruhte auf dem Prinzip des demokratischen Zentralismus. Alle Parteiorgane von unten bis oben wurden demokratisch gewählt. Die gewählten Parteiorgane waren zur regelmäßigen Berichterstattung über ihre Tätigkeit vor den Organisationen verpflichtet, durch die sie gewählt wurden. Alle Beschlüsse der höheren Parteiorgane waren für jede untere Organisation verbindlich. Die Mitglieder und Kandidaten waren verpflichtet, straffe Parteidisziplin zu üben. Die Minderheit mußte sich der Mehrheit unterordnen. Die innerparteiliche Demokratie verbürgte jedem Parteimitglied und Kandidaten das Recht, frei und sachlich in den Parteiorganisationen zu allen Fragen der Politik der Partei Stellung zu nehmen. In der Praxis kam es nicht selten zur Verletzung dieser Prinzipien. In den 80er Jahren zeigte sich bei den Mitgliedern der Partei eine höhere Sensibilität für die Frage, wohin der Weg des Sozialismus und der DDR führt. Über die Informationspolitik wurde Unmut geäußert, das Fehlen von Parteiinformationen zur Erläuterung politischer Entscheidungen kritisiert. Die »Sensibilität« reichte von dem berechtigten Ärger über die Arbeit staatlicher Organe oder von Leitungen der Partei bis zu Forderungen nach deren Ablösung. Die Unzufriedenheit war gerechtfertigt, weil sich das Gewicht immer mehr vom »demokratischen« zum administrativen Zentralismus verschob und die Mitglieder nicht in Entscheidungsprozesse einbezogen wurden.

Die Tendenz, alles nach oben abzuschieben und oben zu entscheiden wurde durch das Fehlen von Kritik und Selbstkritik unterstützt. Mit dem Argument, »wenn wir unsere Schwierigkeiten aufdecken, werden dies die Gegner ausnutzen«, wurde offene Kritik vereitelt. Da die westlichen Beobachter dennoch über Mängel in unserer Wirtschaft oder andere Mißhelligkeiten berichteten, entstand oft die paradoxe Situation, daß diese Meldungen der Anlaß wurden, um bestimmte Mängel (etwa in der medizinischen Versorgung) zu beseitigen. Es wäre an der Zeit gewesen, diese Situation gründlich zu analysieren, aber wir nahmen uns nicht die Zeit dazu, und dafür wurden wir bestraft.

Ferien Im August 1989 verbrachte unsere Familie den Urlaub im Erholungsheim des ZK in Baabe. Wir waren zum ersten Mal in diesem Heim, das vorwiegend Mitgliedern und Abteilungsleitern des ZK, verantwortlichen Mitarbeitern von Massenorganisationen, ausländischen Gästen und deren Familien – insgesamt etwa 350 Personen – zur Erholung diente. Das Heim hatte den Standard eines erstklassigen Hotels und bot alle Möglichkeiten zur Erholung. Das Augustwetter war sehr schön, wir konnten in der Ostsee baden. Ich spielte fast jeden Morgen Tennis.

Mitten in unsere Ferienidylle platzte die Nachricht, daß am 19. August Hunderte Urlauber aus der DDR bei Sopron die Grenze zwischen Ungarn und Österreich durchbrochen hatten, um in den Westen zu gelangen. Sie nutzten zu diesem spektakulären Schritt ein Treffen (»Picknick«), das die von Otto von Habsburg geleitete »Paneuropäische Union« an der Grenze veranstaltete. Dies war sicher nicht zufällig, hatte doch der ungarische Staatsminister Pozsgay gemeinsam mit dem Habsburger die Schirmherrschaft über das Treffen übernommen. Mehr als 600 DDR-Bürger, die in die BRD übersiedeln wollten, nahmen an diesem »Picknick« teil und überschritten die Grenze. Die westlichen Medien behandelten das Ereignis als eine willkommene Sensation.

Ich kannte die Hintergründe des Geschehens in Ungarn nicht. Erst im Verlauf des September erfuhr ich Einzelheiten. Heute läßt sich der Hergang, vor allem an Hand der Erinnerungen des früheren ungarischen Außenministers Gyula Horn, genau rekonstruieren. Tausende Urlauber aus der DDR hielten sich in der zweiten Augusthälfte in Ungarn auf, ein Teil in Lagern oder in der Botschaft der Bundesrepublik. Nach dem Grenzdurchbruch von Sopron kamen weitere DDR-Bürger hinzu, die in Bulgarien oder Rumänien Urlaub gemacht hatten. Auf Grund eines gültigen bilateralen Reiseverkehrsabkommens zwischen Ungarn und der DDR war die ungarische Seite verpflichtet, jeden, der über die ungarisch-österreichische oder ungarisch-jugoslawische Grenze in den Westen flüchten wollte, in die DDR zurückzuschicken. Das ungarische Außenministerium zögerte, dies den ausreisewilligen DDR-Bürgern bekannt zu geben. Es berief sich darauf, daß das Abkommen von der früheren Regierung abgeschlossen worden sei und keine Gültigkeit mehr habe. Dies war eine Ausflucht. Das Abkommen war gültig, aber Ungarn hatte aufgehört, sich als sozialistischer Staat zu fühlen.

Horn und seine Mitarbeiter suchten nach einem Ausweg und berieten darüber mit dem Bonner Staatssekretär Jürgen Sudhoff, der ihnen die Anerkennung und den Dank der Bundesregierung dafür übermittelte, daß sie entschlossen waren, die DDR-Bürger nicht aus Ungarn abzuschieben. Nach einigem Hin und Her über mögliche Wege zur Ausreise nach der Bundesrepublik entschlossen sich Ministerpräsident Miklos Nemeth und Horn, die Grenze zu öffnen. Zuvor hielten sie es für erforderlich, nach Bonn zu reisen, um sich mit Kohl und Genscher zu verständigen. Nemeth berichtete im September 1990 auf einer Tagung in Woodstock (Großbritannien) über dieses Treffen mit Bundeskanzler Kohl, auf dem er diesen über die bevorstehende Öffnung der ungarischen Grenze informiert habe. Sichtlich bewegt habe Kohl gesagt: »Das deutsche Volk wird Ihnen diese Entscheidung nie vergessen«. In der Meldung der Nachrichtenagentur AP heißt es, Nemeths Flug in die Bundesrepublik sei unter absoluter Geheimhaltung erfolgt. Dies sei notwendig gewesen, weil einige Hinweise in DDR-Zeitungen darauf hingedeutet hätten, »daß sie ahnten, daß etwas vorging«. So habe er auf einem Flugplatz der US-Armee landen müssen, von dem die Presse ausgeschlossen werden konnte. Von dort sei er dann zum Schloß Gymnich bei Bonn gefahren. Nemeth berichtete ferner, daß seine Regierung die Entscheidung zur Grenzöffnung auf einer halbstündigen Kabinettssitzung getroffen habe, an der sechs Minister teilnahmen. Nur Innenminister Istvan Horvath sei dagegen gewesen.[3]

Die internationale Lage war so gespannt, daß ich einem Freund aus der BRD die Auskunft gab, der kalte Krieg würde sich wieder zuspitzen und ein Konflikt zwischen NATO und Warschauer Pakt möglich sein. Dies war übertrieben, zeigte jedoch, daß die Sorge um die Lage in der DDR und die internationale Entwicklung auch in dieser schönen Ferienzeit nicht verdrängt werden konnte.

Ende August äußerte der Direktor des Hamburger Instituts für Friedensforschung, SPD-Präsidiumsmitglied Egon Bahr, ähnliche Befürchtungen. Die Entwicklung in der Sowjetunion und Osteuropa enthalte auch zwischenstaatliches Konfliktpotential und sicherheitspolitische Risiken, sagte er. Interessant war seine Antwort auf die Frage, ob der »Entvölkerungsprozeß« in der DDR und die »Vorenthaltung des Rechts auf Freizügigkeit« den Entspannungsprozeß nicht in Gefahr brächten. Er sehe größere Schwierigkeiten und Gefahren sowohl in der Vorenthaltung wie in der Gewährung von Freizügigkeit. Weder die Gesellschaften noch die Staaten auf beiden Seiten könnten es aushalten, wenn von heute auf morgen eine Gewährung von totaler Freizügigkeit erfolge. Die Kunst der Politik und politischer Lösungen bestehe darin, die Gewährung von Freizügigkeit in der richtigen Dosierung zu finden. Die Beschleunigung des Abrüstungsprozesses durch Ergebnisse bei den Wiener Verhandlungen sei die unmittelbarste Maßnahme, den Völkern Osteuropas zu helfen, weil dadurch Mittel freigesetzt würden, die zur Erhöhung des Lebensstandards benötigt würden.[4]

Stimmen der Opposition Anfang September nahm ich meine Tätigkeit im ZK wieder auf. Die Sitzungen des Politbüros und des

Sekretariats wurden von Günter Mittag geleitet. Dies war ungewöhnlich, denn bisher war Erich Honecker während seiner Abwesenheit stets von Egon Krenz oder Horst Dohlus vertreten worden. Die Übertragung der Verantwortung an Mittag war auf einer Sitzung des Politbüros Mitte August erfolgt, zu welcher Erich Honecker, der sich von einer Operation erholte, erschienen war. Krenz war in Urlaub und sollte anschließend nach China reisen, um an den Feierlichkeiten anläßlich des 40. Jahrestages der Volksrepublik teilzunehmen.

Wenn man von der Atmosphäre ausging, die in der Parteiführung herrschte, konnte man annehmen, daß alles in Ordnung sei. »Wir bereiten uns auf den 40. Jahrestag der DDR vor, alles andere wird zurückgestellt«, hieß die Devise, die Günter Mittag befolgte. Sie sollte sich als verhängnisvoll erweisen.

Bei meiner Rückkehr aus dem Urlaub fand ich Materialien oppositioneller Kräfte vor, die eine neue Qualität aufwiesen. Bisher hatte man in kleinen Gruppen gehandelt, jetzt schloß man sich um ein politisches Programm zusammen. So trat am 14. September eine Gruppe »Aufbruch 89 – Neues Forum« mit einem Flugblatt hervor, in dem es hieß: »In unserem Land ist die Kommunikation zwischen Staat und Gesellschaft offensichtlich gestört. Belege dafür sind die weit verbreitete Verdrossenheit bis hin zum Rückzug in die private Nische oder zur massenhaften Abwanderung. Fluchtbewegungen dieses Ausmaßes sind anderswo durch Not, Hunger und Gewalt verursacht. Davon kann bei uns keine Rede sein«. In dem Flugblatt wurden konkrete Forderungen erhoben, so u. a.: »Auf der einen Seite wünschen wir uns eine Erweiterung des Warenangebots und bessere Versorgung, andererseits sehen wir deren soziale und ökologische Kosten und plädieren für die Abkehr von ungehemmtem Wachstum. Wir wollen Spielraum für wirtschaftliche Initiativen, aber keine Entartung in eine Ellbogengesellschaft. Wir wollen das Bewährte erhalten und doch Platz für Erneuerung schaffen. Wir wollen geordnete Verhältnisse, aber keine Bevormundung. Wir wollen freie, selbstbewußte Menschen, die doch gemeinschaftsbewußt handeln. Wir wollen vor Gewalt geschützt sein und dabei nicht einen Staat von Bütteln und Spitzeln ertragen müssen«. In dem Flugblatt wurde ein demokratischer Dialog über die Aufgaben des Rechtsstaates, der Wirtschaft und der Kultur vorgeschlagen. Das »Neue Forum« wollte eine politische Plattform für die ganze DDR sein, die es allen Bürgern ermöglichen sollte, an der Diskussion und Bearbeitung lebenswichtiger Gesellschaftsprobleme, an der Umgestaltung unserer Gesellschaft teilzunehmen.

Neben dem »Neuen Forum« traten andere Gruppen hervor. In einem »Aufruf zur Einmischung in eigner Sache« wurde eine »Bürgerbewegung Demokratie Jetzt« für eine demokratische Umgestaltung in der DDR vorgeschlagen. Am 12. September bildete sich eine Initiativgruppe zur Gründung einer sozialdemokratischen Partei in der DDR. Sie erklärte: »Die notwendige Demokratisierung der DDR hat die grundsätzliche Bestreitung des Wahrheits- und Machtanspruchs der herrschenden Partei zur Voraussetzung«. Schließlich entstand Anfang Oktober der von Pfarrer Eppelmann initiierte »Demokratische Aufbruch«. Das massive Auftreten dieser Gruppen hätte als Signal für die Stimmung im Land aufgenommen werden müssen. Jetzt wäre es notwendig gewesen, sich mit den Vertretern dieser Bürgerbewegungen sowie der Kirchen an einen runden Tisch zu setzen. Vielleicht wäre ein solcher Versuch gescheitert, vielleicht wäre ein solches Treffen wie das Hornberger Schießen ausgegangen. Jedoch ein Vorschlag zu einer gemeinsamen Aussprache wurde überhaupt nicht in Erwägung gezogen. Für das Politbüro galten diese Gruppen als Gegner des Sozialismus. Das Ministerium des Inneren erklärte – natürlich auf Weisung – das Neue Forum, das in seinem Aufruf von einem »Staat von Bütteln und Spitzeln« geschrieben hatte, als verfassungsfeindlich, und das Ministerium für Staatssicherheit verstärkte die Überwachung dieser Gruppen.

Heute bin ich überzeugt: Eine Chance für eine Verständigung der verschiedenen gesellschaftlichen Kräfte und Gruppierungen, um einen Reformprozeß einzuleiten, wurde vertan. Partei und Staatsführung wirkten wie von Blindheit geschlagen. Ich nehme mich davon nicht aus, denn auch ich betrachtete diese oppositionellen Gruppierungen als destruktive, antisozialistische Kräfte und erkannte nicht, daß die weitere sozialistische Entwicklung der DDR durch grundlegende demokratische Reformen ohne Zusammenarbeit mit diesen Gruppen nicht möglich war.

Wäre ein solcher Versuch unternommen worden, hätte sich rasch gezeigt, wer sein antisozialistisches Gesicht hinter einer »demokratischen« Fassade verbarg (diese Scheidelinie trat erst vom Frühjahr 1990 an klar zutage).

Es fällt nicht leicht einzugestehen, daß die Möglichkeit, zu einer Verständigung und gemeinsamen Lösung der gesellschaftlichen Probleme zu kommen, nicht wahrgenommen wurde. Dabei hatte ich in einem kurzen Gespräch mit Altbischof Schönherr, Präses Becker und Prof. Fink von der theologischen Fakultät der Humboldt-Universität Berlin festgestellt, daß der Wunsch zum Meinungsaustausch über die gesellschaftlichen Probleme vorhanden war. Das Gespräch fand im Anschluß an die Premiere des Films von Lothar Warnecke »Einer trage des anderen Last« statt, eines Films, der den schwierigen Prozeß der Verständigung von Kommunisten und Christen zum Inhalt hat. Wir waren uns einig gewesen, daß diese Verständigung notwendig ist im Interesse des Friedens und einer gerechten sozialen Entwicklung. Nun aber, als Mitte September die Aufgabe darin bestand, sich mit den »Andersdenkenden« zu verständigen, tat ich nichts, um das Gespräch fortzusetzen. Die Ursache dieses Versagens sehe ich in einer völligen Fehleinschätzung der Lage. Wir hatten das Ausmaß der Unzufriedenheit und Verdrossenheit breiter Schichten der Bevölkerung, besonders der Jugend, nicht erkannt und auch die Einwirkung westlicher Medien und Institutionen unterschätzt.

Intrigen Meine erste »Amtshandlung« nach dem Urlaub war die Eröffnung des Einjahreslehrgangs an der Jugendhochschule »Wilhelm Pieck« am Bogensee. Daran nahmen Jugendliche aus 50 Ländern teil, die einen internationalen Kurs besuchten. Seit vielen Jahren hielt ich diese Vorlesung Anfang September. Ich hatte sie schriftlich ausgearbeitet, aber das Manuskript nie benutzt, da es mir unmöglich war, vor Jugendlichen einen Text vorzulesen. Ich sprach frei.

Dieses Mal konzentrierte ich mich auf den Nachweis, daß jede Generation, wenn sie die Entwicklung der Gesellschaft verstehen und mitgestalten will, einen Kompaß braucht, eine wissenschaftliche Weltanschauung. Dies könne nur der Marxismus-Leninismus sein, der eine tiefgreifende Wirkung in Geschichte und Gesellschaft hat und der sich auch durch das in der DDR Erreichte als richtig erweist. Der Sozialismus sei weder ein Experiment noch eine Utopie, vielmehr Ausdruck und Resultat des Strebens der werktätigen Menschen nach Glück und Frieden. Seine Gestaltung verlange große Anstrengungen und sei ständigen Angriffen ausgesetzt. Ich sprach über die entstandene Lage, über das Verlassen der Republik, die Mängel in der Versorgung und bürokratische Hindernisse. Dies wurde von den Studenten gut aufgenommen.

Das Hauptthema, mit dem sich Politbüro und ZK-Sekretariat in diesen Tagen befaßte, war die schwierige Situation mit den ausreisewilligen DDR-Bürgern und die Weigerung der ungarischen Seite, das Reiseverkehrsabkommen einzuhalten. Verhandlungen zwischen dem Außenminister der DDR, Oskar Fischer, und dem ungarischen Außenminister Horn sowie ein Gespräch von Günter Mittag mit Horn führten zu keinem Ergebnis. Am 10. September öffnete Ungarn die Grenze mit Österreich. Dies gab DDR-Bürgern, die sich in Ungarn aufhielten und nicht mehr in ihre Heimat zurückkehren wollten, die Gelegenheit zum Übertritt nach Österreich und zur Weiterreise in die Bundesrepublik. Mehr als 7000 benutzten sofort diese Gelegenheit, viele mit eigenem Wagen. Ungarn hat gültige Verträge und Vereinbarungen mit der DDR gebrochen und war nicht bereit, die Grenze wieder zu schließen. So kam es zu einem Massenexodus meist junger Bürger der DDR, der in den folgenden Wochen seine Fortsetzung fand in einem Strom von Übersiedlern, die über die Botschaften der Bundesrepublik ihr Ziel erreichen wollten und nach manchem Hin und Her auch erreichten.

Hat die Sowjetunion über die ungarischen Maßnahmen Bescheid gewußt? Horn erklärt, daß Gorbatschow und Schewardnadse erst am Tag vor der Öffnung der Grenze informiert wurden. Sie hätten seiner Meinung nach der Entscheidung zugestimmt. Es sei jedoch wahrscheinlich, daß sie schon lange von dem ungarischen Vorhaben Bescheid wußten. Könnte dies auf den Besuch des damaligen ersten Sekretärs der USAP, Grosz, in Moskau zurückzuführen sein, der in westlichen Medien als »entscheidende Wende« in der sowjetischen Haltung zur Breshnew-Doktrin (d. h. zur Preisgabe dieser Doktrin) beurteilt wurde? Dies würde auf ein Spiel zuungunsten der DDR vor dem September 1989 hindeuten.

Im Auftrag des Politbüros sprach ich am 13. September mit Maria Ormos. Sie war Mitglied des Politischen Exekutivkomitees der ›Ungarischen Sozialistischen Arbeiterpartei‹ (USAP) und Rektor der Universität »Janos Panonius« in Fünfkirchen. Ihr Auftrag lautete, von Partei zu Partei den ungarischen Standpunkt zur Öffnung der Grenze zu erläutern. Wir besprachen sachlich und offen die Probleme. Zwar hatten bestimmte Kräfte der BRD mitgemischt, an der entstandenen Lage waren wir aber selbst schuld, darin hatte die ungarische Genossin recht. Die Übersiedlung vieler Tausender DDR-Bürger in die Bundesrepublik brachte auf einen Schlag die seit längerer Zeit schwelende wirtschaftliche und politische Krise der DDR ans Tageslicht. Der Massenexodus war deren Höhepunkt. Er stellte für die DDR eine verheerende politische und moralische Niederlage dar. Maria Ormos war zwar verständnisvoll, was unsere Schwierigkeiten betraf, sie konnte jedoch nur die Entscheidung der ungarischen Seite übermitteln, daß die Grenze offen bleibt.

Unsere Medien behandelten in Nachrichten und Kommentaren die Ausreisewelle als einen großen Coup der BRD, als eine stabsmäßig vorbereitete Provokation zur Störung des 40. Jahrestages der DDR. Daß die westlichen Medien einen Anteil an der Erzeugung einer Massenpsychose zum Verlassen der DDR hatten, war unverkennbar. Da unsere Medien nur diesen Aspekt gelten ließen, wirkten sie unglaubwürdig. Es gab keinen Versuch herauszufinden, wo die Beweggründe lagen, die Zehntausende zu dem nicht leichten Entschluß brachten, die DDR zu verlassen. Lebensbedingungen, Alltagssorgen und Enttäuschungen wurden überhaupt nicht in Betracht gezogen.

Den Gipfel dieser »Berichterstattung« stellte ein Kommentar in »Neues Deutschland« vom 2. Oktober 1989 dar, in welchem es hieß: »Zügellos wird von Politikern und Medien der BRD eine stabsmäßig vorbereitete ›Heim-ins-Reich‹-Psychose geschürt, um Menschen in die Irre zu führen und auf den Weg in ein ungewisses Schicksal zu treiben. Das vorgegaukelte Leben im Westen soll vergessen machen, was diese Menschen von der sozialistischen Gesellschaft bekommen haben und was sie nun aufgeben. Sie schaden sich selbst und verraten ihre Heimat. Sie alle haben durch ihr Verhalten die moralischen Werte mit Füßen getreten und sich selbst aus unserer Gesellschaft ausgesperrt. Man sollte ihnen deshalb keine Träne nachweinen«.[5]

Dieses »Man sollte ihnen keine Träne nachweinen« war nicht mit dem Politbüro oder dem Sekretariat des ZK abgesprochen. Der Verfasser dieses Kommentars (war es ein Mitarbeiter des ND, der Abteilung Agitation, Joachim Hermann oder gar – wie später behauptet wurde – der Generalsekretär selbst?) handelte aus eigenem Antrieb. Seine Äußerung zeugte von völligem Unverständnis für die entstandene Lage. Sie war nicht nur psychologisch ungeschickt, sondern menschenverachtend. Für eine derartige Äußerung gab es keine Rechtfertigung. Die westlichen Medien erkannten die große Chance. Dies gilt besonders für das Fernsehen. Wie die »Frankfurter Allgemeine Zeitung« am 23. November 1989 berichtete, war das Fernsehen »das Hauptinstrument der Einwirkung, steuernd und gesteuert hat es die Entwicklungen in der DDR begleitet«. Die Berichte aus Flüchtlingslagern, Interviews mit Übersiedlern und Reportagen vom Empfang in der BRD schürten die Massenpsychose. Der Anteil dieser Szenen am viel zitierten »steigenden internationalen Druck« auf Ungarn und auf die DDR ist unermeßlich. Sie trugen dazu bei, daß vom 11. September an der Massentransit durch Ungarn möglich wird, schreibt die Zeitung. Und weiter: »Im Rückblick sieht es aber so aus, als ob Ende August in Bonn die Entscheidung getroffen wurde, das Thema ›Flucht aus der DDR‹ offener zu spielen. Das Fernsehen wird so deutlich wie selten als Instrument der Deutschland- und Innenpolitik eingesetzt«.[6]

Sprachlosigkeit Politbüro und ZK-Sekretariat befaßten sich in diesen Tagen und Wochen damit, wie die Botschaftsbesetzungen in Prag und Warschau beendet und die Transporte in die BRD organisiert werden könnten. An eine ernsthafte Analyse der Vorgänge und deren Ursachen war nicht zu denken. Vorrang hatte stets die Devise: Erst bereiten wir den 40. Jahrestag der DDR vor, dann werden wir uns mit allem anderen beschäftigen.

Am 14. September sprach ich in Bad Frankenhausen auf einer Kundgebung zur Thomas-Müntzer-Ehrung und zur Einweihung des Panoramas auf dem Schlachtberg.

In der Menge wurde ein Transparent gezeigt: »Wir fühlen uns wohl in Bad Frankenhausen«. Diese Verbundenheit mit ihrem Heimatort äußerten vor allem ältere Bürger, mit denen ich ins Gespräch kam. Es war eine Reaktion auf die Ausreisewelle. Aber zu dieser und anderen aktuellen Fragen nahm ich in meiner Rede nicht mit der Offenheit Stellung, die notwendig gewesen wäre. Ich verkündete: Eine Abkehr vom Sozialismus und eine Herstellung kapitalistischer Verhältnisse werde es in der DDR nicht geben. Wer sich Illusionen über die kapitalistische Gesellschaft mache, werde enttäuscht werden. Für die Bürger, die sich auf dem Platz vor dem Rathaus versammelt hatten, waren dies Sätze, die sie schon tausendmal gehört hatten. Die Gespräche mit Bürgern dagegen waren sehr offen. Sie fragten nach den Ursachen der Massenflucht und verbargen ihre Unruhe nicht. Ein Gesprächsteilnehmer war hartnäckig. Er wies auf Mängel in der Versorgung hin und stellte die

Frage, weshalb man in der DDR nur Konserven und keine echten Ananas kaufen könne. Ich konnte ihn mit dem Hinweis auf Devisenmangel nicht überzeugen.

Nach der Kundgebung trafen wir im Panorama auf dem Schlachtberg mit dem Maler Werner Tübke zusammen, um sein Bild »Die frühbürgerliche Revolution in Deutschland« der Öffentlichkeit zu übergeben. Tübke hat in jahrelanger Arbeit ein Kunstwerk geschaffen, das auf mich – und sicher nicht nur auf mich – einen tiefen Eindruck machte und wohl zum imponierendsten der Malerei im 20. Jahrhundert gehört.

Wenige Tag später fand in Berlin-Niederschönhausen die turnusmäßige Beratung der Sekretäre für ideologische Arbeit der Bruderparteien sozialistischer Länder statt. Es sollte die letzte dieser Zusammenkünfte sein. Sie verlief wie üblich: Jede Delegation legte mehr oder weniger offen die Politik ihrer Partei dar, eine Diskussion kam nicht zustande. Diesmal spielten jedoch in den Reden die inneren sozialen und politischen Probleme eine größere Rolle als auf früheren Tagungen. Unter den Vertretungen der einzelnen Parteien – besonders der polnischen Partei – waren junge Genossen, die sich kritisch äußerten. Bei einem Treffen mit den Sekretären sprach Günter Mittag über die Errungenschaften der DDR und die Vorbereitung des 40. Jahrestages der DDR. Wieder kein offenes Wort zur Lage. Da die Delegationen von ihren Botschaften informiert worden waren, mußte ihnen diese Schönfärberei wie eine bewußte Irreführung vorkommen. Die Zahl der Übersiedler über Ungarn war inzwischen auf 14 000 gestiegen. Am 18. September veröffentlichten die Rockmusiker und Liedermacher eine Resolution, in der es hieß: »Wir, die Unterzeichner dieses Schreibens, sind besorgt über den augenblicklichen Zustand unseres Landes, über den massenhaften Exodus vieler Altersgenossen, über die Sinnkrise dieser gesellschaftlichen Alternative und über die unerträgliche Ignoranz der Staats- und Parteiführung, die vorhandene Widersprüche bagatellisiert und an einem starren Kurs festhält. Es geht nicht um Reformen, die den Sozialismus abschaffen, sondern um Reformen, die ihn weiterhin in diesem Land möglich machen. Denn jene momentane Haltung den existierenden Widersprüchen gegenüber gefährdet ihn. Die Zeit ist reif. Wenn wir nichts unternehmen, arbeitet sie gegen uns«.

Diese Resolution reflektierte die besorgte Stimmung, die überall in der Republik, nicht zuletzt in der Partei herrschte. Weshalb hatte die Parteiführung kein Wort zu dem Massenexodus geäußert? Denn Pressekommentare galten nicht als Ersatz für eine Stellungnahme des Politbüros, der Regierung oder der Nationalen Front. Weshalb diese Sprachlosigkeit ? Weshalb das starre Festhalten an der Leugnung von unbestreitbaren Tatsachen?

In einer Sitzung des Politbüros wurde diese Resolution als »typische Spinnerei von Intellektuellen« abgetan. Als einer der bekanntesten Schlagersänger gar als Gegner des Sozialismus bezeichnet wurde, protestierte ich heftig. Dies war nicht vorbedacht, es ergab sich aus dem Gefühl, daß Unrecht geschah. Ich forderte, daß man die Resolution ernst nehmen und endlich die Sprachlosigkeit aufgeben müsse. Offensichtlich erwarte die Partei und die Öffentlichkeit angesichts der wachsenden Unzufriedenheit ein klärendes Wort. Meinem Ausbruch folgte ein ebenso spontaner Diskussionsbeitrag Werner Krolikowskis, der die Notwendigkeit einer gründlichen kritischen Analyse unserer Politik betonte. Ihm schloß sich Siegfried Lorenz, der Bezirkssekretär von Karl-Marx-Stadt, an. Daraufhin griff Mittag mit der Feststellung ein, daß wir uns nicht von der Vorbereitung des 40. Jahrestages ablenken lassen dürften und zu den aufgeworfenen kritischen Fragen erst nach dem 7. Oktober Stellung nehmen sollten. Schließlich wurde auf meinen Vorschlag hin entschieden, die Diskussion zu beenden, da es keinen Zweck habe, sie in Abwesenheit des Generalsekretärs zu führen. Ein Auftrag an Mittag und Dohlus, eine Erklärung zur Lage auszuarbeiten, kam nie zur Ausführung.

So wurde durch meinen Antrag auf Vertagung der Diskussion wertvolle Zeit vertan. Die Isolierung der Führung nahm durch diese Untätigkeit zu.

Besorgnis Die schon im Juli vereinbarte Fortsetzung der Tagung der Kulturkommission des Politbüros fand am 25. September statt. Außer den ständigen Mitgliedern nahmen zahlreiche Gäste teil, insgesamt etwa 70 Künstler, Schriftsteller und Kulturfunktionäre. Zur Einleitung sprach Kulturminister Hans-Joachim Hoffmann. Er würdigte die Fortschritte auf kulturellem Gebiet und betonte die Unersetzbarkeit der Kultur. Mir fiel auf, daß er eine neue theoretische Konzeption der Kulturpolitik verlangte, da seit dem 6. Plenum 1972 beachtliche Wandlungen im kulturellen Alltag und im Verhalten der Bürger vor sich gegangen seien. Seine Forderungen, die Rolle des Individuums stärker zu beachten, die moralischen Werte zu betonen, mit den Kulturschaffenden feinfühlig umzugehen, bürokratische Hemmnisse aus dem Weg zu räumen und für die Kultur mehr Mittel zur Verfügung zu stellen, fanden starken Beifall. In der Diskussion sagte der Schriftsteller Holtz-Baumert, daß es eine tiefe Sorge um den Sozialismus in der DDR und Angst vor einer Einvernahme durch die BRD gäbe. Er übte scharfe Kritik an der Sprachlosigkeit der Parteiführung, der Schönfärberei der Medien und forderte eine öffentliche Debatte über die Ereignisse. Heiner Carow, Willi Sitte, Günter Görlich und andere Redner berichteten von ihren alltäglichen Erfahrungen. Diese ließen auf eine rasch anwachsende hochexplosive Änderung des gesellschaftlichen Klimas, auf Resignation, Trauer, aber auch Empörung und Wut über die fehlende Reaktion der Parteiführung zur Zunahme der Übersiedlungen schließen. »Eine unbestechliche Analyse ist nötig«, sagte H. P. Minetti. »Überall finden öffentliche Gespräche über unsere existentielle Situation statt. Der größte Teil ist besorgt um die Zukunft. Aber ein Teil unserer Führung möchte nur ein euphorisches Gespräch über unsere Erfolge« (Max Walter Schulz). Die Dokumentaristin Gitta Nickel stellte die Frage: »Wie weit seid Ihr, welcher Schlagabtausch hat im Politbüro stattgefunden?« Lothar Warnecke begrüßte die Offenheit der Diskussion, stellte dann jedoch fest, daß danach eine Ebene folge, wo nur ritualisiert werde. Es war nicht zu übersehen, daß die Kulturschaffenden die Stimmung wahrheitsgetreu dargelegt hatten. Bevor ich dem Politbüro meinen Bericht über diese Tagung der Kulturkommission vorlegen konnte, übergab Joachim Herrmann, ohne mich vorher zu verständigen, eine Information über diese Sitzung. Von einigen Mitgliedern des Politbüros wurde die Information mit Besorgnis aufgenommen. Die Äußerungen der Kulturschaffenden wurden als übertrieben angesehen und nicht weiter kommentiert.

Vom 27. bis 29. September fand die Nationale Gesundheitskonferenz statt. Die Diskussion war von einer bemerkenswerten Offenheit. Alle Mängel, die es im Gesundheitswesen gab, wurden angesprochen – das Verlassen der Republik durch Ärzte und Schwestern, der Mangel an Pflegepersonal, die schlechte Versorgung mit Verbandsstoff, Geräten, Medikamenten (sie mußte schon seit Monaten operativ gesteuert werden), die schlechte Ausstattung mit Medizintechnik usf. Zugleich wurden zahlreiche Vorschläge zur Verbesserung der Lage im Gesundheitswesen gemacht. Die Konferenz konnte nicht mehr umfassend ausgewertet werden.

Oktobertage Es war beschlossen worden, anläßlich des 40. Jahrestages der DDR an Betriebe Ehrenbanner zu verleihen. Ich übergab am 2. Oktober ein Banner auf einer Veranstaltung in der Werkzeugunion Gera, einem wichtigen Produzenten von mikroelektronisch gesteuerten Bohr- und Fräsfertigzellen. Bei einem Meeting in der Werkhalle und einem anschließenden Gespräch mit Arbeitern, Technologen und Ingenieuren spielte natürlich die Übersiedlung von Bürgern in die BRD eine wichtige Rolle. Ich sagte, daß wir diesen Schritt bedauern, da der Kapitalismus den Menschen keine gesicherte Zukunft bieten könne. Auch die Entwicklung der Werkzeugunion habe gezeigt, daß der Sozialismus ein kontinuierliches und dynamisches Wirtschaftswachstum, Vollbeschäftigung und eine dem Wohl des Volkes dienende Sozialpolitik ermöglicht. Die Gesprächspartner waren durch die Übersiedlungswelle und die Kampagne der BRD-Medien aufgewühlt und verunsichert. Immer wieder wurde Kritik an der Sprachlosigkeit der

Parteiführung und der Regierung geübt. Als ich im Anschluß an die Versammlung einen Verantwortlichen der Parteiorganisation fragte, wie er die Stimmung der Bevölkerung einschätze, meinte dieser, sie sei gut, die Mehrheit stünde fest zur DDR und zur Politik der SED. Ich widersprach, er blieb jedoch bei seiner Einschätzung. Die Episode scheint mir charakteristisch für die eingetretene Schönfärberei im Umgang der Parteifunktionäre untereinander.

Die »Sprachlosigkeit« im August und September war, wie ich meine, darauf zurückzuführen, daß die Abwanderung von DDR-Bürgern nach dem Westen noch nicht als außergewöhnlich angesehen wurde. Im Oktober, als der Strom der Übersiedler größer wurde, herrschte Ratlosigkeit. Wie könnte man ihn stoppen, gab es doch keine Möglichkeit, dessen Ursachen kurzfristig zu beseitigen, die Unzufriedenheit mit den Lebensbedingungen zu überwinden. Dennoch wäre es notwendig gewesen, früher einen Appell an die Mitglieder der SED, an alle mit der DDR verbundenen Bürger zu richten und damit nicht bis zur 9. Tagung des ZK zu warten.

Da sie Unruhen befürchtete, forderte die tschechoslowakische Führung den Abtransport der DDR-Bürger, der Besetzer der bundesdeutschen Botschaft in Prag. Wir mußten diese Forderung ernst nehmen. Am 1. Oktober informierte Genscher vom Balkon der Botschaft aus die Besetzer unter großem Jubel, daß sie in die Bundesrepublik ausreisen dürften. Sie hätten den direkten Weg von Prag über die Grenze CSSR-BRD nehmen können, aber wir beharrten aus Gründen der Souveränität (des Prestiges) unsinnigerweise auf dem Transport durch die DDR. Bei der Durchfahrt der Züge kam es in Dresden und an anderen Orten zu Zusammenstößen zwischen Bürgern, die mitfahren wollten, und der Polizei.

Auf einer Beratung des Sekretariats des ZK mit den Bezirkssekretären, die am 3. Oktober stattfand, nahm Erich Honecker, der nach seiner Operation die Arbeit wieder aufgenommen hatte, zu dem Bruch der Verträge durch Ungarn, zu den Botschaftsbesetzungen und zu den Transportproblemen Stellung. Zur »Sprachlosigkeit« erklärte er, es sei nicht nötig, eine Erklärung abzugeben, die

Partei verfüge durch »Neues Deutschland« über genügend Argumente. Er teilte mit, daß der Vorsitzende der LDPD, Manfred Gerlach, sich für Reformen einsetze. Dies sei mit Mischnik von der FDP abgestimmt. Im Präsidium der LDPD finde eine Auseinandersetzung mit Gerlach statt. Es sei notwendig, enger mit den Blockparteien zu arbeiten. Im Anschluß an diese Ausführungen machten die Bezirkssekretäre von Dresden, Potsdam und Neubrandenburg den Versuch, die optimistische Einschätzung der Lage zu widerlegen. Die Beratung wurde ohne weitere Diskussion beendet.

Anfang Oktober wurden in Leipzig nach einem Friedensgebet in der Nikolaikirche Demonstranten, welche ihre Ausreise aus der DDR durchsetzen wollten, festgenommen. Es wurde befürchtet, daß am 9. Oktober die Montagsdemonstration einen großen Zulauf haben und unter Umständen nicht friedlich verlaufen würde. Um Unfriedfertigkeit zu verhindern, wandten sich mehrere namhafte Leipziger Bürger mit einem Appell zur Besonnenheit an die Öffentlichkeit. Zu dieser Gruppe gehörten der Gewandhauskapellmeister Kurt Masur, der Pfarrer Peter Zimmermann, der Kabarettist Bernd-Lutz Lange und die Sekretäre der Bezirksleitung der SED Kurt Meyer, Jochen Pommert und Roland Wötzel. Ihr Appell wurde gehört, die Montagsdemonstration verlief friedlich. In Berlin hatten Krenz, Schabowski, Dickel, Herger und Mielke die Vorgänge in Leipzig verfolgt, um eventuell durch entsprechende Befehle den friedlichen Verlauf der Demonstration zu sichern.

40. Jahrestag der DDR Die Woche bis zum 7. Oktober stand im Zeichen des 40. Jahrestages der DDR: Treffen des Politbüros mit Widerstandskämpfern und Aktivisten der ersten Stunde, Verleihung von Orden im Staatsrat, Kranzniederlegungen. Am 6. Oktober, als sich das Präsidium im Palast der Republik vor Beginn der Festveranstaltung versammelte, begrüßte mich Michael Gorbatschow, so daß alle es hören konnten, mit den Worten: »Towarisch Hager, mein Kritiker und mein Freund.« Ich war überrascht und antwortete: »Kritik muß sein, Michael Sergejewitsch.« Mein Tapetenvergleich von 1987 hatte Spuren hinterlassen.

In seiner Festrede, die vom Politbüro mit sichtlichem Unbehagen bestätigt worden war, ging Erich Honecker auf die aktuellen Ereignisse, die Sorgen und Nöte der Bürger nicht ein. Er legte dar, daß die DDR zu den zehn leistungsfähigsten Industrienationen der Welt, zu den knapp zwei Dutzend Ländern mit dem höchsten Lebensstandard gehöre. Wir würden aber bei dem Erreichten nicht stehen bleiben. Wir würden Bewährtes erhalten, uns von Überholtem trennen und weiter auf dem Kurs der Einheit von Wirtschafts- und Sozialpolitik bleiben. Jeder habe in der DDR seinen Platz, unabhängig von Weltanschauung und Religion. In Vorbereitung des XII. Parteitages würden herangereifte Fragen der Entwicklung der sozialistischen DDR erörtert werden. Trotz der Verleumdungskampagne werde die DDR auch in Zukunft alles tun für ein friedliches europäisches Haus auf der Grundlage der Schlußakte von Helsinki. Aber niemand werde es gestattet, die KSZE-Vereinbarungen zur Destabilisierung des Sozialismus zu mißbrauchen. Diese Rede konnte die Erwartungen der Bürger nicht befriedigen. Sie hätte auf den Ernst der ökonomischen und politischen Lage und die Ursachen der Massenflucht offen und ehrlich eingehen und die vorgesehenen Veränderungen konkret darstellen müssen. Als es diese schönfärberische Rede bestätigte, hätte das Politbüro – mich eingeschlossen – erkennen müssen, daß damit nur Öl ins Feuer gegossen wurde.

Gorbatschow sprach in seiner Rede auf der Festveranstaltung von der DDR als dem bewährten Freund und Verbündeten der Sowjetunion. »Die ganze Nachkriegsperiode haben wir gemeinsam zurückgelegt, dabei unterstützten wir uns gegenseitig. Viele Schwierigkeiten galt es auf diesem Weg zu bewältigen. Auf ihm gab es steile Aufschwünge und dramatische Wendungen. Aber nichts – und ich sage dies mit einem Gefühl der größten Befriedigung – konnte das gegenseitige Vertrauen, die Solidarität erschüttern, die sich in den Beziehungen unserer beiden Bruderparteien, Länder und Völker behauptet haben«.

Gorbatschow erklärte weiter, natürlich habe die DDR, wie jedes andere Land, ihre eigenen Entwicklungsprobleme, über die man nachdenken, für die man eine Lösung finden müsse. Sie sind sowohl vom inneren Bedürfnis der Gesellschaft zur ständigen Weiterentwicklung hervorgerufen, als auch vom allgemeinen Prozeß der Modernisierung und Erneuerung, der im gesamten sozialistischen Lager vor sich geht. Die KPdSU zweifle nicht daran, daß die Sozialistische Einheitspartei Deutschlands, mit ihrem intellektuellen Potential, ihren reichen Erfahrungen und ihrer politischen Autorität imstande ist, in Zusammenarbeit mit allen gesellschaftlichen Kräften, Antwort auf die Fragen zu finden, die durch die Entwicklung der Republik auf die Tagesordnung gesetzt werden und die alle Bürger bewegen. »Eigentlich geht es um die Entfaltung der Möglichkeiten, die unserer sozialistischen Ordnung innewohnen, der Ordnung der Werktätigen, der Volksherrschaft«. Der Hinweis, daß wir uns den neuen Fragen stellen müßten, war nicht zu überhören.

Nach der Festveranstaltung fand Unter den Linden der Fackelzug der FDJ statt. Er stand ganz im Zeichen von »Gorbi, Gorbi«-Rufen, so daß man annehmen mußte, die Manifestation finde zu Ehren Gorbatschows statt.

Gorbatschow betonte also, daß die DDR ihre eigenen Probleme lösen müsse und daß die SED imstande sei, eine Antwort auf die Fragen zu finden, die auf der Tagesordnung standen. Er wurde jedoch nicht konkret, nannte kein zu lösendes Problem, außer der Notwendigkeit, die Volksherrschaft, – die sozialistische Demokratie – zu entfalten. Dies war ein wichtiger Gedanke, der jedoch in der bei Gorbatschow üblichen verschwommenen Sprache geäußert wurde.

Überhaupt waren zu diesem Zeitpunkt keine klaren Vorstellungen vorhanden, welche Veränderungen und auf welchen Gebieten vorgenommen werden sollten. Wir hatten im Frühjahr 1989 die Institute der Partei, der Akademie der Wissenschaften und des Hochschulwesens aufgefordert, zur Vorbereitung des XII. Parteitags ihre Vorschläge zur weiteren gesellschaftlichen Entwicklung in Form von Studien zu unterbreiten. Bis Anfang Oktober waren etwa hundert Studien eingegangen und von mir an die Mitglieder und Kandidaten des Politbüros sowie Minister, die sich dafür interessierten, weitergegeben worden. Eine Diskussion hatte noch nicht stattgefunden, die Auswertung der Studien sollte in Vorbereitung des XII. Parteitages erfolgen.

Wer zu spät kommt Nach den Kranzniederlegungen am Vormittag des 7. Oktober trafen sich die Mitglieder und Kandidaten des Politbüros mit Michael Gorbatschow und seiner Delegation im Schloß Niederschönhausen. Das Treffen begann mit einem Vier-Augen-Gespräch zwischen Honecker und Gorbatschow. Daß daran auch Mittag teilnahm, fand bei den Mitgliedern des Politbüros kein Verständnis; über den Inhalt des Gesprächs wurde nicht informiert.

Das Protokoll der Delegationsberatung ist inzwischen bekannt. Gorbatschow stellte fest, der 40. Jahrestag sei unser gemeinsamer Feiertag. Die DDR sei für die Sowjetunion der vorrangige Verbündete und Partner. Wir würden auch künftig zusammen bleiben, das sei eine historische Option. Meinte er dies ehrlich, oder wollte er uns täuschen?

Für die weitere Entwicklung komme es darauf an, die Impulse, die uns das Leben zeigt, aufzugreifen. In den 70er Jahren spürten alle die Herausforderung der wissenschaftlich-technischen Revolution. Der Westen suchte sich anzupassen. Damals wurde schon die These vertreten, wenn wir die wissenschaftlich-technische Revolution nicht meistern, wird der Sozialismus verlieren. Breshnew plante eine Tagung des ZK zu diesem Problem. Sie kam nicht zustande, und dies war ein strategischer Fehler. Die SED hat Anfang der 70er Jahre anders reagiert und die Herausforderung der Zeit angenommen. Gorbatschow hat den »strategischen Fehler« Breshnews fortgesetzt; auch unter seiner Führung gab es keine Konzentration auf den wissenschaftlich-technischen Fortschritt.

Wo die Partei bei der theoretischen Ausarbeitung der neuen Probleme zurückbleibt, haben wir Verluste. So konnte in der Sowjetunion der Gesellschaft lange Zeit kein fertiges Konzept zur Lösung des Nationalitätenproblems angeboten werden. Dies haben manche genutzt, um giftigen Samen zu säen. Mit der jetzt vorliegenden Konzeption kommt die Konsolidierung auf diesem Gebiet in Gang. Hier irrte er sich.

Gorbatschow sagte dann, er sei mit der Rede Erich Honeckers auf der Festveranstaltung zufrieden, die Vorzüge des Sozialismus seien dargelegt worden. Jetzt geht es um die Frage, wie weiter um die Entwicklung von Basis und Überbau auf längere Sicht, um die Demokratie gerungen wird. Der Akzent sollte auf der größeren Einbeziehung der Menschen liegen. Der XII. Parteitag muß eine Wende in der Entwicklung des Landes bringen und die Perspektive bestimmen. In der Sowjetunion sei die »Perestroika« eine Antwort auf die Herausforderungen der Zeit. Man habe dabei an die kommenden Generationen gedacht. In der DDR sei die Umgestaltung leichter, da es keine Spannungen auf sozial-ökonomischem Gebiet gäbe. Aber ein Beschluß über politische Veränderungen sei nicht leicht zu fassen. Die revolutionäre Sache findet keine Unterstützung des Volkes, wenn die sozialökonomische Sphäre nicht in Ordnung ist. Aber viel Wurst ist nicht alles, die Leute verlangen dazu mehr Sauerstoff – die entsprechende geistige Sphäre in der Gesellschaft. Wichtig ist es, den Zeitpunkt nicht zu verpassen. Die Partei muß sich dazu äußern. Denn wer zurückbleibt, den bestraft das Leben. Dabei dachte Gorbatschow, wie er später sagte, weniger an die SED als an seine eigene Partei, die KPdSU.

Die KPdSU werde ihren XXVIII. Parteitag vorfristig durchführen. Die Stimmung im Lande sei nicht eindeutig. Zur »Perestroika« gäbe es keine Alternative. Der Widerstreit der Meinungen betrifft die Taktik der »Perestroika«. So seien die Streikenden im Kusbass unzufrieden damit, wie die Umgestaltung vor sich gehe. Wichtig sei es, jetzt die Erneuerung in der Partei voranzubringen, ohne Hast im Rahmen der innerparteilichen Demokratie den Weg zu bestimmen und die neuen Leitungsorgane zu schaffen.

Gorbatschow sagte, er sei zuversichtlich, daß die SED richtig handeln wird. Man muß weitergehen und den Impuls der Zeit erfassen, dies wird uns noch näher bringen. Wir halten die Zusammenarbeit der Gesellschaftswissenschaftler, die vereinbart wurde, für wichtig. Die Erfahrungen der KPdSU wie der polnischen und ungarischen Freunde besagen, wenn die Partei nicht auf das Leben reagiert, ist sie verurteilt. In Polen und Ungarn wurden die Positionen der Partei aufgegeben, weil keine Antwort auf das Gebot der Zeit vorhanden war. Die Partei muß rechtzeitig vorangehen, sonst wird sie vom Leben selbst geschlagen. Der Westen zeigt Schadenfreude über die Prozesse in den sozialistischen Ländern, er versucht die Situation auszunutzen, um soziale Revanche zu nehmen. Die KPdSU und die SED sind die stärksten Parteien, sagte Gorbatschow zum Abschluß. Sie müssen ihre Ideale besser verfechten und an die Zukunft denken. Wir sind bereit zusammenzuarbeiten, wir sind für alles offen.

Dann nahm Erich Honecker das Wort. Er sagte: Wir handeln nach dem Grundsatz »vorwärts immer, rückwärts nimmer«. Dabei kann nichts schief gehen, wenn Wort und Tat übereinstimmen. Gegenwärtig findet in allen Schichten der Bevölkerung, in der Partei und den Massenorganisationen in Vorbereitung des XII. Parteitages ein großer Dialog statt (besser wäre es gewesen, vom Protest gegen unsere Partei zu sprechen). Er versicherte, daß wir jeden Hinweis beachten, der zur Stärkung des Sozialismus beiträgt. Dann sprach er über die Vorbereitung der Volkskammerwahlen und unterstrich, daß in der Volkskammer 10 Fraktionen vertreten sind. Die SED sei eine Partei der Neuerer. Das zeige ihre Orientierung auf die wissenschaftlich-technische Revolution. Diese sei ohne Aufgeschlossenheit der Werktätigen nicht durchführbar. Ausführlich erläuterte er die Leistungen der DDR auf dem Gebiet der Mikroelektronik.

Ich gebe hier den Verlauf der gemeinsamen Sitzung anhand meiner Notizen wieder. Die Mahnung Gorbatschows, auch in der DDR die »Perestroika« durchzuführen, war eindeutig, aber zugleich auch undeutlich, verwaschen. Stellte er sich eine Umgestaltung vor, die dem sowjetischen Modell entsprach? Hatte er überhaupt eine klare Vorstellung von der tatsächlichen sozialökonomischen, politischen und geistigen Situation in der DDR? Diese und andere wichtige Fragen hätten erörtert werden müssen, besonders nach den deplazierten, unkritischen Bemerkungen Erich Honeckers. Doch weder ich noch ein anderes Mitglied des Politbüros machte den Versuch, eine kritische und selbstkritische Diskussion auszulösen, um zu Festlegungen über die Änderung unserer Politik zu kommen.

Ich habe oft darüber nachgedacht, weshalb es nicht zu einer Diskussion kam. Ein Grund war wohl, daß wir vor Gorbatschow und der sowjetischen Delegation nicht die Unzufriedenheit mit den Ausführungen des Generalsekretärs der SED zum Ausdruck bringen wollten. Der Hauptgrund war jedoch, daß im Politbüro selbst eine Auseinandersetzung über die Lage noch nicht stattgefunden hatte und keine Klarheit darüber bestand, wie es weiter gehen soll.

Während des festlichen Empfangs am 7. Oktober kam es im Zentrum der Hauptstadt, im Bereich des Palastes der Republik, zu Demonstrationen und Zusammenstößen mit der Volkspolizei. Davon wußten die Teilnehmer des Empfangs nichts.

In vielen Städten war es am 7. und 8. Oktober – wie ich nachträglich erfuhr – zu großen Demonstrationen gekommen. In Berlin und Dresden griffen die Sicherheitskräfte mit Gewalt ein. Es kam dabei, wie später bekannt wurde, in der Haft zu Übergriffen gegenüber Festgenommenen. In Leipzig fand am 9. Oktober eine Massendemonstration statt, an der über Hunderttausend Bürger teilnahmen.

Am Sonntag Abend suchte mich Egon Krenz in meiner Wohnung auf. Er hatte für die Sitzung des Politbüros am 10. Oktober eine Erklärung ausgearbeitet und bat um meine Meinung. Wie er sagte, sei ihm die Idee für diese Erklärung auf der Rückreise aus China gekommen. Ich vermute, daß er seine Absicht bei dem Zwischenaufenthalt in Moskau mit Vertretern der KPdSU besprochen hatte. Ich erklärte mein Einverständnis mit der Erklärung und schlug einige Änderungen vor.

Die Erklärung vom 11. Oktober Die Sitzung des Politbüros am 10. und 11. Oktober stand unter dem Eindruck der massenhaften Forderungen nach demokratischen Reformen und Reisefreiheit. Leider habe ich keine Aufzeichnungen über diese Sitzung. Zum ersten Mal seit der Ablösung Walter Ulbrichts und der Wahl Erich Honeckers zum Generalsekretär entwickelte sich eine äußerst kritische Debatte, in der sich alle Mitglieder und Kandidaten des Politbüros äußerten. Es war allen klar, daß die Partei einen großen Vertrauensverlust erlitten hatte und Meinungsverschiedenheiten zwischen Erich Honecker und der Mehrheit des Politbüros über die Einschätzung der Lage bestanden. Der Generalsekretär sprach über größere Eigenverantwortung der Kombinate und die Selbstverwaltung der Gemeinden. Er hatte offensichtlich nicht begriffen, daß sich im Lande eine explosive Situation entwickelte und sich auch in der Partei die Unzufriedenheit mit der Führung rasch ausbreitete.

Das Ergebnis dieser kritischen Debatte war die Annahme der von Egon Krenz vorgelegten Erklärung des Politbüros, die am 11. Oktober durch Fernsehen und Rundfunk, am 12. durch die Presse verbreitet wurde. Es war die erste offizielle Stellungnahme des Politbüros zu den Ereignissen dieses Sommers. Zur Massenflucht hieß es: »Der Sozialismus braucht jeden. Er hat Platz und Perspektive für alle. Er ist die Zukunft der heranwachsenden Generationen. Gerade deshalb läßt es uns nicht gleichgültig, wenn sich Menschen, die hier arbeiteten und lebten, von unserer Deutschen Demokratischen Republik losgesagt haben. Viele von ihnen haben die Geborgenheit der sozialistischen Heimat und eine sichere Zukunft für sich und ihre Kinder preisgegeben. Sie sind in unserem Land aufgewachsen, haben hier ihre berufliche Qualifikation erworben und sich ein gutes Auskommen geschaffen. Sie hatten ihre Freunde, Arbeitskollegen und Nachbarn. Sie hatten eine Heimat, die sie brauchte und die sie selbst brauchen. Die Ursachen für ihren Schritt mögen vielfältig sein. Wir müssen und werden sie auch bei uns suchen, jeder an seinem Platz, wir alle gemeinsam.«

Es war notwendig und richtig, zur Massenflucht Stellung zu nehmen. Doch die Zusage, daß wir auch bei uns nach den Ursachen suchen werden, war eine Ausflucht. In der Erklärung wurde über innere Ursachen nichts gesagt. Statt dessen legte sie wieder den Nachdruck auf die Einwirkung der BRD: »Viele von denen, die unserer Republik in den letzten Monaten den Rücken gekehrt haben, wurden Opfer einer groß angelegten Provokation. Wiederum bestätigt sich, daß sich der Imperialismus der BRD mit einem sozialistischen Staat auf deutschem Boden niemals abfinden wird«. Daraus wurde in der Erklärung die Schlußfolgerung gezogen: »Wir werden auch künftig nicht zulassen, daß die Macht der Arbeiter und Bauern, daß die Werte, Ideale und Errungenschaften des Sozialismus angetastet werden... Die Probleme der weiteren Entwicklung des Sozialismus in der DDR lösen wir selbst – im sachlichen Dialog und vertrauensvollen politischen Miteinander... Gemeinsam wollen wir über alle grundlegenden Fragen unserer Gesellschaft beraten, die heute und morgen zu lösen sind.. Mit der nächsten Tagung des Zentralkomitees werden wir unserer Partei und dem gesamten Volk im Sinne unserer strategischen Konzeption von Kontinuität und Erneuerung dafür unsere Vorschläge unterbreiten... Wir stellen uns zur Diskussion. Wir haben dafür alle erforderlichen Formen und Foren der sozialistischen Demokratie. Wir rufen auf, sie noch umfassender zu nutzen. Doch wir sagen auch offen, daß wir gegen Vorschläge und Demonstrationen sind, hinter denen die Absicht steckt, Menschen irrezuführen und das verfassungsmäßige Fundament unseres Staates zu verändern.«[7]

Die Erklärung wurde in der Bevölkerung und in der Partei mit Erwartungen und mit Kritik aufgenommen. Warum ist diese Erklärung erst so spät abgegeben worden? Warum enthält sie keine selbstkritische Einschätzung über getroffene Fehlentscheidungen? Warum gibt es keine Aussagen über die Ursachen der entstandenen Lage? Warum wurde zu den Alltagssorgen der Bürger nicht Stellung genommen? Offensichtlich – stellten viele fest – sind dem Politbüro der Ernst der Lage und die Tragweite der Ereignisse nicht in vollem Umfang bewußt. Die Erklärung hatte also nicht die erhoffte Wirkung. Sie trug nicht zur Beruhigung bei. Dazu war sie zu unverbindlich. Viele Tausende hatten die DDR bereits verlassen, andere trugen sich mit dieser Absicht, da sie wußten, daß ihre Erwartungen nicht rasch verwirklicht werden konnten. Sie waren unzufrieden mit der Mangelwirtschaft, den Stockungen in der Produktion und Versorgung. Sie konnten die verlogene Informationspolitik, die ständige Gängelei, den engstirnigen Provinzialismus nicht länger ertragen. Allein eine klare Aussage zur Reisefreiheit hätte noch viel nutzen können. Mitte Oktober gab es zwar eine Erklärung, aber kein Aktionsprogramm zur Kontinuität und Erneuerung. Damit wollte sich erst die nächste Tagung des ZK befassen.

Tage in Moskau Vom 12. bis 14. Oktober hielt ich mich zu den Kulturtagen DDR-UdSSR und zur Unterzeichnung eines langfristigen Abkommens über kulturelle Zusammenarbeit in Moskau auf. Während dieser Tage waren mir die Vertreter verschiedener Fernseh- und Rundfunkstationen, allen voran das ZDF, auf den Fersen. Dies hatte folgende Ursache: Nach Beendigung der Zusammenkunft des Politbüros mit Michael Gorbatschow am 7. Oktober hatte mich ein Reporter der sowjetischen Wochenzeitung »Moskowskye Novosty« nach meinen Eindrücken gefragt. Ich sagte ihm das, was ich eigentlich in der Beratung hätte sagen sollen. Ich hob die Bedeutung der Ausführungen Gorbatschows hervor und sprach mich für demokratische Reformen in der DDR aus. Ich erklärte, daß wir an die »Ausarbeitung einer präzisen Konzeption für die Verwirklichung erforderlicher Neuerungen« gehen müßten. Dies setze die »aktivere Einbeziehung der Bevölkerung in die Lösung gesellschaftlich bedeutender Probleme und eine Verbesserung der Informationspolitik in der DDR voraus«. Was die Übersiedlungswelle anbelangt, sagte ich dem Reporter, die Situation sei zu normalisieren, »indem man vor allem die Hindernisse wegschafft, die in erster Linie die Jugend stören, ihre Fähigkeiten zu entwickeln. Aber Hauptsache ist, die Zeitströmungen zu spüren, den aktuellen gesellschaftlichen Bedürfnissen und den Stimmungen des Volkes Gehör zu schenken«. Dieses Interview erschien in der Moskauer Zeitschrift am 11. Oktober und wurde von der Presse der BRD und Westberlins stark beachtet, z. T. auf den Titelseiten. »Hager fordert Erneuerungen« (»Der Tagesspiegel« vom 12. Oktober). Chefideologe Hager spricht von »Erneuerungen«. »Tapezierers Widerruf« (»Die Welt« vom 12. Oktober). »Überraschend hat sich der bislang als ›Hardliner‹ bekannte SED-Chefideologe Kurt Hager für Reformen in der DDR ausgesprochen« (»Frankfurter Rundschau« vom 12. Oktober). In Moskau stellte mir der Vertreter des ZDF die Frage nach dem Dialog. »Wer könnte Gesprächspartner sein?« Ich antwortete: »Wir haben viele Gesprächspartner in allen Schichten der Bevölkerung. Wir haben, wie Sie wissen, Partner in den befreundeten Parteien, wir haben gesellschaftliche Organisationen, es gibt die Kirche, es gibt andere Institutionen. Gesprächspartner fänden wir immer…«. Auch dieses Interview fand ein starkes Echo (wobei in unseren Medien mein Hinweis auf die Kirche nicht erwähnt wurde). Aber schon am 20. Oktober schilderte mich die »Frankfurter Allgemeine Zeitung« als »Wendehals«, dessen Zeit abgelaufen sei, und auf der Montagsdemonstration in Leipzig lautete eine Losung »Reformen á la Hager sind uns zu mager«. Immerhin schrieb die »Frankfurter Allgemeine Zeitung« auch: »Für Hager bedeutet Wendigkeit vermutlich nichts Negatives. Wenn er zur jeweiligen Parteilinie die ideologische Begründung liefert, was er nun seit fast 35 Jahren tut, dann sieht er darin einen Ausdruck von Parteidisziplin und unbedingter Loyalität gegenüber den von der Mehrheit im Politbüro gefaßten Beschlüssen. Seine Aufgabe ist nicht, die Parteilinie zu bestimmen, sondern die jeweils gefaßten Beschlüsse zu ›verkaufen‹, ihre Übereinstimmung mit der reinen

Lehre des Marxismus-Leninismus ›überzeugend‹ darzustellen. Mit zunehmendem Alter konnte Hager gelegentlich menschliche Wärme zeigen. So ist seit der Ausbürgerung Biermanns 1976 die Zahl derjenigen Kulturschaffenden in der DDR gewachsen, die dem verantwortlichen ZK-Sekretär eher dankbar sind dafür, daß er ihr individuelles Schicksal erleichtert hat.«

Den Vorwurf, ein »Wendehals« zu sein, weil ich, laut FAZ, »heute derjenige im SED-Politbüro (war), der am ungeniertesten über Dialog und Veränderung redet«, konnte ich in aller Gemütsruhe hinnehmen. Ich fühlte mich nicht berufen, als Reformer eine maßgebende Rolle zu spielen, obwohl ich im Verlaufe des Jahres 1989 mehr und mehr die Notwendigkeit von »Veränderungen« erkannt hatte. Ich dachte vor allem über die Entwicklung der Demokratie nach, hatte jedoch keine klare Vorstellung über die dazu notwendigen Maßnahmen.

Die Unterzeichnung des langfristigen Kulturabkommens nahmen der Sekretär des ZK der KPdSU, Medwedjew, und ich vor. Medwedjew leitete auch die anschließende Besprechung beider Delegationen, in der ich über die Lage in der DDR sprach. Doch viel Neues konnte ich nicht berichten. Bei einem Empfang in der Botschaft der DDR sprach ich mit dem Leipziger Gewandhauskapellmeister Prof. Kurt Masur. Er war zurückhaltend, obwohl wir in den letzten Jahren mehrere Male Kontakt hatten. Irgend jemand hatte ihm eingeredet, ich sei ein Dogmatiker. Als ich ihn für seine mutige Haltung bei der Leipziger Montagsdemonstration beglückwünschte und meine Überzeugung äußerte, daß nun der Weg für eine Erneuerung frei sein werde, kam ein Gespräch zustande. Auch Christa Wolf, mit der ich ebenfalls sprach, war aufgeschlossener als sonst.

Dem sowjetischen Schriftsteller Daniil Granin konnte ich auf dem Empfang mitteilen, daß sein Buch »Der Ur« bald im Verlag Volk und Welt erscheinen werde. Gegen das Erscheinen dieses Buches, das sich mit dem Schicksal eines sowjetischen Biologen befaßt, der während des Krieges in Hitlerdeutschland arbeitete, hatten der KGB und das MfS Einspruch erhoben, da es ein Loblied auf einen Landesverräter sei. Die Diskussion um die Herausgabe zog sich monatelang hin. Ich konnte oder wollte dem Verlagsleiter von Volk und Welt nicht sagen, von welcher Seite der Einspruch kam. So war ich wieder einmal der eigentlich Schuldige. Erst als ich nachwies, daß »Der Ur« längst in der BRD und in sowjetischen Zeitschriften erschienen war, gaben KGB und MfS ihren Widerstand auf. Granin war sichtlich erfreut, was er aber über »diese Deutschen« gedacht hat, konnte ich mir vorstellen.

Während unseres Aufenthaltes besuchten wir die Ausstellung »Die Pracht Dresdens«, die im Rahmen der Kulturtage stattfand. Wir nahmen an einem orthodoxen Gottesdienst teil und besichtigten das Kloster Sagorsk. Die Feierlichkeit und Pracht der orthodoxen Liturgie, die Gläubigkeit der meist älteren Besucher hinterließen einen starken Eindruck. Dies war mein letzter Aufenthalt in Moskau.

Die Entscheidung In der Sitzung des Politbüros vom 17. Oktober fiel die Entscheidung. Nach der Eröffnung durch Erich Honecker meldete sich Willi Stoph zu Wort. Er begründete ausführlich, daß Erich Honecker auf Grund der Ereignisse der vergangenen Monate nicht länger als Generalsekretär tragbar sei. Dem Zentralkomitee sollte vorgeschlagen werden, ihn von seiner Funktion zu entbinden und Egon Krenz als Nachfolger zu wählen. Zu diesem Antrag nahmen alle Mitglieder und Kandidaten des Politbüros Stellung. Ich sprach als Dritter. Unter Berufung auf die äußerst kritische Stimmung unter den Kulturschaffenden und den Vertrauensverlust, den die Parteiführung, insbesondere der Generalsekretär, erlitten hatte, unterstützte ich den Antrag Stophs. Alle Anwesenden sprachen sich für den Antrag aus, zur allgemeinen Überraschung auch Günter Mittag und Joachim Herrmann, die engsten Vertrauten Erich Honeckers.

Eine andere Entscheidung war nicht möglich. Erich Honecker, den ich seit 1935 kannte, der im antifaschistischen Widerstand seinen Mann gestanden und von 1935 bis 1945 im Zuchthaus gesessen hatte, der sich große Verdienste beim Aufbau der DDR erwarb und als Staatsmann international geschätzt wurde, vor allem wegen seines konsequenten Eintretens für den Frieden, hatte im Alter den Blick für die Wirklichkeit verloren. Dies war tragisch. Denen, die wie ich mit Erich Honecker jahrzehntelang zusammengearbeitet hatten, war die Zustimmung zu dem Antrag Stophs nicht leicht gefallen.

Die 9. Tagung des ZK, die am 18. Oktober stattfand, entband Erich Honecker aus gesundheitlichen Gründen von allen Funktionen und sprach ihm für sein politisches Lebenswerk den Dank aus. Egon Krenz wurde zum Generalsekretär des Zentralkomitees gewählt, Joachim Herrmann und Günter Mittag wurden von ihren Funktionen als Mitglieder des Politbüros und Sekretäre des ZK entbunden.

Die Tagung des ZK stand unter dem Eindruck der Massendemonstrationen in Leipzig, der Zusammenstöße in Dresden und Berlin und der anhaltenden Übersiedlung Tausender in die BRD. Die Unruhe, Aufgewühltheit und Unsicherheit der Mitglieder des ZK war nicht zu verkennen. In seiner Rede, die am Abend auch vom Fernsehen übertragen wurde, erklärte Egon Krenz zwar, daß in den vergangenen Monaten die Lage im Lande nicht real genug eingeschätzt wurde. Worin aber nun die Erneuerung bestehen werde, welche Lösungen an die Stelle der bisherigen treten würden, war nur angedeutet – außer der Ankündigung eines Reisegesetzes und der Aufforderung an die Medien, sich stärker mit Erscheinungen auseinanderzusetzen, »die dem Wesen des Sozialismus und unserer Politik widersprechen«. Eine Konzeption zur Lösung der Probleme war nicht vorhanden. Die Partei besaß kein Aktionsprogramm zur Überwindung der politischen und wirtschaftlichen Krise. Deshalb hatte die 9. Tagung auch nicht die positive Resonanz, die notwendig gewesen wäre. Dies zeigte sich u. a. in der wachsenden Kritik an der Wahl von Egon Krenz zum Vorsitzenden des Staatsrats und Vorsitzenden des Nationalen Verteidigungsrats. In seiner Tagung vom 24. Oktober beschloß das Politbüro, dem Ministerrat zu empfehlen, den Entwurf eines Gesetzes über Reisen von Bürgern der DDR nach dem Ausland auszuarbeiten und diesen im November öffentlich zur Diskussion zu stellen. Jeder Bürger sollte das Recht erhalten, einen Reisepaß zu erwerben und mit einem Visum – ohne Vorliegen verwandschaftlicher Verhältnisse und bisher geforderter Reisegründe – nach allen Staaten und Berlin (West) zu reisen. Der Vorschlag kam mindestens ein Jahr zu spät. Allerdings muß einschränkend festgestellt werden, daß verschiedene Überlegungen über eine Verbesserung der Reisemöglichkeiten immer wieder an der Frage der erforderlichen Devisen, die dem Bürger zur Verfügung gestellt werden mußten, scheiterten. Die Weigerung der Bundesregierung, die Staatsbürgerschaft der DDR anzuerkennen, war das Haupthindernis und bestand weiter.

Der Antrag Am Nachmittag des 24. Oktober hatte ich eine über fünf Stunden andauernde Diskussion mit den Mitgliedern des Präsidiums des Komitees für Unterhaltungskunst. Alle Hemmnisse und Widersprüche, die das Schaffen der Unterhaltungskünstler erschwert hatten, kamen zur Sprache. Es war ein Gespräch ohne Gehässigkeit. Einige meiner Äußerungen, so die Feststellung, daß die Haltung »Wer lange einem Fürsten dient, der lernt zu schweigen« ein für allemal überwunden werden müsse sowie eine Bemerkung über Erscheinungen des Personenkults um Erich Honecker wurden in den Medien besonders hervorgehoben.

Wegen der Bemerkung über den Personenkult um Erich Honecker wurde ich im Politbüro kritisiert, war doch die »Abberufung« mit seinem schlechten Gesundheitszustand begründet worden. Ich entschuldigte mich bei ihm in aller Form für meine Äußerung.

In der Diskussion mit den Künstlern hatte ich mich auch zum »Neuen Forum« geäußert. In dieser Gruppe seien gewiß viele Leute, die das Beste wollten, obwohl das Wort »Sozialismus« in ihrem Aufruf nicht vorkomme. Es seien aber auch andere Kräfte am Werk, die die führende Rolle der Partei der Arbeiterklasse und den Block demokratischer Parteien ablehnen und einen antisozialistischen Weg gehen wollten. Doch der Sozialismus stehe nicht zur Disposition.

Zu dieser Zeit war jedoch der Zusammenbruch schon in vollem Gang. Bei einem Staatsbesuch in Helsinki erklärte Gorbatschow am 25. Oktober, die Sowjetunion habe weder das moralische noch das politische Recht, sich in die Geschehnisse in Osteuropa einzumischen. So wurde der zwischen der UdSSR und der DDR bestehende Vertrag über Freundschaft, Zusammenarbeit und gegenseitigen Beistand sang- und klanglos und einseitig durch Gorbatschow begraben.

Obwohl ich mich körperlich wie geistig in guter Verfassung befand und mich weder als »Betonkopf« noch als »Wendehals« fühlte, war ich mir bewußt, daß ich als Verantwortlicher für wichtige ideologische Bereiche einen hohen Anteil an dem Vertrauensverlust der Partei hatte. Die Erkenntnis, daß ich zu lange zu dem geschwiegen hatte, was ich für falsch hielt (z. B. die Schönfärberei in den Medien oder das Fehlen von Kritik und Selbstkritik), veranlaßte mich, am 28. Oktober einen Antrag an das Zentralkomitee auf Entbindung von meinen Funktionen zu stellen. Am 29. Oktober bat ich Egon Krenz, diesen Antrag dem Politbüro und dem Zentralkomitee zur Beschlußfassung zu unterbreiten. Er weigerte sich, dies zu tun und gab den Antrag dem Politbüro nicht zur Kenntnis und Stellungnahme. Da ich darauf beharrte, einigten wir uns, die bevorstehende 10. Tagung des ZK abzuwarten, die sicher auch zur Zusammensetzung des Politbüros Stellung nehmen werde. Übrigens wird durch diesen Antrag die Erfindung Schabowskis in seinem Buch »Das Politbüro« widerlegt, er habe mich auf der 10. Tagung des ZK auffordern müssen, nicht als Delegierter für den XII. Parteitag zu kandidieren. Ich war doch längst entschlossen, meine Funktionen niederzulegen.

In diesen Tagen erreichte mich ein Brief von T., der mich sehr betroffen machte. Er hatte erkannt, daß mich – auch wenn mir

Unrecht geschah – stets die Parteidisziplin abhielt, meine Sorgen laut zu äußern. Jetzt stellte er die Frage: »Wie erklärst Du Dir, daß Du trotz Deines wachsenden Unbehagens mit der Art und Weise der Parteiführung nicht mehr tun konntest? War es nicht möglich, vor dem ZK aufzutreten, oder hast Du es getan und bist nicht angehört worden? Oder hast Du resigniert?«.

Zum VII. Philosophiekongreß der DDR, der sich mit dem Thema »Die Dialektik von wissenschaftlich-technischer Revolution und Menschheitsfortschritt in unserer Epoche« befaßte, erhielt ich keine Einladung. Der Vorsitzende des wissenschaftlichen Rates teilte mir mit, daß meine Teilnahme zu Auseinandersetzungen führen könne. Der Vorstand des Ausschusses für Volksbildung der Volkskammer bat mich aus dem gleichen Grund, nicht an der Sitzung des Ausschusses teilzunehmen. Damit begann die Aussperrung aus dem öffentlichen und wissenschaftlichen Leben, die ich anerkennen mußte, so schwer dies auch war. Es war ein Vorgeschmack auf weitere Erlebnisse mit sich wendenden Zeitgenossen.

Die 10. Tagung des ZK Am 1. November fand in Moskau eine Begegnung von Michael Gorbatschow und Egon Krenz – ein »Schulterschluß« – statt, bei der beide übereinstimmten, »mit intensiver ökonomischer Kooperation, zunehmendem Erfahrungsaustausch und der Förderung menschlicher Kontakte eine neue Etappe umfassender Zusammenarbeit einzuleiten... Das gemeinsame Ziel sei, unter den jeweiligen konkreten nationalen Bedingungen, die neue Gesellschaft zu gestalten, die den Leninschen Vorstellungen von einem lebendigen schöpferischen Sozialismus als Werk der Volksmassen gerecht wird«.

In einer Fernseh- und Rundfunkansprache kündigte Egon Krenz am 4. November eine Reihe von Maßnahmen an, so den Entwurf eines Reisegesetzes, die Ausarbeitung eines Mediengesetzes, eine Verordnung zur Veröffentlichung von Umweltdaten usf. Zugleich teilte er mit, daß Hermann Axen, Kurt Hager, Erich Mielke, Erich Mückenberger und Alfred Neumann das ZK ersucht haben, sie von ihrer Funktion als Mitglied des Politbüros zu entbinden. Eine Massenkundgebung am gleichen Tag auf dem Alexanderplatz und die Montagsdemonstration in Leipzig machten deutlich, daß die Ungeduld der Massen weiter gewachsen war, daß die Partei und ihre Führung immer mehr an Vertrauen verloren. An der Kundgebung auf dem Alexanderplatz am 4. November nahmen eine Million Bürger teil. Aus allen Bezirken der Republik waren sie angereist. Die Kundgebung war offiziell von den Gewerkschaftsorganisationen der Berliner Bühnen beantragt und organisiert worden. Die Künstler hätten wohl ohne Unterstützung kaum diese Massenbeteiligung erreicht. Der Minister für Kultur gehörte zu den Organisatoren. Die Kundgebung sollte ein Bekenntnis für eine bessere DDR sein. Von Wiedervereinigung war nicht die Rede, wohl aber von Reisefreiheit und anderen demokratischen Forderungen. Ich hatte mich in einem Brief an Krenz für eine Kundgebung der Berliner Kulturschaffenden auf dem Platz der Akademie (Gendarmenmarkt) ausgesprochen, aber irgendwer bestimmte den Alexanderplatz und die Rednerliste für diese Manifestation, die mit dem Bekenntnis zum Sozialismus schon nichts mehr am Niedergang der DDR ändern konnte.

Die 10. Tagung des ZK vom 8. bis 10. November 1989 war durch die tiefe Unruhe der Mitglieder und Kandidaten über die entstandene Lage gekennzeichnet. Massenhafte Austritte aus der Partei, einzelne Feindseligkeiten, Verbitterung der Werktätigen, zunehmende Wirkung westlicher Medien schufen eine erregte Stimmung. Das bisherige Politbüro, das für die entstandene Lage die Verantwortung übernahm, trat zurück. Nach einigem Hin und Her kam ein neues Politbüro zustande. Ich ergriff in der Diskussion das Wort, um zu meiner Tätigkeit Stellung zu nehmen. Dabei beantwortete ich zugleich die Fragen, die T. gestellt hatte.

Zu diesem Zeitpunkt sah ich meine Versäumnisse hauptsächlich a) in meiner Feigheit, nicht eine umfassende Beurteilung der Lage, besonders in den letzten Monaten, gefordert zu haben; b) in der zunehmenden Entfernung vom realen täglichen Leben und der daraus resultierenden Kluft zwischen Theorie und Praxis; c) in der Äußerung, daß angesichts der »Perestroika« in der Sowjetunion bei uns ein Tapetenwechsel nicht nötig ist; d) in der Unterschätzung der Demokratie, der Mitgestaltung und Mitwirkung der breiten Massen an der Ausarbeitung unserer Politik.

Es war dies eine spontane Äußerung, aber ein notwendiger Ansatz zur Beantwortung der Frage nach meiner Verantwortung an den Geschehnissen.

Die »Wende« Die 10. Tagung des ZK nahm einen turbulenten Verlauf. Ich habe keine ZK-Tagung erlebt, die mit dieser vergleichbar gewesen wäre. Das ZK war seit langem nur ein Forum zur Bestätigung der Beschlüsse des Politbüros. Die »Diskussion« bestand aus Reden, von denen die meisten – insbesondere die der Bezirkssekretäre – mit Sekretären des ZK abgestimmt waren. Kritik am Politbüro wäre eine Sensation gewesen. Gerade die Tagungen des ZK hätten Anlaß zu kritischen und kontroversen Diskussionen sein müssen. Doch sie waren stets friedlich verlaufen, im Geiste völliger »Übereinstimmung« und »Harmonie«. Und nun gaben auf dieser 10. Tagung die Mitglieder und Kandidaten die gewohnte Zurückhaltung auf, ergriffen spontan das Wort, stellten Fragen, unterbrachen die Redner usf. Das ZK war nicht wiederzuerkennen.

Das beherrschende Thema war natürlich, wie die Krise zu überwinden war. Dabei spielte das Reisegesetz eine entscheidende Rolle. Egon Krenz hatte gegen Schluß der ZK-Tagung am Abend des 9. November die nach langen Beratungen entstandene Fassung des neuen Reisegesetzes verlesen. Dieser Entwurf sollte der Volkskammer vorgelegt werden. Dies war das übliche Verfahren. Es hätte die Unterrichtung der Grenzorgane über die neue Regelung ermöglicht.

Das ZK stimmte dem Entwurf zu. Weder ich noch die anderen ZK-Mitglieder konnten annehmen, daß das Gesetz, das die uneingeschränkte Reisefreiheit vorsah, ohne vorherige Zustimmung der Volkskammer in Kraft treten würde. Das ZK war ja kein gesetzgebendes Organ. Auf einer Pressekonferenz sollte Günter Schabowski über die Beratung des ZK informieren. Wie er selbst berichtet, zog er einen Zettel aus der Tasche (den er selbst verfaßt hatte oder der ihm zugesteckt worden war, und wenn ja, von wem?) und verlas die neue Fassung des Reisegesetzes »flink«, »in schnellem Tempo«. Dies war eine Sensation. Kurze Zeit nach Bekanntgabe der Meldung strömten viele Tausende über die offene Grenze nach Westberlin. Die Grenzorgane waren völlig überrascht, ließen jedoch den Dingen ihren Lauf. Das ZK, die Regierung, die Volkskammer waren durch die vorzeitige Bekanntgabe eines Gesetzentwurfs »überfahren« worden. Hat Schabowski bewußt oder in Panik gehandelt? War es ein Komplott mit bestimmten Kräften im ZK, im MfS und KGB, in Bonn? Ich neige zu dieser Version, kann sie aber nicht beweisen. Man könnte sagen, die Öffnung der Grenze wäre sowieso erfolgt. Ja, aber auf welche Art und Weise? Es war ein Glück, daß die völlig überraschten, uninformierten Grenztruppen nicht unbedacht handelten. Im ZK war die sofortige Öffnung der Grenze nicht beschlossen und auch von niemand erwartet worden.

An diesem Tag war durch eine Art Staatsstreich der entscheidende Schritt zur endgültigen Destabilisierung der DDR erfolgt. Von diesem Tag an besuchten DDR-Bürger ungehindert Westberlin, aber auch umgekehrt Westberliner und Westdeutsche (bis zum Bundeskanzler) die DDR.

Auf der 10. Tagung entschlossen sich die ehemaligen Mitglieder des Politbüros, gemeinsam aus dem ZK auszuscheiden und unterzeichneten eine entsprechende Erklärung (Günter Mittag und Joachim Herrmann waren vom Plenum aus dem ZK ausgeschlossen worden). Die Tagung beschloß die Vorbereitung der 4. Parteikonferenz, die vom 15. bis 17. Dezember in Berlin stattfinden sollte. Doch schon wenige Tage später schlug das neue Politbüro die Umwandlung der Parteikonferenz in einen außerordentlichen Parteitag vor. Die 11. Tagung des ZK, die am 13. November stattfand, berief nach den Forderungen und Erwartungen der Parteimitglieder den außerordentlichen Parteitag der SED zum 15. bis 17. Dezember ein. Doch auch dieser Termin war schon überholt, als er festgesetzt wurde. Am 3. Dezember traten Egon Krenz als Generalsekretär, das Politbüro und das ZK geschlossen zurück. Ein Arbeitsausschuß unter Leitung des Ersten Sekretärs der Bezirksleitung Erfurt, Herbert Krocker, wurde beauftragt, den Parteitag vorzubereiten, der nun bereits am 8. und 9. Dezember stattfand. Gregor Gysi wurde zum neuen Parteivorsitzenden, Hans Modrow und der Dresdener Oberbürgermeister Berghofer zu seinen Stellvertretern gewählt.

Die Volkskammer wählte am 13. November den Vorsitzenden der Bauernpartei, Günther Maleuda, zu ihrem neuen Präsidenten und Hans Modrow zum Vorsitzenden des Ministerrats. Auf deren Tagung am 17. November wurde mein Mandat als Abgeordneter aufgehoben und meine Abberufung aus dem Staatsrat beschlossen.

Auszug aus Wandlitz In atemberaubendem Tempo hatte sich die Auflösung der SED und die Schwächung des staatlichen Machtapparats vollzogen. Presse, Rundfunk und Fernsehen nutzten die neu gewonnene Freiheit zu immer neuen »Enthüllungen« über (angebliche) Korruption, Machtmißbrauch und Gesetzesverletzungen der bisherigen Partei- und Staatsführung. Es wirkte wie eingefädelt. Eine der ersten Zielscheiben war Wandlitz, die Waldsiedlung im Norden Berlins, in der wir wohnten. Die Siedlung war – wie schon erwähnt – Ende der 50er Jahre auf einem Höhepunkt des kalten Krieges aus Sicherheitsgründen geschaffen worden. Im November 1989 besichtigten – offenbar mit Zustimmung von Egon Krenz – zum ersten Male Fernsehleute und Pressereporter die Siedlung. Zufällig trafen Bim und ich bei einem Spaziergang mit Journalisten zusammen. Es entspann sich eine Debatte, in der ich gegenüber dem Sender »Elf 99« auch zu verschiedenen Äußerungen in der Öffentlichkeit Stellung nahm, die mich beunruhigten. So hatte die Schauspielerin Steffi Spira auf der Kundgebung am 4. November gegen Wandlitz Stimmung gemacht, der Trompeter Güttler, den ich sehr schätzte, hatte auf einer Dresdener Kundgebung gerufen »in Wandlitz brennt immer noch Licht«, und in

Leipzig war für Mitte Dezember ein Sturm auf Wandlitz angekündigt worden. Das war bedrohlich, und ich wies darauf hin, daß in der Siedlung auch Frauen und Kinder leben. Angesichts der Hetze sei es vielleicht angebracht, aus Wandlitz ein Internierungslager zu machen, ich hätte in meinem Leben in dieser Hinsicht schon Erfahrungen gesammelt. Auf die Frage des Reporters, ob wir in Wandlitz bleiben oder eine andere Wohnung suchen würden, sagte ich, daß wir froh wären, wenn wir eine kleine Wohnung bekämen. Als Rentner seien unsere Ansprüche gering.

Dieses Interview trug uns eine Flut von Briefen ein. Viele waren bösartig und haßerfüllt. Manche teilten mit, daß schon der Sarg für uns bestellt sei. Andere schlugen einen Wohnungstausch vor. Es gab auch freundliche, solidarische Zuschriften. Ein Bürger schickte eine Bibel. Ich habe auf keinen dieser Briefe geantwortet, denn die Mißstimmung über Wandlitz war verständlich. Die meisten Mitglieder und Kandidaten des Politbüros hatten eben nicht inmitten der Bevölkerung, sondern in der Isolierung gelebt. Über ihre Lebensbedingungen und privaten Verhältnisse war nie berichtet worden. So fanden Gerüchte über Luxus und Privilegien Nahrung. Im Lauf der Jahre wurde in Wandlitz die Versorgung mit importierten Waren, auch mit solchen, die es in den Delikat- und Exquisitläden noch nicht gab (z. B. elektronische Geräte) immer mehr angehoben. Die Häuser waren Dienstwohnungen, für die Miete gezahlt wurde. Angesichts der Versorgungsschwierigkeiten und dem Wohnungsmangel im Lande war diese Vorzugsbehandlung übertrieben. Weil wir nicht wie normale Bürger gelebt und die Alltagssorgen der Menschen geteilt hatten, fand die zweifellos inszenierte Kampagne zur Diskreditierung der bisherigen Führung Zustimmung. Einige Mitglieder des Politbüros hatten sich durch ihre Jagdleidenschaft hinreißen lassen und Privilegien genutzt. Wir hatten nicht gehandelt, wie man es von Kommunisten verlangen darf. Dies wurde nun von den Medien genutzt, um gegen die SED Stimmung zu machen. Später, als die Waldsiedlung in ein Rehabilitationszentrum umgestaltet und zur Besichtigung freigegeben wurde, konnten sich viele davon überzeugen, daß die Berichte vom November/Dezember 1989 übertrieben waren. So schrieb die »Berliner Zeitung« am 28. Januar 1990: »Auf dem Weg durch Ulbrichtshausen, wie die Siedlung früher hinter vorgehaltener Hand genannt wurde, werden die meisten Ausflügler enttäuscht. Einfach primitiv. Nichts weiter als normale Zweifamilienhäuser, kommentiert eine Ostberlinerin die vermeintlichen Protzbauten. Und ein ehemaliger Volkspolizist begräbt, an seine Frau gewandt, desillusioniert seine alte Wunschvorstellung: Und hier wollten wir mal einziehen«.

Am 3. Dezember wurde die Waldsiedlung abgeriegelt. Die Telefonverbindungen wurden unterbrochen. Unsere Kinder versuchten vergeblich, mit uns Kontakt herzustellen. An diesem Tag wurden mehrere Mitglieder des Politbüros festgenommen. Ihre Häuser wurden durchsucht. Mich ließ man in Ruhe. Die Verhaftungen und Hausdurchsuchungen erfolgten durch die Staatsanwaltschaft der DDR. Da zu diesem Zeitpunkt Modrow Chef der Regierung war, ist anzunehmen, daß er von den Handlungen der Staatsanwaltschaft unterrichtet war (oder sie veranlaßt hat?).

Am 9. Januar 1990 lösten wir den Haushalt in Wandlitz auf und zogen nach Berlin. Der größte Teil meiner in Jahrzehnten aufgebauten Bibliothek ging als Schenkung an die Deutsche Staatsbibliothek, die Berliner Stadtbibliothek und das Zentralinstitut für Philosophie der Akademie der Wissenschaften.

Verleumdungen In der Medienkampagne ging das »Zentralorgan« voran. So schrieb »Neues Deutschland« am 29. November 1989: »Daß etwas faul ist im Staate DDR, darauf werden wir mit Macht gestoßen: Amtsmißbrauch, Korruption und Verschleuderung von Volksvermögen durch Lügner, Schmarotzer und Bankrotteure«. Die Zeitung forderte, daß das volks- und parteischädigende Verhalten der Männer der alten »Garde« schonungslos aufgedeckt werde, »all das, was die Mittags, Tischs und Müllers und wie sie noch heißen mögen (denn gewiß sind noch nicht alle Leichen aus dem Keller) im Namen von Partei, Volk und Sozialismus verpraßt, vergeudet und begangen haben«. Dies war eine pauschale, undifferenzierte Aburteilung im Stil der »Bild«-Zeitung und anderer Boulevardblätter des Westens. Dagegen konnte man sich nicht wehren. Was hätte es genutzt, der Zeitung zu schreiben, daß ich kein Jäger war und kein Jagdgebiet besaß, ebensowenig wie ein eigenes Haus und Auto, daß ich für meine Kinder keine Häuser gebaut hatte und für das parteieigene Heim in Teupitz, das uns zur Erholung diente, eine Monatsmiete von 300,– Mark bezahlte? Oder wie hätte ich mich gegen die unsinnige Behauptung der »Berliner Zeitung« vom 25./26. 11. 1989 wehren sollen: »Dieser Mann verbannte als dafür verantwortliches Mitglied der Parteiführung reihenweise Theaterstücke, Filme, Bilder oder gar die Rockmusik Jahre oder Jahrzehnte aus der Öffentlichkeit, und er degradierte Dutzende kluge Gesellschaftswissenschaftler zu nützlichen Idioten, weil er selbstherrlich das Erscheinen von Büchern verhinderte.« In der Folgezeit erschienen Artikel mit ähnlichen Behauptungen ohne Beweis. Was hätte es genutzt, sich gegen eine emotionsgeladene Kampagne zu wehren, deren Zweck die Diskreditierung war? Wer wäre bereit gewesen, Dichtung und Wahrheit zu unterscheiden, das Maß von Schuld und Verantwortung objektiv abzuwägen? Wir befanden uns in einer »Wende«, die manche als Revolution für einen besseren Sozialismus ansahen, während in Wirklichkeit schon die Zeichen der Restauration des Kapitalismus sichtbar wurden.

Außerordentlicher Parteitag Zur Fortsetzung des Außerordentlichen Parteitags am 16./17. Dezember erhielt ich zu meiner Überraschung eine Einladung. Ich beschloß teilzunehmen, obwohl ich mir nicht klar war, wie und in welchen Formen sich die gereizte, ja z. T. haßerfüllte Stimmung gegen die frühere Parteiführung äußern würde. Dem Parteitag lag ein Bericht »Zu Ursachen für die Krise in der SED und in der Gesellschaft« vor, der von ehemaligen Mitgliedern des Politbüros bzw. Sekretären des ZK ausgearbeitet worden war. Wer die Verfasser waren, wurde nicht bekanntgegeben. Außerdem hatten die von Werner Eberlein geleitete Zentrale

Parteikontrollkommission und die Zentrale Revisionskommission einen Bericht vorgelegt.

Nach einem Referat über die Krise in der Gesellschaft und deren Ursachen, welches im Grunde genommen alles auf »Stalinismus« zurückführte, kam es zu erregten Diskussionen über den Namen der Partei (der Parteitag entschied sich für SED/PDS). Als ein Delegierter die Frage stellte, warum kein Mitglied der ehemaligen Parteiführung zu den begangenen Fehlern, zur eigenen Schuld und Verantwortung Stellung nehme, sprang ich auf und ging quer durch den Saal zum Präsidium. Ich bat Berghofer, der den Vorsitz führte (Gregor Gysi saß neben ihm und hörte unserem Gespräch zu), mir das Wort zur Erwiderung zu geben. Was ich sagen würde, wußte ich in diesem Augenblick nicht. Berghofer lehnte ab. Daraufhin schlug ich ihm vor, daß die anwesenden ehemaligen Mitglieder des Politbüros die Zustimmung des Präsidiums erhalten sollten, vor den Bezirksdelegationen Rede und Antwort zu stehen. Dieser Vorschlag wurde akzeptiert. So weit ich weiß, sprachen Alfred Neumann, Inge Lange und ich vor Bezirksdelegationen. Die Delegierten aus dem Bezirk Gera nahmen meine Ausführungen über die Ursachen der politischen und ökonomischen Krise unterschiedlich auf. Viele reagierten zornig, andere, denen die Enttäuschung über den Zerfall der Partei anzumerken war, forderten mich auf, meine Sicht der Ereignisse so rasch wie möglich aufzuschreiben. Diese Zusammenkunft war bedrückend, weil es schwer war, Geschehnisse zu erklären, die ich zutiefst bedauerte und über deren Ursachen ich mir noch kein umfassendes Bild machen konnte.

Ausschluß Am 20. Januar 1990 wurde ich aus der SED ausgeschlossen. Der Vorsitzende der Schiedskommission der SED/PDS, die vom außerordentlichen Parteitag im Dezember 1989 gewählt worden war, hatte mich zu einer Aussprache eingeladen. Wie sich herausstellte, waren auch andere Mitglieder und Kandidaten des ehemaligen Politbüros aufgefordert worden zu erscheinen. Zur Vorbereitung der Aussprache war schriftlich auf einige Fragen zu antworten. Diese betrafen die Ursachen der entstandenen Krise der Partei und der Gesellschaft, die Stellung zur Sowjetunion, Probleme in meinem Verantwortungsbereich. Ich arbeitete eine ausführliche Stellungnahme aus, die in der Sitzung der Schiedskommission dann keine Rolle spielte. Ich bin überzeugt, daß keiner sie gelesen hatte. Statt dessen wurde ich gefragt, weshalb ich zugelassen hätte, daß Margot Honecker Minister für Volksbildung blieb, wie ich zum sozialdemokratischen Erbe in der Arbeiterbewegung stünde etc. Einige Mitglieder fielen zornig über mich her und machten mich für alles Geschehene verantwortlich. Als der Vorsitzende meinen Ausschluß aus der Partei verkündete, sagte ich, damit hätte ich gerechnet. Ich hätte ihn selbst vorgeschlagen, da dies angesichts der Situation die vernünftigste Lösung sei.

Die Sitzung war eine Farce. Als 17-jähriger war ich dem Kommunistischen Jugendverband Deutschlands und ein Jahr später der Kommunistischen Partei Deutschlands beigetreten. Nun wurde ich in einem Schnellverfahren aus der Partei, der ich 60 Jahre angehört hatte, ausgeschlossen. Dies war bitter. Ich sagte mir: Nimm es nicht zu tragisch. Was wissen die Mitglieder dieser Schiedskommission schon von dir? Das Leben geht weiter.

Ausblick In der Nacht vom 2. zum 3. Oktober 1990 verfolgte ich am Fernsehen den feierlichen Akt der Verkündung der Einheit Deutschlands. Auf der Tribüne vor dem Reichstag hatten sich fast alle führenden Politiker der Bundesrepublik Deutschland versammelt. Aus der Deutschen Demokratischen Republik war nur Ministerpräsident de Maiziere zu erkennen. Punkt 24 Uhr wurde unter dem Geläut der »Freiheitsglocke« des Schöneberger Rathauses eine überdimensionale schwarz-rot-goldene Fahne gehißt. Durch diesen symbolischen Akt wurde das Ende der Deutschen Demokratischen Republik und die Entstehung einer »erweiterten Bundesrepublik«, wie Kommentatoren feststellten, besiegelt.

Die 1949 gegründete DDR, der erste sozialistische Staat auf deutschem Boden, bestand 41 Jahre lang. Mit ihrer »Vorgeschichte«, der sowjetischen Besatzungszone, waren es mehr als 45 Jahre. Damit existierte die DDR fast so lang wie das Kaiserreich und länger als die Weimarer Republik und das Hitlerregime zusammengenommen.

Schon aus diesem Grund dürfte das Urteil des Schriftstellers Stefan Heym, die DDR sei nicht mehr als eine Fußnote in der Weltgeschichte gewesen, nicht zutreffen. Auf keinen Fall kann dieses Urteil für die deutsche Geschichtsschreibung gelten.

Einen Staat wie die DDR hat es in der deutschen Geschichte vorher nicht gegeben. Sie war eine Alternative zur bürgerlich-kapitalistischen Gesellschaftsordnung. Sie war ein Staat, in dem es keine Konzernherren, Bankiers und Rittergutbesitzer gab. Diese sozialen Klassen waren verschwunden. An die Spitze der neuen Ordnung traten Antifaschisten, die aus der Illegalität, den Konzentrationslagern und der Emigration gekommen waren. Mit dem Aufbau des Staatsapparates, der Wirtschaft und anderer gesellschaftlicher Bereiche wurden werktätige Menschen betraut, die zunächst wenig Erfahrung hatten, im Laufe der Jahre ihre Aufgaben aber immer besser meisterten.

Die DDR war seit den 70er Jahren international anerkannt. Sie hatte zu den Mitgliedern der Vereinten Nationen gute Beziehungen. Zur Bundesrepublik waren die Beziehungen nie ganz normal. Durch die Hallsteindoktrin hat sie versucht, die DDR international zu isolieren und ihr ökonomischen und politischen Schaden zuzufügen. Die konservativen Kreise der Bundesrepublik traten ab 1990 als Sieger auf und behandelten die DDR wie ein erobertes Land. Sie konnten die historische Freiheit dieses zweiten deutschen Staates nicht verarbeiten, die antifaschistisch-demokratische Umwälzung der ersten Nachkriegsjahre fortzusetzen und den Aufbau eines sozialistischen Gesellschaftsmodells zu wagen. Nun arbeiten sie an der totalen geistigen Demontage der DDR. Die DDR sei ein Unrechtsstaat gewesen, heißt es. Der Sozialismus sei endgültig gescheitert, wird verkündet. Er werde niemals wiederkehren.

Die Deutsche Demokratische Republik gehört der Vergangenheit an. Sie wird in dieser Form nicht wiederkehren. Den Zusammenbruch der Sowjetunion, der DDR und der anderen sozialistischen Staaten in Europa betrachte ich als eine Tragödie. Dennoch: Das Streben nach einer gerechten sozialen Gesellschaftsordnung wird in immer neuen Formen wiederkehren. Beteiligt gewesen zu sein am Versuch, ein Modell »Sozialismus« zu realisieren, betrachte ich als Gewinn des Lebens. Der »real existierende Sozialismus« (Nota bene: durch diesen Begriff soll der Gegensatz zum utopischen Sozialismus ausgedrückt werden) wird in heutigen Auseinandersetzungen mit Bezeichnungen wie »Frühsozialismus«, »administrativer Sozialismus«, »Staatssozialismus« usf. belegt. Ich ziehe es vor, einfach vom Sozialismus zu sprechen, dessen wichtigstes Merkmal es ist, die Ausbeutung des Menschen durch den Menschen zu beseitigen. Wird diese Gesellschaft niemals wieder versucht werden?

Wie heißt es doch in Brechts Gedicht »Lob der Dialektik«:

»Wer noch lebt, sage nicht niemals!
Das Sichere ist nicht sicher,
So, wie es ist, bleibt es nicht.
Wenn die Herrschenden gesprochen haben
Werden die Beherrschten sprechen.
Wer wagt zu sagen: niemals?

Denn die Besiegten von heute sind die Sieger
von morgen
Und aus Niemals wird Heute noch!«

Anmerkungen

1 Unter Verwendung der Studie des Instituts für Wirtschaftswissenschaften der Akademie der Wissenschaften der DDR: Wissenschaftlich-technische Revolution, umfassende Intensivierung und Wirtschaftswachstum. Oktober 1988
2 In: Frankfurter Allgemeine Zeitung v. 11. 1. 1989
3 In: Neues Deutschland v. 3. 9. 1990
4 ADN – Information aus Bonn v. 24. 8. 1989
5 In: Neues Deutschland v. 2. 10. 1989
6 In: Frankfurter Allgemeine Zeitung v. 23. 11. 1989

Register

1. Auflage 1996

■ Gestaltet von Frank Eilenberger ■ Gesetzt aus der ›Times New Roman‹ ■ Gedruckt auf ›Munken Pure‹ Werkdruckpapier bei Jütte Druck ■ Gebunden in der Kunst- und Verlagsbuchbinderei Leipzig ■ Printed in Germany. ISBN 3-928660-80-2